社科博士论文文库
Social Sciences Doctoral Dissertation Library

Academic Commentary on
British Mongolian Scholar
Charles Roskelly Bawden

英国蒙古学家
查尔斯·鲍登学术评传

阿力更 著

社科博士论文文库

总　序

博士研究生培养是一个人做学问的重要阶段。有着初生牛犊不怕虎的精神和经邦济世雄心的博士研究生，在读博期间倾注大量时间、心血学习，接触了广泛的前沿理论，其殚精竭虑写就的博士论文，经导师悉心指导，并在专家和答辩委员会修改意见下进一步完善，最终以学术性、创新性和规范性成就其学术生涯的首部精品。每一位有志于从事哲学社会科学研究的青年科研人员，都应将其博士学位论文公开出版；有信心将博士论文公开出版，是其今后能做好学问的底气。

正因如此，上海社会科学院同其他高校科研机构一样，早在十多年前，就鼓励科研人员出版其博士论文，连续出版了"新进博士文库""博士后文库"等，为学术新人的成长提供了滋养的土壤。基于此，本社拟以文库形式推出全国地方社会科学院及高校社科领域的青年学者的博士论文，这一办法将有助于哲学社会科学领域的优秀成果脱颖而出。根据出版策划方案，本文库收录的作品具有以下三个特点：

第一，较高程度掌握学科前沿动态。入选文库的作者以近3年内毕业的博士为主，这些青年学子都接受过严格的学术训练，不仅在概念体系、研究方法和研究框架上具有相当的规范性，而且对研究领域的国内外最新学术成果有较为全面的认知和了解。

第二，立足中国实际开展学术研究。这些论文对中国国情有相当程度的把握，立足中国改革开放过程中的重大问题，进行深入理论建构和学术研究。既体现理论创新特色，又提出应用对策建议，彰显了作者扎实的理论功底和把论文写在祖国大地上的信心。对构建中国学术话语体系，增强文化自信和道路自信起到了积极的推进作用。

第三，涵盖社科和人文领域。虽是社科博士论文文库，但也收录了不少人文学科的博士论文。根据策划方案，入选论文类别包括当代马克思主义、经济、社会、政治、法律、历史、哲学、文学、新闻、管理以及跨学科综合等，从文库中得以窥见新时代中国哲学社会科学研究的巨大进步。

这套文库的出版，将为理论界学术新人的成长和向理论界推荐人才提供机会。我们将以此为契机，成立学术委员会，对文库中在学科前沿理论或方法上有创新、研究成果处于国内领先水平、有重要理论意义和现实意义、具有较好的社会效益或应用价值前景的博士论文予以奖励。同时，建设上海社会科学院出版社学者库，不断提升出版物品质。

对文库中属全国优秀博士论文、省部级优秀博士论文、校级优秀博士论文和答辩委员会评定的优秀博士论文及获奖的论文，将通过新媒体和新书发布会等形式，向学术界和社会加大推介力度，扩大学术影响力。

是为序！

上海社会科学院出版社社长、研究员

2024 年 1 月

自　序

　　蒙古地区是亚洲与欧洲的重要连接点,在东西交往中扮演着重要角色。早在13世纪,蒙古地区便已引起了西方的关注,驰名中外的马可·波罗在元朝朝廷供职十余年,《马可·波罗行纪》和其他早期传教士撰写的关于元朝及蒙古地区的游记是东方形象的想象来源。西方学者对蒙古地区的学术研究肇始于18世纪,彼时介绍蒙古语言和蒙古史的著作陆续出版。至19世纪,西方学者对亚洲诸地研究的积极开拓成为西方学界的主流之一,传教士和旅行家在亚洲的探险不断激发着西方社会对亚洲的关注。20世纪见证了西方蒙古学从初创至高潮的发展历程,这个世纪中涌现出的诸多蒙古学大家至今仍在学界有着重要影响。查尔斯·R.鲍登(Charles Roskelly Bawden,1924—2016)是20世纪英国蒙古学的代表人物,世界知名蒙古学家,他曾经担任伦敦大学亚非学院教授、亚非学院远东系主任、英国科学院院士、国际蒙古学会副主席等职务。鲍登教授的蒙古学研究视野开阔、著述广泛,涵盖蒙古历史、文化、文学、民俗、宗教等诸多领域。鲍登教授一生共出版专著、译著和论文集十二部,发表学术论文四十余篇,编撰大型现代蒙古语-英语词典一部。他在蒙古史籍的刊布与研究、蒙古史的撰写等方面获得的学术成就令世界蒙古学界瞩目。

　　本书以查尔斯·鲍登的蒙古学研究成果为研究对象，按照鲍登的学术发展轨迹将他的学术成果分为蒙古历史典籍与蒙古史研究、蒙古宗教文化研究、蒙古文学研究、传教士活动研究四个部分，并依据这四个部分安排各章节。第一章集中于鲍登所刊布的蒙古历史典籍和他的蒙古史研究。《蒙古编年史〈阿勒坦·脱卜赤〉》和《大库伦的哲布尊丹巴·呼图克图》是鲍登主要刊布的蒙古历史典籍，它们不仅是当今蒙古史籍的经典，还记录了重要的历史事实，史学和学术价值颇高。《蒙古现代史》是目前少有的用英语写成的蒙古现代史专著，鲍登在书中细致地分析了从喀尔喀蒙古时期至蒙古人民共和国的史实，其中呈现的史料和精辟的阐释深层次地揭示了蒙古地区近代以来历史变革的内因与外因。第二章评述了鲍登对蒙古宗教文化的研究，从鲍登对蒙古地区萨满教文化研究和蒙古地区民间信仰文化研究两方面入手，重点阐释了他对萨满医术、蒙古地区民间祭祀仪式、占卜术和祭词、祝赞词的研究特点和学术价值。第三章围绕鲍登的蒙古文学研究，从鲍登对蒙古族文学家尹湛纳希和蒙古史诗的介绍与阐释入手，指出了他在向西方学界引介蒙古文学方面做出的贡献。此外，本章也从"文学文化史"角度评述了鲍登编撰的《蒙古传统文学选集》，展示了该书的文化史特征和对扩大蒙古文学影响力做出的贡献。第四章以鲍登对19世纪初英国传教士的研究为对象，整理了传教士们在布里亚特和卡尔梅克蒙古人中的传教经过和主要活动，进而指出鲍登对这些传教士的研究具有的现实意义和史学价值。

本书是对查尔斯·鲍登的蒙古学研究的系统整理与评述。一方面基于鲍登的代表性学术成果总结其重要学术观点,另一方面注重将鲍登的学术研究与国内外学者的相关研究进行比较,以期在对鲍登的蒙古学研究进行梳理的过程中加以客观评价,突出展示鲍登的蒙古学研究特色和他对蒙古学研究做出的学术贡献。本书得以出版离不开导师王文教授的指导和一路走来所遇良师们的帮助,教诲之恩必铭记终生。此外,感谢上海社会科学院出版社编辑叶子老师的细心协助,以及出版社其他老师的付出,能将此拙作顺利出版是人生一幸。希望本书对鲍登的蒙古学研究的系统梳理能够为学界提供新鲜的研究资料,也希望能够将西方学者的蒙古学研究成果引入我国学界,促进中西方蒙古学交流。

阿力更

2024 年 4 月 25 日

目 录

总 序 ……………………………………………… 1
自 序 ……………………………………………… 3

绪 论

一、缘起 …………………………………………… 3
二、20世纪英国蒙古学研究概况 ………………… 7
三、研究综述 ……………………………………… 27
四、研究意义与创新之处 ………………………… 35

第一章 | 查尔斯·鲍登的蒙古史研究

一、查尔斯·鲍登的蒙古历史典籍研究 ………… 39
二、查尔斯·鲍登英译蒙古历史典籍的翻译策略
　　研究 …………………………………………… 68
三、查尔斯·鲍登的蒙古现代史研究 …………… 79
本章小结 …………………………………………… 129

第二章 | 查尔斯·鲍登的蒙古宗教文化研究

一、研究背景及资料来源 ………………………… 135

二、蒙古萨满教文化研究 …………………………… 140
三、蒙古民间信仰文化研究 …………………………… 161
本章小结 ……………………………………………… 189

第三章 | 查尔斯·鲍登的蒙古文学研究

一、尹湛纳希研究 ……………………………………… 197
二、蒙古史诗研究 ……………………………………… 216
三、《蒙古传统文学选集》评述 ……………………… 243
本章小结 ……………………………………………… 252

第四章 | 查尔斯·鲍登对西伯利亚英国传教士的
传教活动研究

一、国内外蒙古地区传教活动研究概况 …………… 257
二、西伯利亚英国传教士的传教活动 ………………… 262
三、西伯利亚英国传教士传教活动研究的学术
价值 ……………………………………………… 275
本章小结 ……………………………………………… 284

结　语 …………………………………………………… 286

附录一　查尔斯·鲍登的学术生平 ……………………… 290

附录二　查尔斯·鲍登主要学术作品目录 ……………… 308

参考文献 ………………………………………………… 314

绪 论

- 一、缘起
- 二、20世纪英国蒙古学研究概况
- 三、研究综述
- 四、研究意义与创新之处

绪 论

一、缘 起

蒙古地区①处于中国和俄罗斯以及欧洲诸国的重要连接点上,自古就形成了一条通达欧洲的草原丝绸之路,其在中西方的互动中不可或缺。蒙古地区无论在地理位置、社会生活还是在全球学术研究中都占有重要地位。海外的蒙古学研究应该分为俄国的蒙古学研究和欧洲的蒙古学研究两个发展源头。俄国的蒙古学研究开始于18世纪,操着蒙古语并居住在贝加尔湖湖畔的布里亚特人和居住在伏尔加河流域的卡尔梅克人吸引了俄国政府的注意,俄国政府所选派的探险家和学者对这些蒙古族部落进行的研究成为俄国对蒙古地区研究的滥觞。随着他们的研究成果相继发表,俄国对蒙古地区的探索成果被陆续传到了欧洲,与处于萌芽状态的欧洲蒙古学研究相互影响。俄国学者马·伊·戈尔曼(Марк Исаакович Гольман,1927—2021)在《西方的蒙古史研究:十三世纪—二十世纪中叶》中提出,"西方的蒙古史研究发端于拔都汗大军扫荡东欧、中欧之时"②。13世纪拔都汗因受成吉思汗之遗愿西征,一路进发到距维也纳仅几公里远的克洛斯腾堡城下,蒙古大军的到来震惊了欧洲世界,让欧洲众国感受到了来自蒙古人的威胁,蒙古人从此出现在欧洲的史册中。随后,受到罗马教皇和法国国王委派的柏朗嘉宾(Joannes De Plano Carpini,1182—1252)和鲁布鲁克(Guil laum de Rubrouck,约1215—1295)成为第一批来到蒙古地区的西方使者,之后到来的马可·波罗更是在中国的元朝朝廷供职长达十余年之久,他们的游记(《柏朗嘉宾蒙古行纪》《鲁布鲁

---

① 本书所提到的蒙古泛指与蒙古民族有关的社会文化,应看作其后所跟名词的修饰限定语,与政治、意识形态无关。本书提到的蒙古地区泛指现今我国内蒙古自治区、蒙古国以及俄罗斯联邦的卡尔梅克共和国、布里亚特共和国。
② [俄]马·伊·戈尔曼:《西方的蒙古史研究:十三世纪—二十世纪中叶》,陈弘法译,内蒙古教育出版社2011年版,第4页。

克行纪》和《马可·波罗行纪》等)记录了蒙古地区的诸多社会文化现象，为后世的研究留下了珍贵的参考资料，更引起了西方社会对蒙古地区的无限向往。这些游记可被看作现代蒙古学的雏形，但遗憾的是这些记录大多同作者本人的兴趣相关，具有一定的主观性和随意性，缺乏对蒙古地区社会和文化的客观描述。

欧洲蒙古学真正意义上的形成应追溯到18世纪的法国与德国，随着欧洲国家航海技术的发展和国力的增强，欧洲主要帝国对海外扩张跃跃欲试，纷纷派遣传教士深入亚洲传教。这些传教士在传教过程中积极学习亚洲各国语言、收集亚洲各国的地形地貌并记录各国的风土人情，他们搜集到的资料为日后欧洲帝国入侵亚洲做了充足的准备。伴随着欧洲与亚洲各国的不断接触，欧洲的一些高等学府开始设置讲授亚洲语言的课程，"早在1814年12月法国就在法兰西学院设立了中文讲座，这个讲座的全称为'汉文与鞑靼文-满文语言文学讲座'"[①]。德国则在1887年于柏林大学创立了东方语言学院(Seminar for Orientalische Sprachen)。当东方学(Oriental Studies)在欧洲蔚然成风之时，北欧国家和英国也加入了东方学研究的队伍中，其中，英国成为除法国和德国之外的又一东方学研究重地。英国进入蒙古学研究领域应归功于有着"内亚大汗"美誉的美国学者丹尼斯·赛诺(Denis Sinor，1916—2011)。1948年秋，在法国颇具名气的年轻学者丹尼斯·赛诺接受了英国剑桥大学新设立的阿尔泰研究(Altaic Studies)讲师席位，开始在剑桥大学进行蒙古和阿尔泰语研究以及匈牙利研究，赛诺在剑桥大学任教14年(1948—1962)，其开设的相关课程直接带动了英国阿尔泰学的繁荣。[②]

[①] 王祖望、李瑞华、夏绪东等编著：《欧洲中国学：德国篇》，社会科学文献出版社2005年版，第447页。

[②] [美]丹尼斯·赛诺：《丹尼斯·赛诺内亚研究文选》，北京大学历史系民族史教研室译，中华书局2006年版，第3页。

绪 论

查尔斯·鲍登①是英国蒙古学的奠基人物,丹尼斯·赛诺将查尔斯·鲍登领进了蒙古学的世界,让鲍登对蒙古历史和文化产生了浓厚的兴趣,促使其成为英国本土诞生的第一位蒙古学家。鲍登于1924年出生于英格兰小镇韦茅斯(Weymouth),他的父母均为中学教师。鲍登的父亲是他求学之路的引路人,鲍登曾自述作为小镇少年能够走进剑桥大学这样的顶尖学府,主要归功于父亲的指引。在剑桥大学,鲍登完成了从本科到博士的学习,起初鲍登跟随捷克汉学家斯塔夫·哈伦②教授进行中国学研究,但随着丹尼斯·赛诺教授的到来和哈伦教授的突然离世,鲍登开始了他的蒙古学研究之旅。查尔斯·鲍登一生研究成果颇丰,共出版专著、译著和论文集十二部,涵盖了蒙古历史、文化、文学、民俗、宗教等方面。鲍登撰写的代表性专著有:《蒙古编年史〈阿勒坦·脱卜赤〉》(*The Mongol Chronicle Altan Tobči: Text, Translation and Notes*, 1955)、《大库伦的哲布尊丹巴·呼图克图》(*The Jebtsundamba Khutukhtus of Urga: Text, Translation and Notes*, 1961)、《蒙古现代史》(*The Modern History of Mongolia*, 1968)、《萨满巫、喇嘛和福音派教徒:西伯利亚的英国传教士》(*Shamans, Lamas and Evangelicals: the English Missionaries in Siberia*, 1985)、《蒙古传统文学选集》(*Mongolian Traditional Literature: An Anthology*, 2003)等。译著有《蒙古史诗十:八首漠北蒙古史诗》

---

① 有关鲍登教授详细的学术生平可参阅本书附录一。
② 斯塔夫·哈伦(Gustav Haloun, 1898—1951),捷克汉学家,曾师从奥匈帝国驻华公使、汉学家阿图尔·冯·罗斯托恩(Arthur von Rosthorn, 1862—1945)和德国汉学家孔好古(August Conrady, 1864—1925),并在孔好古的指导下于1923年获得博士学位。1926—1927年间哈伦在布拉格查尔斯大学(Charles University)获得教授资格,1928—1931年间在德国哈雷大学(Halle University)任教,后于1931—1938年间转去德国哥廷根大学任教。之后,哈伦成为英国剑桥大学中国语言历史系主任,对中国古代史的研究颇有建树。哈伦教授促成了查尔斯大学、哈雷大学和哥廷根大学等多所大学的汉学研究图书馆的建立,同时他在丰富剑桥大学图书馆关于中国、日本研究的藏书,和帮助剑桥大学成立远东系图书馆等事务中做出了重要贡献。

(*Mongolische Epen X: Eight North Mongolian Epic Poems*,1982)和论文集《迎着超自然力:蒙古人的传统生活方式和生活资料》(*Confronting the Supernatural: Mongolian Traditional Ways and Means*,1994),该论文集包含了大量珍贵蒙古文文献原文,为向西方学界引介蒙古祭词、祝赞词和蒙古宗教信仰文化做出了重要贡献。除丰富的学术专著外,鲍登还发表蒙古学论文四十余篇,并编撰了一部大型蒙古语-英语词典《现代蒙英词典》(*Mongolian-English Dictionary*,1997)。

查尔斯·鲍登的学术研究既继承了西方的东方学研究传统,又具有鲜明的个人特征。德国著名蒙古学家瓦尔特·海西希(Walther Heissig,1913—2005)对鲍登教授在蒙古民俗和蒙古文学领域的研究产生了不小影响,海西希的众多著作和论文是鲍登常常参考与引用的文献。鲍登以对蒙古历史古籍的刊布作为起点,遵循着传统的语文学研究方法,对词语进行了严格的考究和勘误。然而,他在随后进行的蒙古史研究、蒙古宗教文化研究和蒙古文学研究中,实现了其蒙古学研究的新突破,他的研究成果为学界带来了新的研究资料,也填补了一些研究空白。《蒙古编年史〈阿勒坦·脱卜赤〉》《大库伦的哲布尊丹巴·呼图克图》和《蒙古现代史》等数部专著已经成为西方蒙古学中的经典之作。鲍登的蒙古学研究推动着英国学界对蒙古地区的探索和研究,他曾为如凯洛琳·汉弗里(Caroline Humphrey,1943—)、维罗尼卡·法伊特(Veronika Veit,1944—)和柯律格(Craig Clunas,1954—)等蒙古学家和汉学家的学术成长提供过重要帮助。在鲍登的大力推动下,伦敦大学亚非学院已经成为英国蒙古学的三大中心之一,亚非学院的图书馆因其丰富的蒙古学研究藏书而名扬世界。鲍登教授的蒙古学研究为英国蒙古学的深入发展奠定了坚实基础,同时也带动了英国的高等院校对蒙古学、汉学、东方学等研究的关注,扩大了蒙古学研究在海外的影响力,更促进了海外蒙古学的纵深发展。

绪　论

尽管查尔斯·鲍登的蒙古学研究是20世纪西方蒙古学的重要组成部分,但如鲍登这样拥有卓越贡献的西方蒙古学家还隐匿于我国学界的视野之外,这些西方蒙古学家所取得的学术成就还尚未获得应有的关注,对他们进行的系统性研究仍属于我国学界研究的空白。将鲍登的蒙古学研究作为个案进行研究,不仅能够明晰鲍登的学术研究特色和学术贡献,还能够借由鲍登的蒙古学研究一窥20世纪西方蒙古学的发展状况,为我国的蒙古学研究提供新鲜的研究资料。更为重要的是,在对鲍登的蒙古学研究进行系统整理与评价的过程中,可以与我国在相关领域的研究成果相比照,从中发现中西方蒙古学的研究特点和优势,促进我国学界与西方学界的互动,加深我国蒙古学研究的国际化发展。

二、20世纪英国蒙古学研究概况

西方史籍中有关蒙古地区的记载最早可追溯至成吉思汗时期,始于1219年蒙古人对中亚的第一次征服以及后续蒙古人的数次西征。1206年,成吉思汗统一蒙古各部建立起大蒙古国(yeke mongol ulus),一支强劲的军事政治势力影响了整个中北亚的格局。蒙古于西方并不是一个陌生概念,当景教开始在中国北方地区传播之时,欧洲各国就流传着东方有一个信奉基督教的国家的传言,这个国家是欧洲假想的与"异教"伊斯兰世界进行抗衡的同盟。除去在宗教信仰上的"亲切"感,蒙古人数次西征也给西方世界带来了深深的恐惧,在欧洲民间一直流传有蒙古人入侵的恐怖传说。随着柏朗嘉宾、鲁布鲁克和马可·波罗等西方传教士陆续来到蒙古地区,他们所撰写的游记成为西方人在很长一段时间内了解东方和蒙古地区及元朝时的中国的主要途径。这些游记所描绘的发达、文明又富有的蒙古地区及元朝时的中国构成了西方人想象中的东方世界,这样的描绘同时勾起了西方人对东方的无限向往。14世纪下半叶,随着明朝的建立,蒙古地区与西方的联系就此中断了两个多世纪。直到17世纪居住在伏尔加河流域的卡尔梅克蒙古人和居住在贝加尔湖地区的布里亚特蒙古人引起了俄国政府的注意,促成了西方国家对蒙古地区的再发现,从此俄国成为近代以来对蒙古地区进行研究的发源地,俄国对蒙古人的研究成果经由各种途径流传到了欧洲,构成了西方学者对蒙古地区研究的基础。18世纪末,随着一批批的西方传教士涌入中国,蒙古地区作为中西方连接的重要通道更加吸引着西方国家对蒙古地区的探索与了解。法国和德国是首批对蒙古地区进行研究的西方国家,紧接着北欧国家也开展了对蒙古地区的调查研究,英国紧随这些国家的步伐也加入对蒙古地区的研究行列,逐步发展成西方主要的蒙古学研究中心。

(一) 英国蒙古学发展概述

英国蒙古学发端于西方资本主义和帝国主义迅速扩张的时期,蒙古地区因其重要的地理位置和历史上的重要地位,成为西方国家了解中国乃至亚洲必须涉及的重要地域。19世纪已经有不少欧洲学者如施密特(Isaac Jacob Schmidt,1779—1847)、伯希和(Paul Pelliot,1878—1945)和海涅什(Erich Haenisch,1880—1966)等对蒙古语言和蒙古史籍有过较为深入的研究。20世纪后,在欧洲国家对帝国主义扩张跃跃欲试的背景下,西方的蒙古学研究获得了更加蓬勃的发展。1924年蒙古人民共和国成立,这一新兴政治体在成立之初积极推动与西方国家的交流往来,让西方学者获得了进入蒙古人民共和国进行考察的机会,在此期间蒙古人民共和国公开了不少珍贵的蒙古语抄本、刻本,为西方学者深入进行蒙古学研究提供了诸多便利,也极大地促进了西方蒙古学的发展,使得西方学者有更多机会获得可供研究的一手资料,但是这种良性互动仅持续了几年的时间便被终止。出于彼时世界局势的动荡和蒙古人民共和国国内的政治斗争等原因,进入20世纪30年代后,西方学界几乎没有和蒙古地区有过有效的学术交流活动。第二次世界大战是西方蒙古学研究的分水岭,战前首批西方蒙古学家已经在蒙古语言和蒙古历史的研究中取得了一定的成就,战后世界格局和政治形势发生了新的变化,20世纪50年代蒙古学在西方学界成为一门独立学科。西方的大学中诞生了一批专业进行蒙古学研究的学者,专门的蒙古学研究机构也出现在了西方的大学中,国际性的蒙古学学术会议得以召开,各国蒙古学学会相继成立,专门刊发蒙古学研究成果的学术期刊也纷纷出现,以上的种种新变化都标志着蒙古学研究在西方学界的繁荣。

从19世纪起英国就成立了专门的东方学研究机构,同时英国的高校还开设了东方语言课程,培养了一批了解亚非地区并能讲流利的东方语言的商人、外交人员和殖民政府的工作人员。1823年著名的东方学家亨利·托马斯·科尔布鲁克(Henry Thomas Colebrooke,1765—1837)创立了由东印度公司资助的大不列颠及爱尔兰皇家亚洲学会(Royal Asiatic Society of Great Britain and Ireland),该学会的成立与英国在亚洲的帝国主义扩张有着紧密联系,它所主张的对亚洲社会、历史、文化、经济等方面的调查研究也是以确保英国在亚洲的利益为前提。在学术研究领域,皇家亚洲学会是英国历史最为悠久的专门从事亚洲研究的机构,它主要致力于发现新知识并促进这些新知识的传播。[1] 皇家亚洲学会还创立了《皇家亚洲学会会刊》[2]这一享誉东方学学界的刊物,汇集了诸多学者对亚洲地区

---

[1] Frederick Eden Pargite, "A Brief History of the Royal Asiatic Society of Great Britain and Ireland, 1823 to 1923", in *Centenary Volume of the Royal Asiatic Society of Great Britain and Ireland 1823—1923*, Frederick Eden Pargiter ed., London: Royal Asiatic Society of Great Britain and Ireland, 1923, p.X.
[2] 《皇家亚洲学会会刊》(*Journal of the Royal Asiatic Society*)在创立之初的名称为 *Transactions of the Royal Asiatic Society of Great Britain and Ireland*。

的研究成果。皇家亚洲学会不仅在英国有着专门的研究机构,它还在亚洲各国设立了分会,如18世纪晚期成立的孟加拉分会,"1847年在香港成立了一个中国分会,1857年在上海又建立了一个上海亚洲文会,被称为皇家亚洲文会北中国支会(即皇家亚洲文会北华支会)"①。

除去皇家亚洲学会积极倡导东方学研究,英国还有专门讲授东方语言的学校推进对东方文化的传播和了解。1800年,由东印度公司资助、约翰·B.吉尔克里斯特②监管的伦敦第一所专门讲授东方语言的学校——威廉堡学院成立,该学院的主要任务是给医学生教授印地语。伦敦大学学院(University College London)和国王学院(King's College London)也于19世纪上半叶开设了东方语言课程。成立于1826年的伦敦大学学院首先开设了希伯来语、东方文学和印地语的相关课程,紧接着在1831年和1836年又增添了梵语和汉语课程,19世纪50年代开设了泰卢固语、泰米尔语、阿拉伯语、波斯语、古吉拉特语、孟加拉语和印度法律的课程,1871年增加了巴利文和佛教文学的课程。国王学院从1829年成立以来便开设了东方语言和东方文学的课程,1846年开设了汉语课程,同期还有阿拉伯语、梵语、印地语和其他印度地区的语言学习课程。1884年,莫尼尔·威廉姆斯(Monier Williams,1819—1899)教授在牛津大学创立了印度研究所,在他的积极倡导下牛津大学在1886年还成立了东方

---

① 李真:《20世纪中国古代文化经典在英国的传播编年》,大象出版社2017年版,第14页。
② 约翰·B.吉尔克里斯特(John B. Gilchrist,1759—1841),英国著名印度学家,曾为东印度公司孟加拉陆军孟买支队的助理外科医生。吉尔克里斯特在印度习得了印地语和乌尔都语,随后为东印度公司的员工培训波斯语和印度斯坦语。1801年吉尔克里斯特成为威廉堡学院(College of Fort William)首位印度斯坦语教授,1804年吉尔克里斯特辞去该职务,随后以教授波斯语和印地语为生。吉尔克里斯特曾出版了关于波斯语词汇和语法的书籍,如《波斯动词及其印地语同义词的新理论与展望(波斯语与英语版)》(*A New Theory and Prospectus of the Persian Verbs with their Hindoostanee Synonimes in Persian & English*,1801)等。

绪 论

研究荣誉学院(Honour School of Oriental Studies)。19世纪80年代后,伦敦大学学院主要负责印度地区语言的教学,其他东方语言的教学由国王学院承担,1902年后,伦敦大学成为开设东方语言课程的主要机构。

英国大学中早期开设的东方语言课程主要以满足帝国扩张的需要为前提,东方语言的教学目的是简单而直接的,即为英国在亚洲的殖民活动服务,经过东方语言培训的学生往往成为活跃在英国殖民地的行政官、军队官员、传教士、教师、医生等。如此简单而功利的教学目的很快遭到了英国国内有识之士的反对,皇家亚洲学会会长亨利·裕尔(Henry Yule,1820—1889)在1887年的年度报告上写明:这个国家(英国)的东方学研究正在衰落。① 伦敦大学学院的托马斯·里斯·戴维斯教授②在1904年呈递给英国科学院的报告《英国及海外的东方学研究》(Oriental Studies in England and Abroad)中就指出,英国的东方学研究远远不及法国、荷兰和德国,英国想要在欧洲各国中处于领先地位就需要丰富东方学的研究,面对此种情况,英国国内迫切需要建立专门的东方学研究机构。③

20世纪是英国大力发展东方学研究的重要时期,其中有两个事件推动了英国东方学的深入发展。一件是任职于英国印度殖民政府的斯坦因(Marc Aurel Stein,1862—1943)在1900—1916年间三次进入中亚考察,从敦煌盗走了大量珍贵文献。斯坦因从中国带回的珍贵文献引起了西方学界的震动,推动了英国社会对中国的关注。另一个重要事件是1909年

---

① Ian Brown, *The School of Oriental and African Studies: Imperial Training and the Expansion of Leaning*, Cambridge: Cambridge University Press, 2016, p.10.
② 托马斯·里斯·戴维斯(Thomas Rhys Davids,1843—1922),英国巴利语专家、佛学家、东方学家,英国巴利圣典协会(Pāli Text Society)的创始人,终身致力于佛教思想的研究。在1882—1904年间,戴维斯任伦敦大学学院的巴利语和佛教文学教授,1905年起戴维斯开始在曼彻斯特大学比较宗教学院执教。
③ T. W. Rhys Davids, "Oriental Studies in England and Abroad", in *Proceedings of the British Academy*, *1903—1904*, London: Oxford University Press, 1976, pp.183-197, p.196.

由雷伊勋爵(Donald James Mackay，11th Lord Baron Reay，1839—1921)组建的委员会对英国境内的东方学研究情况进行调查，并发布《雷伊报告》①，该报告促成了1916年伦敦大学东方研究院(1938年更名为"亚洲及非洲研究院"，简称SOAS)的成立，1917年东方研究院开始招收第一批学生。《雷伊报告》对英国东方学研究起着至关重要的作用。在该报告发布前，英国政府和学术界完全没有意识到东方学对英国发展的重要性，而在此时，其他国家(如法国和德国)已经拥有较为充足和专业的东方学研究人员和研究机构，同这些欧洲国家相比较，英国的东方学处于明显的落后地位。

雷伊勋爵是英国东方学研究的积极推动者，他在1885—1890年间曾任孟买总督，1893—1921年任皇家亚洲学会会长，1902—1907年间担任英国科学院院长，他也曾任皇家地理学会秘书和圣安德鲁斯大学校长等多项职务。雷伊勋爵多次向英国政府提交了有关成立专门进行东方语言教学和研究的机构的提议，他是促进东方学正式进入英国学界并向着学院化发展的先驱。在雷伊委员会就职的其他六位委员中，有在19世纪80年代担任印度西北邦总督和行政专员的阿尔弗雷德·莱尔爵士(Sir Alfred C. Lyall, 1835—1911)，时任渣打银行印度、澳大利亚和中国分行行长的蒙塔古·特纳爵士(Sir Montagu Cornish Turner, 1853—1934)，雷伊委员会秘书、伦敦大学教务长菲利浦·哈尔托赫(Philip J. Hartog, 1864—1947)等人。②《雷伊报告》由31页研究性报告组成，阐述了伦敦大学成立东方研究院所需招收的学生种类和开设东方语言课程种类等内容，同时也

---

① 《雷伊报告》的全称为"Report of the Committee Appointed by the Lords Commissioners of His Majesty's Treasury to Consider the Organization of Oriental Studies in London, with Copy of Minute and Letter Appointing the Committee and Appendices"。
② Ian Brown, *The School of Oriental and African Studies: Imperial Training and the Expansion of Leaning*, Cambridge: Cambridge University Press, 2016, p.13.

绪　论

对东方研究院的教学目标和教学组织形式进行了详细的阐释。此外,该报告还包含多达300余页的29场讨论会的备忘录。在教学目标设置方面,雷伊委员会提出伦敦大学成立的新学院不仅要围绕东方语言教学展开,还应注意东方学研究的学术化发展,不仅要开展对亚洲和非洲国家语言、文学的学习与研究,还应开展历史、宗教、民俗和人类学等方面的研究。在这些教学内容中,东方语言的学习是首要目标,要把确保英帝国在亚洲和非洲的政治权力放在首位。[①] 在教学组织方面,《雷伊报告》指出伦敦大学东方研究院以英国政府资助为主,将已经开设东方语言课程的伦敦大学学院和国王学院的教学资源以及师资力量转移至东方研究院。自《雷伊报告》发布后,东方学研究正式进入英国政府的规划中,该报告标志着英国东方学的学院化建设和学术化发展的开端,它是东方学研究在英国正式开展的起点。

《雷伊报告》发布数周后,就职于印度政府的莫利勋爵(Lord Morley,1838—1923)开始筹建另一个小型委员会——克罗默委员会(Cromer Committee),该委员会由曾任英国驻埃及总领事的克罗默伯爵(Evelyn Baring, 1st Earl of Cromer, 1841—1917)担任主席。因克罗默伯爵在筹建东方学院的过程中患病,克罗默委员会的执行主席变更为1898—1905年间任英属印度总督的寇松勋爵(George Nathaniel Curzon, 1st Marquess of Kedleston, 1859—1925)。克罗默委员会的任务是实施《雷伊报告》中制订的成立东方研究院的计划,具体来说主要有三个任务:一是为新学院寻找教学地点,二是为新学院组建管理机构,三是确保为新学院提供稳定的资金支持。[②] 1912年克罗默委员会选定伦敦学院(London Institution)为新学院的教学地点并更名为伦敦学院东方研究院,1917年东方研究院

[①] Ian Brown, *The School of Oriental and African Studies: Imperial Training and the Expansion of Leaning*, Cambridge: Cambridge University Press, 2016, p.14.
[②] Ibid., pp.17 - 18.

正式开始授课。东方研究院的第一任管理委员会主席为曾任印度阿格拉和奥德省总督的约翰·休伊特爵士(Sir John Hewett，1854—1941)，爱德华·丹尼森·罗斯①教授为东方研究院的第一任院长。在罗斯教授的带领下，东方研究院在成立之初的数年间便开设了几乎所有种类的东方语言课程，此外还建立了一个藏书量巨大的图书馆②，著名学术期刊《伦敦大学亚非学院通报》(Bulletin of the School of Oriental and African Studies)同样由罗斯教授创办。伦敦大学东方研究院的成立在英国东方学的发展上起着里程碑式的作用，它标志着东方学在英国系统化和学院化的形成。随着东方研究院的发展壮大，它已经超过了皇家亚洲学会，成为英国乃至世界闻名的亚洲和非洲研究机构。

继雷伊勋爵发布《雷伊报告》后，英国政府在1947年又发布了《斯卡伯勒报告》(Scarbrough Report)，该报告促使英国政府为东方学和斯拉夫研究提供了专项拨款，大大促进了英国东方学研究的深入进行。俄国学者戈尔曼指出"西方的东方学事业是以大学和政府采取的一系列旨在促进东方学发展的措施为其发展基础的"③。英国的东方学研究始终离不开英国政府的官方支持，起初英国的东方学研究服务于英国的海外殖民与扩张，因此印度、中国、日本和斯里兰卡等国的语言和文化成为英国东方学的首要关注点，蒙古学在此时还仅属于中国学的一个分支。尽管如此，随着英国东方学研究的深入发展，蒙古地区的重要地位逐渐凸显，蒙古学研究迎来了发展的新起点。

---

① 爱德华·丹尼森·罗斯(Edward Denison Ross，1871—1940)，英国著名东方学家，曾任大英博物馆斯坦因特藏馆的管理员、伦敦大学波斯语教授、加尔各答马德拉萨学院(Calcutta Madrasah)院长、印度政府档案主管官员和印度教育部副秘书长等职务。
② H. A. R. Gibb, "Edward Denison Ross, 1871—1940", *The Journal of the Royal Asiatic Society of Great Britain and Ireland*, 1941(1): 49-52, 50.
③ [俄]马·伊·戈尔曼：《西方的蒙古学研究：二十世纪50年代—90年代中期》，陈弘法译，内蒙古教育出版社2010年版，第11页。

绪 论

英国进入蒙古学研究领域应归功于有着"内亚大汗"美誉的丹尼斯·赛诺①教授,正如查尔斯·鲍登所言:直到丹尼斯·赛诺于1948年来到剑桥大学,人们才知道蒙古学。② 丹尼斯·赛诺教授曾师从突厥学家久拉(Gyula Nemeth,1890—1946),对蒙古学、突厥学、藏学均有专精研究的东方学家李盖提(Lajos Ligeti,1902—1987),以及著名法国汉学家伯希和(Paul Pelliot,1878—1945)。在第二次世界大战结束时,赛诺已经成为巴黎颇具名气的年轻学者。1948年秋,丹尼斯·赛诺接受了英国剑桥大学新设立的阿尔泰研究(Altaic Studies)讲师席位,开始在剑桥大学进行蒙古、阿尔泰研究以及匈牙利研究。赛诺在剑桥大学任教14年(1948—1962),其开设的相关课程直接带动了英国阿尔泰学的繁荣。③

作为赛诺在剑桥大学培养的博士研究生,查尔斯·鲍登在赛诺前往

---

① 丹尼斯·赛诺(Dennis Sinor,1916—2011),生于罗马尼亚西部卢日(Cluj)的一个罗马天主教家庭。1934—1939年间,赛诺在匈牙利布达佩斯大学学习,接受的是传统的东方学教育,其间赛诺受业于突厥学家久拉和蒙古学、突厥学、藏学家李盖提。赛诺并未获得布达佩斯大学的毕业证和学位证,在完成关于突厥语佛教文献的博士论文后,未进行口头答辩便于1939年来到了法国巴黎,师从远近驰名的法国著名汉学家伯希和。赛诺在1948—1962年间就职于剑桥大学,是中亚历史研究的领军人物。1962年美国印第安纳大学邀请赛诺前去讲学。从1962年起,赛诺在美国印第安纳大学工作并从此定居美国,在他的带领下印第安纳大学的中央欧亚研究系(Department of Central Eurasian Studies)发展为世界领先的蒙古学研究机构。丹尼斯·赛诺一生致力于发展其提出的"内亚"(Inner Asia)概念,获得了"内亚大汗"的美称,他的主要研究成果有:《内亚:历史—文明—语言教学大纲》(*Inner Asia: History-Civilization-Languages. A Syllabus*,1969)、《剑桥早期内亚史》(*The Cambridge History of Early Inner Asia*,1990)、《乌拉尔和阿尔泰系列研究》(*The Uralic and Altaic Series*,1996)、《中世纪内亚研究》(*Studies in Medieval Inner Asia*,1997)等。
② C. R. Bawden, "Some Recent Work in Mongolian Studies", *Bulletin of the School of Oriental and African Studies*, 1960(3):530-543,530.
③ [美]丹尼斯·赛诺:《丹尼斯·赛诺内亚研究文选》,北京大学历史系民族史教研室译,中华书局2006年版,第3页。

美国印第安纳大学任教后接过了导师的衣钵继续在英国深耕蒙古学。鲍登任教的伦敦大学亚非学院是英国最为持久、最为稳定和实力强劲的蒙古学研究机构。鲍登曾执教于亚非学院远东分部,起初"每周讲授4节古典蒙古语课;1963年,内蒙古察哈尔人马修·哈尔托德受他的邀请担任过三个月的助手;后在1973年至1974年学年度,内蒙古科尔沁人扎奇斯钦(Jagchid Sechin,1914—2009)担任过他的助手"①。在鲍登前往蒙古人民共和国进修后,他就开始讲授现代蒙古语。在鲍登所处的时代,他是英国首位也是唯一的蒙古学教授。尽管彼时严重缺乏蒙古语研究资料,整体的研究环境并不友好,鲍登还是凭借高昂的研究热情和多年辛勤的耕耘为蒙古学研究在英国学界赢得了一席之地。

英国与蒙古国的频繁交流始于1987年由英国和蒙古人民共和国各界人士参加的"蒙-英圆桌会议"(Mongol-British Round Table)。首届"蒙-英圆桌会议"在蒙古人民共和国的首都乌兰巴托举行,随后由两国轮流承办。"蒙-英圆桌会议"主要就两国的学术交流、经济合作、贸易往来等多方面议题进行讨论。参加第一次圆桌会议的学者有伦敦大学亚非学院的锡林·阿基涅尔(Shirin Akiner,1942—2019)、剑桥大学的凯洛琳·汉弗里、利兹大学的朱迪·诺德(Judith Nordby,1946—)和英国蒙古学学会的艾伦·桑德斯(Alan Sanders,1937—)。此次会议中,蒙英双方在学术交流方面达成了多项协议,其中包括确定利兹大学和乌兰巴托市在蒙古学研究中建立长期的合作关系,英国蒙古学学会代表英国国家图书馆从蒙古人民共和国购买图书,英国和蒙古人民共和国互派学生交流学习等多项内容。② 在英蒙积极交流的影响下,英国本土举办了数场与蒙

---

① [俄]马·伊·戈尔曼:《西方的蒙古学研究:二十世纪50年代—90年代中期》,陈弘法译,内蒙古教育出版社2010年版,第92页。
② 有关第一次"蒙-英圆桌会议"的内容参见:Michael Kaser,"The First British-Mongolian Round Table",*Asian Affairs*,2007(2):245-246。

绪　论

古人民共和国有关的研讨会,如 1987 年 11 月 27 日伦敦大学亚非学院举办了查尔斯·鲍登主持的名为"今日蒙古"(Mongolia Today)的首届全英学术研讨会。1991 年 3 月 19 日至 21 日,在亚非学院还举办了"蒙古帝国及其遗产"(The Mongol Empire and Its Legacy)国际学术研讨会。早在 1958 年,鲍登就曾首次造访蒙古人民共和国,他是当时英国国内为数不多的到过蒙古人民共和国的人。随后,鲍登又在 1959 年、1967 年和 1982 年三次前往蒙古人民共和国参会和研修,鲍登对蒙古人民共和国的探访为英国社会了解蒙古地区架起了沟通的桥梁,同时对英国本土的蒙古学研究起到了重要的推动作用。

除伦敦大学亚非学院外,英国开展蒙古学的研究机构还有剑桥大学蒙古和内亚部以及利兹大学,它们共同构成了英国蒙古学的三大研究中心。前文已述,丹尼斯·赛诺将蒙古学研究带到英国,将蒙古学研究的种子留在了剑桥大学,并开花结果带动其他高等院校开展蒙古学研究,由赛诺建立起来的蒙古学研究传统在剑桥大学仍然保留至今。利兹大学的蒙古学研究主要得益于世界知名蒙古学家欧文·拉铁摩尔[①]的支持,1950 年拉铁摩尔因受间谍罪的指控而离开美国,1962 年来到英国利兹大学开始了研究生涯。因在中国生活多年,拉铁摩尔有多次对内蒙古地区探访

[①] 欧文·拉铁摩尔(Owen Lattimore, 1900—1989),美国著名东方学家,在中国、蒙古和内亚地区的研究中拥有重要的影响力。拉铁摩尔于 1900 年出生于美国华盛顿,在襁褓之时便跟随父母来到中国,他的父母为中国大学的英语教师。12 岁时拉铁摩尔离开中国,相继在瑞士和英国两地求学。1919 年拉铁摩尔再度返回中国,在报社和洋行工作过一段时间。期间,拉铁摩尔游历了中国各地,其中包括内蒙古和新疆。随后,拉铁摩尔又数次深入中国北方探访,这些探访经历为其后续进行内亚和蒙古地区的研究奠定了良好的基础。拉铁摩尔曾为蒋介石的顾问,他还与斯诺(Edgar Snow)熟识,曾在斯诺的引荐下到延安拜访毛泽东、周恩来等领袖。1955—1963 年间拉铁摩尔任教于美国约翰·霍普金斯大学,1963—1970 年间拉铁摩尔任英国利兹大学教授。拉铁摩尔在内亚研究中著述颇丰,其中包括在国内外颇具影响力的《中国的亚洲内陆边疆》(Inner Asian Frontiers of China, 1940)等。

的经历,对蒙古地区有着较为深入的了解。当他来到利兹大学后便积极推广蒙古语言的教学和对蒙古地区的研究,开创了利兹大学蒙古学研究的先河。

伦敦大学亚非学院、剑桥大学蒙古和内亚部以及利兹大学是20世纪英国主要开展蒙古学研究的机构,它们构成了英国蒙古学研究的最重要力量,英国从事蒙古学的研究人员也主要分布于这三所大学。在这三所大学中,伦敦大学亚非学院是实力最为雄厚的一支,在鲍登的带领下蒙古学成为亚非学院的特色研究领域,培养出了一批活跃在蒙古学和东方学研究领域的专家。剑桥大学蒙古和内亚部依靠着世界知名的学术地位,在凯洛琳·汉弗里的推动下成长为西方蒙古学研究的重要机构,其蒙古学研究传统一直保留至今。利兹大学在拉铁摩尔的引领下,同蒙古人民共和国建立起了良好的合作关系,逐渐在蒙古学研究领域占有一席之地。20世纪后期的英国蒙古学逐渐脱离了从前那样浓厚的殖民主义色彩,向着纯粹的人文科学研究方向发展。尤其当20世纪70年代萨义德(Edward Wadie Said,1935—2003)提出的"东方主义"(orientalism)席卷整个西方世界之时,西方的东方学研究者已经开始反思"东方"的真实含义,学者们对于蒙古地区的阐释和研究也不再带有明显的意识形态性、乌托邦性或是原始性。20世纪后半叶诞生的英国本土蒙古学家如查尔斯·鲍登、凯洛琳·汉弗里、朱迪·诺德等成为英国蒙古学的代表,他们在蒙古历史、文化、音乐、民俗等方面的研究已经走在世界蒙古学研究的前列。

(二) 英国蒙古学主要研究机构

英国的蒙古学研究主要依托于高等院校中设立的内亚或远东研究中心进行,尽管在20世纪中后期,蒙古学研究在英国学术界已经拥有一席之地,但从事蒙古学研究的专业学者,尤其是英国本土的研究者,与进行中国学研究、日本学研究和其他亚洲地区研究的学者在数量上相比仍处于较为弱势的地位,伦敦大学、利兹大学和剑桥大学以及英国-蒙古学会①是其中具有代表性的研究机构。

1. 伦敦大学亚非学院远东部

伦敦大学亚非学院成立于1916年,最初的名称为"东方研究院",该学院成立之初的主要目的在于训练供职于英帝国在亚洲和非洲殖民政府的官员们的语言能力。② 20世纪前半叶,亚非学院的主要教学内容集中于亚洲和非洲国家的语言习得,从20世纪中后期开始,随着英帝国在世界范围内势力的衰弱,从前以语言学习为主、为帝国主义服务的教学目标已经不再适应社会发展的需求。亚非学院对于亚洲和非洲的研究,从成立之初以语言学习为主要内容的培养方式,扩展到了普遍的社会科学领域,政治、经济、地理、文化和人类学研究成为亚非学院研究人员的关注重点。第二次世界大战后,东方学研究在英国得到了快速发展,亚非学院也积极扩展研究涉及的地域,汉语、日语、梵语、阿拉伯语等曾是亚非学院主要开设的东方语言课程,在发展的大潮中蒙古语成为其中新增的语种。亚非学院在蒙古学研究领域的开拓主要依靠查尔斯·鲍登教授的辛勤付出,鲍登于远东系开设蒙古语课程期间,曾受业于鲍登的学生中有下文即将提到的著名蒙古学家凯洛琳·汉弗里,德国学者维罗尼卡·法伊特和剑桥大学教授、汉学家柯律格等。此外,鲍登还多次代表英国和伦敦大学亚非学院参加国际蒙古学家大会(International Conference of Mongolists)和各类国际学术会议,他也在亚非学院积极组织学术交流活动。鲍登对

---

① 现今在利兹大学已经不设专门的蒙古学研究中心,伦敦大学和剑桥大学是目前英国国内仍保留蒙古学研究中心的高等院校。
② Ian Brown, *The School of Oriental and African Studies: Imperial Training and the Expansion of Leaning*, Cambridge: Cambridge University Press, 2016, p.1.

蒙古学研究的努力开拓，为伦敦大学亚非学院成为世界知名的蒙古学研究机构奠定了坚实的基础。

1984年鲍登退休后，亚非学院的蒙古学研究由波斯研究专家大卫·摩根①和研究员锡林·阿基涅尔②继续进行。1991年起阿兰·桑德斯③成为远东部的主任，同年远东部还成立了蒙古学教学-研究中心，该中心致力于"搜集蒙古政治和商业信息，促进蒙古语研究，在英国传播蒙古知识"④。

---

① 大卫·摩根（David O. Morgan，1945—2019），英国历史学家和东方学家，于1977年毕业于伦敦大学并获得博士学位。摩根在1978—1989年间任伦敦大学亚非学院历史分部近东和中东诸国历史专业讲师，在1989—1999年间任伦敦大学中东历史专业准教授，在1999—2010年间任威斯康星大学历史和宗教研究专业教授。摩根教授的学术研究主要集中于波斯研究和蒙古汗国研究，其最著名的两部专著为《蒙古人》（*The Mongols*，1986）和《中世纪的波斯1040—1797》（*Medieval Persia 1040—1797*，1988）。

② 锡林·阿基涅尔（Shirin Akiner，1942—2019），1965年进入伦敦大学斯拉夫和东欧学院学习，1985—2008年间为亚非学院中亚研究部的高级讲师，主要研究方向为中亚和白俄罗斯。2008年阿基涅尔从亚非学院退休后进入皇家国际事务部（Royal Institute for International Affairs），成为该部的副研究员。2006年阿基涅尔获得由皇家亚洲事务协会颁发的"珀西·赛克斯爵士纪念奖章"（Sir Percy Sykes Memorial Medal），2013年获得"国际钦吉斯·艾特玛托夫奖"（International Chingiz Aitmatov Award）。阿基涅尔还是《中亚档案》（*Central Asia Research Forum*）系列集刊的创始者和总编辑，著作有《苏联的伊斯兰人》（*Islamic Peoples of the Soviet Union*，1987）等。

③ 阿兰·桑德斯（Alan John Kelday Sanders，1937—），曾任英国广播公司远东部的评论员、编辑和主任，1971—1975年任英国广播公司驻香港记者，1991—1995年在伦敦大学亚非学院任教。桑德斯于1979年起担任英国-蒙古学会司库秘书，1991年起任英国-蒙古学会主席，2007年获得蒙古国颁发的"北极星勋章"（Order of the Pole Star）。阿兰·桑德斯在1968—1969年间曾赴蒙古国立大学学习了4个月的蒙古语，其研究领域为蒙古人民共和国的政治动态，出版的专著有《蒙古人民共和国：一般参考指南》（*The People's Republic of Mongolia: A General Reference Guide*，1968）、《蒙古：政治、经济和社会》（*Mongolia: Politics, Economy and Society*，1987）以及《蒙古历史词典》（*Historical Dictionary of Mongolia*，1996）等。

④ ［俄］马·伊·戈尔曼：《西方的蒙古学研究：二十世纪50年代—90年代中期》，陈弘法译，内蒙古教育出版社2010年版，第93页。

此外,亚非学院还有一个专门收藏与亚洲、非洲有关书籍的图书馆,包括来自这些地区的档案、抄本和善本等珍贵资料,目前该馆藏书达一百三十万册之多,因丰富的藏书量而享誉世界。

2. 利兹大学

在《雷伊报告》发布的 50 余年后,1961 年威廉·海特爵士[①]发布了又一有关英国东方学研究状况的报告——《海特报告》(*Hayter Report*),该报告由英国大学教育资助委员会(University Grants Committee)所组建的委员会发布,该委员会在 1959 年对英国境内进行的亚洲、斯拉夫、东欧和非洲等地区的研究情况进行了评价。威廉·海特爵士领导的委员会在对英国和美国的数所大学进行调研后提出,英国的大学应效仿美国大学的研究模式,应更加关注非西方的国家和地区,并培养更多的研究生对这些区域进行研究。[②]《海特报告》指出大学教育资助委员会应将大量资金应用于支持区域研究中出现的新兴研究领域。《海特报告》的发布促成了英国政府在 1962 年资助利兹大学成立中国学部(Department of Chinese Studies),1963 年欧文·拉铁摩尔接受了利兹大学的邀请成为该学部首位教授,该事件标志着利兹大学蒙古学研究的开始。

拉铁摩尔自进入利兹大学开始研究工作后,就将全部的热情投入利兹大学的中国学研究和蒙古学研究的建设之中。1963 年,当英国和蒙古人民共和国正式建立外交关系时,拉铁摩尔还充当了英国女王的翻译。1969 年,拉铁摩尔成为蒙古人民共和国科学院第一位外籍院士。1968

---

① 威廉·海特爵士(Sir William Hayter,1906—1995),英国外交家,有着丰富的外交经历,他曾于 1953—1957 年间任英国驻苏联大使,1938—1940 年间海特爵士还任职于英国驻中国大使馆。此外,海特爵士也曾活跃在英国同美国和法国等国的外交事务之中。1958 年海特爵士结束了他的外交生涯,转而在大学中担任行政职务,其间最主要的成就是《海特报告》的发布。

② William Hayter, "The Hayter Report and After", *Oxford Review of Education*, 1975(2): 169-172.

年,拉铁摩尔开始实施"蒙古研究项目"(Mongolian Studies Programme),其中包括"举办一年制和四年制的研究班,有权颁发蒙古学毕业证和授予学士学位,1970年后有权授予蒙古学硕士学位"①。在"蒙古研究计划"启动后,英国和蒙古人民共和国的联系更为紧密,1979年蒙古人民共和国授予拉铁摩尔"北极星勋章"。1970年,拉铁摩尔从利兹大学退休后,"蒙古研究计划"从1981年开始由乌尔贡格·鄂嫩②负责,1972—1982年间,来自美国印第安纳大学的汤姆·尤因(Tom Ewing)协助乌尔贡格·鄂嫩的工作。1990年利兹和乌兰巴托正式结为姐妹城,更加促进了利兹大学和蒙古国的交流往来,蒙古国的学生和教育工作者可以到利兹大学学习英语,同时利兹大学也派出学生到蒙古国国立大学进修。在20世纪60年代末至70年代期间,利兹大学成为英国起主导作用的蒙古研究中心,吸引了多国学生来到利兹大学学习、进修和攻读学位,英国蒙古学专家凯洛琳·汉弗里就曾于利兹大学获得硕士学位,日本蒙古学专家小泽重男、矶野富士子等也曾来到利兹大学从事研究工作。

1982年随着汤姆·尤因的离开和拉铁摩尔的退休,利兹大学的"蒙古研究项目"已经消亡,尽管鄂嫩还在坚持蒙古语的教学工作,但蒙古语

---

① 转引自[俄]马·伊·戈尔曼:《西方的蒙古学研究:二十世纪50年代—90年代中期》,陈弘法译,内蒙古教育出版社2010年版,第95页。

② 乌尔贡格·鄂嫩(Urgunge Onon, 1919—2015),内蒙古人,1944年于东京大学获得政治学学位。从日本回到内蒙古后,在西苏尼特担任中学教师和德王的卫队长。德王政府被粉碎后,鄂嫩在拉铁摩尔的帮助下来到美国约翰斯·霍普金斯大学工作。1963年,当拉铁摩尔前往英国利兹大学任教之时,在拉铁摩尔的强烈坚持下,鄂嫩也来到了利兹大学。1968年,鄂嫩协助拉铁摩尔在利兹大学筹备"蒙古研究计划"。1985年鄂嫩从利兹大学退休,1986年鄂嫩和凯洛琳·汉弗里在剑桥大学一同成立了内亚部,大约在1996年鄂嫩获得了蒙古国立大学荣誉教授的称号,他还曾为日本东京大学的客座教授。乌尔贡格·鄂嫩在《蒙古秘史》和蒙古萨满教研究方面做出过重要贡献。有关乌尔贡格·鄂嫩的介绍可参考:Temujin Onon, "A Brief Biography of Urgunge Onon", *Inner Asia*, 2000(1): 1, 3-7。

课程仅仅是选修课而已。20世纪90年代,利兹大学汉学部更名为东亚部,利兹大学的蒙古学研究再度有了起色,在朱迪·诺德①的带领下利兹大学开设了蒙古语言和历史课程以及涉及当代蒙古国问题的课程。2003年赫尔大学的东南亚研究中心并入利兹大学东亚部,2006—2016年利兹大学东亚部和谢菲尔德大学东亚部合作组建了白玫瑰东亚中心(White Rose East Asia Centre,简称WREAC)进行东亚研究。

3. 剑桥大学蒙古和内亚部

蒙古学在剑桥大学的发展起始于丹尼斯·赛诺,赛诺在剑桥大学任教14年,在此期间讲授过古典蒙古语、阿尔泰学、蒙古史和内亚民族学等学科,培养了如查尔斯·鲍登这样的著名蒙古学家。1962年赛诺接受了美国印第安纳大学的邀请前往讲学,从此便留在印第安纳大学任教并组建了乌拉尔学和阿尔泰学学部,促使印第安纳大学成为西方蒙古学主要研究中心之一,至今它仍旧保持着活跃的研究状态。赛诺离开后,剑桥大学的蒙古学研究曾一度陷入停滞状态,直到1986年考古学和人类学系成立了蒙古和内亚部(Mongolia and Inner Asia Studies Unit,简称MIASU)才得以恢复蒙古学研究,蒙古和内亚部的成立标志着剑桥大学蒙古学研究的正式开始。日本学者冈田英弘指出,剑桥大学蒙古和内亚部的建立刚好处于主持英国蒙古学研究的鲍登、拉铁摩尔和鄂嫩退休之时,随着这些学者陆续离开科研岗位,"在英国连一个蒙古学研究讲座也没有了。剑

---

① 朱迪·诺德曾为欧文·拉铁摩尔的学生,在1988年于英国利兹大学获得博士学位,论文题目为《蒙古人民共和国(1924—1928)以及右倾势力》("The Mongolian's Peoples Republic [1924—1928] and the Right Deviation")。博士毕业后,朱迪·诺德于1988—2012年在英国利兹大学社会语言文化学院任教并兼任蒙古学教研室主任。1985年朱迪·诺德首次到访蒙古人民共和国,1987年参加了第五届国际蒙古学家大会,1987年和1989年分别参加了第一届和第二届"蒙-英圆桌会议"。诺德博士的著作有《世界百科全书》(World Bibliographical Series)中的《蒙古》分册(1993)等。

桥大学的蒙古、内陆亚细亚研究机构（即蒙古和内亚部）正是为了弥补这个空缺而设立的"①。蒙古和内亚部隶属于剑桥大学社会人类学学院，研究范围以蒙古地区为中心并向周边的喜马拉雅地区扩展，负责人为凯洛琳·汉弗里②和乌尔贡格·鄂嫩。1987年10月开始蒙古和内亚部开设了讲授古典蒙古语和现代蒙古语的各类班级，这些班级的授课教师大多是到剑桥大学交流学习的蒙古国学者。剑桥大学蒙古和内亚部同国际蒙古学学界有着良好的互动，不仅有国际知名的学者前来作报告、讲学，还

---

① [日]冈田英弘：《剑桥大学蒙古学研究机构及英国蒙古协会》，《蒙古学资料与情报》1991年第1期，第48页。
② 凯洛琳·汉弗里（Caroline Humphrey，1943—），英国蒙古学家、人类学家，不列颠学会会员（FBA），在苏联、尼泊尔、印度和蒙古萨满教等研究领域均有建树。汉弗里是在苏联进行过田野调查的首批西方人类学家之一，1966—1967年，她作为交流生在莫斯科国立大学学习，其间在布里亚特人中进行了田野调查。1975年，汉弗里再次在布里亚特进行了田野调查。依托文献资料和田野调查，汉弗里在社会人类学家埃德蒙·利奇（Edmund Leach）的指导下完成了题名为《布里亚特的神秘宗教绘画》("Magical Drawings in the Religions of the Buryats")的博士论文，并于1973年获得剑桥大学博士学位。随后汉弗里对苏联的集体制农场进行了研究，于1983年出版了专著《卡尔·马克思集体制：一个西伯利亚集体制农场的经济、社会和宗教》(*Karl Marx Collective: Economy, Society and Religion in a Siberian Collective Farm*)。20世纪60年代汉弗里加入由拉铁摩尔在利兹大学创立的"蒙古研究项目"，并在70年代数次到访蒙古人民共和国进行调查研究。1978年起，汉弗里开始在剑桥大学的社会人类学学院工作，并同乌尔贡格·鄂嫩一起于1986年创立了剑桥大学蒙古和内亚部继续开拓在蒙古学领域的研究。1994年汉弗里同尼古拉斯·托马斯（Nicholas Thomas）共同编写了《萨满教、历史与国家》(*Shamanism, History and the State*)，1996年同鄂嫩一同撰写了《萨满和长者：达斡尔蒙古人的经验、知识和力量》(*Shamans and Elders: Experience, Knowledge and Power among the Daur Mongols*)。90年代初，汉弗里发起了一项有关内亚环境和文化保护的大型国际综合性研究项目，目的是调查比较内亚草原（如俄罗斯、蒙古国和中国）对待游牧经济的不同管理方式，通过对比研究，该项目希望为保存草原的生态多样性和提高游牧经济的效力提供最佳的管理策略。2010年汉弗里出版了专著《现今的喇嘛庙：蒙古藏传佛教的形成》(*A Monastery in Time: The Making of Mongolian Buddhism*)，该书以汉弗里从1995年起在内蒙古莫日根庙多年的田野调查为基础写成。

绪　论

吸引着英国本土和外国热爱蒙古学研究的学者到蒙古和内亚部交流学习、兼职工作或者攻读学位。剑桥大学蒙古和内亚部还有藏书量非常丰富的图书馆,著名蒙古学家欧文·拉铁摩尔的私人藏书就保存于该图书馆中,其下的古印度和伊朗信托基金(The Ancient India & Iran Trust)图书馆藏有查尔斯·鲍登私人收藏的蒙古语书籍和有关蒙古学研究的各种文献资料。蒙古和内亚部从1999年创编有《内亚》(Inner Asia)杂志,该期刊每年出版两辑,当前的主编为凯洛琳·汉弗里、宝力格(Uradyn E. Bulag)和大卫·斯尼斯(David Sneath,1948—)。

4. 英国-蒙古学会

英国-蒙古学会(Anglo-Mongolian Society)成立于1963年,总部设在伦敦,该学会的宗旨是"在非政治的基础上,进一步加深联合王国和蒙古人民共和国在生活方式和文化成就方面的互相了解,鼓励两国人民以各种形式开展交往"[1]。弗内斯子爵[2]为英国-蒙古学会第一任会长,但由于弗尼斯子爵主持学会的理念与会员和蒙古学家们的意见产生分歧,后于1970年更换会长为东方学家波义耳(John Andrew Boyle,1916—1978)[3],拉铁摩尔也曾任英国-蒙古学会的名誉会长一职。英国-蒙古学会建立之初主要以向英国大众推广蒙古文化、促进对蒙古地区的了解为主要目的,

---

[1] 《国际蒙古学会》,1974年第1卷第1期,第1页。转引自[俄]马·伊·戈尔曼:《西方的蒙古学研究:二十世纪50年代—90年代中期》,陈弘法译,内蒙古教育出版社2010年版,第251页。

[2] 弗内斯子爵(William Anthony Furness 2nd Viscount Furness,1929—1995),出生于英格兰的梅尔顿莫布雷(Melton Mowbray),1940年在其父亲去世后继承爵位。弗内斯子爵是位于瑞士日内瓦的国际组织各国议会联盟(Inter-Parliamentary Union)的主要成员,此外他还经营着家族企业弗内斯公司。弗内斯子爵是一位忠实的戏剧爱好者,同时也是皇家中亚学会即现今的皇家亚洲协会的积极参与者。1960年弗内斯子爵到访蒙古人民共和国,该经历促成了1963年英国-蒙古学会的成立。

[3] [俄]马·伊·戈尔曼:《西方的蒙古学研究:二十世纪50年代—90年代中期》,陈弘法译,内蒙古教育出版社2010年版,第252页。

并没有涉及太多的学术活动，只要是对蒙古地区感兴趣的人均可以加入蒙古学会中来。该学会定期举办宣传蒙古社会、历史和文化的活动，如放映蒙古电影等。在学会成立的第一年（即1963年）弗内斯子爵就于11月到访了乌兰巴托，同蒙古人民共和国签订了相互交流协议书。随着专业研究人员和蒙古学家加入学会，英国-蒙古学会逐渐脱离了最初的学会理念，而更加注重学术研究。从1967年起，英国-蒙古学会开始印发有关蒙古人民共和国近况和会员活动情况的季刊《通讯》，此外，从1964年起，英国-蒙古学会还发行季刊《新闻与述评》，主要刊登有关蒙古的新闻、蒙古新书目和学会的各项活动。1974年英国-蒙古学会的学术刊物《英国-蒙古学会杂志》(Journal of Anglo-Mongolian Society)开始发行，该刊物每年发行一期，专门发表各国蒙古学家撰写的各类学术论文，凯洛琳·汉弗里在1974—1987年间任该刊物的秘书，随后成为该刊物的主编。英国-蒙古学会除了办有学术期刊外，还积极组织关于蒙古议题的学术会议、讲座、报告，同时也积极促进英蒙间的交流，该学会为英国蒙古学研究、英蒙交流以及同其他研究组织的交往提供了重要的平台。此外，1901年成立的皇家学会亚洲事务分会(Royal Society for Asian Affairs，原名为皇家中亚学会[Royal Central Asian Society])和1987年成立的中亚研究会(Central Asian Studies Association)也与英国的蒙古学研究有着紧密联系。

通过以上对20世纪英国蒙古学发展的概述和对英国主要蒙古学研究机构的介绍可以看出，20世纪英国蒙古学的快速发展与英国东方学的繁荣直接相关。英国的东方学研究在20世纪经历了从以服务海外殖民为目的的功利性培养模式向纯粹的人文社会科学研究的发展路线，随着伦敦大学亚非学院的成立，东方学研究在英国得到了系统化和学院化的发展。从严格意义上来说，20世纪英国本土的蒙古学研究正式开始于查尔斯·鲍登，在丹尼斯·赛诺的培养下鲍登习得了蒙古学基本研究方法，成为英国蒙古学的积极建设者和引导者。伦敦大学亚非学院，利兹大学和剑桥大学蒙古和内亚部这样的蒙古学研究机构,以及英国-蒙古学会等学术组织壮大了英国蒙古学的研究队伍,它们的成立加快了英国蒙古学步入世界领先水平的步伐,让英国的蒙古学研究在短时间内达到甚至超越了德国和法国的蒙古学研究水平。总之,20世纪既是英国蒙古学研究的起步时期,也是英国蒙古学发展的高潮时期,在这个世纪中涌现出的蒙古学家为英国蒙古学的继续发展奠定了丰厚的研究基础。

三、研究综述

查尔斯·鲍登作为英国蒙古学的先驱人物,在英国蒙古学发展史上占有重要地位,其在蒙古历史、文化、民俗和宗教等领域的研究得到了世界蒙古学的关注。尽管鲍登的蒙古学研究成果丰厚,但国内外学界对于鲍登的学术研究成果还缺乏整体性认知和系统的了解,鲍登的学术地位和学术贡献仍有待明晰。

(一) 国内研究概况

目前,我国学界对于查尔斯·鲍登的专项研究仅限于两篇硕士学位论文和两篇期刊论文。在现有的研究成果中,查尔斯·鲍登对蒙古史籍《阿勒坦·脱卜赤》(又名《黄金史纲》)的英译是我国学界关注的重点。对鲍登英译《阿勒坦·脱卜赤》进行评析的首篇论文为内蒙古大学乌日汗所撰写的硕士学位论文。乌日汗的学位论文《蒙古族历史文化术语英译研究——以鲍登英译〈黄金史纲〉为例》对《阿勒坦·脱卜赤》中蒙古历史文化术语的英译文进行了评析,乌日汗借用艾克希拉(Aixela)的文化专有项翻译理论对鲍登的翻译策略和影响鲍登翻译策略的因素进行了逐一的分析与论述。内蒙古大学李莎莎的硕士学位论文《〈黄金史纲〉"译者序"英汉翻译实践报告》和内蒙古师范大学宋艳2015年发表于《语文学刊》的论文《蒙古族历史著作〈黄金史纲〉的英译研究——以鲍登译本为例》同样关注鲍登的英译本《阿勒坦·脱卜赤》。虽然乌日汗、李莎莎和宋艳的论文都对鲍登英译《阿勒坦·脱卜赤》进行了有益的阐释,但她们的研究仍有较大的值得深入的空间。这三位研究者的论述仅对鲍登英译蒙古历史典籍进行了翻译技术层面的解读,而没有揭示出鲍登对《阿勒坦·脱卜赤》研究做出的重要学术贡献,更没有展示出鲍登在《阿勒坦·脱卜赤》研究中应有的重要地位。鲍登对《阿勒坦·脱卜赤》进行的校勘研究也获得了国内一些学者的关注,例如在联经出版事业公司于1979年出版的《蒙古黄金史译注》中,该书的译注者札奇斯钦在介绍《阿勒坦·脱卜赤》的各个版本时提到了鲍登对于《阿勒坦·脱卜赤》和《黄金史纲》之关系的考述。在2014年内蒙古大学出版社出版的乌兰译注的《蒙古源流》一书中,乌兰肯定了鲍登对《黄金史纲》各个版本的系统整理和鲍登对蒙古历史、蒙古古代历史文献研究做出的重要贡献,同时乌兰也指出了鲍登英译《黄金史纲》中的个别错误。

内蒙古民族大学的图门吉日嘎勒于2018年在《内蒙古民族大学学报》发表了篇名为《丹麦、美国等西方国家蒙医药古籍文献馆藏概述——基于英国伦敦大学查尔斯·R.鲍登教授研究视角》的学术论文。在该文中图门吉日嘎勒以鲍登的论文《蒙医学研究的手抄本和印本》("Written and Printed Sources for the Study of Mongolian Medicine")为研究对象,阐释了鲍登在20世纪90年代进行的有关西方图书馆馆藏蒙医学手抄本的整理与研究。图门吉日嘎勒对鲍登的论文内容进行了归纳与介绍,指出了鲍登整理蒙医学手抄本对澄清一些历史事实做出的贡献。图门吉日嘎勒的论文在向国内学界引介鲍登的学术研究成果方面做出了一定贡献,但该文还缺乏对鲍登的研究成果的深入分析,使得该文介绍性较强而论

绪 论

证性较弱。

笔者在2021年发表于《文化学刊》的论文《基督教与蒙古地区的相遇——19世纪西伯利亚传教士活动考》,以查尔斯·鲍登的专著《萨满巫、喇嘛和福音派教徒:西伯利亚的英国传教士》和论文《西伯利亚的英国传教士:伦敦传教会的布里亚特传教团》("The English Missionaries in Siberia: The London Missionary Society's Mission to the Buryats, 1817—1840")为基础,阐释了发生在19世纪前半叶英国伦敦会派遣传教士至西伯利亚的卡尔梅克人和布里亚特人中的传教经历。此外,笔者的论文也阐述了传教的社会背景,并整理了传教士们的主要传教活动,指出了该次传教活动在西方对蒙古地区研究中起到的推动作用。通过对查尔斯·鲍登所阐述的传教活动的整理与研究,论文不仅对整个传教活动进行了完整的描述,还进一步指明了该次传教活动在蒙古地区与西方交往中的桥梁作用。

将西方的蒙古学作为个案进行研究,在我国学界尚未有先例。德国蒙古学家瓦尔特·海西希是目前在我国学界最为人所知的西方蒙古学家。我国学界对海西希的重视不仅因为他在国际蒙古学界的重要地位,还因为海西希与我国学界保持良好的合作关系。海西希曾经在内蒙古和东北地区做过田野调查,搜集了大量的田野资料,他的研究成果为国内学者广为参考。此外,我国学界对于海西希和其研究成果的关注还得益于我国蒙古学专家(如乌云毕力格等)的积极推介,他们通过编写海西希教授80寿辰文集,整理海西希生前著作和论文目录,发表纪念文章等活动逐步让海西希和他的蒙古学研究为国内学界所熟知。其他西方的蒙古学家因缺乏国内研究者的积极引介等原因,致使国内学界尚未对这个数目可观的研究者群体给予应有的关注。

在对海外蒙古学的介绍和研究方面,有关海外蒙古学的综述类论文是我国学者主要产出的学术成果。内蒙古社会科学院的那顺巴依尔于1996年在《蒙古学信息》发表的《英国蒙古学研究简介》对英国蒙古学的发展进行了介绍,该文详述了英国的三大蒙古学研究中心:利兹大学、伦敦大学和剑桥大学的蒙古学研究状况,以及英国蒙古学领军人物欧文·拉铁摩尔、查尔斯·鲍登和卡罗琳·汉弗里的蒙古学研究成果。在文末,那顺巴依尔指出国内蒙古学界缺乏对西方蒙古学的引介和研究,并提出"我们有必要更全面、更完整地研究蒙古学诸领域,也有必要借鉴和学习包括英国在内的外国同行们所取得的成就"①。内蒙古大学齐木德道尔吉教授于2004年在《蒙古学集刊》发表的论文《蒙古学研究简史》,梳理了从13世纪至20世纪世界蒙古学研究的发展,其中列举了诸如施密特、波兹德涅耶夫(A. Pozdneev, 1851—1920)、伯希和、韩百诗(Louis Hambis, 1906—1978)、鲍培(Nicholas Poppe, 1897—1991)、符拉基米尔佐夫(Boris Yakovlevich Vladimirtsov, 1884—1931)、海西希、冈田英弘等重要蒙古学家的主要研究成果。该文虽简要列举了各位蒙古学家的代表作和学术贡献,但文中内容丰富,包含了俄国、法国、德国、匈牙利、英国、日本等国的重要研究成果,勾勒出了世界蒙古学的发展概貌和不同国家的蒙古学研究特点,对了解世界蒙古学发展状况具有较高的参考价值。大连大学的王禹浪和程功在2013年于《哈尔滨学院学报》发表了《海外蒙古学研究述略》一文,该文对欧洲、俄罗斯、美国、日本和韩国这些国家和地区的蒙古学现状进行了整理和说明,对了解海外蒙古学的发展具有一定参考价值。2014年由内蒙古人民出版社出版的德力格尔编写的《英美蒙古学概况》(蒙古文)是目前国内介绍英美国家蒙古学研究的最新专著,此书以德力格尔在英美各主要蒙古学研究机构访问期间搜集到的资料为素材,向读者介绍了英美国家蒙古学的发展历程与研究现状。值得关注的是,该书介绍了21世纪英美蒙古学学界的最新研究成果,为读者提供了英美国家蒙古学研究的新方向。

---

① 那顺巴依尔:《英国蒙古学研究简介》,《蒙古学信息》1996年第4期。

绪　论

（二）国外研究概况

国外学界对于查尔斯·鲍登的蒙古学研究的评论主要见于各类书评和纪念性文章。美国汉学家亨利·施瓦茨（Henry G. Schwarz, 1928—）在1978年出版的《蒙古学书目：英、法、德文著作》①（*Bibliotheca Mongolica: Works in English, French and German*）中整理并列出了查尔斯·鲍登的主要著作和发表的学术论文。德国学者维罗尼卡·法伊特在查尔斯·鲍登70岁寿辰之际撰写了《在查尔斯·鲍登70岁生日之际》（"Charles Bawden, on the Occasion of his 70th Birthday"）一文，在该文中，法伊特详细地介绍了鲍登的求学和研究经历。法伊特按照鲍登的学术经历将论文分为五个部分，分别介绍了鲍登在各个学术研究阶段的不同研究重点和代表作。法伊特的文章将查尔斯·鲍登的学术经历和他的主要著作结合起来，勾勒出了鲍登学术发展的轮廓，为后续的研究者了解鲍登的学术经历提供了重要参考。德国资深汉学家魏汉茂（Hartmut Walravens, 1944—）于2017年，即鲍登离世后的第一年，在《华裔学志》（*Monumenta Serica: Journal of Oriental Studies*）发表了题名为《纪念查尔斯·R.鲍登》（"Charles R. Bawden zum Gedenken"）的纪念文，其中首次引用了鲍登所写自传的部分内容（该自传由鲍登的大儿子理查德·鲍登［Richard Bawden］提供）。魏汉茂的纪念文章展示了查尔斯·鲍登学术历程中的重要事件，如进行蒙古学研究的缘由、与海西希的结识等，其中还附加了数页查尔斯·鲍登的学术成果目录，该目录内容是难得的参考文献。

俄罗斯著名蒙古学家马·伊·戈尔曼所著的《西方的蒙古史研究：

---

① 该书的中文版已由上海古籍出版社于2020年出版，中文版由敖特根主编，周建奇翻译，分为上、下两册。

十三世纪—二十世纪中叶》和《西方的蒙古学研究：二十世纪 50 年代—90 年代中期》全面介绍了西方各国在蒙古史和蒙古学方面的研究状况。蒙古史是西方学者最早开展蒙古学研究的领域之一，《西方的蒙古史研究：十三世纪—二十世纪中叶》系统探讨了从 13 世纪至 20 世纪中期出现的西方蒙古史研究的代表学者和他们的研究成果，以及在不同时期内的研究特征。该书罗列内容详尽，清晰地阐释了西方蒙古史学研究的缘起和发展历史。《西方的蒙古学研究》是《西方的蒙古史研究》的续篇，概括了西方蒙古学在 20 世纪中后期的发展，其中涉及德国、法国、匈牙利等欧洲国家和美国的蒙古学发展现状，介绍了这些国家的蒙古学研究特征、主要的蒙古学研究中心和教学情况等内容，同时也对重要的蒙古学家的学术研究和主要蒙古学学术组织的活动状况给出了恰当的概述。《西方的蒙古学研究：二十世纪 50 年代—90 年代中期》勾勒出了 20 世纪西方蒙古学研究完整而清晰的图景。戈尔曼所著的这两部书是了解西方蒙古学的窗口，其中既有对西方蒙古学研究状况的整体阐述，又有对具体人物和研究机构等的详细介绍，系统总结了自 13 世纪至 20 世纪的西方蒙古学发展历程，为了解和研究西方的蒙古学研究提供了重要的参考资料。

旅美著名蒙古学家尼古拉斯·鲍培于 1956 年在《中亚杂志》(Central Asiatic Journal)发表了对《蒙古编年史〈阿勒坦·脱卜赤〉》的评论，在该文中，鲍培首先对鲍登选择的英译底本给予了肯定，随后鲍培分析了鲍登在对《阿勒坦·脱卜赤》进行拉丁文转写时采用的转写策略，同时也指出了鲍登英译本中的个别错误。鲍培在评论文中肯定了鲍登对蒙古学所作的贡献并认为《蒙古编年史〈阿勒坦·脱卜赤〉》不仅是此类研究的第一部著作，还标志着英国蒙古学研究的正式开始。[①] 查尔斯·鲍登的老师丹

[①] Nicholas Poppe, The Mongol Chronicle Altan Tobči(＝Göttinger Asiatische Forschungen, Band 5) by Charles Bawden, *Central Asiatic Journal*, 1956(4): 309-313.

绪 论

尼斯·赛诺在1957年于《伦敦大学亚非学院通报》(*Bulletin of the School of Oriental and African Studies*)发表了对《蒙古编年史〈阿勒坦·脱卜赤〉》的书评,在文中赛诺肯定了鲍登在《阿勒坦·脱卜赤》的校勘工作中付出的大量精力,也肯定了鲍登为《阿勒坦·脱卜赤》研究所做的重要贡献。同鲍培一样,赛诺同样指出了鲍登英译本中的翻译与理解错误,对其中个别词汇进行了考证。意大利著名藏学家朱塞佩·图齐(Giuseppe Tucci,1894—1984)1966年在《东方和西方》(*East and West*)上发表了对鲍登的《大库伦的哲布尊丹巴·呼图克图》的书评,该文简述了这部著作的缘起和主要内容,肯定了鲍登为哲布尊丹巴活佛转世系统的研究做出的贡献。

除上述著名蒙古学家和藏学家对查尔斯·鲍登的著作撰写过书评外,鲍登的多项研究成果也吸引了众多学者的注意。大卫·M.法夸尔(David M. Farquhar)于1969年在《太平洋事务》(*Pacific Affairs*)上发表了对鲍登的《蒙古现代史》的书评,法夸尔在文中称赞了鲍登在撰写蒙古现代史时持有的批判态度,他认为鲍登在撰写蒙古现代史的过程中融入了他个人对历史的理解与思考。尼古拉斯·鲍培在1981年于《华裔学志》(*Monumenta Serica*)发表了对鲍登的译著《蒙古史诗十:八首漠北蒙古史诗》的书评。鲍培对鲍登所翻译的漠北蒙古史诗进行了概述,并指出了鲍登译文中的个别错误。1983年皮特·奈赫特(Peter Knecht)发表于《亚洲民俗研究》(*Asian Folklore Studies*)的书评文章也对鲍登英译蒙古史诗进行了评价。奈赫特认为鲍登所译史诗虽然篇幅较短,但对蒙古民间传说的研究具有积极意义。奈赫特指出,一方面鲍登的译文扩大了英雄史诗的研究和比较范围,另一方面鲍登所收集到的史诗为研究史诗演唱者提供了新的研究资料。约翰·R.克鲁格(John R. Krueger)在1985年于《蒙古研究》(*Mongolian Studies*)发表了对于《萨满巫、喇嘛和福音派教徒:西伯利亚的英国传教士》的书评,克鲁格认为鲍登的著作修正了一些关于19世纪西方传教士在西伯利亚蒙古人聚居区传教的错误记载,为学界了解早期蒙古学研究提供了资料。另外，克鲁格也指出鲍登对于西伯利亚传教活动的研究为了解布里亚特人和卡尔梅克人的真实生活状态提供了重要的参考资料，填补了此类研究的空白。托马斯·N.海宁（Thomas Nivison Haining）1996年发表在《皇家亚洲学会会刊》的书评中对鲍登的论文集《迎着超自然力：蒙古人的传统生活方式和生活资料》做了概述。布尔丘·洛什（Bulcsu Siklós）1997年在《伦敦大学亚非学院通报》上也发表了对鲍登的论文集的书评，该文对这部论文集中的主要内容进行了概述。对鲍登的论文集评介最为详细的是爱丽丝·沙尔克齐（Alice Sárközi）1996年在《匈牙利科学院东方学报》（Acta Orientalia Academiae Scientiarum Hungaricae）发表的书评，沙尔克齐对论文集中的每篇论文都作了简介，并指出鲍登的论文集展示了现代蒙古学研究的新内容和新机遇。卡拉·捷尔吉（György Kara）和贝里加尔·加拉姆塞伦（Bayarjargal Garamtseren）分别于2010年和2012年在《亚洲历史杂志》（Journal of Asian History）发表了对《英国传教士及其翻译的〈圣经〉蒙古文本》和《英国传教士及其翻译的另一个〈圣经〉蒙古文本》的书评。卡拉在文中简介了鲍登著作的主要内容，重点分析了鲍登对蒙古语《圣经》的拉丁文转写并指出了部分词汇的转写原则。加拉姆塞伦认为鲍登作品的重要性在于将古老、稀有并隐于众人视线的文献得以在两个世纪以后重现于世[1]，加拉姆塞伦还将鲍登刊布的两个版本的蒙古语《圣经》作了细致的对比，指出了这两个版本的蒙古语《圣经》对蒙古历史、语言和翻译研究的重要价值。卡拉·捷尔吉于2003年在《蒙古研究》（Mongolian Studies）发表了对鲍登的《蒙古传统文学选集》的书评，文中捷尔吉较为细致地分析了鲍登英译的蒙古文学作品，评价了鲍登的翻译风格，考证了部分词语，并针

---

[1] Bayarjargal Garamtseren, "Another Tract for the Buryats: Including I. J. Schmidt's Recently Identified Kalmuck Originals by Charles Bawden", *Mongolian Studies*, 2012 (34): 123–125.

对部分文学作品的内容进行了简介。同时,捷尔吉也指出在翻译一些术语和专有名词的过程中,鲍登应增加一些注释来帮助读者理解。

纵观国内外学者对查尔斯·鲍登及其蒙古学研究的讨论,总体而言并不充分和全面,对鲍登的蒙古学研究的评介性文章占多数,可见国内外学界对鲍登的蒙古学研究的认知还处于基础阶段。我国虽有学者对鲍登所著的专著和论文有所关注,但基本局限于对《蒙古编年史〈阿勒坦·脱卜赤〉》这一部作品的研究,鲍登在蒙古历史、文化、民俗和文学等方面的重要著作还未被学界所重视。国外学界对查尔斯·鲍登的蒙古学研究给予了较为积极的关注,从众多书评文章来看,鲍登的论著获得了学界的认可,他的代表作均引起了西方学者的讨论。尽管鲍登的著述为西方学界所关注,但鲍登的蒙古学研究涉及领域广、成果多,故国内外学界对鲍登的研究仍存有许多空白,鲍登的蒙古学研究对于整个蒙古学学科发展的重要作用还有待深入挖掘。

四、研究意义与创新之处

本书以查尔斯·鲍登的蒙古学研究成果作为研究对象,以鲍登的学术发展历程为线索,系统梳理他在蒙古史研究、蒙古宗教文化研究、蒙古文学研究和传教士研究这四大方面的主要学术观点和学术成就。在梳理的过程中,本书也将鲍登的研究成果和学术观点与其他学者的成果进行比较,从而对鲍登的蒙古学研究给予分析和评价,总结他的蒙古学研究特色,展示他的学术贡献。查尔斯·鲍登作为英国蒙古学研究的早期代表,他的学术研究承袭着西方蒙古学的研究传统,因此通过对鲍登的蒙古学研究的梳理,也能够一窥西方蒙古学在20世纪的发展状况和研究成就。

我国的蒙古学研究主要由蒙古族学者组成,凭借自然的民族背景优势，形成了独具特色的研究体系。西方的蒙古学既成长于东方学的研究环境中，也具有独特的学术传统和研究特征。尽管中西方的蒙古学学者都产出了丰硕的研究成果，但双方的学术交流还存在一定的隔阂。我国的蒙古学学界对于西方的蒙古学研究以及学术成就缺乏详细而系统的了解。因此，本书能在一定程度上弥补我国学界对西方蒙古学研究认知的不足，进一步丰富我国蒙古学研究成果，加强我国蒙古学学科的多方面发展，为促进我国学界与西方学界的交流贡献力量。

本书的创新之处主要体现在如下两个方面。一方面，查尔斯·鲍登是英国蒙古学的奠基式人物，他在蒙古历史、文化、民俗和文学等领域均有深入研究，他的研究成果和学术观点既具有鲜明的时代特性，又是世界蒙古学的重要组成部分。对查尔斯·鲍登的蒙古学研究进行个案研究，是将西方的蒙古学作为研究对象的有益尝试，能够为我国学者提供一个较为新颖的例证。另一方面，本书所引用和参考的研究资料绝大部分是笔者先后从国内外搜集到的新资料，部分属于较为珍贵的图书馆馆藏文献资料，它们中有许多尚未引入国内学界，这些文献资料是对国内现有研究资料的有益补充。同时，对这些文献资料的整理与研究能够为我国的蒙古学研究提供新的研究内容，拓宽我国蒙古学研究思路。

第一章 查尔斯·鲍登的蒙古史研究

- 一、查尔斯·鲍登的蒙古历史典籍研究
- 二、查尔斯·鲍登英译蒙古历史典籍的翻译策略研究
- 三、查尔斯·鲍登的蒙古现代史研究
- 本章小结

第一章 | 查尔斯·鲍登的蒙古史研究

查尔斯·鲍登的蒙古史研究主要分为蒙古历史典籍的刊布和蒙古近现代史研究两个部分。典籍刊布是东方学家最早使用也是最基本的研究路径,查尔斯·鲍登在剑桥大学学习期间,受到过严格的东方学学术训练,承袭东方学研究的学术传统,鲍登将对蒙古历史典籍的刊布与研究作为进入蒙古学研究领域的第一步。《阿勒坦·脱卜赤》和《哲布尊丹巴传》是鲍登刊布的代表性的蒙古历史典籍,前者为蒙古古代史巨著,后者为一世至七世呼图克图哲布尊丹巴传记。这两部史籍不仅具有极高的史学价值,还因鲍登对它们的研究和刊出而成为蒙古史研究的经典之作与必要参考。1968年,查尔斯·鲍登出版了蒙古史研究专著《蒙古现代史》,集中梳理了喀尔喀蒙古近现代史中的重要历史事件,呈现了清初至20世纪中叶的喀尔喀蒙古社会的发展变化,利用大量史料深度阐释了近现代喀尔喀蒙古变革的内因与外因。此外,鲍登也围绕喀尔喀蒙古近现代史撰写了数篇论文,以"撤驿之变"和档案中记录的谋杀案等为个案讨论了清朝蒙古例和普通牧民的生存困境等问题。总之,查尔斯·鲍登的蒙古史研究兼顾20世纪初东亚和蒙古地区的政治社会巨变这样的宏大叙事,又从贵族叛乱、牧民生活实景等细节出发,共同建构了蒙古现代史多维度、多层次的历史图景。

一、查尔斯·鲍登的蒙古历史典籍研究

典籍研究在西方的东方学研究中占有重要地位,早期的东方学家基本都是以对典籍的校勘和研究作为学术起点。在对典籍的研究过程中,他们往往采用语文学(philology)的研究方法,对文本进行逐字逐句的研

究,考究其中每个词、句的具体含义。"'语文学'特别注重文本的发现、编辑、整理和解释。"①东方学家最初主要通过他们发现的典籍和文献来研究东方语言、了解东方历史,对于典籍和文献的刊布是西方学者进行东方学研究的基础性工作。由于查尔斯·鲍登曾接受过系统的东方学研究训练,因此他对蒙古史籍的校勘、研究和刊布占据了其早期蒙古学研究的重要比重。鲍登发现了《阿勒坦·脱卜赤》的抄本并决定将对该抄本的研究作为他的博士论文内容,随后又与丹麦蒙古学家卡勒·格伦贝赫共同研究《哲布尊丹巴传》,鲍登还与海西希共同完成了对《蒙古世系谱》的刊布,其中对《阿勒坦·脱卜赤》和《哲布尊丹巴传》的研究与刊布是鲍登的代表性学术成果。鲍登从版本学、校勘学、翻译等多角度对两部史籍进行了系统性研究,至今鲍登所做的研究仍未有人超越,鲍登所刊布的这两部史籍已经成为学界公认的经典,也成为进行相关研究必须参考的书目。

(一)《阿勒坦·脱卜赤》研究

《阿勒坦·脱卜赤》汉译名称为《诸汗源流黄金史纲》(又名《黄金史纲》或佚名《黄金史》②),成书年代和作者不详,其与《蒙古秘史》和《蒙古源流》并称为蒙古三大历史典籍。《阿勒坦·脱卜赤》记录了从印藏王统、蒙古族先祖孛儿帖赤那、成吉思汗建立大蒙古国、忽必烈建立元朝、林丹汗继位等数个世纪的史实。《阿勒坦·脱卜赤》具有典型的蒙古编年史风格,鲍登评价其既包含了传统神话,又集书面性和口头性为一体,其中既

---

① 沈卫荣:《回归语文学》,上海古籍出版社2019年版,第8页。
② 同为《黄金史》之名的蒙古史籍共有三种:佚名《黄金史》、罗桑丹津《黄金史》和莫日根葛根《黄金史》,学界对于佚名《黄金史》与罗桑丹津《黄金史》的讨论较多。

穿插有传统诗歌与格言,又带有强烈的历史性。①《阿勒坦·脱卜赤》为后世的蒙古史撰写(如萨冈彻辰的《蒙古源流》和罗桑丹津的《黄金史》)提供了可参考的样本,为其后出现的蒙古史籍所模仿。蒙古国学者沙·比拉(Sh. Bira)评价《阿勒坦·脱卜赤》的重要性在于它是"继《纽察·脱卜察安》之后(如果不算《察罕·图克》的话)流传至今的最早的世俗蒙古编年史"②。查尔斯·鲍登对《阿勒坦·脱卜赤》的研究集中于专著《蒙古编年史〈阿勒坦·脱卜赤〉》中,该部专著共分为三个部分:第一部分包括各抄本的情况介绍、关于《阿勒坦·脱卜赤》成书年代的讨论、《阿勒坦·脱卜赤》与《蒙古秘史》和《蒙古世系谱》等史籍的关系以及鲍登对《阿勒坦·脱卜赤》价值的评价等内容;第二部分是《阿勒坦·脱卜赤》的拉丁文音写本及各个抄本的比较;第三部分是鲍登对《阿勒坦·脱卜赤》的英译和对勘研究。

1.《阿勒坦·脱卜赤》各版本的介绍与评价

就目前学界的研究调查来看,《阿勒坦·脱卜赤》最初成书时的原本还未被找到,存世的是各种传抄本,查尔斯·鲍登指出现存《阿勒坦·脱卜赤》的抄本共有五种(见图1):

P1本:北京蒙文书社于1925年出版了名为"Činggis Qaɣan-u Čadig"(《成吉思汗传》)的书籍,该书共有196页,其中前126页是《阿勒坦·脱卜赤》的内容,该版本《阿勒坦·脱卜赤》被学界称为"北京第一版"。查尔斯·鲍登还说明:据传1925年由蒙文书社出版的《阿勒坦·脱卜赤》后又经历了再版,1940年出版了它的影印本。鲍登对《阿勒坦·脱卜赤》进行的校勘和翻译参考的便是该影印本,但由于影印本中没有出现具体

---

① C. R. Bawden, *The Mongol Chronicle Altan Tobči*, Wiesbaden: Otto Harrassowitz, 1955, p.9.
② [蒙]沙·比拉:《蒙古史学史13世纪—17世纪》,陈弘法译,古籍出版社2015年版,第181页。

的出版日期和出版社,因此无法明确肯定该影印本是1940年蒙古文书社再版的《阿勒坦·脱卜赤》,鲍登将其称为 P1 本。①

P2 本:1927 年或 1929 年②,北京蒙文书社对上文所提的 1925 年版《成吉思汗传》进行了再版,并命名为"Boγda Činggis Qaγan-u Čadig"(《圣成吉思汗传》),查尔斯·鲍登指出该版本同"北京第一版"相比有较大的改动,学界将其称为"北京第二版"。《阿勒坦·脱卜赤》占据《圣成吉思汗传》的前 62 页,鲍登称其为 P2 本。

G 本:《阿勒坦·脱卜赤》首次出现在学术界视野中是在 1858 年,俄国学者贡布耶夫(Galsan Gomboev,1822—1863)在《俄国考古学会东方分会通报》上刊布了苏联科学院东方学研究所收藏的《阿勒坦·脱卜赤》抄本,并附带了他所翻译的俄文译文。鲍登指出贡布耶夫刊布的《阿勒坦·脱卜赤》与 P1 本极为相近,这两个抄本仅有两处较大区别和一处不太重要的内容缺失。贡布耶夫所刊布的《阿勒坦·脱卜赤》被鲍登称为 G 本。

K 本:1940 年日本学者藤冈胜二的遗作《罗马字转写、日本语对译喀喇沁本〈蒙古源流〉》在东京出版,其中包括有《阿勒坦·脱卜赤》的部分内容。藤冈胜二在其书中对部分蒙古语文献进行了翻译,他的学生服部

---

① 1925 年北京蒙文书社出版了《成吉思汗传》这一说法已经获得了学界的普遍认可,如王雄在专著《古代蒙古及北方民族史史料概述》中指出"1915 年喀喇沁旗协理台吉西里沙格家藏《黄金史纲》抄本问世,其名为《圣主成吉思汗史》,1925 年北京蒙文书社将其刊印,题名作《成吉思汗传》"。(王雄:《古代蒙古及北方民族史史料概述》,内蒙古大学出版社 2008 年版,第 277 页。)然而,鲍登所提出的 1940 年对《成吉思汗传》再版一说还有待进一步考证。

② 查尔斯·鲍登指出学界关于北京蒙文书社再版《成吉思汗传》的出版日期有两种倾向:小林高四郎认为再版时间为 1927 年,扎姆察拉诺和服部四郎等学者认为再版时间应为 1929 年。(C. R. Bawden, *The Mongol Chronicle Altan Tobči*, Wiesbaden: Otto Harrassowitz, 1955, p.3.)日本学者江实支持北京蒙文书社于 1927 年再版《成吉思汗传》。([日]江实:《蒙古源流考(附表)》,载西北民族文化研究室编辑部编《西北民族文化研究丛刊第 1 辑》,1949 年,第 39 页。)

第一章 查尔斯·鲍登的蒙古史研究

四郎还在序言中介绍了《蒙古源流》和《阿勒坦·脱卜赤》的版本情况。紧接着,日本学者山本守对藤冈胜二的刊本进行了研究,他将该刊本称为《蒙古源流》(后世学者将其称为《喀喇沁本蒙古源流》),山本守经考究指出藤冈胜二刊本的第一、二部分是萨冈彻辰所著的《蒙古源流》中的内容,第三、四部分与"北京第二版"《圣成吉思汗传》极为相似,第五部分题名为"Činggsi Qaγan-i yabuγsan čirig-ün yabudal-un üiledlel"①(《成吉思汗行军记》)。鲍登将藤冈胜二刊本中包含的部分《阿勒坦·脱卜赤》称为K本。

U本:美国哈佛大学燕京学社于1952年刊出了蒙古国国立图书馆馆藏的罗桑丹津《黄金史》的铅字本②,鲍登认为罗氏《黄金史》中的大部内容由《阿勒坦·脱卜赤》而来,罗氏《黄金史》是对《阿勒坦·脱卜赤》再创造③,因此罗氏《黄金史》也是研究《阿勒坦·脱卜赤》的重要参考。哈佛版《黄金史》被鲍登称为U本。

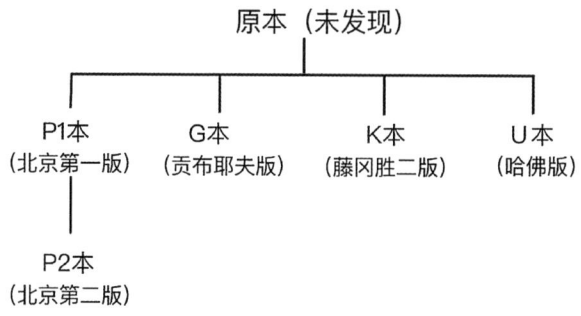

图1 查尔斯·鲍登抄本研究

---

① 日本学者森川哲雄在《蒙古诸部族与蒙古文文献研究》中对《成吉思汗行军记》的转写为"Činggsi Qaγan-i yabuγsan čirig-un yabudal-un üiledlel",此处保留鲍登的拉丁文转写。
② 1944年拉铁摩尔将蒙古国国立图书馆馆藏的铅字本《黄金史》带回美国,拉铁摩尔的这一举动对西方学者研究蒙古史籍起到了重要的推动作用。1984年,我国学者乔吉于内蒙古人民出版社刊布了该铅字本《黄金史》,并对该《黄金史》进行了校注。
③ C. R. Bawden, *The Mongol Chronicle Altan Tobči*, Wiesbaden: Otto Harrassowitz, 1955, p.5.

在上述所列的各抄本中,鲍登认为可靠性最低的是 P2 本,他指出 P2 本对 P1 本进行了修订,一方面 P2 本对 P1 本中难以理解的词语进行了简化,另一方面 P2 本中存在多处错误和缺略。鲍登进一步考证认为 P1 本和 P2 本均来源于同一底本,并且 P1 本应该就是该底本的影印本,不存在对底本的改动。鲍登经比较认为 K 本也与 P1 本有着紧密的联系,K 本中的大多数词句与 P1 本一致,但因为 K 本中存在藤冈胜二对原文的修改,所以影响了 K 本的参考价值。鲍登对贡布耶夫刊布的 G 本评价较高,他认为 G 本具有一定的可靠性,由于它是俄国馆藏文献的影印本,因而 G 本不会受到抄写者抄写错误的影响。至于 U 本,鲍登认为尽管 U 本存在有编辑上的错误,但它同样具有可靠的参考价值。[1]

现存世最早的蒙古史籍是出现于 13 世纪的《蒙古秘史》,17 世纪蒙古史籍的编著达到了高峰,《阿勒坦·脱卜赤》《蒙古源流》《黄金史纲》等均是 17 世纪蒙古史籍的代表。这些史籍的原本因年代久远或时事动荡而存世数量稀少,其中更有甚者早已沉寂在历史的洪流中无处找寻。由于古代印刷技术还未普及,将书籍手抄后再流通的情况普遍存在,尽管誊抄者怀着崇敬之心进行抄写,但不免存在对原本进行加工、删减、增补等情况。因此,对典籍抄本的校勘、加注、比较等研究显得尤为重要,通过这些工作既可以确定各抄本的优劣和价值,又是探究原本的真实面目的有效手段。故而,对于原本已佚的蒙古史籍《阿勒坦·脱卜赤》来说,进行各抄本间的比较和考究更具有重要的学术意义。

日本学者森川哲雄曾发表数篇文章对《阿勒坦·脱卜赤》进行过研究,在《关于〈黄金史〉的抄本及其成书年代》一文中森川哲雄较为详细地阐述了《阿勒坦·脱卜赤》的各种抄本情况(见图 2)。森川哲雄对 U 本和

---

[1] 关于查尔斯·鲍登对于各抄本的评价可参考:C. R. Bawden, *The Mongol Chronicle Altan Tobči*, Wiesbaden: Otto Harrassowitz, 1955, pp.6 – 8。

G 本的可靠性进行了质疑,他认为哈佛的 U 本和贡布耶夫的 G 本中都存在误排和错误,因而这两种抄本的可靠性并不高。森川哲雄还指出 U 本曾经扎米扬公(jamiyang güng)的抄写而做成抄本传到了法国学者伯希和的手中,该抄本现存于法国国立图书馆。森川哲雄认为扎米扬公的抄本较铅字本的 U 本存在较少的错误,因此更加具有参考价值。森川哲雄主要对鲍登所述的 K 本进行了更为详细地介绍。喀喇沁人汪国钧(蒙名为巴彦毕力格图)在 1915 年受托编订了一部两册的蒙古史,并于 1918 年完成了该蒙古史的编订。汪国钧所编订的蒙古史便是学界所称的北京版《阿勒坦·脱卜赤》。随后该史书被制成晒蓝本,并寄赠给日本东洋文库,留在日本东洋文库的蒙古史便成为鲍登称为的 K 本。① 森川哲雄所述信息补充了鲍登所列各版本间的关联,明晰了北京版《阿勒坦·脱卜赤》的来源。森川哲雄还高度肯定了查尔斯·鲍登对《阿勒坦·脱卜赤》各抄本的研究,他指出"集《黄金史》研究与版本大成者是英国蒙古学家鲍登……

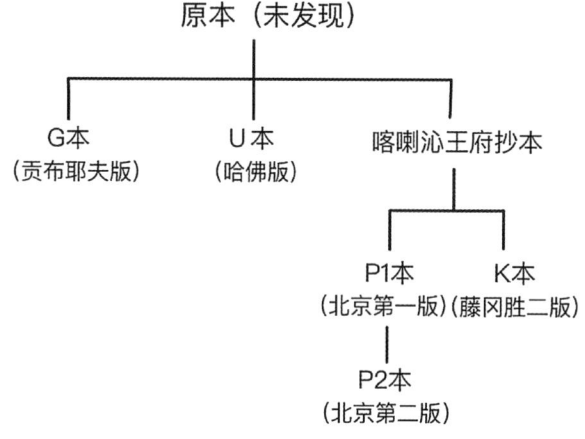

图 2 森川哲雄抄本研究

---

① 有关森川哲雄所述 K 本的情况可参考:[日]森川哲雄:《蒙古诸部族与蒙古文文献研究》,白玉双译,内蒙古人民出版社 2014 年版,第 171—173 页。

(鲍登的研究)是《黄金史》文本研究、文本校订、译文等方面都极其优秀的著作,即使现在也没有出现超过他的研究成果"①。日本学者江实也曾对《阿勒坦·脱卜赤》各抄本和译本等相关情况进行过简要的描述,但相较于其他学者的系统性研究,江实的描述更为粗略,仅罗列了劳费尔和波德兹耶夫对《阿勒坦·脱卜赤》的译注,以及藤冈胜二、山本守和小林高四郎这三位日本学者对《阿勒坦·脱卜赤》的刊布和翻译等。

我国学者乔吉于1992年发表的《蒙古历史文献版本类型与系统》一文中对《阿勒坦·脱卜赤》的抄本情况进行了阐释(见图3)。乔吉先生在文中为《阿勒坦·脱卜赤》的抄本情况提供了两点新的信息:第一,鲍登所音写和翻译使用的底本与G本都来自18世纪20年代至80年代俄国传教士在北京发现的三种抄本,这些抄本都存于苏联科学院东方学研究所,其中最好的抄本是编号为G26的抄本,该抄本于1827年在北京被发现;②第二,乔吉在文中列出了一部新的抄本——"张家口铅印本",该抄本为伪蒙疆政府时期在张家口刊行,其他关于该抄本的信息不明。③ 普奇科夫斯基(Л. С. Пучковский)曾于1954年在《东方学院学术论文集·卷九》刊发文章《苏联科学院东方学研究所藏蒙古文写本与木刻本》④介绍了G26号抄本以及其他相关抄本情况。可以明确的是,鲍登音写本的主要底本为P1本,如果将G26号抄本与鲍登的音写本建立起联系,那么G本与P1本、

---

① [日]森川哲雄:《蒙古诸部族与蒙古文文献研究》,白玉双译,内蒙古人民出版社2014年版,第173页。
② 乔吉:《蒙古历史文献版本类型与系统》,《内蒙古社会科学(文史哲版)》1992年第1期。
③ 乔吉:《蒙古历史文献版本类型与系统》,《内蒙古社会科学(文史哲版)》1992年第1期。乔吉在该处举出的"张家口铅印本"据希日古陈述来源于德王(锡林郭勒盟苏尼特右旗旗长德穆楚克东鲁布)府保存的抄本,该抄本在1940年于张家口出版。
④ 关于此论文的情况可参考普奇科夫斯基,李梅景:《苏联科学院东方学研究所藏蒙古文写本与木刻本》,《敦煌学辑刊》2020年第3期。

P2 本将出自同一底本,喀喇沁王府的抄本则不是 P1 本和 P2 本的底本,因此将 G 本与鲍登的音写本建立起联系的观点还有待证实。

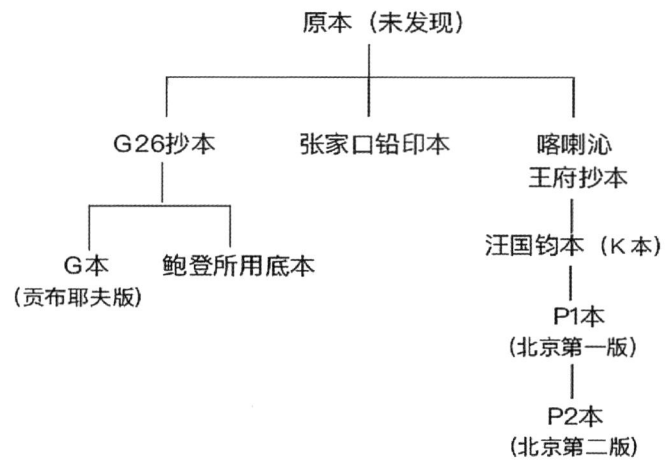

图 3①　乔吉抄本研究

我国研究《蒙古源流》的专家乌兰教授于 1995 年发表在《内蒙古大学学报(哲学社会科学版)》的文章《〈汪国钧本蒙古源流〉评介》,详细地对鲍登所提的 K 本进行了介绍与评论。据乌兰考证,"《汪国钧本蒙古源流》(乌兰对《喀喇沁本蒙古源流》的称谓)是作者汪国钧应南满铁路公司大连图书馆馆长长岛村孝三郎之邀于 1918 年完成的,成书之后,即以写本的形式入藏该图书馆。其后不久,日本东洋文库将此书借去影印,制成晒蓝本收藏"②。乌兰的考证佐证了森川哲雄对 K 本的阐释,说明了汪

---

① 乔吉:《蒙古历史文献版本类型与系统》,《内蒙古社会科学(文史哲版)》1992 年第 1 期。
② 《书香》(日文版)第 52 号(1933 年)第 7 页《〈内蒙古纪闻〉的成书与异本〈蒙古源流〉的汉译——岛村前馆长的来信》;南满铁路公司大连图书馆《本馆所藏稀觏书解题(一)写本部分》第 17 页"喀喇沁本蒙古源流"条。转引自乌兰:《〈汪国钧本蒙古源流〉评介》,《内蒙古大学学报(哲学社会科学版)》1995 年第 1 期。

国钧曾编订蒙古史这一事实。就目前保存的情况而言,大连图书馆馆藏的原本已佚,仅剩日本部分大学的图书馆藏有晒蓝本残册。乌兰在文中肯定了《汪国钧本蒙古源流》中包含的《阿勒坦·脱卜赤》的价值,她认为《汪国钧本蒙古源流》"与《圣成吉思汗传》(即北京第二版)相应部分……基本上不存在缺句现象,影响大的改动也较少,一般的改动似乎多是出于疏通文义的目的"①。乌兰还认为该抄本中虽然仅包含了《阿勒坦·脱卜赤》的部分内容,但对《阿勒坦·脱卜赤》的研究有一定的学术价值。

我国学者希都日古在 2006 年出版的专著《17 世纪蒙古编年史与蒙古文文书档案研究》中对《阿勒坦·脱卜赤》的抄本情况进行了简介。希都日古对《阿勒坦·脱卜赤》存世的各抄本进行了进一步的整合,提出了三个系统五种版本②说(见图 4):其一为贡布耶夫本系统,该系统包括存于苏联科学院的 G26 号抄本、G 本和查尔斯·鲍登所用底本;其二为卜彦毕勒格图(即前文的巴彦毕力格图)本系统,该系统延续了乔吉先生的观点(尽管希都日古对乔吉先生的观点表示怀疑),其中包括 K 本、P1 本、P2 本和张家口铅印本。希都日古认为 1940 年的张家口本《阿勒坦·脱卜赤》是以北京第二版(P2 本)为底本出版的,所以它们仍属于一个系统,并不是乔吉先生所列举的是一个新的本子,此观点与鲍登所陈述的情况比较相近;其三为北京蒙文书社 1925 年本系统,该系统中包括了 P1 本、P2 本和 1989 年出版的以北京第一版为底本的宝力高校注本。另外,希都日古还举出了一个新近发现的抄本,该抄本由蒙

---

① 乌兰:《〈汪国钧本蒙古源流〉评介》,《内蒙古大学学报(哲学社会科学版)》1995 年第 1 期。
② 希都日古:《17 世纪蒙古编年史与蒙古文文书档案研究》,辽宁民族出版社 2006 年版,第 6—8 页。

古国学者沙·确玛从蒙古国阿尔泰省的一个名为巴图满都的人手中获得。①

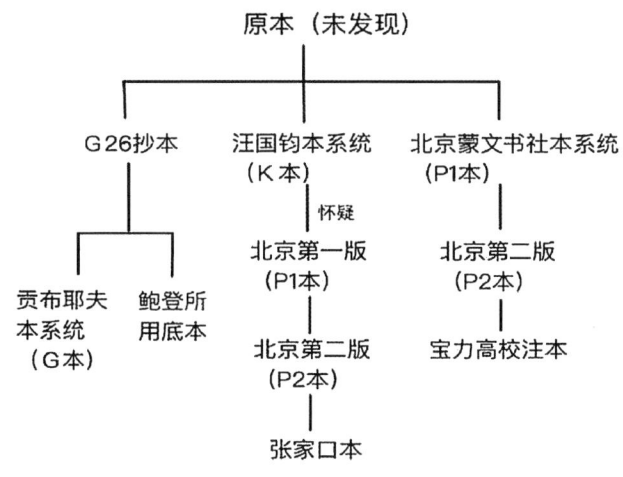

图4 希都日古抄本研究

以上是学界在《阿勒坦·脱卜赤》抄本研究中具有代表性的观点,根据各学者的观点可以看出,查尔斯·鲍登作为最早对《阿勒坦·脱卜赤》各个抄本进行详细描述和研究的学者已经提供了基本的信息,后续的学者所进行的抄本研究是对鲍登研究成果的不断完善。在众学者的观点中,有关存于苏联科学院的G26号抄本与鲍登拉丁语音写本底本间的关系与鲍登自己的表述差异较大。在《蒙古编年史〈阿勒坦·脱卜赤〉》中鲍登称:

---

① 关于该本子的介绍可参考:[蒙]沙·确玛:《新发现的〈黄金史纲〉中有关卜端察儿的内容与其他历史文献的比较》,《内蒙古大学学报(哲学社会科学蒙文版)》1999年第1期。乔吉:《一部新发现的十七世纪初蒙古编年史手抄本——评乔伊玛新版〈黄金史纲研究〉》,《蒙古学信息》2003年第3期。

This edition (P1), which is said to be very rare, was reprinted photographically in Peking in 1940 in reduced format… It is this reproduction that I have used as the basic text of *Altan Tobči*.①

该抄本（P1）据说非常宝贵，因此在 1940 年于北京被重新制成了影刊本……就是这个影刊本我把它用作《阿勒坦·脱卜赤》的底本。

从上述话语中可以看出，鲍登所用底本来自 P1 本，关于 G26 号抄本的信息鲍登并没有提及，由于笔者目前还没有机会见到 G26 号抄本，因而也无法判定 G26 号抄本与鲍登所用底本间的关系，关于该疑问还有待今后进行进一步的研究。

K 本、P1 本、P2 本和张家口本间的关联也是鲍登与后世学者在版本研究上存在的主要差异。据森川哲雄指出北京蒙文书社出版的《阿勒坦·脱卜赤》来源于喀喇沁协理塔布囊希里萨喇家中，喀喇沁人汪国钧在 1915 年以此为底本并参考其他史书整理成两册，1925 年汪国钧的学生、同乡特睦格图（Temegetu）在北京蒙文书社将汪国钧整理的书籍出版。森川哲雄还指出据中见立夫②的考述，汪国钧受托对藏于喀喇沁王府中的史书进行修订与汉译，汪国钧整理的书籍随后被日本东洋文库收藏并制成晒蓝本，成为藤冈胜二刊布的《喀喇沁本蒙古源流》（即 K 本）。前文已述，我国学者乌兰也证实了以上的事实。至此，可以得出 K 本与 P1 本、P2 本都来源于喀喇沁王府收藏的抄本的结论。

鲍登在对《阿勒坦·脱卜赤》抄本介绍时曾指出 P1 本在 1940 年再

---

① C. R. Bawden, *The Mongol Chronicle Altan Tobči*, Wiesbaden: Otto Harrassowitz, 1955, p.3.
② ［日］中见立夫：《盛京宫殿旧藏〈满文旧档案〉与〈喀喇沁本蒙古源流〉——史料的再验证》，载《近代中国东北社会经济构造变迁》，平成 9 年度—平成 12 年度科学研究费补助金报告书，2000 年。

版,鲍登的说法与乔吉先生所提的1940年的张家口铅印本的出版时间相同,并且希都日古还指出张家口铅印本来源于德王府中藏有的抄本。然而,以上信息均未获得确切的书面记录的支持,因此1940年再版的《阿勒坦·脱卜赤》与张家口本或许为同一部史书,只是由于印刷地点信息的差别而造成两种版本的《阿勒坦·脱卜赤》。当然,这种观点仅是笔者的推测,其真实性还有待发现新的抄本资料来佐证。

综上,查尔斯·鲍登作为首个对各个抄本进行详细阐释的学者,已经给出了《阿勒坦·脱卜赤》抄本情况清晰的框架和众多有用的信息,后世学者的研究补充了各个抄本更为详细的信息并对它们间的联系进行了考证。学者们在《阿勒坦·脱卜赤》的抄本研究中已经产生了诸多有益的研究成果,但是抄本间的联系颇为复杂,还留有进一步考究的空间。

2.《阿勒坦·脱卜赤》的成书年代

《阿勒坦·脱卜赤》的成书年代问题一直是学界争论的焦点,鲍登对其成书年代也给予了充分的讨论,他认为《阿勒坦·脱卜赤》中出现的两个人名——布尔尼亲王和明朝皇帝天启对确定成书年代有一定的参考价值。布尔尼亲王是林丹汗之孙,他的名字出现在鲍登所列举的北京本中,P1本在第5至7页列出了从成吉思汗至布尔尼亲王的黄金家族系谱。鲍登指出对于布尔尼的记载仅出现在北京本中,最早刊布的G本和可信度较高的U本中都没有出现布尔尼,并且北京本中记述布尔尼的文字打乱了书中的叙述顺序,所以很显然该段文字为后人所增补。[1] 海西希曾推定布尔尼出生于1651年[2],因此鲍登认为通过海西希的研究可推测P1本完成的时间应在1651年之后。

天启为明朝的第十五位皇帝,于1621—1627年在位。匈牙利学者李

---

[1] C. R. Bawden, *The Mongol Chronicle Altan Tobči*, Wiesbaden: Otto Harrassowitz, 1955, p.114, Note 7.1.
[2] 布尔尼出生的时间还有待学界进行确认,他逝于1675年。

盖提曾根据《阿勒坦·脱卜赤》中出现的"天启"一名推断该书的成书时间不早于1621年，但鲍登指出书中出现关于明朝皇帝天启的记载只能说明《阿勒坦·脱卜赤》曾被后人改写和扩充①，而之所以增添天启皇帝的记载，是为了说明明朝的皇帝是元朝皇帝的后裔。②鲍登进一步指出与布尔尼的情况不同的是，有关天启的记载在五种抄本中都有出现，说明这种记录在《阿勒坦·脱卜赤》成书之时就已经存在，但仅凭天启皇帝的在位时间还不足以确定《阿勒坦·脱卜赤》的成书时间。③因此，鲍登认为根据《阿勒坦·脱卜赤》所记录的最后一位皇帝林丹汗来推测成书年代最为稳妥，即根据林丹汗在位的时间(1604—1634)和有关林丹汗的史料的记录可以推测《阿勒坦·脱卜赤》的成书年代应在1604年之后。

关于《阿勒坦·脱卜赤》的成书年代，学界目前还没有形成统一的结论，学者们所持观点较多。希都日古在《17世纪蒙古编年史与蒙古文文书档案研究》中列举出了众学者所提出的观点，如李盖提提出《阿勒坦·脱卜赤》的成书时间不早于1621年，我国学者留金锁提出是1625年，日本学者小林高四郎认为成书于1630年，我国学者巴雅尔提出是1675—1725年间等。④匈牙利学者李盖提根据对明朝天启皇帝在位时间(1621—1627)的记载而判断《阿勒坦·脱卜赤》的成书年代不可能早于1621年，但鲍登认为《阿勒坦·脱卜赤》中有关天启皇帝的记载只能说明该文献在后续的时间内被改写或扩写过。⑤鲍登根据抄本中林丹汗在

---

① C. R. Bawden, *The Mongol Chronicle Altan Tobči*, Wiesbaden: Otto Harrassowitz, 1955, p.156, Note 62.12.

②③ C. R. Bawden, *The Mongol Chronicle Altan Tobči*, Wiesbaden: Otto Harrassowitz, 1955, p.13.

④ 希都日古：《17世纪蒙古编年史与蒙古文文书档案研究》，辽宁民族出版社2006年版，第6页。

⑤ C. R. Bawden, *The Mongol Chronicle Altan Tobči*, Wiesbaden: Otto Harrassowitz, 1955, p.156, Note 62.12.

位时间(1604—1634)的记载推断出《阿勒坦·脱卜赤》的成书年代大约在1604年之后,蒙古国学者沙·比拉教授①、日本学者森川哲雄②、我国学者乔吉③、乌云毕力格④等学者基本认同鲍登所提出的根据《阿勒坦·脱卜赤》中记录的最后一位元朝皇帝林丹汗在位时期来确定成书年代的观点。

就目前学界所持观点来看,《阿勒坦·脱卜赤》的成书时间不早于1604年已成公认,但关于将时间继续往后推演就有较大分歧。前文已述查尔斯·鲍登根据《阿勒坦·脱卜赤》中出现"布尔尼"这一人名推断北京版《阿勒坦·脱卜赤》的成书时间有可能在1651年之后。森川哲雄指出根据布尔尼的父亲阿巴鼐受爵位的时间(1669年)可以推测出《阿勒坦·脱卜赤》的成书时间可晚至1669年以后。⑤ 除鲍登和森川哲雄试图通过对布尔尼亲王的记载而推断成书年代外,少有学者再进行论证。笔者推测:其一,因为布尔尼仅出现在北京蒙文书社本中,所以原本中是否有布尔尼的记录或是为后人所添加都无从考证;其二,学界普遍以林丹汗和天启皇帝的在位时间进行推断,林丹汗和天启皇帝有着详细的生平记录,并且他们在各抄本中均有出现,因此可靠性较高。

---

① [蒙]沙·比拉:《蒙古史学史13世纪—17世纪》,陈弘法译,上海古籍出版社2015年版,第175—176页。
② [日]森川哲雄:《关于〈蒙古源流〉与作者不明的〈阿勒坦与普奇〉的关系》(「蒙古源流」と著者不明「アルタン・とプチ」との関係について),载中国蒙古史学会编《蒙古史研究》(第六辑),内蒙古大学出版社2000年版,第218—236页。
③ 乔吉:《蒙古历史文献版本类型与系统》,《内蒙古社会科学(文史哲版)》1992年第1期。
④ 乌云毕力格:《五色四藩:多语文本中的内亚民族史地研究》,上海古籍出版社2016年版,第318页。
⑤ [日]森川哲雄:《蒙古诸部族与蒙古文文献研究》,白玉双译,内蒙古人民出版社2014年版,第175页。

3.《阿勒坦·脱卜赤》与其他蒙古史籍之关系

对《阿勒坦·脱卜赤》文献价值的讨论中，鲍登将其与《蒙古秘史》和《蒙古世系谱》（全称为《蒙古博尔济吉忒氏族谱》）进行了比较与研究。《蒙古秘史》成书于13世纪，是现存最早的蒙古历史著作，主要记述了成吉思汗一生的丰功伟绩和窝阔台汗继位后的部分事迹。作为同样以黄金家族作为历史叙事主体的《阿勒坦·脱卜赤》与《蒙古秘史》有着诸多相似之处，造成两部历史典籍相似性的原因一直是蒙古史学界研究的重要对象。鲍登认为《阿勒坦·脱卜赤》和《蒙古秘史》的相似性主要体现在两部史籍中记录有相似的历史事件，但是尽管这些历史事件内容相同，在两部史籍中进行描述的文字和语言却不尽相同，深究造成上述现象的原因极有可能是这两部史籍都来自同一口头叙事传统。① 在历史发展的长河中，不同时期出现的蒙古史籍总是书写着相同的内容，造成这种现象的原因并不是因为它们都参考着同样的史料，而是因为蒙古人自古就有依靠口耳相传记录家族和民族历史信息的传统，这种口头叙事在长期的发展中已经形成了固定的框架和内容，所以叙事者在叙事过程中只是改变了表达所使用的词语，但叙事的内容始终保持不变。鲍登进一步认为，使用口头叙事传统对史籍编撰的影响的观点来解释《阿勒坦·脱卜赤》与另一蒙古史籍《蒙古源流》间的关系时同样适用。

此外，鲍登还以《蒙古世系谱》②为例说明了口头叙事传统对众多蒙古史籍的编纂产生的影响。《蒙古世系谱》是蒙古孛儿只斤氏黄金家族的族谱，该史书同样从印藏王统和蒙古族先祖孛儿帖赤那开始记述，一直叙

---

① C. R. Bawden, *The Mongol Chronicle Altan Tobči*, Wiesbaden: Otto Harrassowitz, 1955, pp.14 - 15.
② 我国学者纳古单夫在《〈蒙古博尔济吉忒氏族谱〉版本述略》中对现存世的各版本《蒙古博尔济吉忒氏族谱》进行了详细说明，其中也对鲍登和海西希共同刊布的《蒙古世系谱》的版本进行了介绍。

述到了达延汗及其后代。仔细比较《蒙古秘史》《阿勒坦·脱卜赤》和《蒙古世系谱》的内容后,鲍登认为《蒙古世系谱》是根据数个蒙古编年史撰写而成的史书,其中《阿勒坦·脱卜赤》是《蒙古世系谱》撰写者的重要参考。虽然如此,但就两者的关系而言,鲍登认为《蒙古世系谱》没有从《阿勒坦·脱卜赤》中直接摘抄内容,它是《阿勒坦·脱卜赤》《蒙古秘史》和《蒙古源流》这三大史籍的混合体。就《蒙古秘史》和《阿勒坦·脱卜赤》《蒙古世系谱》间的关联性而言,出现最早的《蒙古秘史》是《阿勒坦·脱卜赤》和《蒙古世系谱》的撰写者的重要参考文献。从这三部史籍的对比可以看出,《蒙古秘史》和《阿勒坦·脱卜赤》的联系更为紧密,它们的叙事方式和撰写模式均出自同一编撰传统。①

4.《阿勒坦·脱卜赤》与其他蒙古史籍之关系

我国学界目前存在的《阿勒坦·脱卜赤》版本有朱凤、贾敬颜于1985年出版的《汉译蒙古黄金史纲》,留金锁于1980年出版的蒙文版《黄金史纲》和宝力高于1989年出版的蒙文版《诸汗源流黄金史纲》。朱凤和贾敬颜校注的《阿勒坦·脱卜赤》参考了小林高四郎的日译本,以北京第二版(即鲍登称为的 P2 本)作为底本进行了校勘、翻译和注释,查尔斯·鲍登对《阿勒坦·脱卜赤》各抄本的分类在朱凤和贾敬颜的汉译本中得到了延续,并且朱凤和贾敬颜还转引了鲍登对各抄本校勘的译注。留金锁校注的《阿勒坦·脱卜赤》以张家口重印本为底本,宝力高校注的《阿勒坦·脱卜赤》也以北京第二版作为底本。由于朱凤、贾敬颜的《汉译蒙古黄金史纲》(下称"朱贾刊本")在国内学界有着较大影响力,因此本书主要以朱凤、贾敬颜的刊本为例同鲍登的刊本进行比较和评析。

《汉译蒙古黄金史纲》主要分为《阿勒坦·脱卜赤》的译注、附录和蒙

---

① C. R. Bawden, *The Mongol Chronicle Altan Tobči*, Wiesbaden: Otto Harrassowitz, 1955, p.33.

文影印件三大部分的内容,其中附录一是专有名词的译名对照表,附录二是《蒙古家谱》,即上文所提及的《蒙古博尔济吉忒氏族谱》。相较于鲍登的刊本,从体例上看朱贾刊本缺乏对《阿勒坦·脱卜赤》现存各版本的阐释和考究。在典籍的刊布过程中,版本研究是必要的一步,通过版本研究一方面能够说明所刊布底本的可信度,另一方面也能够体现刊本的意义与价值。尽管朱凤、贾敬颜在1985年版的《汉译蒙古黄金史纲》的引言中说明了他们使用的底本情况,但其他抄本的情况以及他们所使用底本的来源、价值等内容还未进行说明。此外,朱贾本与鲍登本的最大差异主要体现在译文中插入的注释,鲍登本中插入的注释主要分为对词句的对勘和语文学研究、对文化背景的介绍以及对学界有争议的问题的讨论等。朱贾本的注释中虽然也包含有对词句的对勘和语文学研究但内容并不充分,对词语的释义朱贾本更广泛地参考了诸多蒙古历史文献(如《蒙古世系谱》《蒙古源流》《蒙古秘史》《元史》等)以及其他文献(如《彰所知论》《史集》《黑鞑事略》等)。例如在"也速该把阿秀尔把孩子(即帖木真)许给了德薛禅,并留下一对马"①一句中插入了对"一对马"的注释:

> 《秘史》66节:"德薛禅说:'我将女儿许与你儿子,你儿子留在这里做女婿。'于是也速该就留下一匹从马做定礼,去了。"《源流》:"伊苏凯奉双马以为聘礼。"订婚后男子留在女家,这是一种"夫从妇"即男就女婿的制度:以马为聘礼,在古代北方民族中颇为盛行,如女真,等等。

该条注释中既包含有与《蒙古秘史》和《蒙古源流》中相同内容表述的比较,又解释了"留下一对马"在蒙古礼俗中所表示的含义。

---

① 《汉译蒙古黄金史纲》,朱凤、贾敬颜译,内蒙古人民出版社1985年版,第8页。

朱贾本参考了鲍登对《阿勒坦·脱卜赤》的校勘成果,适当增减了译文的内容。例如在介绍蒙古先祖孛儿帖赤那家谱时,鲍登本中在孛罗黑臣豁阿后有大段从成吉思汗至布尔尼亲王的世系介绍,虽然经鲍登的详细考证后认为该段记录是后人所加,但其中有关布尔尼亲王的记载是鲍登推测《阿勒坦·脱卜赤》成书年代的重要依据,在鲍登对《阿勒坦·脱卜赤》的研究中占有重要地位。然而,朱贾本中并未将从成吉思汗至布尔尼亲王的世系介绍加入汉译本中,在注释中译者说明"此下有蒙古成吉思汗以来至布尔尼亲王四十二代的世系,为后人篡入。G 本同误,今省去"[1]。朱贾本除了参考鲍登本进行了校勘,它还参考了众多蒙古史籍和诸多文献资料补充了鲍登校勘时未注意到的内容。如在说明四万卫拉特的组成时朱贾本指出了各抄本的错误:"G 本作 qoyiqada,P1 版作 qoyina ede,U 本作 qoyilγ ede,均误,即辉特。"[2]

从朱贾本和鲍登本的对比可以看出,鲍登的刊本在体例上更加完备,其中不仅包含对各存世抄本的介绍、拉丁文音写本和底本的图片,还有鲍登对《阿勒坦·脱卜赤》的比较研究以及对学界存有争议的议题的讨论。朱贾本也有其自身的优势,尽管它不如鲍登的刊本所涵盖的内容全面,也没有对《阿勒坦·脱卜赤》进行更加深入的阐释与研究,但晚近出版的朱贾本在加注的过程中参考了众多蒙古史料和诸多文献资料,一定程度上弥补了鲍登本的疏漏。

另外,蒙古历史典籍在编写体例和撰写内容上往往具有高度的相似性,这种现象使得研究蒙古史籍间的相似性和相互间的继承与参照关系成为蒙古史籍研究中极为重要的部分。已有不少学者对《阿勒坦·脱卜赤》《蒙古秘史》和《蒙古源流》的关系进行了讨论,其中以《蒙古源流》对

---

[1] 《汉译蒙古黄金史纲》,朱风、贾敬颜译,内蒙古人民出版社 1985 年版,第 3 页。
[2] 同上书,第 56—57 页。

《阿勒坦·脱卜赤》的承袭和参照为甚,而《蒙古秘史》对《阿勒坦·脱卜赤》的影响少有学者撰文讨论。

《阿勒坦·脱卜赤》是否直接利用《蒙古秘史》作为撰写史书的参考,学者们所持观点不一。查尔斯·鲍登认为口头叙事传统造成了两部史籍的相似,日本学者小林高四郎在《黄金史解题》一文中也指明《阿勒坦·脱卜赤》"由蒙古之古传承、口碑、谈话及诗谚等所采取者也……(《蒙古秘史》)因此书当时在内蒙古已遭遗失,故无术能予直接利用耳"①。然而,有些学者认为《阿勒坦·脱卜赤》的编撰势必会受到《蒙古秘史》的影响。蒙古国学者沙·比拉教授指出鲍登所提出的《阿勒坦·脱卜赤》与《蒙古秘史》来源于同一口头叙事传统的说法并不能完全说明《阿勒坦·脱卜赤》没有受到过《蒙古秘史》的影响,其中关键的问题在于"这种关系是直接的还是间接的,是直接采用了《纽察·脱卜察安》(《蒙古秘史》)的内容还是通过口头转述采用的"②。沙·比拉教授在《蒙古史学史》中肯定了口头叙事为像《蒙古秘史》这样的蒙古史籍的出现所提供的初期准备,但是他认为尽管蒙古史籍吸收了蒙古文化中早已存在的口头叙事传统,书面的历史文献资料也是蒙古史籍形成的一个重要来源。《蒙古秘史》这种以口头传说等民间口头叙事材料为主的史籍仅仅是13世纪初的产物,随着以回鹘文为基础创建的通用回鹘蒙古文的使用,法令、诏书等文件都以文字的形式被记录下来。《阿勒坦·脱卜赤》是出现于17世纪的蒙古史籍,"十七世纪的历史学家们能从前辈(指前期出现的编年史类史籍)那里获得难以从其他史料中获得的种种事件的有关信息",因此比拉教授坚持认为《阿勒坦·脱卜赤》与《蒙古秘史》间肯定存在某种关联。

---

① [日]小林高四郎:《黄金史解题》,载西北民族文化研究编辑部编《西北民族文化研究丛刊》第1辑,1949年,第107—110页。
② [蒙]沙·比拉:《蒙古史学史13世纪—17世纪》,陈弘法译,上海古籍出版社2015年版,第177页。

苏联学者符拉基米尔佐夫认为蒙古人始终保持对历史传颂和书写的传统,这些史籍的作者"显然利用了不止一种叙事性质的口头传说,他们还掌握了一些现在多半已经失传的文献"①。我国学者包文汉指出蒙古古代历史上的众多历史事件、人物活动和战役等内容如果单凭口头传说是很难被记录下来的,尤其是像《阿勒坦·脱卜赤》这样的编年体史书,如果没有书面文字资料作为参考,那么难以想象这样的史书如何被编写出来。然而,不能否认的是,口头传说中的族源故事和成吉思汗的种种神迹同样也反映在了蒙古史籍中。② 笔者认同符拉基米尔佐夫等学者的观点,查尔斯·鲍登对于《阿勒坦·脱卜赤》的论述仅关注到了其中包含的传说和神话故事,却没有注意到其编撰体例和内容陈述上的特点,进而忽略了《阿勒坦·脱卜赤》作为史籍的性质。

5.《阿勒坦·脱卜赤》刊布的意义

《阿勒坦·脱卜赤》是17世纪出现的蒙古史书中杰出的一部,它是了解蒙古古代史和黄金家族史的重要史料,也是蒙古文化的瑰宝。因《阿勒坦·脱卜赤》具有重要的学术地位,它始终吸引着国内外学者对其进行研究与探讨。查尔斯·鲍登是学界首位对《阿勒坦·脱卜赤》进行详细研究的学者,他对《阿勒坦·脱卜赤》的刊布与研究极大地完善了学界对该部史籍的认知,为世界学者后续进行研究奠定了坚实的基础。鲍登对《阿勒坦·脱卜赤》抄本的研究、成书年代的研究以及与其他蒙古史籍间的关系研究,不仅是学界关注的焦点,也是鲍登在蒙古史籍研究中的重要代表性观点,至今在学界仍具有重要的影响力。

从学界对以上各问题的研究来看,查尔斯·鲍登对《阿勒坦·脱卜

---

① [苏] Б. Я. 符拉基米尔佐夫:《蒙古社会制度史》,刘荣焌译,中国社会科学出版社1980年版,第27页。
② 包文汉、乔吉等编著:《蒙文历史文献概述》,内蒙古人民出版社1994年版,第42页。

赤》各抄本、成书年代和与其他史籍的比较研究都得到了学界的回应,查尔斯·鲍登对于各抄本情况的介绍和成书年代的推断都获得了学界的认可并成为后世继续进行研究的参考。尽管鲍登在《阿勒坦·脱卜赤》与其他蒙古史籍关系的研究中得出的结论较为单一,但也揭示了口头叙事传统在蒙古古代史籍的编纂过程中的重要影响与作用。鲍登对于《阿勒坦·脱卜赤》的深入探讨为后世的学者留下了宝贵的学术财富,他在《阿勒坦·脱卜赤》研究领域的权威地位已经被世界蒙古学界所公认,提出的一系列重要学术观点已经成为学者们必引的学术经典。

(二)《哲布尊丹巴传》研究

哲布尊丹巴呼图克图(下称"哲布尊丹巴")活佛转世系统是喀尔喀蒙古最大的活佛转世系统,它是清代四大活佛系统[①]中的一支。《哲布尊丹巴传》作者佚名,据我国学者乔吉指出,其原本"约成书于1859年,国内外有多种蒙、藏文版本流传"[②],该史籍包括了阿勒坦汗皈依佛教、额尔德尼召的修建、一世哲布尊丹巴的确立、二世和三世哲布尊丹巴活佛转世过程和事迹、四世至七世哲布尊丹巴的生平简介等内容,详细地介绍了16世纪藏传佛教在喀尔喀蒙古的流传过程以及各世哲布尊丹巴的转世过程。哲布尊丹巴在17世纪至20世纪喀尔喀蒙古的宗教、政治、文化生活中扮演着重要角色,是了解喀尔喀蒙古社会的重要通道。

1.《哲布尊丹巴传》各版本的介绍与评价

查尔斯·鲍登所刊布的《哲布尊丹巴传》的底本来源于丹麦蒙古学家

[①] 清代四大活佛系统包括达赖喇嘛、班禅额尔德尼、哲布尊丹巴呼图克图和章嘉呼图克图这四大活佛系统,其中达赖喇嘛和班禅额尔德尼活佛系统存在于西藏地区,哲布尊丹巴活佛系统存在于喀尔喀蒙古地区,章嘉呼图克图存在于内蒙古地区。
[②] [清]萨冈彻辰:《蒙古源流》,乌兰译注,内蒙古大学出版社2014年版,第14页。

第一章 | 查尔斯·鲍登的蒙古史研究

卡勒·格伦贝赫①于1938年从内蒙古呼和浩特席热格图召（Siregetü juu）的一名叫图门巴雅尔（Tümen Bayar）的喇嘛手上收集而来，格伦贝赫对该抄本拍了照片，并且他还购买了与该抄本内容相同但不完整的其他三部抄本，随后将它们带回丹麦由哥本哈根皇家图书馆收藏。1955年2月至4月和1956年夏季，鲍登应格伦贝赫的邀请两次前往哥本哈根，协助格伦贝赫对其发现的哲布尊丹巴传记进行拉丁文的音写和翻译。不幸的是1957年1月，格伦贝赫教授因病去世，剩余的研究工作便由鲍登独立完成。② 在对《哲布尊丹巴传》进行刊布的过程中，鲍登还参考了由海西希和蒙古国国立图书馆提供的其他版本的《哲布尊丹巴传》，并最终于1961年在威斯巴登将格伦贝赫收集而来的《哲布尊丹巴传》出版，命名为《大库伦的哲布尊丹巴·呼图克图》。《大库伦的哲布尊丹巴·呼图克图》共分为四大部分：第一部分包括了对第一世哲布尊丹巴前世的讨论和《哲布尊丹巴传》各异本的介绍，第二部分为鲍登的拉丁文音写文，第三部分是鲍登的英译文以及注释，最后一部分是馆藏于哥本哈根皇家图书馆的编号为Mong 519的抄本的影印本。

---

① 卡勒·格伦贝赫（Kaare Grønbech，1901—1957），阿尔泰学家，其父为哥本哈根大学教授威廉·格伦贝赫（William Grønbech，1873—1948），他撰写过许多宗教史方面的书籍。1932年起格伦贝赫在哥本哈根的埃佩哈兹中学讲授英语和德语，1936年获得博士学位，论文题目为《土耳其语的结构》。1938—1939年间，格伦贝赫作为第三次丹麦中央亚考察队成员完成了对内蒙古的考察，在此次考察中格伦贝赫搜集到了大量的蒙古语抄本。1947年格伦贝赫任哥本哈根大学中亚民族语教授，1948年起为哥本哈根大学中亚研究所负责人之一。从1950年起直至逝世，格伦贝赫一直担任国际东方学家协会主席，并任东方学丛刊《东方学报》（*Acta Orientalia*）的主编，还任包括《中亚杂志》（*Central Asiatic Journal*）和《乌拉尔学-阿尔泰学年鉴》（*Ural-Altaische Jahrbucher*）在内的一系列国际东方学杂志和年鉴的编委。
② Charles R. Bawden, *The Jebtsundamba Khutukhtus of Urga*, Wiesbaden: Otto Harrassowitz, 1961, Preface.

鲍登在对《哲布尊丹巴传》进行校勘和译注过程中所使用的底本和各异本的信息如下：

A本：1938年格伦贝赫在呼和浩特收集到的抄本，馆藏于哥本哈根皇家图书馆，编号为编号为 Mong 519。该本为鲍登进行音写和校勘所使用的底本。

B本：1939年格伦贝赫从内蒙古收集来的18页对开本抄本，其大致与A本的前25页一致，馆藏于哥本哈根皇家图书馆，编号为 Mong 414。

C本：1939年格伦贝赫从内蒙古察哈尔收集来的13页对开本抄本，其与A本前8页一致，馆藏于哥本哈根皇家图书馆，编号为 Mong 412。

D本：格伦贝赫从内蒙古察哈尔收集来的单页对开本，与A本前2页一致，馆藏于哥本哈根皇家图书馆，编号为 Mong 558。

U本：完整的47页对开本抄本，馆藏于乌兰巴托蒙古国立图书馆。海西希给鲍登提供的是该本的胶卷本。

V本：完整的51页对开本抄本，馆藏于乌兰巴托蒙古国立图书馆。1958年蒙古国立图书馆将该本的胶卷本赠送给大英博物馆。

W本：完整的30页对开本抄本，馆藏于乌兰巴托蒙古国立图书馆。鲍登所见的胶卷本中有数行模糊不清。

X本：完整的69页对开本抄本，馆藏于乌兰巴托蒙古国立图书馆。鲍登所见的胶卷本中有两页遗失。

目前存世的各版本《哲布尊丹巴传》有：约成书于1702年的由喀尔喀乌扎雅班第达罗卜藏普棱列所著的《哲布尊丹巴一世传》，纳吉旺布喇嘛于1839年撰写的《哲布尊丹巴一世传》和在约1848—1851年撰写的《哲布尊丹巴一世至六世传》，以及鲍登作为底本的由佚名在约1859年所著的《哲布尊丹巴一世至七世传》（见表1）。申晓亭和成崇德在1990年共同出版了汉译本《哲布尊丹巴传》，该汉译本与鲍登所用底本相同，它很好地补充了我国学界的哲布尊丹巴研究资料，在国内被学者们广为引用。

日本学者冈田英弘在《哲布尊丹巴传记资料五种》①中列举了五种存世的《哲布尊丹巴传》,其中包括了以上所提的四种版本,还增加了土谢图汗部达赖图谢公旗协理噶尔丹台吉所著的《宝贝念珠》。《宝贝念珠》主要记述了蒙古汗统和藏传佛教在蒙古地区的传播,尤其对藏传佛教在喀尔喀蒙古的传播和喀尔喀蒙古历史进行了详尽的记载。冈田英弘将《宝贝念珠》当作《哲布尊丹巴传》中的一种也正是考虑到该史籍对藏传佛教在喀尔喀地区传播的详细记述,以及其对于哲布尊丹巴研究具有的重要参考价值。

表1 《哲布尊丹巴传》各版本情况

名称	作者	年代
《哲布尊丹巴一世传》	罗卜藏普棱列	约1702年
《哲布尊丹巴一世传》	纳吉旺布喇嘛	1839年
《哲布尊丹巴一世至六世传》	纳吉旺布喇嘛	约1848—1851年
《哲布尊丹巴一世至七世传》	佚名	约1859年

2. 鲍登本《哲布尊丹巴传》与申晓亭、成崇德版本的比较

佚名所著《哲布尊丹巴传》在国内外有诸多版本流传,其中英译版为查尔斯·鲍登所译(下文称"鲍登译本"),汉译版为申晓亭和成崇德所译(下文称"申成译本")。鲍登译本主要参考的是丹麦哥本哈根图书馆和蒙古国国立图书馆馆藏的各异本《哲布尊丹巴传》,申成译本所参考的是馆藏于北京图书馆和内蒙古图书馆的另外两种蒙古语抄本。鲍登译本和申成译本主要在佛教专有名词的翻译和译文中插入的注释这两方面有较大差异。

---

① [日] 冈田英弘:《哲布尊丹巴传记资料五种》,《蒙古学资料与情报》1989年第2期。

(1) 佛教专有名词的翻译

佚名著《哲布尊丹巴传》具有浓厚的藏传佛教色彩,其中不仅有大量的佛教术语,还将各世哲布尊丹巴用以神化的方式进行描述,因此《哲布尊丹巴传》带有佛教史的撰写风格。面对《哲布尊丹巴传》的文本特性,鲍登译本和申成译本分别采用了不同的翻译方法对佛教专有名词进行翻译。鲍登在译文中大多使用了梵语和藏语拉丁文转写的方式进行表达,如 Mahākāla(大黑天)、Prajna-pāramita(般若波罗蜜)、Bras-spuṅs(哲蚌寺)等。申成译本中大多使用这些专有名词的汉译或音译,如 Mahākāla 在申成本中译为"嘛哈卡拉",但在该译本中也保留有诸如 Kangdang lhabjaya(《兜率百尊诵》)、lhasurun nimbuu čidnamji(请山神、地衹护佑……)等藏语的拉丁文转写。鲍登译本与申成译本对佛教专有名词采用不同的翻译策略,从客观条件来看是因为英语和梵语以及藏语的拉丁文转写均为拼音文字,都是用字母呈现,鲍登在译文中保留了这些专有名词的读音形态。在申成译本中,一些专有名词本就有其对应的汉语词语,因此也就无须保留它们的梵文或是拉丁文转写。一些词语没有其对应的汉语词汇,那么在申成译本中就保留了它们的拉丁文转写。然而,还有一些词语,如上文展示的 Mahākāla(大黑天)一词在申成译本中就采用了音译的方法,所以申成译本在对专有名词的翻译过程中还未达到文本内部的统一,这是申成译本的一个缺陷。

(2) 译文内注释

鲍登译本中在译文下增添了丰富的注释,这些注释有些用来标注某个语句的蒙古语原文,有些指出同一个词语在不同异本中的记录,有些阐释词语的含义,还有一些补充词汇背后的文化含义等。申成译本中的注释出现在译文最后,共插入 46 条注释,这些注释大多是对译文中词语意义的解释说明,少数注释阐释了背景知识但介绍的内容较为简短,如对车臣汗的解释为"喀尔喀三汗之一硕垒,又号玛哈萨嘛谛"。在申成译本的注释中还有少数对原文的勘误,如注释34将原文的"金黄的火蛇年"勘误后改为"乾隆三年土马年"。从总体上来说,鲍登译本和申成译本在加注上差别很大,鲍登的注释既有语文学的考究还有对勘研究。鲍登的译本也注重从读者的角度出发,尽量补充译文中缺失的文化信息,使得即使是对蒙古文化不了解的非专业人士在阅读的过程中也不会遇到太大的障碍。申成译本中的注释是对译文的简略补充,该译本将读者群体设定为具有一定知识积累的专业人士,所以在文化背景知识方面没有给出太多的补充信息,在校勘研究等方面也没有涉猎太多。

从对佚名所著的《哲布尊丹巴传》的刊注情况来看,鲍登译本无论在对勘研究的细致程度,还是语文学研究的深度,以及刊布的完整性上都较申成译本更加全面和专业。更值得一提的是鲍登在《哲布尊丹巴传》中加入了底本的影印本照片,提供了更加丰富的参考内容,让研究人员能够一睹该文献原本的风采。从实际的学术价值来看,鲍登译本和申成译本都具有重要的参考价值,鲍登译本因出现时间较早、研究较为全面而受到世界蒙古学界的广泛参考。申成译本虽出现较晚,但在我国学界具有重要的影响力,被我国学者广泛引用,成为我国学者研究哲布尊丹巴活佛系统时必要的参考资料。

3.《哲布尊丹巴传》刊布意义

查尔斯·鲍登所刊布的《哲布尊丹巴传》是目前存世的版本中对哲布尊丹巴活佛系统记录最为详细的一部,其中包含的一世至三世哲布尊丹巴的详细记载以及四世至七世的生平都为哲布尊丹巴研究提供了可参考的珍贵资料。该部《哲布尊丹巴传》作为对哲布尊丹巴活佛转世系统记录最为详细的传记,不仅展示了藏传佛教流入喀尔喀蒙古的过程,还为研究各世哲布尊丹巴的生平事迹提供了可靠的研究资料。意大利著名藏学家图齐曾评价鲍登对《哲布尊丹巴传》的校勘明晰了蒙古语文献对藏语佛教词汇转写而产生的混淆,鲍登所刊布文献对研究蒙古地区的藏传佛教和库伦统治阶级都做出了贡献。①

一世哲布尊丹巴与名僧多罗那他的关系一直是哲布尊丹巴研究中的一个重要议题，在对《哲布尊丹巴传》的译注中，鲍登对于一世哲布尊丹巴与多罗那他的关系进行了讨论。鲍登列举出有关一世哲布尊丹巴前世的两种观点：一是德国学者舒赫曼（G. Schulemann）所提出的一世哲布尊丹巴是迈达里呼图克图②的转世的观点，二是由瓦德尔（L. A. Waddell）提出的一世哲布尊丹巴是在蒙古弘法并死于蒙古的觉囊派高僧多罗那他的转世。③ 鲍登指出蒙古国立图书馆馆藏的《哲布尊丹巴传》的异本中记载了一世哲布尊丹巴的十五位前身，第一位前身是佛祖释迦牟尼的门徒，第十五位前身便是多罗那他。④ 从鲍登的阐释可以肯定的是，哲布尊丹巴一世被认定为多罗那他的转世，但学界争论的焦点在于为何将觉囊派高僧多罗那他与出身于蒙古黄金家族的一世哲布尊丹巴建立了联系。

我国学者许德存（索南才让）在《多罗那他评传》中对多罗那他与喀尔喀蒙古的关系进行了考释。他认为将觉囊派高僧多罗那他与一世哲布尊丹巴相联系而导致的误解来源于妙舟法师所著的《蒙藏佛教史》。《蒙藏佛教史》陈述了多罗那他来到蒙古地区弘法并受到蒙古人敬仰之事，还讲述了多罗那他圆寂后在喀尔喀蒙古地区转世进而确立哲布尊丹巴活佛转世系统的过程。⑤ 许德存进一步考证指出，妙舟法师所说多罗那他在蒙地弘法之事存有偏差，阿巴岱汗曾派人前往西藏迎请高僧前往喀尔喀蒙

---

① Giuseppe Tucci, "Review of *The Jebtsundamba Khutuktus of Urga*, text, translation and notes by C. R. Bawden", *East and West*, 1966(1/2), p.174.

② 我国学者许德存认为多罗那他的迈达里尊号之说是张冠李戴，真正被赠以迈达里呼图克图称号的是代替达赖喇嘛云丹嘉措前去蒙古地区的根敦贝桑嘉措。（许德存：《藏传佛教研究》，宗教文化出版社2008年版，第226页。）

③④ Charles R. Bawden, *The Jebtsundamba Khutukhtus of Urga*, Wiesbaden: Otto Harrassowitz, 1961, p.45, Note 8.

⑤ 许德存：《藏传佛教研究》，宗教文化出版社2008年版，第224—225页。

古传法,所请高僧便是多罗那他,但并不存在多罗那他在蒙古地区弘法多年的说法,事实上出于身体状况等原因多罗那他并没有到过蒙古地区。① 我国学者陈庆英和韩国学者金成修在论文《喀尔喀部哲布尊丹巴活佛转世的起源新探》中指出,在历史文献和各类哲布尊丹巴传中对外喀尔喀汗部中哲布尊丹巴的记录存在着明显的混乱和模糊,但可以肯定的是,多罗那他没有到过蒙古弘法,并且"多罗那他"应该是依怙神的藏文音译,而并非觉囊派高僧多罗那他。② 我国学者金雷在《哲布尊丹巴转世考疑》中基于对史料的研究将一世哲布尊丹巴与多罗那他的关系进行了爬梳,该文从多罗那他是否到过蒙古弘法、哲布尊丹巴是否为多罗那他的转世以及哲布尊丹巴的认定三个方面分析了一世哲布尊丹巴与多罗那他之联系,并提出了多罗那他没有到过蒙古,但哲布尊丹巴被认定为多罗那他的转世极有可能与温萨活佛罗桑丹增嘉措认定有关的观点。③ 综合上述各学者的观点可以得出,多罗那他在蒙地弘法多年和多罗那他在库伦圆寂后转世于土谢图汗之子即一世哲布尊丹巴的说法应得到修正。一世哲布尊丹巴的前世被认定为多罗那他与彼时的喀尔喀蒙古社会环境有着直接关系,成崇德在《论哲布尊丹巴活佛系统的形成》一文中指出,喀尔喀蒙古和西藏的寺院集团通过哲布尊丹巴连接在一起的目的是"使宗教和政治、喇嘛和贵族的统治利益结合起来,形成政教合一的统治"④。

哲布尊丹巴呼图克图作为喀尔喀蒙古社会中一支重要的宗教力量,是研究清朝和近代喀尔喀蒙古不容忽视的重要组成部分。遗憾的是,我国学者对于哲布尊丹巴活佛系统的研究并不充分,有关记载各世哲布尊

---

① 许德存:《藏传佛教研究》,宗教文化出版社2008年版,第226—227页。
② 陈庆英、金成修:《喀尔喀部哲布尊丹巴活佛转世的起源新探》,《青海民族学院学报》2003年第3期。
③ 金雷:《哲布尊丹巴转世考疑》,《世界宗教文化》2017年第4期。
④ 成崇德:《论哲布尊丹巴活佛系统的形成》,《西藏研究》1986年第2期。

丹巴的文献梳理与研究还比较缺乏,尤其是对哲布尊丹巴活佛系统的考释和系统性的学术研究仍比较少见。我国的哲布尊丹巴研究主要集中于从清史研究的角度阐释一世和二世哲布尊丹巴在清朝蒙古时期的政治角色和对满蒙关系的影响,对具有争议的八世哲布尊丹巴学者们也颇为关注。从整体上看,我国学者的哲布尊丹巴研究基本以一世、二世和八世哲布尊丹巴的个案研究为主,较为缺乏对哲布尊丹巴活佛系统的整体性研究,以及该活佛系统对喀尔喀蒙古社会政治生活的影响,它在中蒙俄之关系间充当的中间人角色等方面的研究。国外学者对哲布尊丹巴的研究与达赖和班禅活佛系统的研究相比同样较为缺乏,他们同样以清史研究的视角探讨哲布尊丹巴在满蒙关系中充当的重要角色。鲍登所刊布的《哲布尊丹巴传》将研究对象集中于哲布尊丹巴转世系统本身,其对哲布尊丹巴活佛转世系统的记载也较为全面,很好地补充了现有的哲布尊丹巴活佛系统的研究资料。

二、查尔斯·鲍登英译蒙古历史典籍的翻译策略研究

对蒙古历史典籍的研究是西方蒙古学研究首先开拓的领域,蒙古学家施密特是研究并翻译蒙古历史典籍的先驱。1829年施密特在圣彼得堡将《蒙古源流》的蒙古语原文和德语的译注一同出版,使《蒙古源流》成为第一部呈现给西方世界的蒙古编年史史书,1933年德国学者艾里赫·海涅什使用拉丁文音写并刊布了满文版《蒙古源流》。《蒙古秘史》也是西方学者在蒙古学研究初期关注的重点,在1931—1941年间海涅什出版了有关《蒙古秘史》的四部著作,并对《蒙古秘史》进行了译注和研究。日本学者白鸟库吉、小泽重男等在还原汉字音写本《蒙古秘史》为蒙古语方面

做出了重要贡献。《蒙古秘史》和《蒙古源流》自20世纪初出现在西方学术界的视野以来就一直吸引着西方学者的不断研究，他们多从语文学、文献学的角度对这些历史典籍进行研究，将这些蒙古史籍翻译为德语、法语和英语等西方语言并在译文下添加注释也是西方学者常用的研究方法。

对蒙古史籍的英译是查尔斯·鲍登刊布史籍的有机组成部分。鲍登所刊布的《阿勒坦·脱卜赤》和《哲布尊丹巴传》均在海西希主编的《亚洲研究》(Asiatiche Forchungen)系列丛书中出版,该套丛书主要致力于刊布和翻译各种蒙古语抄本、刻本和典籍等,《阿勒坦·脱卜赤》是该套丛书的第5卷,《大库伦的哲布尊丹巴·呼图克图》为第9卷。蒙古典籍的翻译在西方的蒙古学研究中占有重要地位,英译蒙古典籍不仅扩大了蒙古历史文化的传播范围,也为不认识蒙古语的读者提供了更为丰富的参考资料。鲍登对蒙古典籍的英译保持着传统的西方研究特色,即在译文中增加了大量注释来对译文内容进行解释说明或是对相关问题进行阐释。这种使用注释来辅佐和丰富译文内容的翻译方式就是深度翻译,鲍登通过使用深度翻译的策略丰富了译文的历史文化内涵,增加了译文的厚度。

（一）"深度翻译"概念解析

"深度翻译"[①]理论来源于文化人类学中的"深描"(thick description)，

---

① 关于"Thick Translation"这一概念国内有"深度翻译""厚翻译""厚重翻译"和"丰厚翻译"四种译法,李红霞和张政在发表于《上海翻译》2015年第2期的论文《"Thick Translation"研究20年:回顾与展望》中分析了国内关于"Thick Translation"概念四种中文翻译的应用情况以及相关研究,认为将"Thick Translation"译为"丰厚翻译"更为恰当。笔者认为"Thick Translation"与文化人类学概念"深描"(thick description)有着密不可分的联系,并且"Thick Translation"就是由"深描"这一概念阐发而来,所以采用"深度翻译"这一译法可以展示此概念的文化人类学背景,从而更加有效地理解"Thick Translation"的内涵,故本文采用"深度翻译"的中文译法。

"深描"理论最初由美国著名人类学家克利福德·格尔茨（Clifford Geertz）在《文化的解释》（*The Interpretation of Cultures*）中提出。格尔茨坚持将文化看作一种符号学概念，对于"文化"这一符号需要像分析一种意指结构（structures of signification）一样来理解。在《文化的解释》中格尔茨认为，作为符号学概念的文化是"由可以解释的记号构成的交叉作用的系统制度，文化不是一种引致社会事件、行为、制度或过程的力量；它是一种风俗的情景，在其中社会事件、行为、制度或过程得到可被人理解的——也就是说，深的——描述"[1]。格尔茨提出的"深描"是一种对文化的解释方式，即使用详尽的语言描述和解释某种文化现象，进而让读者理解这种文化现象的意义。格尔茨提出"深描"概念的灵感来源于英国哲学家吉尔伯特·赖尔（Gilbert Ryle）的论文《对思想之思考》（"The Thinking of Thoughts"），该论文中列举了生活中的一个例子：当两个男孩子同时眨动右眼，我们能否断定这次眨眼是男孩们有意为之还是面部不自觉的抽动？要区分男孩眨眼的真正意图就必须要求旁观者参与男孩们眨眼的过程并且还需要结合当时的具体情况来判断。从文化研究角度来看，有意的挤眼和不自觉的眨眼这两个动作是彼此关联的，即如果是挤眼那么一定不是眨眼，如果是眨眼那一定就不是挤眼，人们想要分清挤眼或是眨眼就需要处于同一文化范畴才能够理解动作的真正含义。"深描"强调行为意义的确定具有复杂性，要想了解其中的真正含义就需要耐心地参与其中并结合具体的情景做出解释。

美国学者克瓦米·安东尼·阿皮亚（Kwame Anthony Appiah）将人类学中的"深描"引入翻译研究进而提出"深度翻译"概念，在《深度翻译》（"Thick Translation"）一文中阿皮亚首先提出交流中传递意义的载体是

---

[1] ［美］克利福德·格尔茨：《文化的解释》，韩莉译，译林出版社2006年版，第17—18页。

语言,如果存在语言障碍,那么语言交流的双方只能获得彼此语言的发音而无法理解其中的含义。其次,阿皮亚还认为文化背景对理解语言所传达的意义同样重要,语言不仅有其字面含义,在很多情况下还拥有更深层的含义,这些深层含义需要结合该语言的文化背景来理解。在某些情况下,语言所包含的深层含义才是说话者所要表达的真正含义,并且深层意义的理解还需要说话者和听话者彼此间的有效互动。面对如今多元文化共生的局面,遭遇文化冲击和经历跨文化交流已经成为常态,在交流过程中对文化因素的考量已经成为重要的组成部分,所以阿皮亚认为"翻译应通过注释和批注将文本置于丰富的文化和语言环境中"[1],这样的翻译就是"深度翻译"。深度翻译强调在翻译过程中不应随意使用词语,在何种情况下使用何种词语应受到具体语境的影响,而语境进一步受到了语言使用者的文化背景的制约。

伦敦大学教授西奥·赫曼斯(Theo Hermans)在论文《作为深度翻译的跨文化翻译研究》("Cross-cultural Translation Studies as Thick Translation")中从跨文化视角进一步分析了不同文化语境对翻译的影响。赫曼斯通过分析《诗学》(*Poetics*)和严复的"信、达、雅"这三个汉字的不同译本,揭示了译者在不同历史文化语境和不同认知情形下对相同源语言的不同翻译。赫曼斯还借用了瑞恰慈(I. A. Richards)的复义理论(technique of multiple definition)和不同译本的比较,进一步表明翻译活动折射出了不同文化背景下译者通过寻找文化间的相似性来达到翻译的目的的过程。正如"深描"强调意义的确定需要进行详细的阐释一样,赫曼斯认为在翻译过程中我们无法找到能够完全准确替代另一种语言的替代物,在不断比较的过程中我们只能选择最为恰当的翻译。[2] 赫曼斯还将深度翻译看

---

[1] Kwame Anthony Appiah, "Thick Translation", *Callaloo*, 1993(4).
[2] Theo Hermans, "Cross-Cultural Translation Studies as Thick Translation", *Bulletin of the School of Oriental and African Studies*, 2003(3).

作对现代翻译研究的批判，他认为采用深度翻译的策略可以促进丰富多彩的词汇的产生，因为深度翻译不仅仅是从目标语言出发考察翻译过程，译者也会不自觉地将源语言的特征带入译文。深度翻译强调了译者的主体性，就如同人类学家撰写民族志一般，译者在翻译过程中通过详细的阐释和采用带有源语言特色的词汇使得译文的读者清楚地知晓"在某地发生了什么事"。

（二）查尔斯·鲍登对蒙古史籍的深度翻译

查尔斯·鲍登对《阿勒坦·脱卜赤》和《哲布尊丹巴传》的英译带有明显的深度翻译特征，译文中的注释兼具学术研究特征和文化阐释特性。在注释中，鲍登不仅完成了对词句进行考究的语文学研究，还对蒙古文化中特有的词汇和表达给予了解释，补充了有助于理解译文的文化背景知识。译文和文下注释共同构成了鲍登对两部蒙古历史典籍的研究和阐释，注释让鲍登英译的两部蒙古史籍变得厚重。鲍登的译文所插入的注释主要分为以下几种类型：

1. 词汇的蒙古语注音和解释

对个别词汇插入注释标出蒙古语注音是鲍登在翻译时常常加入注释的原因。如在《阿勒坦·脱卜赤》中，因为鲍登对大多佛教神祇的名称采用了意译的方法翻译，所以对这些神祇名称的英译文添加了相对应的蒙古语拉丁文转写作为注释，如在介绍佛教王统时鲍登对众神祇的名称翻译如下：

众恭王：olana（多的、众多的）ergügdegsen（被拥戴） qaγan
    Greatly   Exalted   King
光妙：üjesküleng（美丽的、秀美的）-tü gerel（光、光明）-tu qaγan
    Splendid   Light   King

善王：buyan(吉利的、德、善)-tu qaγan
　　　Virtuous　　　　　　　King

善妙：sayin(好) üjesküleng-tü qaγan
　　　Good　　Splendid　　King

近妙：Masi(极、颇、甚) üjesküleng-tü qaγan
　　　More　　　　　　　Splendid　King

严妙：Tegüs(十足、完全) üjesküleng-tü qaγan
　　　Perfect　　　　　　　Splendid　King

对译文中的词语加注并进行阐释的情况在鲍登的英译文中所占比重较多。如对史籍中的年份进行加注,蒙古史籍中最常用的纪年方法是十二生肖纪年,这种纪年方法以虎为岁首,虎、兔、龙、蛇、马、羊、猴、鸡、狗、猪、鼠、牛十二生肖循环一轮共 12 年,后在其中又加入了蓝(青)、红、黄、白、黑五色分阴阳,共十数与十二生肖相配,再加上阴阳循环一轮共 60年。史籍中出现的年份表达就成为青龙年、白马年等,所以鲍登对这些年份加入注解以便更加符合现代的纪年标准,如"Külüg Qaγan was born in the year of the Ox. After this, in the fifth year, Möngke Qaγan, being 45 years old, sat on the great throne at Ködege Arulan on the Kerülen in the year of the Pig"[1]中,鲍登在"the year of the Ox"和"the year of the Pig"中分别注释为 1205 年和 1251 年。

2. 词汇的语文学考究

语文学研究是出现较早的文本研究方法,语文学研究主要讲求对文本中的词语进行考究,目的在于注释、阐释与考证。鲍登对蒙古历史典籍

---

[1] C. R. Bawden, *The Mongol Chronicle Altan Tobči*, Wiesbaden: Otto Harrassowitz, 1955, p.147.

的研究也遵循传统的语文学研究方法,因此对于个别词汇的语文学考究是鲍登对蒙古语历史典籍的研究重点,如在阿阑豁阿感光受孕的故事中:

> When in the dark night a yellow **shining** boy entered in, brightness penetrated into my tent. When he went after rubbing my belly, he became a black "qalǰin" dog, and went out, licking his tongue and lips, by the right-hand door. If you judge by this, I think they are boys with a destiny from Heaven.[①]

鲍登对"shining"一词进行了注释,底本的蒙语转写为"čiügen"。鲍登所加入的注释为:

> HS[②] 21 gives cäügän; HW p.25 gives for this the gloss ming glänzend,"gleaming", with four references. The Chinese translation of the Secret History, I, p.20a gives for this sentence（每夜有黄白色人）."every night there was a yellow-white man", and thus appears to equate cäügän whit čaɣan (white), pai se. U1 p.1 reads čegüken, G reads čeügen, neither of which offer any assistance.

鲍登根据伯希和、海涅什、汉文《蒙古秘史》和其他抄本对"čiügen"进行了考证,指出在不同本子中"čiügen"一词的不同转写以及该词的具体含义。

---

① C. R. Bawden, *The Mongol Chronicle Altan Tobči*, Wiesbaden: Otto Harrassowitz, 1955, p.115.
② HS 代表文献"Paul Pelliot. Histoire Secrète des Mongols, Oeuvres Posthumes I, Paris 1949"。HW 代表文献"E. Haenisch. Wörterbuch zu Monghol un Niuca Tobca'an, Leipzig 1939"。

3. 提供文本外的信息

使用注释提供附加的信息不仅可以加深读者对源语语境的理解,还可以帮助读者获得更多的文化信息,进而使读者更好地理解源语文本所表达的真实含义。如在《阿勒坦·脱卜赤》中鲍登解释成吉思汗是因受天命而生时,在注释中插入了《蒙古世系谱》中的记载:成吉思汗受天命而生,原因是佛祖涅槃三千二百五十余年后,世上生出了十二个暴君,民众忍受着这些暴君的欺压,成吉思汗受佛陀之命诞生,是打败这些暴君一统天下的真命天子。鲍登在注释中对于成吉思汗因受天命而生的补充,更加显示出了《阿勒坦·脱卜赤》的编写者深受佛教影响,将蒙古族的先祖同佛陀和佛教传说等联系在一起的撰写思想。另外,鲍登在译文中插入的注释还兼顾学术研究的性质。如在注释中鲍登对《阿勒坦·脱卜赤》的成书年代进行了讨论,也对一世哲布尊丹巴与多罗那他的关系进行过简要的分析。译文下的注释成为鲍登逃脱译本束缚的方式,在注释中鲍登将学界有关两部史籍的学术问题加入其中进行探讨,加深了注释的学术性。

4. 补全文化空缺

在源语文化中常常有译语文化没有的文化现象,这种现象就是文化空缺(cultural void)。鲍登所翻译的两部蒙古历史典籍充满着佛教名词、民间传说、民族风俗、格言谚语等诸多蒙古社会中独有的文化内容,面对以上这些具有民族特色的文化内容,就需要鲍登在译文中插入大量的注释补充文化空缺。如鲍登在《阿勒坦·脱卜赤》中对"Quda"(忽答,意为亲家)一词的解释为:"The name given to the heads of two families allied by the marriage of their children; also the male members of two such families."[1]

---

[1] C. R. Bawden, *The Mongol Chronicle Altan Tobči*, Wiesbaden: Otto Harrassowitz, 1955, p.118, Note 5.

再如鲍登在《呼图克图》中根据他到访蒙古人民共和国所见到的情况描绘了额尔德尼召的状态：

The three shrines still survive at Erdeni Juu, inside their own compound, together with the tombs of Abudai QaƔan and Tüsiyetü Qan Gombodorǰi. They now form a national museum, and contain a host of images, religious vessels and so on, crowed together. Much of Erdeni Ju, including the great assembly hall, was destroyed in 1937, and only a certain amount of restoration work has been so far attempted. The pre-1937 appearance of the monastery, together with pictures of the *Cham* dance, the appearance immediately after the destruction, and the present state, can be studied in an interesting album of photographs kept in a small temple building inside this compound, but otherwise, so far as I know, unpublished.[1]

额尔德尼召兴建于1586年，喀尔喀土谢图汗部的阿巴岱在漠南蒙古的归化城（今呼和浩特）拜见三世达赖喇嘛索南嘉措后，受三世达赖喇嘛灌顶获"瓦齐尔巴尼合罕"尊号，成为喀尔喀蒙古第一位拥有汗号的封建领主。在皈依藏传佛教后，阿巴岱汗为了表示对黄教的敬重，便在旧时蒙古都城哈剌和林附近建起名为额尔德尼的召寺。额尔德尼召是漠北蒙古的第一座寺庙，从建立以后规模一直在扩大，逐渐成为远近闻名的佛教圣地。1937年，额尔德尼召在蒙古人民共和国的清洗运动中遭到了严重损毁，仅有三间寺院存留下来，它曾经的辉煌一去不复返，后被改造成博物

---

[1] Charles R. Bawden, *The Jebtsundamba Khutukhtus of Urga*, Wiesbaden: Otto Harrassowitz, 1961, p.37, Note 4.

馆对外开放。鲍登所描述的场景便是他看到的额尔德尼召被损毁后的场景,通过鲍登的介绍使读者了解了额尔德尼召的现状,增进了读者与书面记载的史实的距离。

5. 解释文化现象

鲍登在译文中插入的注释还充当着为读者提供文化背景知识、阐释文化现象的重要作用。"深度翻译"强调将翻译的过程和译文置于丰富的文化语境中考察,鲍登在译文中增加的注释丰富了译文整体的文化特征,通过对文化现象的阐释,有效还原源语的文化语境,从而减少译语自身的文化气息对源语的冲击。如鲍登所翻译的一段有关成吉思汗在鄂嫩河边向属下发告辞令的韵文:

> You, my companions and followers who are my strength; (you) who are the forehead piece and the button on the hat; rolled up like a pigtail, heaped together like stones, as when the heads of (your) geldings are coming forward; ranged like reeds, grit in like fortresses, you my tributary armies, listen!①

鲍登在其中添加的注释解释了蒙古人喜爱用修辞手法来表达抽象的意义这一表达习惯。鲍登指出该句通过使用比喻的手法,表现了成吉思汗众部下骑在坐骑之上,整齐列队的壮观场景。蒙古历史典籍中不仅包含大量的历史史实,还具有浓厚的文学色彩,其中穿插的韵文就是典型的代表,这些韵文有些带有训谕作用,有些是对英雄的赞词,还有一些用来表现人物的情感等,并且史籍的撰写者还喜爱在韵文中增添修辞手法来

---

① C. R. Bawden, *The Mongol Chronicle Altan Tobči*, Wiesbaden: Otto Harrassowitz, 1955, p.129.

增加艺术的表达效果,尤其是以上所列举的"×××像×××"的句式在这些韵文中是常见的表达。鲍登在注释中指出了蒙古文常用的表现手段,从而帮助读者了解这一独特的表现方式。

再如鲍登对于"Erlig Qan"的解释。"Erlig Qan"是蒙古语文献中经常出现的神祇,他是掌管阴间的汗王,相当于汉族的阎王,čoyiǰil是阎王的汗号。鲍登在注释中对"Erlig Qan"的解释为:

Mo. Čoyiǰil from tib. c'os (-kyi) rgyal (-po), a title of Erlig Qan… the worship of Erlig Qan was to be carried out specifically on the morning of the second day of the first month, together with that of the tutelary genii (sülde tngri).①

在上述文字中,鲍登解释了"Erlig Qan"名称的由来,以及蒙古族民间在每月第二天的早晨向阎王和地方神灵进行祭拜的习俗。

类似以上所列举的例子在鲍登所插入的注释中还有很多,种类也不仅限于此。这些注释不仅起到了最基本的说明解释作用,还是鲍登对文献内容展开学术讨论的空间,此外这些注释也展示了蒙古文化和社会风俗。总之,注释让译文承载了文化价值与学术价值,注释与译文相辅相成共同构成了鲍登对历史古籍刊布的重要组成部分。通过阅读文下的注释能够让读者对译文有更加深切的了解,注释的加入使得译文充满着源语所具有的语境和文化信息,从而帮助读者跨过译语造成的文化障碍,进入源语的世界。

---

① Charles R. Bawden, *The Jebtsundamba Khutukhtus of Urga*, Wiesbaden: Otto Harrassowitz, 1961, p.73, Note 5.

三、查尔斯·鲍登的蒙古现代史研究

1968年查尔斯·鲍登出版了蒙古史研究专著《蒙古现代史》，该书集中梳理了喀尔喀蒙古近现代史中的重要历史事件，主要呈现了清初至20世纪中叶的喀尔喀蒙古社会的发展变化。鲍登从藏传佛教、清朝边疆政策和蒙俄（苏）关系三个方面阐释了作用于喀尔喀蒙古近现代发展变化的内部势力和外部压力，深刻剖析了近现代喀尔喀蒙古社会发展的动因。此外，鲍登还对20世纪上半叶的喀尔喀蒙古社会状况进行了详细的描述和阐释，为学界了解喀尔喀蒙古的社会变革提供了重要的参考资料。喀尔喀蒙古地处亚洲中东部，它在20世纪的变化和发展在一定程度上折射出了20世纪东北亚地区的局势变化，因此鲍登对20世纪喀尔喀蒙古历史的阐释也是东北亚现代史研究的重要组成部分。除《蒙古现代史》外，查尔斯·鲍登还撰写了数篇论文，对"撤驿之变"和清朝蒙古例进行了专门的论述，尤其是其对档案中记载的两桩谋杀案的详细阐释为学界提供了新颖的研究资料和研究视角。

（一）藏传佛教、喇嘛与喀尔喀蒙古

藏传佛教自13世纪流入蒙古社会，就受到了蒙古大汗和蒙古贵族的礼遇，忽必烈对于八思巴的尊崇成为蒙古历史上的一段佳话。16世纪藏传佛教再度传入蒙古地区，阿勒坦汗[①]恭迎三世达赖喇嘛索南嘉措在内蒙古地区弘法，标志着藏传佛教正式进入蒙古社会，在得到了蒙古汗王的支持后，藏传佛教成为蒙古人普遍信仰的宗教。藏传佛教深深地影响了蒙古人的文化和思想意识，同时随着政教合一社会制度的形成，藏传佛教

[①] 阿勒坦汗在明史中被称为"俺答汗"。

的宗教领袖还左右着蒙古地区的政治生活。尤其当喀尔喀蒙古确立起哲布尊丹巴呼图克图活佛转世系统后,藏传佛教和活佛高僧对喀尔喀蒙古近现代社会的发展产生了深刻影响。哲布尊丹巴呼图克图活佛转世系统自确立以来就同喀尔喀蒙古汗王有着密切联系,20世纪初哲布尊丹巴更对喀尔喀蒙古的政治与外交产生过重要影响。查尔斯·鲍登把以哲布尊丹巴为首的僧侣集团作为影响喀尔喀蒙古社会发展的内部势力,分析阐释了哲布尊丹巴在喀尔喀蒙古近现代一系列历史事件中扮演的角色和产生的影响,揭示了以哲布尊丹巴为代表的宗教势力对喀尔喀蒙古社会近现代发展的控制力量。

1. 藏传佛教在蒙古地区的接受与流传

藏传佛教在蒙古地区的流传主要分为两个阶段:第一个阶段是13—14世纪藏传佛教与蒙古地区的初次接触,第二个阶段是16—17世纪藏传佛教的再次传入和接受。1229年窝阔台登上蒙古大汗汗位,将甘肃、青海和西夏作为封地赐给他的第三子阔瑞,阔瑞于1247年初在凉州(今甘肃武威)会见了萨迦派活佛萨迦班智达和他的两个侄子八思巴、恰那多吉,促成了历史上著名的"凉州会谈"。阔瑞召见西藏宗教领袖的本意是说服西藏地区归附于蒙古汗国,在会谈的过程中,萨迦班智达向阔瑞讲经说法增进了阔瑞对藏传佛教的了解,更为重要的是精通医术的萨迦班智达治好了阔瑞的顽疾,病愈后的阔瑞对这位高僧礼遇有加,在法会上把萨迦班智达安排在首位就座,还在凉州特意为其修建了一座藏传佛教寺院——幻化寺作为萨迦班智达的驻锡之地。[①] 萨迦班智达与阔瑞的"凉州会谈"是藏传佛教在蒙古地区流传的开端,萨迦班智达成为历史上第一个在蒙古汗廷成功传播藏传佛教并得到蒙古皇室成员追随的藏传佛教领袖。

[①] 拉巴平措、陈庆英总主编,陈庆英、张云、熊文彬主编:《西藏通史:元代卷》,中国藏学出版社2016年版,第33页。

萨迦班智达到达凉州后再未返回过藏区,他在凉州共生活了5年时间,于1251年在幻化寺圆寂,享年70岁。萨迦班智达圆寂后,他的侄子八思巴接替了他的地位成为萨迦派的第五任教主。1252年忽必烈奉蒙哥汗的命令从甘肃进攻四川,在六盘山前后两次驻营的忽必烈分别于1251年和1253年邀请八思巴到军帐中为其讲法,1253年忽必烈接受了八思巴的喜金刚灌顶,八思巴被忽必烈尊为上师。随后,八思巴进入忽必烈的幕僚机构,常伴忽必烈左右。1260年忽必烈成为蒙古大汗,八思巴为国师,任中原法主,统领天下教门,藏传佛教被确立为国教。1271年忽必烈入主中原定都燕京建立元朝后,八思巴成为元朝帝师,法号为"皇天之下一人之上开教宣文辅治大圣至德普觉真智佑国如意大宝法王西天佛子大元帝师板的达巴思八八合失"。从八思巴的法号就可以看出忽必烈尊八思巴为老师,他对藏传佛教有着虔诚的信仰,喇嘛们在蒙古地区也享有着极高的特权和荣誉。八思巴在元朝地位的确立展示出藏传佛教与蒙古皇族间密不可分的联系,蒙古汗王希望通过佛教实现统治天下的理想,这种政教并行的治国理念在哲布尊丹巴呼图克图活佛转世系统确立后发展到了顶峰。

1368年元朝灭亡,藏传佛教在蒙古社会中的影响随着元朝的衰落而暂时告别政治舞台。16世纪中叶,漠南蒙古土默特部的阿勒坦汗再度迎请西藏高僧进入蒙古地区,开始了藏传佛教在蒙古的第二次传播。有关促使阿勒坦汗皈依藏传佛教的缘由,在《蒙古源流》中的记载为:

> 癸酉年,[俺答合罕]六十七岁,出兵黑吐蕃,收服了上下两部撒里·畏兀,[以及]下部朵甘思的阿哩克·桑噶儿吉合卜·鲁·伦奔、思纳儿堂·萨领合卜三位首领和众属民,以阿升喇嘛、古密·速噶经师二人为首,带领众多的吐蕃人来归。自此,阿升喇嘛为[俺答]合罕多次讲诵三种恶趣中轮回世界的恶弊,向色究竟天超升的善果,以及

取舍的区别[等等],因此合罕的心中稍稍萌发了佛法,开始念诵六字真言。①

《阿勒坦汗传》中有云:

奉上天之命而降生者,天下之主圣阿勒坦彻辰汗,将尊八思巴喇嘛、薛禅汗二人所建无比之经教世政怀念向往。

昼不能忘而夜不成眠,大汗清明心中向往之间,赖昔日所修福德之力,名曰阿兴喇嘛者来于母白羊年。

(他)如此启奏于阿勒坦彻辰汗:"啊,因大汗汝世世修行福聚,始降生为人君尊汗,若于今生今世,净修佛教弘传佛经,确立博尔桑瑚瓦喇克之界,修行福慧之聚时,汝将如圣转轮王般遍地扬名。"

……

如是说法启奏之时,格根汗、哈敦举国大众咸皆信服,此乃慎守无量八关斋戒,初次聆听济世佛经之由。②

从上述史籍的记载可以看出,阿兴喇嘛③向阿勒坦汗传教并劝说阿勒坦汗皈依佛教是藏传佛教再度流传于蒙古地区的起源。

1574年阿勒坦汗遣使到西藏迎请高僧索南嘉措来到蒙古地区布道传法,索南嘉措于1578年在青海湖畔新落成的仰华寺同阿勒坦汗进行了

---

① [清]萨冈彻辰:《蒙古源流》,乌兰译注,内蒙古大学出版社2014年版,第264页。
② 佚名:《阿勒坦汗传》,珠荣嘎译注,内蒙古人民出版社2014年版,第76—84页。
③ 有关阿兴喇嘛的身份以及来历还尚待明确,《蒙古源流》和《阿勒坦汗传》以及其他史料记载有着很大出入。此外,阿兴喇嘛的名字在不同史籍中的记载也有所不同,如阿哩克、佐格阿升和阿兴等。

历史性的会面,还举办了有 10 万人参加的察卜齐雅勒大会。在该次会面中阿勒坦汗与索南嘉措互赠尊号,索南嘉措的尊号是"圣识一切瓦齐尔·达喇·达赖喇嘛",阿勒坦汗的尊号为"转千金法轮咱克喇瓦尔第彻辰汗"。索南嘉措的尊号即"达赖喇嘛"的由来,格鲁派上层僧侣们将索南嘉措认定为第三世达赖喇嘛,哲蚌寺的赤巴根敦嘉措为第二世达赖喇嘛,扎什伦布寺的建立者根敦珠巴为第一世达赖喇嘛。在阿勒坦汗从青海返回土默特后,其在库库和屯(今呼和浩特)修建了大召寺用来供奉银制释迦牟尼像,大召寺成为在蒙古地区建立的第一座格鲁派寺院。阿勒坦汗去世后,遵照其遗愿由阿勒坦汗的长子僧格都楞汗派人到青海传达阿勒坦汗去世的消息,并迎请索南嘉措到土默特汗部主持阿勒坦汗的葬礼。于是 1584 年,索南嘉措从青海塔尔寺动身于 1586 年秋到达库库和屯,为阿勒坦汗主持了盛大的葬礼,还为大召寺的释迦牟尼像举行了开光法会。

索南嘉措从青海来到库库和屯的消息也传到了漠北喀尔喀蒙古土谢图汗部首领阿巴岱处,阿巴岱随后动身前往库库和屯亲自拜访了索南嘉措,索南嘉措赐予阿巴岱"大威仪瓦齐尔汗"的尊号,使得阿巴岱成为喀尔喀第一位拥有汗号的封建领主。阿巴岱汗的受封成为藏传佛教流入喀尔喀蒙古的起始,喀尔喀蒙古贵族对藏传佛教的虔诚信仰与追随奠定了藏传佛教在喀尔喀蒙古的重要地位。阿巴岱汗回到喀尔喀后,在窝阔台曾经住过的沙拉阿吉尔嘎地方修建了著名的额尔德尼召,随后又派人到西藏迎请高僧①前往喀尔喀传教。1634 年在喀尔喀蒙古传教的高僧在库伦去世并转世在势力最为强大的土谢图汗部,土谢图汗衮布多尔吉的儿子被认定为第一世哲布尊丹巴呼图克图。阿巴岱汗是将藏传佛教引入喀

---

① 关于阿巴岱汗从西藏迎请的是具体哪位高僧目前学界仍有争论,据刘大伟在其博士论文《哲布尊丹巴呼图克图研究》中的考证,许多历史类书籍中出现的觉囊派高僧多罗那他到喀尔喀蒙古传教一说并不正确。

尔喀蒙古的第一人,同漠南蒙古对藏传佛教的礼遇一样,藏传佛教在漠北喀尔喀也享有至高无上的地位,尤其是哲布尊丹巴呼图克图活佛转世系统在喀尔喀确立以来,藏传佛教就更加同漠北的政治形势联系在了一起。一世和二世哲布尊丹巴呼图克图均出自喀尔喀蒙古贵族,政教并行的行政体制在喀尔喀逐渐建立起来。

查尔斯·鲍登在《蒙古现代史》中指出藏传佛教流入蒙古地区的原因有二:其一是元朝衰落后,蒙古部落大一统的解体让蒙古各部陷入常年的内讧之中,蒙古社会内部需要统一的精神力量;其二是蒙古社会在文化、语言和社会形态等方面需要一个更高等级的文明带动自身发展。① 我国学者也提出了同鲍登相类似的观点,如葛根高娃在论文《论16世纪下半叶藏传佛教传入蒙古之原因》中,从阿勒坦汗个人的政治动机、信仰倾向及彼时的周边环境等三方面对藏传佛教再次传入蒙古地区的原因进行了详尽的分析。葛根高娃指出,16世纪藏传佛教在蒙古地区的再次传播掺杂着复杂的个人政治动机和社会需求,尽管阿勒坦汗主导了藏传佛教在蒙古地区的传播,但社会结构、社会力量也同样决定了一种观念能否在社会中推行。② 我国学者杨绍猷在《喇嘛教在蒙古族中的传播》一文中也指出藏传佛教能够在蒙古社会中得到迅速传播一方面与蒙古封建主的需求有关,佛教能够帮助封建主笼络人心从而巩固统治地位;另一方面,佛教"好生戒杀"的教义符合普通民众期盼和平安定的愿望,藏传佛教中的科学文化知识在民间产生了一定影响,促进了藏传佛教的传播。③

---

① C. R. Bawden, *The Modern History of Mongolia*, New York: Praeger, 1968, p.26.
② 葛根高娃:《论16世纪下半叶藏传佛教传入蒙古之原因》,《内蒙古社会科学》1998年第5期。
③ 杨绍猷:《喇嘛教在蒙古族中的传播》,载张建华、薄音湖总主编《内蒙古文史研通览》宗教卷,内蒙古大学出版社2013年版,第273—274页。

综上,藏传佛教在蒙古地区的再度传播不仅与统治者个人的政治决策有关,更重要的是迎合了蒙古社会的发展需求。"宗教在社会控制方面的特殊性在于,通过诉诸超自然的力量,为人类建构的社会秩序涂上神圣化的色彩,达到维系社会稳定的目的。"[1]鲍登所提出的两个藏传佛教的流传原因均是基于对蒙古社会的发展情况的分析,即一方面来源于维持社会稳定的需求,另一方面来源于促进社会的持续发展。藏传佛教的兴盛是蒙古社会在17至19世纪发展的主旋律,因此僧侣集团在蒙古社会中的运作成为鲍登对蒙古历史发展进行阐释的主要内容。

2. 哲布尊丹巴呼图克图与喀尔喀蒙古

哲布尊丹巴呼图克图对喀尔喀蒙古社会发展的影响是查尔斯·鲍登阐释喀尔喀蒙古社会近现代史的主要切入点之一。哲布尊丹巴呼图克图活佛转世系统是喀尔喀蒙古最重要也是最具有代表性的宗教势力,鲍登在《蒙古现代史》中详细记述了哲布尊丹巴系统在17世纪至20世纪从兴盛至衰败的整个过程。在叙述过程中,鲍登还侧重联系各历史事件,展示了存在于喀尔喀蒙古社会数百年的僧侣集团对喀尔喀蒙古社会发展的控制与影响。查尔斯·鲍登将藏传佛教在喀尔喀蒙古流传和发展的情况按照时间顺序分为四个部分:17世纪喀尔喀蒙古时期、18世纪和19世纪清朝蒙古时期、喀尔喀蒙古"独立"时期以及民主革命时期,并且分别讨论了藏传佛教与僧侣集团在不同时期充当的角色以及它对喀尔喀蒙古社会的不同影响,同时勾勒出了藏传佛教在喀尔喀蒙古的兴盛与衰落。通过对藏传佛教的集中讨论,鲍登采用内视角对喀尔喀蒙古社会在17世纪至20世纪中期的社会形态变化以及成因进行了阐释,具体来说鲍登的研究集中讨论了如下几个问题:第一,一世哲布尊丹巴呼图克图率众归附清

---

[1] 周大鸣主编,秦红增副主编:《文化人类学概论》,中山大学出版社2009年版,第226页。

朝;第二,清朝蒙古时期藏传佛教的盛行和畸形发展;第三,第八世哲布尊丹巴在喀尔喀蒙古"独立"事件上的作用;第四,藏传佛教在20世纪的衰落与蒙古人民共和国的社会主义发展。

17世纪是蒙古社会面临重大变革的时期,此时蒙古各部依旧处于分裂的状态,各个蒙古部落各自为政,漠南蒙古和漠北蒙古仍旧矛盾重重、纷争不断。蒙古帝国最后一位大汗——林丹汗在此时登上了汗位,居于东北一隅的女真在努尔哈赤的领导下势力迅速壮大,出现了蒙古、明朝、女真和后金几方势力相互抗衡的局面。17世纪初土谢图汗、札萨克图汗和车臣汗为喀尔喀蒙古最有实力的汗部,形成了三足鼎立之势。虽然17世纪蒙古各部内部冲突不断,但此时是藏传佛教与蒙古贵族形成紧密联盟的开端。"土谢图汗衮布多尔济时期喀尔喀寺庙林立,佛法颇盛。他决意利用民众信仰,在自己的汗室中拥立一位受众喀尔喀信服的宗教首领,以便在土谢图汗部中形成僧俗一体、政教结合的权力中心。"[①]1634年多罗那他圆寂后,土谢图汗便宣称该高僧转世于他的家中,其妻子杭达扎木措所怀的孩子便是这位高僧的转世灵童,即为第一世哲布尊丹巴呼图克图,又称温都尔格根。鲍登指出土谢图汗寄希望于藏传佛教将喀尔喀蒙古在精神上和思想上统一起来,并且效仿西藏建立起一个由宗教控制统治权力的地方。[②] 正如鲍登所言,在哲布尊丹巴活佛转世系统确立后,哲布尊丹巴不仅将喀尔喀蒙古团结在一起,库伦也成为喀尔喀蒙古重要的经济、政治和文化中心,"库伦"也因哲布尊丹巴的存在而成为喀尔喀蒙古历史中出现频率最高的地理名词。

17世纪末喀尔喀蒙古对外面临着诸多挑战:漠西噶尔丹对喀尔喀蒙古的威逼,企图将喀尔喀收入麾下;俄国和清朝也将喀尔喀蒙古视为战略

---

① 乌云毕力格等:《蒙古民族通史》第4卷,内蒙古大学出版社2002年版,第43页。
② C. R. Bawden, *The Modern History of Mongolia*, New York: Praeger, 1968, p.54.

要地,双方都想将喀尔喀蒙古地区归入自己的国土范围内从而扫清边境威胁、加强国力。俄国对喀尔喀蒙古的渗透从17世纪中期就已经开始,1647—1648年间喀尔喀车臣汗部和俄国已经开始互派使团并试图建立睦邻友好的关系,但由于俄国始终坚持让喀尔喀蒙古臣服于俄国的统治,因此喀尔喀蒙古同俄国的交往并没有实质性的进展。俄国对于喀尔喀蒙古的不断渗透源于沙皇在中亚实施的扩张战略,并且"俄罗斯人之所以越过贝加尔湖向前推进,不仅是因为力求开发有经营价值的新地区,而且还渴望找到一条通往中国的方便之路"①。清朝对喀尔喀蒙古采取拉拢加施压的策略,一边通过满族公主与蒙古领主和亲的方式加深蒙古地区与清廷的关系,一边又借助蒙古内部的混战收编诸多蒙古部族,不断扩大清廷在蒙古贵族的势力范围。

面对中俄两大势力的压力和噶尔丹的步步紧逼,鲍登指出哲布尊丹巴作为在喀尔喀蒙古有着重大影响力的宗教领袖,成为处理蒙古事务的关键人物。② 彼时卫拉特活佛咱雅班弟达已于1662年圆寂,与清廷交好的漠南蒙古地区不需要树立宗教领袖,因此喀尔喀蒙古的哲布尊丹巴成为国际政治中的重要人物③,在喀尔喀蒙古归顺清朝这一重大历史事件上哲布尊丹巴的国际政治角色被突出地表现了出来。1688年噶尔丹起兵攻入喀尔喀蒙古,哲布尊丹巴率部众逃离到漠南蒙古草原选择寻求清朝政府的庇护。鲍登指出解释喀尔喀蒙古归顺清朝的传统观点有二:一是满族同蒙古人在宗教信仰和服饰习俗上的接近;二是满语源于蒙古语,两种语言十分相似。④ 除传统观点外,鲍登还进一步指出在清朝版图的

---

① [俄]沙斯季娜:《十七世纪俄蒙通使关系》,北京师范大学外语系七三级工农兵学员教师译,商务印书馆1977年版,第55页。
② C. R. Bawden, *The Modern History of Mongolia*, New York: Praeger, 1968, p.68.
③ Ibid., p.69.
④ Ibid., p.76.

边疆驻牧的漠南蒙古人对哲布尊丹巴的影响更大,喀尔喀蒙古贵族已经被漠南蒙古贵族享有的特权吸引,同清廷对蒙政策相比,俄国并不会向他们提供如此优渥的条件。因此,鲍登认为喀尔喀蒙古在面对噶尔丹的威胁时只能选择投靠清朝,但归顺清朝后哲布尊丹巴所扮演的国际角色便不复存在,哲布尊丹巴在被清廷授予"大喇嘛"的称号后也失去了从前的宗教领袖地位,只能听令于清廷。[1]

对于一世哲布尊丹巴率众归顺清朝的评价,国内外学者褒贬不一。我国学者大都倾向于赞扬一世哲布尊丹巴在面对俄国的拉拢时,能够维护国家的统一和完整、维护民族团结,肯定了一世哲布尊丹巴为抵御外敌入侵做出的贡献。蒙古国学者对于一世哲布尊丹巴的评价分为两派,一派认为一世哲布尊丹巴投清让喀尔喀蒙古失去了民族独立;另一派认为哲布尊丹巴的决策维护了蒙古民族的统一,让喀尔喀避免了与噶尔丹对抗的血光之灾。[2] 苏联学者兹拉特金在《准噶尔汗国史》中认为哲布尊丹巴最终归顺清朝是达赖喇嘛和清廷在背后运作的结果。结合以上观点,笔者认为鲍登所提出的漠南蒙古贵族对一世哲布尊丹巴决策的影响应被纳入喀尔喀蒙古归顺清朝的原因之一。然而,鲍登指出一世哲布尊丹巴扮演的国际政治角色有些对事实的夸大。一方面,喀尔喀蒙古在正式归顺清朝前已经向清廷行"九白年贡"之礼,此举说明双方早已交好,喀尔喀也承认清朝的权威地位;另一方面,喀尔喀蒙古与漠南蒙古为同族同胞,尽管这两部存在分歧,但也是民族内部矛盾。因此,一世哲布尊丹巴并不承担有鲍登所述的国际政治角色,其选择带领喀尔喀蒙古并入清朝的版图已是大势所趋。

1691年的多伦诺尔会盟标志着喀尔喀蒙古正式归顺清朝,清朝将喀

---

[1] C. R. Bawden, *The Modern History of Mongolia*, New York: Praeger, 1968, p.80.
[2] 乌日图:《哲布尊丹巴一世研究综述》,《呼伦贝尔学院学报》2011年第2期。

尔喀蒙古共分为34旗，土谢图汗领导北路喀尔喀，车臣汗领导东路喀尔喀，札萨克图汗领导西路喀尔喀，哲布尊丹巴呼图克图被康熙封为大喇嘛，掌管喀尔喀蒙古的宗教事务。从努尔哈赤以来满族人就一直注重同西藏的藏传佛教集团加强联系，在喀尔喀蒙古归顺清朝后，通过册封哲布尊丹巴呼图克图为大喇嘛加强了清廷在宗教方面对喀尔喀的控制，清廷还将西藏活佛转世者封号的权力掌握在自己手中，直接控制了藏传佛教的发展。

鲍登在《蒙古现代史》中批判了清朝对喀尔喀的宗教控制。第一，18世纪蒙古地区的佛教活动受到了清廷极大的限制，清廷在与藏传佛教有关的活动中几乎没有投入，蒙文佛教经书的印制和各种召庙的建立基本是以蒙古贵族出钱支持为主。① 第二，清政府颁布的政令中规定了只能在西藏地区寻找哲布尊丹巴的转世灵童。鲍登指出在西藏地区寻找哲布尊丹巴的转世灵童的目的是加强朝廷的控制，从1793年颁布的法令开始就禁止转世灵童诞生于蒙古贵族家庭。② 第三，清帝对于哲布尊丹巴的控制是出于政治目的考量，依据清廷的指令而选出的哲布尊丹巴并不受到喀尔喀蒙古人的欢迎，如三世哲布尊丹巴经常受到导师的虐待，在年仅16岁时就离开了人世。从三世至七世哲布尊丹巴的命运因清政府和蒙古贵族间的明争暗斗而变得令人唏嘘，这几世哲布尊丹巴呼图克图草草地登上历史舞台，后又短暂地结束了一生。

进入19世纪，清廷对藏传佛教的态度发生了转变，致使喀尔喀蒙古藏传佛教盛行，以哲布尊丹巴为首的宗教势力凭借着专属的领地和属民（沙毕），以及数量庞大的喇嘛群体形成了一个单独的集团，"哲布尊丹巴呼图克图沙毕人口于1764年达到69 698人，1794年达到94 423人，

---

① C. R. Bawden, *The Modern History of Mongolia*, New York: Praeger, 1968, p.86.
② Ibid., p.133.

1825年达到111 466人"①。鲍登认为在喇嘛集团不断壮大发展的过程中，上层大喇嘛已经忘了他们作为僧侣的使命，这些大喇嘛的个人信念和责任感已经崩塌，他们所形成的团体变为一个商业集团，对金钱和财富的追逐最终侵害了他们的神圣地位。②鲍登列举了大喇嘛们的种种恶行，如对沙毕的剥削，据鲍登统计四世哲布尊丹巴圆寂时的丧葬费用总共达到7万两白银，其中由沙毕承担的费用就占了4万两。③大喇嘛们不仅沉迷于对金钱和物质财富的追逐，还过着堕落的生活，鲍登认为这些都是喀尔喀蒙古在19世纪发展停滞甚至倒退的原因。曾在库伦考察旅行的西方人在他们的游记中同样尖锐地指出了藏传佛教盛行带给社会的弊端，英国传教士约翰·赫德里（John Hedley）在游记中提及"蒙古人的思想和生活完全处于喇嘛和寺院的控制下，是愚昧和成见的集中表现……他们所信仰的宗教对他们即使最卑劣、最疯狂的罪过也不会加以限制！这除了导致他们肉体和灵魂的毁灭，还会给他们带来什么呢"④。

我国学者胡日查等撰写的《藏传佛教在蒙古地区的传播研究》中指出"寺院经济是清代藏传佛教在蒙古地区畸形发展的物质基础"，同时它也是"清代藏传佛教在蒙古地区畸形发展的重要表现"⑤。大喇嘛和寺庙中的高级别喇嘛依靠收取地租、放高利贷和剥削底层喇嘛以及沙毕等手段拥有了大量的财富，这种寺院经济的形成让寺院成为一个独立的王国，同

---

① Д. Цэдэв. *Их Шавь*，Улаанваатар，1964，pp.25-26. 转引自达力扎布：《〈喀尔喀法规〉汉译及研究》，中央民族大学出版社2015年版，第18页。
② C. R. Bawden, *The Modern History of Mongolia*, New York: Praeger, 1968, p.161.
③ Ibid., p.162.
④ 转引自［俄］马·伊·戈尔曼：《西方的蒙古史研究：十三世纪—二十世纪中叶》，陈弘法译，内蒙古教育出版社2011年版，第67页。
⑤ 胡日查、乔吉、乌云：《藏传佛教在蒙古地区的传播研究》，民族出版社2012年版，第171—172页。

时也滋生了种种弊端。正如鲍登的描述，寺院中的上层喇嘛依靠雄厚的经济实力建立起"国中之国"，至 19 世纪末哲布尊丹巴和上层喇嘛已经陷入糜烂的生活。《圣武记》中有云："然蒙古衰弱，中国之利也，以黄教柔训蒙古，中国之上计也。即为蒙古计，于其为匈奴、突厥之冯凌飘忽，九边枕锋镝，原野厌膏血，何如水草寝讹，休养生息。是则以慈悲销杀伐，以因果导犷狠，宗喀巴之功。中外华夷，实利赖之。"①清乾隆帝希望以宗教之势控制蒙古社会的发展，禁锢蒙古人的思想，从而达到安定边疆、休养生息的目的。19 世纪清廷对藏传佛教的扶持，实则是通过控制蒙古人的思想进而统治蒙古地方。鲍登对于 18 世纪和 19 世纪藏传佛教在蒙古地区流传状况的记述展示出了藏传佛教对喀尔喀蒙古社会发展的制约和不利影响。

清末，随着半殖民地半封建社会性质的加深，蒙古地区也随着这样的社会变动产生了重大变化。涌入喀尔喀蒙古的旅蒙商人为传统的蒙古畜牧业经济带来了严重的破坏，汉商通过赊账和发放高利贷的方式让普通牧民陷入了极度贫困，随之而来对清廷政策的不满也导致了喀尔喀蒙古社会的动荡不安。1912 年喀尔喀蒙古贵族借中国内地战乱，依靠俄国的支持脱离了清朝政府的统治，走上了独立自治的道路。喀尔喀蒙古"独立"时期是第八世哲布尊丹巴呼图克图掌教期，1874 年第八世哲布尊丹巴被从西藏迎请回库伦，正式成为喀尔喀蒙古的宗教领袖。喀尔喀蒙古的一系列"自治"和"独立"事件都与八世哲布尊丹巴密切相关，鲍登认为杭达多尔济等向俄国人寻求帮助一定得到了哲布尊丹巴的首肯，并且一旦喀尔喀蒙古"独立"八世哲布尊丹巴便是登上皇帝宝座的那个人。② 在鲍登看来第八世哲布尊丹巴的影响力来源于他所处的宗教地位，哲布尊

---

① ［清］魏源：《圣武记》卷 12，世界书局 1936 年版。
② C. R. Bawden, *The Modern History of Mongolia*, New York: Praeger, 1968, p.195.

丹巴是彼时喀尔喀蒙古人的精神象征,只要哲布尊丹巴恢复了政治权力就会唤醒喀尔喀蒙古人的民族精神。① 鲍登还认为八世哲布尊丹巴的汗号——"博格多汗"有通过佛眼追忆蒙古先祖的意味,八世哲布尊丹巴作为出生于西藏的藏族人试图通过汗号将他与蒙古人的祖先成吉思汗联系在一起,从而让自己登上喀尔喀蒙古的汗位更具有说服力。②

八世哲布尊丹巴称汗后,喀尔喀蒙古依旧保持着落后的封建制度。以哲布尊丹巴为代表的寺院僧侣集团依旧占有着喀尔喀蒙古地区的多数经济资源,下层民众贫困的生活状态依旧存在。1917年十月革命在俄国爆发,从前的俄国沙皇被赶下台,苏维埃政权在俄国建立起来,在俄国爆发的这场红色革命也席卷到了喀尔喀蒙古境内,以苏赫巴托尔和乔巴山为代表的喀尔喀蒙古革命党人开始与俄国的共产国际积极接触,他们寄希望于俄国共产国际的支持来推翻腐朽的社会制度,随后他们在中蒙边境恰克图建立起了临时人民政府。虽然革命者们在喀尔喀蒙古已经成立了共产革命小组并形成了一定规模的革命组织,但实则拥有强大政治影响力的群体仍旧是寺庙中的喇嘛集团,僧、俗两界的最高领袖仍旧是哲布尊丹巴。鲍登指出,革命者随后成立的新政府实则与哲布尊丹巴的意愿相违背,哲布尊丹巴希望建立的是以黄教为主导、清朝为宗主国的自治政府。③ 尽管苏联红军控制着革命后的喀尔喀蒙古社会,但革命性的共产主义观念在喀尔喀蒙古社会却难以获得理解,大多数的革命者仍选择将哲布尊丹巴作为效忠的对象。④

1921年7月11日在苏俄的扶持下,由原恰克图临时人民政府班底为基础的蒙古人民政府成立,同年3月1日召开的蒙古人民革命党第一

---

① C. R. Bawden, *The Modern History of Mongolia*, New York: Praeger, 1968, p.195.
② Ibid., p.196.
③ Ibid., p.233.
④ Ibid., p.235.

次代表大会上决定喀尔喀蒙古实行君主立宪制,博格多哲布尊丹巴呼图克图为喀尔喀蒙古大汗,鲍道为总理,政府中的行政职位除由原恰克图临时人民政府的人员担任外,还由部分蒙古贵族和喇嘛担任,至此喀尔喀蒙古正式成为"独立"于中国的区域。在喀尔喀蒙古"独立"后,革命者面对的是强大的哲布尊丹巴势力的挑战,随着革命进程的不断深入,由革命者领导的社会主义发展道路和以哲布尊丹巴呼图克图为代表的封建势力形成了对立的局面。著名学者拉铁摩尔曾指出哲布尊丹巴拥有至高无上的地位得益于传统的封建社会制度①,因此彼时喀尔喀蒙古的封建社会制度成为人民革命党成立一个新的政治权威的重大阻碍,自然改变这种社会制度也就等于清除了人民革命党在喀尔喀蒙古执政的阻碍。

鲍登在《蒙古现代史》中详细阐述了蒙古人民革命党对消除僧侣集团所做出的重大举动:其一是停止寻找第九世哲布尊丹巴,暂停了哲布尊丹巴活佛转世系统的继续进行;其二是施行政教分离制度,减少寺庙数量,强迫喇嘛还俗。1924年5月20日,第八世哲布尊丹巴呼图克图圆寂,革命党人看到了推翻哲布尊丹巴政治势力的可能性,在国内施行了一系列措施打压僧侣集团的影响力,其中最有力的措施就是停止了八世哲布尊丹巴的转世灵童的寻访工作。按照传统,在八世哲布尊丹巴圆寂后就应着手寻找下一世转世灵童,其实在民间,喀尔喀蒙古的上层喇嘛已经开展了寻访工作,并打破了清朝时制定的只能在西藏地区寻找哲布尊丹巴转世灵童的规定,1925年,在喀尔喀蒙古博格达汗乌拉省(现色楞格省宗哈喇县),喇嘛们寻找到了八世哲布尊丹巴呼图克图的转世灵童图德布·罗布桑道日吉②,但是当时的十三世达赖喇嘛对此予以否认,没有承认该转世灵童的合法地位。1925年7月,喀尔喀蒙古中央政府便以此为

---

① Owen Lattimore, *Nomands and Commissars*, New York: Oxford University Press, 1962, pp.105-106.
② 刘大伟:《哲布尊丹巴呼图克图研究》,中央民族大学博士论文,2017年。

借口否定了第九世哲布尊丹巴的存在,紧接着在1930年判处积极组织和参与寻访第九世哲布尊丹巴的L.官布伊德欣"参与反革命案件"的罪名,其余喇嘛以"参与哲布尊丹巴呼图克图转世"为名被判处3年徒刑。① 至此,对于第九世哲布尊丹巴的寻访工作就此中断,蒙古人民革命党废除了延续了两个世纪的哲布尊丹巴呼图克图活佛制度。1925年蒙古人民共和国颁布的第一部宪法中明确了"政教分离"的制度,撤销了沙毕行政体系,同时取消了喇嘛在大呼拉尔的选举与被选举权,没收了八世哲布尊丹巴的全部财产,大喇嘛们的政治影响力随着八世哲布尊丹巴的圆寂而被蒙古革命党人逐步消解。

查尔斯·鲍登认为僧侣集团为喀尔喀蒙古继续深化革命造成阻碍的原因有四点:第一,喀尔喀蒙古社会掌控在残余的封建势力手中;第二,小资本主义盛行;第三,民众对宗教的极度虔诚;第四,喀尔喀蒙古社会没有工人阶级,难以形成建立社会主义所要求的革命群体。② 在1939年僧侣集团被革命党彻底清除之前,被称为"国中之国"的寺庙和寺庙中的喇嘛始终是喀尔喀蒙古发展的主要阻碍。③ 鲍登将蒙古人民革命党对喇嘛阶层的清除同英国亨利八世施行的宗教改革作比较后认为,两者的相同之处在于,无论寺院中的喇嘛还是英国教会,都拥有相当的财富并且都对统治机构构成威胁,但这两者间的根本不同在于亨利八世施行的宗教改革没有彻底清除教会的意图,更没有用其他的社会体系或哲学体系代替英国教会。然而,彼时喀尔喀蒙古社会中存在的是人民革命党人和喇嘛群体的对立,也是他们所秉持的思想意识间的对立。④拉铁摩尔也认为喀尔喀蒙古的喇嘛阶层所形成的强大的政治势力严重阻碍了20世纪喀尔喀蒙古社会经济的发展,喀尔喀蒙古如果想要迈进社会主义社会,就要经

---

① 刘大伟:《哲布尊丹巴呼图克图研究》,中央民族大学博士论文,2017年。
② C. R. Bawden, The Modern History of Mongolia, New York: Praeger, 1968, p.272.
③④ Ibid., p.259.

第一章 | 查尔斯·鲍登的蒙古史研究

受欧洲国家在宗教改革时的痛苦,例如英国工业革命时期那样与宗教中断联系。① 鲍登和拉铁摩尔都意识到了20世纪喀尔喀蒙古社会中僧侣集团和社会主义发展路线间不可调和的矛盾,这种矛盾直接导致僧侣集团被彻底清除。在1930年召开的蒙古人民革命党第八次代表大会上提出了"个体牧民全部实行集体化的政策……强迫牧民集体化,组织合作社,取缔私人工商业;反对所有喇嘛,强迫喇嘛还俗,对中牧采取了没收其财产的政策"②。寺院中的喇嘛是蒙古人民革命党第八次代表大会以后人民革命党重点改革的对象,寺院的财产被没收,喇嘛加入了生产劳动中。

鲍登认为蒙古人民革命党能够彻底清除喇嘛阶层的原因主要是划分喇嘛内部的阶级成分和对贫穷的喇嘛的启蒙教育。③ 寺院中的喇嘛被分成了不同阶级,革命党对不同阶级的喇嘛所采取的政策也不尽相同,如对等级较高的喇嘛收取更多的税款,对等级较低的喇嘛则劝导还俗并促使其参加生产劳动。鲍登指出,在数量庞大的喇嘛离开寺庙还俗后,蒙古人民政府要面对两重困境:一是摧毁喇嘛们的内部团结,让牧民脱离对藏传佛教的依赖;二是应对大约9万喇嘛回归社会后的压力。④ 切断民众与藏传佛教的联系是一件极具挑战性的工作,一方面藏传佛教已经同喀尔喀蒙古民众的日常生活息息相关,民众的精神支撑和民族认同感均来自藏传佛教的统一力量;另一方面,绝大多数的家庭都有在寺庙中当喇嘛的家庭成员,宗教生活和世俗生活相互交错在一起,成为喀尔喀蒙古社会中特有的统一体。将宗教生活从喀尔喀蒙古民众的日常生活中分离出来

---

① Owen Lattimore, *Nomands and Commissars*, New York: Oxford University Press, 1962, p.7.
② 内蒙古大学蒙古研究所编:《蒙古人民共和国概况》,内蒙古大学蒙古研究所1976年版,第31—32页。
③ C. R. Bawden, *The Modern History of Mongolia*, New York: Praeger, 1968, p.360.
④ Ibid., p.367.

并不是一件易事，消化人数众多的还俗的喇嘛也同样难度重重。鲍登列举了喀尔喀蒙古政府所采取的一些措施，如开设学校教授喇嘛们一些基本的生活技能和教会他们认识蒙古语。此外，部分还俗的喇嘛成为革命的新兴力量，还有一部分喇嘛加入了生产合作社。尽管喇嘛的还俗给喀尔喀蒙古社会带来了一些困扰，但鲍登认为清除封建腐朽的僧侣集团对喀尔喀蒙古社会的整体发展具有积极的意义，喇嘛们不但扩充了生产所需的劳动力，还促生了新的社会阶级——工人阶级的产生。另外，喇嘛中也不乏有学之士，他们能够帮助文化水平较低的喇嘛识字和掌握基本的文化知识，提升了喇嘛群体的文化水平。

在一世哲布尊丹巴时期，面对沙俄在蒙古地区的不断渗透，一世哲布尊丹巴毅然选择归顺清朝而不是投靠外国势力。归顺清朝后，由于清廷对于喀尔喀蒙古所实施的封建腐朽统治，不仅让普通民众陷入了极度的贫困还促使了藏传佛教的畸形发展。随着寺庙经济的壮大，寺庙中的喇嘛们形成了实力雄厚的统治集团，造成了"国中之国"这种独特社会现象的产生。此外，伴随着喇嘛势力的强大，哲布尊丹巴再次成为左右喀尔喀蒙古发展的关键性人物，最终在苏俄的幕后支持下主导了喀尔喀蒙古的"独立"。然而，随着喀尔喀蒙古社会主义革命的深入进行，从第八世哲布尊丹巴圆寂后，藏传佛教在喀尔喀蒙古开始走向消亡，僧侣集团最终被彻底清除。从以上鲍登对于藏传佛教在喀尔喀蒙古兴衰过程的梳理，可以清晰地看出藏传佛教、僧侣集团与喀尔喀蒙古社会发展变化的紧密联系，藏传佛教的兴衰也体现着喀尔喀蒙古社会性质的变化和历史发展脉络。同时，鲍登对于民主革命时期寺庙喇嘛的详尽阐述更弥补了相关信息的不足，该部分内容具有重要的参考价值。

（二）清朝边疆政策与喀尔喀蒙古

明朝末期整个蒙古地区共分为三大区域：戈壁沙漠以南、阴山以北的漠南蒙古,戈壁沙漠以北的漠北蒙古,以及新疆的漠西蒙古。1616 年努尔哈赤建立后金国,后金国从东北地区雄起并迅速扩大势力范围,在扩大的过程中后金拉拢了不少蒙古部落,形成了与林丹汗的对抗局势。1635 年林丹汗的察哈尔部投降后金,随后漠南蒙古诸部如土默特、鄂尔多斯、哈喇沁均归附后金。1636 年皇太极获"博格达·彻辰汗"尊号,建立了大清国。从前的漠南蒙古各部重新整合为蒙古八旗,同满族的八旗地位并列。漠北的喀尔喀蒙古由喀尔喀三大汗——土谢图汗、札萨克图汗和车臣汗掌控,漠西蒙古主要由准噶尔汗部控制。1671 年噶尔丹从西藏回到漠西蒙古后,积极扩展自己的势力范围。噶尔丹政治抱负十分远大,再次建立起统一的蒙古帝国是他的政治理想与目标。1688 年,噶尔丹兴兵进攻喀尔喀蒙古,面对噶尔丹的强势进攻喀尔喀蒙古归顺了清朝的统治,随后形成了仅剩噶尔丹一方势力与清廷保持着对抗的态势。噶尔丹与清廷的冲突共持续了 8 年之久,噶尔丹战败后,漠南、漠北和漠西蒙古均归入清廷的管辖范围,蒙古社会进入清朝蒙古时期。

清史研究是近年来国内外学界的研究热点,已经产生了大量的学术研究成果,蒙古地区作为清朝国家版图中的边疆重地也是清史研究的重要组成部分。鲍登主要从撤驿之变事件和文献资料中记录的两桩谋杀案入手,阐释了 18 世纪中期至 20 世纪初清廷对喀尔喀蒙古的治理方略,以及该方略的产生缘由、特征和对喀尔喀蒙古社会发展的影响。

1. 撤驿之变与喀尔喀蒙古社会

撤驿之变爆发于 1756 年夏,发起人为喀尔喀蒙古贵族青衮杂布。青衮杂布出身于喀尔喀的名门望族,在喀尔喀贵族中颇有威望,他曾在平定准噶尔的清军中任副将军一职,是喀尔喀札萨克图汗部的托辉特王公。1756 年身为札萨克亲王和第二世哲布尊丹巴之兄的额琳沁多尔济因抓捕反清首领阿睦尔撒纳不利被清廷处决,该事引起了蒙古王公贵族的普遍不满,青衮杂布就是其中的一员。在额琳沁多尔济被施以死刑后,青衮杂布率领其部众撤出清军的队伍,回到祖先的领地喀尔喀库苏古泊地区。随后青衮杂布密谋与阿睦尔撒纳会面,打算利用喀尔喀民众的不满情绪发动叛乱,他还号召喀尔喀各王公联合起来抵抗清朝的统治。在青衮杂布发动叛乱后,喀尔喀各地相继响应青衮杂布,许多哨卡的士兵纷纷离开岗位回家,"喀尔喀境内十六驿至二十九驿一时尽撤,羽书尽断"①。除了大批在哨卡服役的士兵撤离岗位,喀尔喀蒙古还爆发了牧民袭击汉族商队的暴动。撤驿之变让清政府在漠北的驿站全部瘫痪,清廷得知此事后紧急调集定边左副将军和其他军事力量讨伐青衮杂布,还令哲布尊丹巴调解蒙古王公贵族与清廷间的紧张关系,劝说蒙古贵族停止叛乱。最终,青衮杂布于1756年11月在喀尔喀蒙古与俄国交界的杭哈将噶斯地方被清军抓获。清朝对青衮杂布及其家人还有和他一起参与此次叛乱的喀尔喀贵族进行了严厉的处罚,青衮杂布和他的3个儿子均被处决,其余参与叛乱的将领的"15岁以下的子弟罚为奴仆,15岁以上者处以极刑,喇嘛则强令还俗"②。清政府还下令将抢劫汉商的牧民全部处刑,他们的妻儿被罚为奴仆。青衮杂布发动的叛乱是喀尔喀蒙古抗清活动的最后一次规模较大、影响力较强的武装斗争,从此之后再未发生过此类叛乱事件。

  撤驿之变作为由喀尔喀贵族青衮杂布领导的对抗清朝在喀尔喀蒙古统治的叛乱,本是蒙古与清朝间的无数冲突之一,但自20世纪以降撤驿之变引起了蒙古国、俄国、英国、中国等多国学者的热烈讨论,成为广受学者关注的历史事件。据鲍登考证西方学界对撤驿之变的研究,最早开始于俄国著名学者波兹德涅耶夫(A. M. Pozdneev,1851—1920),他根据

---

① 《圣武记》卷3,《国朝绥服蒙古纪二》。转引自乌云毕力格等:《蒙古民族通史》第4卷,内蒙古大学出版社2002年版,第226页。
② 《青衮杂布的领导下的喀尔喀蒙古独立斗争》卷39,第45、46、49页。转引自乌云毕力格等:《蒙古民族通史》第4卷,内蒙古大学出版社2002年版,第228页。

《宝贝念珠》和《钦定蒙古王公列传》中记载的内容整理出了青衮杂布的生平和撒驿之变发生的经过。① 对撒驿之变的讨论最多的是蒙古国学者纳·伊希扎木苏,伊希扎木苏把撒驿之变与蒙古人寻找身份认同和追求民族独立的意愿相联系并进行了阐释。鲍登对于撒驿之变的研究也颇受学界的关注,作为较早对撒驿之变进行研究的学者,鲍登结合撒驿之变爆发的社会历史背景和满蒙关系,从撒驿之变的起因、性质、失败原因这三个方面进行了解读。国内外学界对青衮杂布与撒驿之变的研究主要分为两派:一派以蒙古国和俄国的学者为代表,他们多将青衮杂布领导的撒驿之变视为具有民族解放意义的民族独立运动;另一派是以查尔斯·鲍登为代表的西方学者,他们多从蒙古社会自身特点出发将撒驿之变定性为蒙古贵族为满足私欲的叛乱。这两派学者的分歧主要集中于撒驿之变的爆发原因和性质两个方面。

  蒙古国学者对青衮杂布和撒驿之变的关注开始于乔巴山等政治家对青衮杂布的鼓吹,乔巴山曾在 1951 年庆祝蒙古人民共和国民主革命 30 年时的发言中将青衮杂布看作民族英雄,认为他是先进封建统治阶级的代表。② 此后,蒙古国学者开始对撒驿之变这一历史事件进行分析与阐释。伊希扎木苏曾撰写专著和数篇论文论证撒驿之变的性质,如专著《蒙古人民反对满洲统治的 1755—1757 年的武装斗争》和论文《蒙古人民 1755—1758 年的独立武装斗争、阿睦尔撒纳、青衮杂布之乱》《17 世纪蒙古人民独立武装斗争史》《阿睦尔撒纳、青衮杂布暴乱》③等。伊希扎木苏

---

① Charles Bawden,"The Mongol Rebellion of 1756—1757", *Journal of Asian History*, 1968(2).
② Christopher Kaplonski, "Exemplars and Heroes: The Individual and the Moral in the Mongolian Political Imagination", in *States of Mind: Power, Place and the Subject in Inner Asia*, Bellingham(WA): Western Washington University, 2006, pp.63 - 90, p.77.
③ 哈斯达赖:《关于青衮杂布》,《内蒙古大学学报(哲学社会科学版)》1990 年第 1 期。

认为青衮杂布所领导的撤驿之变是喀尔喀蒙古追求民族独立、脱离清廷统治的武装斗争,高度肯定了青衮杂布为争取民族解放所做出的贡献。蒙古国学者布彦罕图木尔扎布(Buyanlham Tumurjav)认为阿睦尔撒纳和青衮杂布是18世纪中期抗清的代表人物,他们的反抗行动发动了喀尔喀蒙古社会中的一切阶级,平民和贵族都参与到反抗斗争中。① 俄国学者兹拉特金在《蒙古人民共和国史纲》中指出阿睦尔撒纳等蒙古贵族领导的反清叛乱是清廷在喀尔喀蒙古施行腐朽落后的统治机制造成的,这些叛乱意在推翻清朝的统治以求得喀尔喀人民的解放。② 撤驿之变拥有喀尔喀蒙古社会广泛的参与度,是蒙古国和俄国学者认为其具有民族解放运动性质的一个重要立足点,他们认为撤驿之变是蒙古人广泛参与的、在异族统治下寻求自由和独立的民族起义。③

美国学者罗茂锐④也持有相似观点,他在2000年发表的《蒙古人身份意识的发展》("The Development of Mongol Identity")一文中认为,青衮杂布发动叛乱源于对汉商在喀尔喀蒙古放贷和剥削行为的不满⑤,最终叛乱失败的原因主要在于未获得哲布尊丹巴的支持,因此青衮杂布组织

---

① Buyanlham Tumurjav, "Manchu Years in the History of Mongolia",《现代社会文化研究》2006年第36期。

② [苏]伊·亚·兹拉特金:《蒙古人民共和国史纲》,陈大维译,商务印书馆1972年版,第68页。

③ Charles Bawden, "The Mongol Rebellion of 1756—1757", *Journal of Asian History*, 1968(2)。

④ 罗茂锐(Morris Rossabi, 1941—),美国著名汉学家,蒙古、中国和中亚历史学家,生于埃及。罗茂悦于1961年毕业于纽约大学,1970年获哥伦比亚大学历史学博士学位,1982年起为西雅图华盛顿大学和纽约市立大学奎因斯学院内亚研究教授。罗茂悦从1979年起多次来华考察,他还是哥伦比亚大学高级学者和兼职教授,纽约大学女王学院的历史学杰出教授,蒙古国立大学荣誉博士学位获得者等。他的代表作有《中国和内亚》(*China and Inner Asia*, 1975)等。

⑤ M. Rossabi, "The Development of Mongol Identity in the Seventeenth and Eighteenth Centuries", *Itinerario*, 2000(24)。

的反抗力量还无法与清廷相抗衡。① 罗茂锐将撤驿之变同民族身份认同和民族意识觉醒相联系，他认为从撤驿之变开始，喀尔喀蒙古人的身份认同就已经形成。② 罗茂悦指出在青衮扎布宣告叛乱开始时，许多蒙古人选择撤离台站和卡伦，造成喀尔喀蒙古地区哨卡驿站的瘫痪，由此便可以看出喀尔喀蒙古社会中已经形成了反抗的凝聚力。撤驿之变展示的不仅是青衮扎布的民族意识，还是每个喀尔喀蒙古人民族意识的觉醒。③

A. J. 内桑森（Alynn Joelle Nathanson）在其博士论文《清朝在喀尔喀蒙古的政策和 1756 年青衮杂布叛乱》（"Ch'ing Polices in Khalkha Mongolia and the Chingünjav Rebellion of 1756"）中也详细讨论了青衮杂布发起抗清叛乱的原因，并分析了该次叛乱失败的原因。内桑森着重挖掘青衮杂布的性格特征与撤驿之变的联系，其以拉铁摩尔的蒙古经济体制的移动性（mobility）理论为基础推演出青衮杂布拥有的游牧民族特征。内桑森认为青衮杂布发动撤驿之变源于青衮杂布自身具有的如拉铁摩尔所说的"真正的游牧精神"，即总是不安于安定的生活。内桑森指出尽管青衮杂布在担任清军将领时打击抗清力量立有战功，但他日后扛起抗清旗帜源于其放荡不羁的性格。内桑森指出青衮杂布生性好战，他在指挥军队上的多个失误代表着其想要挑战清朝的统治权威。④ 内桑森将青衮杂布设定为草原上追求自由、不愿让任何规则束缚的蒙古人，并且就是这样的民族性格导致了青衮杂布领导叛乱。在《中国的亚洲内陆边疆》（*Inner Asian Frontiers of China*）中拉铁摩尔提出汉民族（农耕经济）与草原民族（游牧经济）最大的不同在于汉民族强调定居的重要性，定居其实

---

①②③ M. Rossabi, "The Development of Mongol Identity in the Seventeenth and Eighteenth Centuries", *Itinerario*, 2000(24).

④ Alynn Joelle Nathanson, *Ch'ing Polices in Khalkha Mongolia and the Chingünjav Rebellion of 1756*, London: School of Oriental and African Studies University of London, 1983, pp.87-88.

就是对土地的占有,只有占有了土地并在土地上耕种出作物才能保证人的生存。然而,草原民族的"开垦"对象是草场,没有一片草场经得起长时间的放牧,每片草场都需要通过休养生息长出新的牧草才能继续供养牲畜,所以拉铁摩尔认为在草原民族看来"移动权比居住权更重要,而'所有权'实际上就是循环移动的权力"①。移动性在拉铁摩尔看来是草原民族最重要的特征,内桑森根据拉铁摩尔的论述进而认为蒙古人因游牧的生活方式而形成了喜好变化的性格特征,从而将青衮杂布发起抗清叛乱的原因归于好战、追求自由这样具有浪漫主义特点的性格特征。

美国学者克里斯托弗·卡普隆斯基②在1993年发表的论文《集体记忆与青衮杂布的叛乱》("Collective Memory and Chingunjav's Rebellion")中,将蒙古国学者和西方学者对撤驿之变的阐释进行了比较与评论,他分析了这些学者所提观点产生的社会原因。卡普隆斯基认为西方学者如查尔斯·鲍登对于撤驿之变的阐释,受到了西方意识形态中的民主思想的影响,而内桑森将青衮杂布及撤驿之变浪漫化,与西方社会将游牧民族这一文化他者想象为野蛮但热爱自由并且诚实的形象有关。③ 蒙古国学者的民族主义解读来源于彼时的政治环境,以及蒙古人的思想传统中的浓厚民族意识。一方面,蒙古国的政治人物将青衮杂布当作政治宣传的工具;另一方面,青衮杂布在组织叛乱时曾宣称自己为成吉思汗的后

---

① [美]拉铁摩尔:《中国的亚洲内陆边疆》,唐晓峰译,江苏人民出版社2005年版,第44页。
② 克里斯托弗·卡普隆斯基(Christopher Kaplonski, 1967—),哥伦比亚大学社会人类学讲师,20世纪90年代初在蒙古国进行田野调查的最早的西方人类学学者之一,主要著作有《蒙古的真相、历史和政治:关于英雄的记忆》(*Truth, History and Politics in Mongolia: Memory of Heroes*, 2004)和《喇嘛问题:蒙古社会主义早期的暴力、主权和异议》(*The Lama Question: Violence, Sovereignty, and Exception in Early Socialist Mongolia*, 2014)。
③ Christopher Kaplonski, Collective Memory and Chingunjav's Rebellion, *History and Anthropology*, 1993(6).

第一章 | 查尔斯·鲍登的蒙古史研究

代,由于历史上成吉思汗统一蒙古各部建立过强大的蒙古帝国,因此这样的民族自豪感让蒙古人有了与其他民族区分的意识。蒙古国学者对撤驿之变的阐释不仅与其自身的民族意识有关,还与他们的政治文化环境有关。①

我国学者哈斯达赖在1990年发表的论文《关于青衮杂布》中认为,青衮杂布发动撤驿之变源于清廷与其个人的矛盾冲突,主要原因在于青衮杂布害怕清廷怪罪他向阿睦尔撒纳泄密而"仓促发动起来的"事变。② 因此该事变并不存在如蒙古国学者所述的具有民族独立和民族解放的性质,导致青衮杂布最终发起抗清叛乱的原因主要是"君臣之间的疑忌"③。《蒙古民族通史》第四卷中对撤驿之变的经过进行了详细的描述,书中指出该事件爆发的原因与"广大牧民苦于清王朝的民族压迫和阶级压迫"④有关,最终的失败结果是因为"青衮杂布一味寻求呼图克图、大汗和王公们的支持,始终不组织和依靠群众"⑤。徐实在其博士论文《清朝对喀尔喀蒙古管理体制研究》中认为撤驿之变的发生是"因青衮咱卜(青衮杂布)利用了喀尔喀牧民'连年用兵为累'厌战心理,并以'我喀尔喀本青吉思汗子孙,例不治罪'的言论,为额琳沁多尔济鸣不平,得到少数喀部王公贵族的'不作为'的支持"⑥。

综合上述学者对撤驿之变的研究可以看出,部分学者将撤驿之变同政治目的和意识形态相联系,因而在对撤驿之变的分析上附加了寻求民族身份和民族独立的成分。一些学者则倾向将撤驿之变看作蒙古王公贵族与清廷间的斗争,他们认为青衮杂布之所以发起叛乱主要与对清廷治

---

① Christopher Kaplonski, "Collective Memory and Chingunjav's Rebellion", *History and Anthropology*, 1993(6).
②③ 哈斯达赖:《关于青衮杂布》,《内蒙古大学学报(哲学社会科学版)》1990年第1期。
④⑤ 乌云毕力格等:《蒙古民族通史》第4卷,内蒙古大学出版社2002年版,第229页。
⑥ 徐实:《清朝对喀尔喀蒙古管理体制研究》,中央民族大学博士论文,2011年。

蒙政策的不满有关。内桑森从青衮杂布的性格特征角度对撤驿之变进行的阐释显然受到了亨廷顿和拉铁摩尔的人类生态学观点的影响,但更多的是学者自身的主观猜测,缺乏有效的事实证明。海外学者对撤驿之变的关注和讨论使撤驿之变比其他抗清事件获得了更多的关注,成为清朝蒙古时期的代表性历史事件。

2. 查尔斯·鲍登对撤驿之变的解读

查尔斯·鲍登认为青衮杂布发动撤驿之变主要出于两个原因:一是蒙古贵族对清政府所施行的统治政策的不满,二是喀尔喀蒙古社会中普遍存在对蒙汉通商环境、高额赋税、繁重徭役的不满。① 鲍登认为清朝蒙古时期蒙古贵族与清廷有着紧密的依托关系,漠南蒙古早已与满洲建立了亲密的合作关系。在《蒙古世系谱》中作者罗密对康熙给予蒙古王公贵族的照顾与支持大加称赞,罗密认为清帝康熙帮助原本支离破碎的蒙古各部重新统一,清朝让蒙古各部重新恢复了和平与秩序并赢得了蒙古贵族的支持。② 另外,鲍登也指出喀尔喀蒙古早在1655年起就开始向清廷进"九白之贡",向清廷进贡标志着喀尔喀蒙古已经有归属清朝的意愿。在喀尔喀蒙古归顺清朝之时,清朝为喀尔喀蒙古汗部提供了强有力的保护。尽管清廷为蒙古贵族提供了大量的优待政策,将蒙古贵族置于几乎同满族贵族同等的社会地位,但鲍登认为满蒙间的亲密关系也并非牢不可破。清廷通过重新划定蒙古领主的领地和施行盟旗制,分散了蒙古贵族的权力,极大地削弱了蒙古贵族对土地和属民的控制权。此外,清廷将对蒙古地区的控制权分配给个别家族,如策凌家族一直掌权喀尔喀蒙古,政治权力的集中导致了其他蒙古贵族对清廷忠心的动摇,鲍登认为蒙古贵族失去对清廷的忠心是撤驿之变发生的导火索。③

---

① C. R. Bawden, *The Modern History of Mongolia*, New York: Praeger, 1968, p.112.
②③ Charles Bawden, "The Mongol Rebellion of 1756—1757", *Journal of Asian History*, 1968(2).

鲍登还指出不景气的经济环境、高利贷、繁重的徭役和与准噶尔作战的消耗都使得撤驿之变在爆发后迅速发酵。① 一方面，在喀尔喀蒙古归顺清朝后，清朝对喀尔喀蒙古在地域和经济上实行了封锁。清廷在喀尔喀蒙古建立了几十处的台站②和卡伦③来监视蒙地的活动和防备俄国的进攻。清廷还严格控制进入喀尔喀蒙古的汉商，一方面，前往喀尔喀蒙古经商需要持有清政府颁发的通行证，这种通行证的有效期往往仅有一年。清政府对汉人与蒙古人间的交往进行了严格的约束，规定进入喀尔喀蒙古的汉商不得与蒙古人交好，不能与当地的蒙古人结婚生子。另一方面，进入喀尔喀蒙古的汉商在牧民中放起了高利贷。牧民提供给汉商的货物多以皮毛、牛羊肉等季节性物资为主，汉商卖给牧民的是日用品和生活必需品，由于牧民间的交易往往是以物换物的形式，牧民们普遍没有足够的现金从汉商那里购买日常生活用品，在此情况下催生了高利贷的形成。据鲍登在《蒙古现代史》中列举，汉商贷给牧民的利率极高，每月都要收取本金的3%作为利息，贷款的时间不能超过3年，往往在贷款到期时利息已经和本金一样多，牧民以牲畜抵债的时候还要算上牲畜每年的自然增长。④汉商与牧民这种不对等的交易，最终导致了大量的牧民资不抵债。据史料记载，"整个蒙古族中有大量成批没有食物吃的穷人……沿途（从库伦到恰克图）行乞，甚至一俄里的地方就有乞丐10个以上，跪在地上请求施舍"⑤。

---

① Charles Bawden, "The Mongol Rebellion of 1756—1757", *Journal of Asian History*, 1968(2).
② 台站，蒙古语 örtöö，是军台与驿站的合称，蒙古地区台站的基本职能是负责军事通讯和物资转运。
③ 卡伦，蒙古语 kharuul，为满语的音译，意为"更番候望之所"，也称斥堠或哨。设于蒙古地区地界的卡伦为划分各盟、部、旗之间界限的标志，设于蒙古地区边境的卡伦主要负责守卫边境，具有边防哨所的功能。
④ C. R. Bawden, *The Modern History of Mongolia*, New York: Praeger, 1968, p.98.
⑤ 俄国对外政策档案馆：《准噶尔卷宗》第2卷，1757年，第446条。转引自［俄］伊·亚·兹拉特金：《准噶尔汗国史》，马曼丽译，兰州大学出版社2013年版，第350页。

这样的经济剥削不仅存在于普通牧民,蒙古贵族也深受其害,汉商发行的高利贷让喀尔喀蒙古陷入了极度的贫困。在地区封锁和经济封锁的控制下,对清廷治理政策的不满情绪开始在喀尔喀蒙古各阶层中蔓延。查尔斯·鲍登对于撤驿之变爆发原因的分析既包括了彼时喀尔喀蒙古社会的客观条件,又指出了蒙古王公贵族与清廷间的利益冲突,相较于前文所列各学者的观点而言更为全面和合理。从鲍登的研究中可以看出,撤驿之变折射了背后复杂的社会原因和清廷治理喀尔喀蒙古政策的缺陷与弊端,展示了撤驿之变爆发时喀尔喀蒙古民众与清廷间尖锐的矛盾冲突。

就撤驿之变的性质而言,鲍登认为它仅仅是一场带有机会主义色彩的叛乱,其中既没有缜密的计划,也没有明确最终的目标,整个叛乱的过程充斥着"脱离清朝"的虚幻的梦想。① 撤驿之变由青衮杂布而起,很快获得了喀尔喀蒙古各地的相继响应,许多哨卡的士兵纷纷离开岗位回家,清政府在漠北的驿站全部瘫痪。除大批在哨卡服役的士兵撤离岗位外,牧民袭击汉族商队的暴动也随之爆发,他们抢掠汉商的财物和家畜以便获得急需的生活用品,在鲍登看来撤驿之变到最后演变成了普通蒙古民众对清廷治理政策的不满情绪的宣泄。前文已述,撤驿之变拥有民众广泛的参与度是一些学者们认为其具有民族解放运动性质的一个重要立足点,他们认为撤驿之变是蒙古人广泛参与的、在异族统治下寻求自由和独立的民族起义②,但是查尔斯·鲍登对此进行了反驳,鲍登认为这些学者对撤驿之变进行的民族主义的解读仅仅符合他们所处的时代而造就的思想意识。③

---

①② Charles Bawden, "The Mongol Rebellion of 1756—1757", *Journal of Asian History*, 1968(2).
③ C. R. Bawden, *The Modern History of Mongolia*, New York: Praeger, 1968, p.129.

第一章 | 查尔斯·鲍登的蒙古史研究

在前文对撤驿之变研究的概述中,美国学者克里斯托弗·卡普隆斯基和我国学者哈斯达赖均持有同鲍登相同的观点。卡普隆斯基认为蒙古国学者对于撤驿之变的民族主义解读一方面源自自身的民族情感,另一方面源自政治文化背景。① 卡普隆斯基指出为了政治宣传的需要,蒙古人民共和国的政治领导人树立了众多民族英雄形象,阿睦尔撒纳和青衮杂布也在其中,充当了蒙古人民革命党需要的宣传工具。卡普隆斯基认为撤驿之变是蒙古历史上最被人过分强调的一个历史事件②,20世纪30年代的蒙古革命党人为青衮杂布披上了一层厚厚的政治宣传的外衣,以至于遮蔽了事实的真实情况,将其变为了政治话语。卡普隆斯基还认为这种政治话语的出现仅限于那一段特定历史时期,在蒙古人民共和国走上资本主义发展路线时,青衮杂布以及赋予在他身上的历史意义早已无法引起时代的回应。③ 我国学者哈斯达赖也指出青衮杂布与撤驿之变是由蒙古王公与清廷间的利益冲突而起,在封建王朝中常有此类事件发生,该事件之所以引起各国学者的讨论,主要是因为某些史学家使问题复杂化。④

就撤驿之变的失败原因而言,查尔斯·鲍登指出决定撤驿之变成功与失败关键并不在于青衮杂布对抗清廷的能力或是广大喀尔喀蒙古民众的加入,而在于哲布尊丹巴呼图克图对这场起义的态度。⑤ 根据鲍登所

---

① Christopher Kaplonski,"Collective Memory and Chingunjav's Rebellion",*History and Anthropology*,1993(6).
② Christopher Kaplonski,"Exemplars and Heroes:The Individual and the Moral in the Mongolian Political Imagination",in *States of Mind:Power,Place and the Subject in Inner Asia*,Bellingham(WA):Western Washington University,2006,pp.63-90,p.78.
③ Ibid.,pp.63-90,p.80.
④ 哈斯达赖:《关于青衮杂布》,《内蒙古大学学报(哲学社会科学版)》1990年第1期。
⑤ C. R. Bawden,*The Modern History of Mongolia*,New York:Praeger,1968,p.120.

翻译的蒙古语文献资料①得知，乾隆曾就撤驿之变一事撰写书信命令哲布尊丹巴必须听从北京的安排，在信中乾隆命令哲布尊丹巴必须谴责青衮杂布的背叛行为，并且让哲布尊丹巴转告喀尔喀各部，那些擅自离开驿站、卡伦和台站的蒙古人必须尽快回到原先的岗位。如果他们自觉地回到岗位上，清廷将不追究他们的责任；如果他们依旧抵抗清廷的命令继续待在家中，那么他们将面临严肃的处罚。② 清廷的施压最终导致了哲布尊丹巴的妥协，使得哲布尊丹巴对撤驿之变采取了消极的态度，导致青衮杂布陷入了孤立无援的境地。

此外，鲍登还认为在青衮杂布发动撤驿之变之时，蒙古社会缺乏有效的凝聚力，这也是导致撤驿之变失败的原因。鲍登指出青衮杂布曾打出成吉思汗的旗号号召蒙古贵族参与抗清的队伍，但当需要这些贵族给予真正的支持时，他们致命的个人主义和自私的欲望③致使他们无动于衷。如果加入青衮杂布发动的事变，这些王公贵族就会失去清廷给予他们的俸禄和优待条件，蒙古王公贵族对自身利益的维护也导致青衮杂布只能孤军奋战。鲍登曾根据史料中记载的青衮杂布的经历，对青衮杂布的性格进行了分析。同内桑森所得出的青衮杂布有着放荡不羁、追求自由的个性特征推论不同的是，鲍登认为青衮杂布的个性复杂、极不可靠。④ 鲍

---

① 蒙古国学者齐米德（Ö. Chimid）于1963年在乌拉巴托出版了一本有关青衮杂布的一系列历史档案的合集，书名为 Chingünjavvar udirduulsan Ar Mongol dakh' tusgaar togtnolyn temtsel(1756—1758)。该书一共包含66篇从中国获得的历史文件，齐米德将这些文件翻译成为西里尔蒙古文后出版。该书中的文档有的是文件的全部原文，有的是对文件的部分摘抄。查尔斯·鲍登在论文《有关外蒙古1756年叛乱的文件》("Some Documents Concerning the Rebellion of 1756 in Outer Mongolia")中对齐米德的档案合集进行了介绍。
② Charles Bawden, "Some Documents Concerning the Rebellion of 1756 in Outer Mongolia", *Bulletin of the Institute of China Border Area Studies* I, 1970.
③④ Charles Bawden, "The Mongol Rebellion of 1756—1757", *Journal of Asian History*, 1968(2).

登列举出青衮杂布曾在 1744 年因渎职失去了贝勒的头衔,1754 年在战斗中立功又赢回了他的地位,还因此获得了皇帝的召见。当青衮杂布本应指挥部队平复阿睦尔撒纳的叛乱时,他又故意拖延时间致使没有加入打击阿睦尔撒纳的战斗。基于青衮杂布的种种表现,鲍登认为尽管青衮杂布这样反复违抗清廷指令的真正原因无法得知,但从种种表现可以看出他的政治野心和对清廷的怨恨。①

从各国学者以及查尔斯·鲍登对于撤驿之变的解读可以看出,18 世纪清朝蒙古时期的喀尔喀蒙古社会中存在复杂的政治权力的角逐。一方面,清廷已经拥有了对喀尔喀蒙古的绝对控制权,但出于对蒙古贵族的不信任等多重原因,清廷在喀尔喀蒙古实施了严密的封锁政策,切断了喀尔喀蒙古与外界的联系。鲍登认为清朝政府把喀尔喀蒙古看作军事缓冲地带和存蓄兵力的地区。②苏联学者兹拉特金也曾指出清廷对喀尔喀蒙古施行封锁政策以期达到以下两个目的:一是保障清帝国北部边疆的持久和平,二是使喀尔喀蒙古变为巩固国力和实现扩张计划的有力而顺手的武器。③ 因此,笔者认为清廷对喀尔喀蒙古封闭的治理方针是促使撤驿之变爆发的直接原因,但深究撤驿之变爆发背后的动因可以看出蒙古贵族与清廷间的权力竞争,青衮杂布发起撤驿之变与其自身希望得到利益的伸张有关。至于一些学者对于撤驿之变的民族主义解读乃是后世学者站在现代社会角度的理解,而如果学者们置身于彼时的社会环境就不难发现撤驿之变爆发的真正原因。正如卡普隆斯基所指出,一些学者对撤驿之变的讨论与他们的社会文化背景有关,他们对撤驿之变所下的结论已经超出了事件本身,成为他们彰显思想意识形态和政治主张的舞台。

---

①② Charles Bawden,"The Mongol Rebellion of 1756—1757",*Journal of Asian History* 1968(2).
③ [苏]伊·亚·兹拉特金:《蒙古人民共和国史纲》,陈大维译,商务印书馆 1972 年版,第 43 页。

3. 两桩谋杀案与蒙古例

在蒙古民族发展的历史上,先后有《大扎撒》《元典章》《阿勒坦法典》《白桦法典》以及《蒙古—卫拉特法典》等多部律法问世,它们共同构成了具有鲜明民族特色的法律制度,这些律法制度规范着草原上民众的生活秩序,维持着蒙古社会的有序运转。在蒙古各部纷纷归顺清朝后,清廷为了加强在蒙古地区的控制权,对传统的蒙古律法进行了增补和修改,用来迎合清廷在蒙古地区治理的方针策略,形成了独具特点的蒙古例。这套法律体系既保留了传统的蒙古律法特点,又引入了中原汉地的律例条例,具有鲜明的多元性特征。清朝在蒙古地区推行的律法主要有《蒙古律书》《蒙古律例》《理藩院则例》以及各个地方的地方法规。

《蒙古律书》是崇德八年(1643年)清廷对外藩蒙古颁行的法律,以蒙古传统的法律制度、法典体例为基础修订而成,因《蒙古律书》颁布与实施的时间较早,在后续的历史发展中已经不能适应清朝对蒙古地区统治的需要而被《蒙古律例》和《理藩院则例》取代。《蒙古律例》是《蒙古律书》的继承和发展,它于乾隆六年(1741年)修订完成,至乾隆五十四年(1789年)其中的法规条文已达到12卷209条。《蒙古律例》规定了蒙古地区的户口差徭、朝贡、偷盗、断狱等多方面内容,是专门对蒙古地区制定的最完备、最系统的一部特别法。① 《理藩院则例》是在《蒙古律例》基础上进行复核、修改、删除而完成的,初次编纂完成于嘉庆二十二年(1817年),其中详细规定了在蒙古地区以及青海、西藏等少数民族地区适用的各种规章制度,是清廷治理边疆少数民族地区的重要法典。本书中的蒙古例泛指清朝在蒙古地区施行的法律和各项法规,其中包括有《蒙古律例》《理藩院则例》和蒙古地方法规。在归顺清朝前,蒙古的各个汗部对各自的事务

---

① 乌力吉陶格套:《清朝对蒙古的例法概述》,载木德道尔吉主编,中国蒙古史学会编《蒙古史研究:魏弥贤教授六十五寿辰纪念专集》(第7辑),内蒙古大学出版社2003年版,第348—370页。

享有独立的控制权,当蒙古各汗部归入清朝后,清廷通过立法保证了对蒙古地区的统治权,削弱了蒙古贵族原有的行政管理权和司法权。同时随着蒙古例的实施,清廷也明确了其在蒙古地区的管理体制、行政区域的划分、蒙古贵族的权力与义务、蒙古地区的刑法制度和司法审判制度以及宗教事宜等内容。

清廷所实施的律法虽然保留了大量的传统蒙古律法特色,但在传统蒙古律法的基础上也进行了一定改动。如对犯罪的处罚,传统的蒙古例法的最大特征是"以罚代刑",即使用罚没财产的方式代替刑的执行,一般施行罚畜刑制度,该处罚方式广泛适用于盗窃、杀人、伤害等多种犯罪。在蒙古地区牲畜是主要的生活来源也是主要的劳动工具,所以通过处罚一定数量的牲畜足可以达到惩戒犯罪的目的。清代蒙古例中主要的处罚形式仍然保留了罚畜刑制度,如"罚九"的惩罚方式。据《蒙古律例》的记载"罚罪之九数,乃马二匹,犍牛二只,乳牛二只,三岁牛二只,两岁牛一只"[1],即共九头牲畜。除罚畜刑以外,蒙古例中加入了其他方式的惩罚手段,如鞭刑和汉地使用较多用的笞刑和杖刑,有时还加之以项枷[2]和烙颊的方式联合起来进行处罚,此外还有流放刑的加入。清政府还改变了蒙古地区原有的司法机构设置,因盟旗制度的建立,从前掌握司法权的蒙古封建主受到了清廷的管控,清朝蒙古时期理藩院成为最高的审判机构,地方上由各旗的王公贵族和札萨克审判。《蒙古律例》中规定"若系寻常事件,仍交该札萨克盟长等办理,如关人命重案由院详询,应派大臣办理之,虑定议具奏请"[3]。从《蒙古律例》所规定内容可以看出,蒙古官员和

---

[1]《蒙古律例·断狱》,(中国台湾)成文出版社1968年版,第221页。
[2] 项枷,即以一块长方形的木头制成的枷锁套住犯人的头,有时也将犯人双手锁在项枷中。在蒙古地区,由于项枷体积较大而蒙古包的门较窄,因此戴着项枷的犯人无法走进蒙古包,只能在蒙古包外生活,并且往往被施以项枷的犯人要戴着枷号数月至数年不等,其生存状况可想而知。
[3]《蒙古律例·断狱》,(中国台湾)成文出版社1968年版,第162页。

贵族仅掌握一般的司法权力，理藩院和清帝充当着监管者和最终决策者的角色。

在清廷修订、增补蒙古传统律例而形成蒙古例后，以理藩院为代表的清朝统治机构逐步将蒙古地区的司法控制权掌握于自己手中，通过司法制度的确立保障了清朝边疆民族地区与中原中央集权的统一，对维护清朝多民族国家的统一具有重要的意义。蒙古例的实施不仅从法律层面使蒙古地区和国家协调一致，还使得蒙古地区的行政管理更加有序和标准，促进了蒙古社会向着更高等级的社会形态发展。虽然蒙古例的确立具有一定的先进性，但是其仍旧摆脱不了为封建统治阶级服务的特点，将蒙古王公贵族、官员和普通民众区别对待，在量刑方面存在较大偏差，同对蒙古王公贵族、官员的惩罚相比对民众的处罚严重不公。例如，面对同样的罪名，对蒙古贵族和官员的处罚要较普通牧民的处罚轻许多，蒙古贵族不被判处肉刑，也不会被判处死刑，大部分情况由科罚牲畜或罚薪代替。

查尔斯·鲍登在1969年相继发表了三篇论文：《18世纪蒙古的一桩谋杀案》《对18世纪蒙古的一桩蓄意谋杀案的调查》和《19世纪蒙古的一份司法档案》描述了18世纪末至19世纪初发生在喀尔喀蒙古地区的三桩谋杀案。第一篇和第二篇论文记述的两桩谋杀案均发生在喀尔喀蒙古克鲁伦巴尔斯浩特盟左翼右末旗，第三篇论文对发生在喀尔喀蒙古克鲁伦巴尔斯浩特盟中左旗的一桩命案进行了简要的描述。这三桩案件记录在1958年于乌兰托出版的《清朝统治时期受压迫的蒙古女性（1764—1833）》（*Manjiin türemgiilegchdiin üe deh Mongolyn emegteichüüdiin darlagdal, 1764—1833*）蒙文审判文书集中。该文书集共记录了四桩案件：第一桩案件是从察哈尔皇家牧场贩卖妇女至新疆伊犁的人口贩卖案（鲍登在论文中没有提及）；第二桩案件是蓄意谋杀案，即本文讨论的第二桩谋杀案；第三桩案件是女仆达什吉德杀害自己子女的谋杀案，即本文讨论的第一桩谋杀案；第四桩是一个喇嘛谋杀女仆的案件，由于鲍登对该案

第一章 查尔斯·鲍登的蒙古史研究

件仅给出了简略的介绍,因此本书以达什吉德案和蓄意谋杀案为主要研究对象进行阐释。

查尔斯·鲍登阐述的第一桩谋杀案讲述了女仆达什吉德(Dashjid)因精神错乱而误杀其子的案件,根据鲍登的记述可推断该案件大致发生于1789年。达什吉德犯案时32岁,她的一生极其不幸,多次被买卖并最终沦为奴隶。达什吉德共生养有一个男孩和两个女孩,多年遭受的不幸使她精神崩溃,在精神错乱中掐死了自己7岁的儿子。达什吉德在年幼时因为家庭贫困被父亲卖给了同一旗的台吉汪吉勒(Wangjil),不幸的是达什吉德与台吉汪吉勒相处并不融洽,于是她的母亲用一头牛赎回了达什吉德。从此达什吉德成为家里的负担,出于无奈,达什吉德的母亲将她接连3次卖给不同的男子,但是达什吉德与这些男子的相处都不融洽,最后都是以被送回娘家而告终。在汪吉勒之后,达什吉德的母亲又以3头牛的价格将她卖给了贵族大帐中的仆人巴雅尔(Bayar)做妻子,在被送回娘家后,达什吉德的母亲再次以1匹马和5只羊的价格将她卖给了平民额仁钦(Erenchen)做妻子,又被送回后达什吉德的母亲没有收取任何的聘礼就将其送到了同旗的平民家为妻,不幸的是最终达什吉德还是被送了回来。在寻找夫家无果的情况下,达什吉德只能在娘家生活,但达什吉德的娘家生活拮据,无力养活达什吉德和她的孩子们。最终一位名叫格楞班珠尔(Gelegbanjuur)的喇嘛出于亲情将达什吉德和其孩子带回了他所属的喇嘛旗,该旗的旗长给了达什吉德一些牲畜来补贴家用,但是这些牲畜也无法支撑他们的生活,在他们来到喇嘛旗的第二年,达什吉德因偷了台吉的1只羊而被捕。惩罚偷羊的结果是达什吉德的一个女儿被审理案件的官员私下卖给了台吉,达什吉德和其他的孩子被以1匹马和1头骆驼的价格卖到了同旗的富人额尔靳(Orjin)家成为这家的女仆。在额尔靳家,达什吉德和她的孩子们不吃不喝,在某天晚上达什吉德突然精神失常想要用绳索等物品勒死自己的孩子,最终她的女儿被抢救了过来,而她

113

的儿子不幸死亡。达什吉德一案最终的审理结果为达什吉德偷羊案为误判,其中涉及渎职的官员都被处以罚畜刑,达什吉德的女儿重新回到了她的身边,她们被一同安置到同旗札萨克的监管下,同时达什吉德获得了渎职台吉被罚的牲畜,协助达什吉德案调查和审理案件的官员受到了不同数量的牲畜的奖励。

另一桩谋杀案是发生于 1790 年的谋杀未遂案,犯案的是一名叫恩布赫(Omboh)的女仆,她因用小刀试图杀死王公而被捕。恩布赫曾经和她的父亲和叔叔一起生活,一天她的叔叔借了别人的一匹马外出,但这匹马在途中过度劳累而死,于是她的叔叔就从一位台吉那里偷了 3 匹马,并将这 3 匹马领回了家。恩布赫的父亲随后将这偷来的 3 匹马卖给了汉商来还债。恩布赫的父亲和叔叔偷马卖马的事情败露后,作为惩罚,恩布赫家里的一切物品都被判给了失去 3 匹马的台吉,这位台吉后又以 3 头牲畜的价格将恩布赫卖到王公家做女仆,至案发时恩布赫已经在王公家生活了 7 年。据恩布赫交代,她在王公家干活时和马倌查干相好,查干劝诱恩布赫如果她杀死王公和其妻子,她不仅可以回到父亲的身边,他还会和现在的妻子离婚娶她为妻。于是在查干的劝诱下,恩布赫两次试图用刀子从蒙古包的外围捅死王公和其妻子,但因刀身太短,恩布赫两次行刺都失败了。恩布赫被抓那晚并未打算再次刺杀王公,而是受到查干的指使偷套马杆,在还没作案的时候就被抓获了,随后她曾经试图行刺王公的事情也败露了。在审理恩布赫行刺王公的过程中,她父亲和叔叔曾经的偷马案也被重新审理。当地蒙古贵族和官员因私下裁决了偷马案而没有上报理藩院,最终判定审理偷马案的王公被降级,获得偷马赔偿的台吉被处以罚金。恩布赫因试图刺杀王公被判流放广东并成为卫兵们的女仆;恩布赫的叔叔因偷马而带上的枷锁可以被取掉,但他也将被流放到南方服徭役,并且赔偿被偷马的台吉 9 头牲畜;恩布赫的父亲因为占有偷来的马匹而被处以鞭刑 100 下。其他渎职的官员被处以罚畜刑,他们的上级盟长因为失职而被罚半年的薪金。

这两桩谋杀案都有一定的特殊性,一方面这两桩案件的犯罪主体均为女性,另一方面这两桩案件均受到了理藩院的督办,展示了清朝时期蒙古地区完整的案件审理制度。鲍登认为女性成为谋杀案的犯罪主体在一定程度上是由彼时的生活困境所致。达什吉德和恩布赫都是社会最底层的奴隶阶级,奴隶的身份剥夺了她们的话语权,再加之女性的身份特征让她们只能依附于他人生活。当她们成为谋杀案的犯罪主体时,奴仆和女性的双重身份使她们失去了为自己辩护的权利,也就导致了这两桩案件在最初的审理中受到了地方官员的误判。《蒙古律例》中规定"蒙古人有争控事件,务令先在该札萨克王贝勒处呈控。倘员屈许,令在盟长处呈控。如盟长等又不秉公办理,许令原告之人将曾经在该札萨克处控告如何办理附在该盟长处控告如何判断之处按案开明,赴院呈控"[①]。达什吉德案和恩布赫案都经历了旗、盟、理藩院和清帝四重机构的审理,呈现了清代蒙古时期自上而下的一整套司法审理制度。正是因为地方官员的失职,才使得这两桩案件受到了理藩院的督办,成为具有一定代表性的案例。从这两桩案件中不仅可以完整地了解清朝时期蒙古刑事案件的申诉和审理程序,还可以从最终的审判结果中了解到这一时期的刑罚制度。

4. 两桩谋杀案与清朝时期蒙古的司法体系和社会形态

查尔斯·鲍登指出以上列举的两桩谋杀案展示了清朝蒙古例的两个特征:一是蒙古人在案件的审理方面除了蒙古例可作为定罪的参考,再没有其他的法规可以遵循,超出蒙古例的执法范围只能上报乌利雅苏台、库伦,甚至是北京才能做出最终的裁定;二是在案件的审理过程中显示了蒙古地方官员判案的随意性与不合理性,蒙古贵族是受到律例保护的一

---

① 《蒙古律例·断狱》,(中国台湾)成文出版社1968年版,第161页。

方,蒙古例带有明显的阶级倾向性。① 鲍登认为无论是达什吉德案还是恩布赫案,二人的不幸命运都与蒙古地方官员在案件审理过程中的随意甚至徇私枉法有关。如果不是因为误判达什吉德偷羊造成母女分离,如果不是在盗马案中将恩布赫卖到了王公家做女仆造成恩布赫只能依靠一个有妇之夫,这两位女性也许不会卷入杀人案中,不会因为生存困境而做出杀人这种绝望的选择。两桩案件凸显了女性的悲惨命运,还展示了对普通民众的司法不公。显然普通人和贵族在面对刑罚时有明显的区分,负责初级审理案件的都是贵族统治阶级,他们为了维护自身利益而不惜牺牲普通民众的权利,而普通民众往往被处以重罚、被卖为奴隶甚至被处以死刑。当贵族触犯法律时,他们面对的惩罚则较平民轻许多,仅仅是赔偿牲畜、减少俸禄、降低贵族等级等。

鲍登继续对此种社会现象进行了深挖,他认为造成两桩谋杀案发生的最根本原因是喀尔喀蒙古地区的落后与贫困。② 18世纪中期中国内地已经出现了工业生产的雏形,但是这些新的生产方式没有被引入蒙古地区。农业在蒙古地区的发展也相当滞后,整个喀尔喀蒙古仅在科布多地区有清军屯田的一小片农耕区。正如《蒙古民族通史》中指出的,蒙古地区需要农业的发展,以游牧经济为主的蒙古地区的经济既原始又脆弱,如果遇上自然灾害那就是对游牧经济的毁灭性打击。游牧经济既无法满足民众生活的多样性,又阻碍了社会分工的形成,手工业、商业、城镇化的发展在单一的游牧经济中无法成长起来。③ 在此情况下,喀尔喀蒙古对内地的汉商产生了严重的依赖,汉商贷给牧民高利贷让牧民陷入了更加贫困的状况。到了1855年,仅土谢图汗爱玛克就有三万两千名乞丐,其中

---

①② C. R. Bawden, *The Modern History of Mongolia*, New York: Praeger, 1968, p.141.
③ 乌云毕力格等:《蒙古民族通史》第4卷,内蒙古大学出版社2002年版,第291页。

还有五千人因饥饿而挣扎在死亡的边缘上,然而那时整个喀尔喀蒙古的人口不超过五十万。①

鲍登认为贫困是清朝统治喀尔喀蒙古时的社会主旋律,而造成喀尔喀蒙古普遍贫困的原因是经济发展停滞致使原有的生产模式崩塌,外加统治阶级对民众福祉的不负责行为。② 美国著名人类学家摩尔根在《古代社会》(*Ancient Society*)中提出生产工具的发展和技术水平的提升是各民族历史发展水平的重要尺度,他指出"人类中最先进的一部分,当其处在进步过程的某一阶段时,似乎停步不前,直等到出现某一项重大的发明和发现……才产生一股新的、有力的向前迈动的冲动力"③。经济的发展不仅仅是物质资源的变动,还"受到现存的,并且不断演变着的、制度化了的,文化价值标准的约束"④,社会制度约束着经济的发展模式和发展前景。清廷在喀尔喀蒙古施行的一系列集权控制政策在一定程度上影响了喀尔喀社会的发展。在喀尔喀蒙古地区归入清朝版图后,清廷将喀尔喀蒙古地区共分为四盟86旗,把喀尔喀蒙古地区分割成数个行政区域,此外清廷通过选派驻定边副将军、参赞大臣、库伦办事大臣等官员直接参与喀尔喀蒙古地区事务的管理,掌握了对喀尔喀蒙古的控制权。清朝蒙古时期的司法制度是清政府在喀尔喀蒙古地区管理体制的一个缩影,无论是达什吉德还是恩布赫,她们的悲惨命运都与落后的经济发展有关。马克斯·韦伯认为经济影响社会发展,但是社会因素同样也会影响经济⑤,经济与社会始终存在着一种双向互动的关系,鲍登借助两桩谋杀案阐明了清朝蒙古时期行政管理体制与经济发展双重制约下的喀尔喀蒙古社会的基本形态。

---

① C. R. Bawden, *The Modern History of Mongolia*, New York: Praeger, 1968, p.142.
② Ibid., p.147.
③ [美]摩尔根:《古代社会》,杨东莼、马雍、马巨译,商务印书馆1981年版,第35页。
④ 陈庆德:《经济人类学》,人民出版社2001年版,第37页。
⑤ [瑞典]斯威德伯格:《马克斯·韦伯与经济社会学思想》,何蓉译,商务印书馆2007年版,第76页。

查尔斯·鲍登还原和阐释的两桩谋杀案对于清代蒙古例的研究具有重要意义。这两桩谋杀案无论从犯罪的主体,还是整个案件的审理都具有典型性和代表性,其中包括了完整的司法审判流程,真实地展示了蒙古例的实施,其中的案情介绍和定罪处罚等细节也尤为珍贵,以上这些都为后世的学者提供了重要的文献参考。鲍登对清朝蒙古例的研究视角与后世学者有所不同,其没有就蒙古例本身进行法理性研究,他更加关注蒙古例以及案件背后折射出的喀尔喀蒙古的社会问题,指出了贫穷与落后的社会环境让人陷入绝境、逼人犯罪的不幸现实。然而,也需指明的是,鲍登对于清朝治蒙方略的批评虽指出了其中存在的不足,但不应完全否定清朝治蒙方略对蒙古地区发展的积极促进作用。首先,清朝的边疆政策维护了多民族统一的发展决策,有效地抵御了外国势力的入侵。其次,屯田政策促进了农业在蒙古地区的发展,尽管喀尔喀蒙古的农业发展比较缓慢,但也是有益的尝试。最后,汉地与蒙地间的互市活跃了蒙古地区的经济贸易,虽然这种贸易受到多种制约,带来了一定的负面影响,但为蒙古地区长期的经济发展起到了重要作用。

(三) 苏俄势力与喀尔喀蒙古

主导 20 世纪喀尔喀蒙古社会发展的力量不仅仅来自清政府,还有另一边的邻国——俄国的不断侵扰和渗透。1912 年 2 月 12 日,清朝最后一位皇帝溥仪退位标志着清王朝的灭亡,同时俄国的对外扩张正在亚洲紧密地进行。中国和俄国签订的一系列条约(如 1689 年签订的《尼布楚条约》和 1727 年签订的《恰克图条约》《布连斯奇条约》)都表现出清政府对俄国侵略中国的一再妥协,虽然这些条约的签订使得俄国对中国的步步紧逼暂缓不少,但俄国从来就没有放弃占领蒙古地区乃至中国的野心。随着清朝政府的瓦解,俄国看到了入侵蒙古地区的可能,喀尔喀蒙古在

19世纪末已经衰败不堪,这种社会状态为俄国控制喀尔喀蒙古地区提供了可乘之机,因此20世纪前半期苏俄成为掌控喀尔喀蒙古的又一股重要力量。

1911年,借中国爆发武昌起义,喀尔喀蒙古贵族杭达多尔济等人开始积极同俄国政府接触,并于同年7月到达俄国圣彼得堡要求俄国对喀尔喀蒙古的"独立"予以支持。11月中旬杭达多尔济回到库伦后,同俄驻库伦大使密谋,于12月宣布成立"大蒙古国",第八世哲布尊丹巴呼图克图称帝,杭达多尔济为外交大臣,年号为"共戴"。1912年1月,乌利雅苏台成立临时政府,扎桑克图汗宣布"独立",同年8月科布多参赞大臣也被赶走,至此喀尔喀蒙古脱离清政府的控制,走上了"独立"的道路。虽然喀尔喀蒙古成立了"独立"政权,但当时的民国政府坚决予以否认,于是在俄国的调解中,1914年9月8日在恰克图的俄商会馆中蒙俄三方进行了会谈,最终签订了《中蒙俄协约》。协约中规定喀尔喀蒙古承认中国的宗主权,喀尔喀蒙古为中国领土的一部分,哲布尊丹巴呼图克图汗的名号由中华民国大总统册封,中国和俄国不干涉喀尔喀蒙古现有的自治制度等。在协约签署后,北京派陈篆任库伦办事大员,恢复了对喀尔喀蒙古地区的监管权,开始了喀尔喀蒙古的"自治"时期。

在民国政府恢复对喀尔喀蒙古的监管权后,外国势力一直企图插手中蒙关系,使得喀尔喀蒙古自治期间政局复杂多变。1917年10月,俄国"十月革命"爆发,沙皇政府被推翻,苏维埃政府成立,它废除了从前沙皇政府和其他国家签订的一切不平等条约。随着沙皇政府的倒台,喀尔喀蒙古自治政府赖以依靠的后台也不复存在。此时,日本政府所扶持的前俄国军官谢米诺夫开始在喀尔喀蒙古地区活跃起来,谢米诺夫在布里亚特和内蒙古等地宣传建立"大蒙古国"的计划,鼓动了多名蒙古贵族和喇嘛加入其中。在俄国军官谢米诺夫的计划被粉碎后,谢米诺夫的部下恩琴成为喀尔喀蒙古最大的威胁势力,恩琴企图将喀尔喀蒙古变成反攻苏俄红军的根据地,他于1921年占领库伦,胁迫第八世哲布尊丹巴呼图克图宣布恢复喀尔喀蒙古"独立",随后科布多和恰克图相继失守。

白匪恩琴在喀尔喀蒙古积极扩大势力的同时,喀尔喀蒙古民众也开始寻找俄国共产国际的帮助。1919年苏赫巴托尔和乔巴山分别在库伦组织成立了革命小组,1920年在活动于库伦的共产国际的俄国同志的帮助下,苏赫巴托尔和乔巴山的革命小组合并成立了蒙古人民革命党。1920年6月共产国际决定在西伯利亚成立一个专门机构领导远东地区开展革命工作,因此在1920年7月俄共(布)中央西伯利亚局东方民族部及其所属的蒙古-西藏处在伊尔库茨克成立,蒙古-西藏处的负责人在库伦对喀尔喀蒙古革命者进行了培训,鼓励他们去俄国接受共产主义教育。于是,1920年8月喀尔喀蒙古的主要革命领导人苏赫巴托尔、乔巴山、丹赞、鲍道等人来到伊尔库茨克,向俄国寻求对喀尔喀蒙古在军事上的帮助和向俄国贷款以支持革命,此外他们还希望俄国可以在军事和革命工作方面提供指导,以便最终能够使喀尔喀蒙古人民摆脱民国政府的控制。[①] 苏赫巴托尔和乔巴山一行人前往俄国交涉后,从俄国那里获得了金钱、军事装备、政治准备等多方面的支持,苏俄对喀尔喀蒙古革命力量的支持促使了喀尔喀蒙古政治形势的转变。在苏俄的大力支持下,喀尔喀蒙古革命军将恰克图作为战略指挥中心,并借口清剿白匪恩琴进军库伦。1921年7月苏俄、远东共和国军队和苏赫巴托尔的蒙古军进入库伦赶走了恩琴白党,随后于同年7月11日成立了蒙古人民政府。该政府施行君主立宪制,哲布尊丹巴依旧为蒙古大汗,鲍道任总理兼外交部部长,丹赞为财政部部长,苏赫巴托尔为军政部长。

鲍登认为1921年喀尔喀蒙古成立人民政府之前,俄国在喀尔喀蒙古事务中仅扮演着支持者和调停者的角色,俄国作为支持者的角色主要体

---

① C. R. Bawden, *The Modern History of Mongolia*, New York: Praeger, 1968, p.212.

现在其对喀尔喀蒙古"独立"所提供的军事、政治影响力和思想意识上的帮助。我国学者樊明方也认为"喀尔喀蒙古之所以在1911年宣布'独立',哲布尊丹巴政权能够在1911年建立起来,首要原因是俄国政府的支持"①。樊明方指出俄国在军事装备和政治影响力上都为喀尔喀蒙古提供了保障,使得喀尔喀蒙古能够在短时间内推翻清政府对喀尔喀蒙古地区的控制。拉铁摩尔认为虽然俄国为喀尔喀蒙古"独立"提供了决定性的帮助,但这些帮助的前提是俄国意图借用喀尔喀蒙古地区明确它的国家版图,把喀尔喀蒙古变成其与中国和日本对峙时的缓冲区。拉铁摩尔还指出俄国最初对于喀尔喀蒙古在军事和政治上的扶持并不因为它欲将喀尔喀蒙古纳入其版图,一是因为俄国无法通过对喀尔喀蒙古地区投资而获取回报,二是因为俄国当时的国内的情况不允许其对喀尔喀蒙古投入更多的精力。② 鲍登对于俄国在喀尔喀蒙古的投入也做出了相似的评价,他认为直到第二次世界大战结束,苏联才愿意对喀尔喀蒙古的工业和对外贸易予以适当的支持,在此之前俄国仅把喀尔喀蒙古看作对日作战的缓冲地带。俄国在喀尔喀蒙古地区培养了一批蒙古军队,该军队曾在1939年和1945年的对日作战中发挥了重要作用。③ 鲍登认为苏俄一直是喀尔喀蒙古政局的远程操控者,其通过共产国际培养了像苏赫巴托尔和乔巴山等革命者,同时也将苏俄的政治发展方针带到了喀尔喀蒙古。

1921年7月11日在俄国的扶持下,由原恰克图临时人民政府班底为基础的君主立宪制的蒙古人民政府成立。蒙古人民政府成立时社会发展较为落后,较少的人口分布在喀尔喀蒙古广袤的草原和戈壁上,民众仍

---

① 樊明方:《1911—1921年的喀尔喀蒙古》,西北工业大学出版社2015年版,第41页。
② Owen Lattimore, *Nomads and Commissars*, New York: Oxford University Press, 1962, pp.12-13.
③ C. R. Bawden, *The Modern History of Mongolia*, New York: Praeger, 1968, p.323.

旧采用较为原始的畜牧生产方式，现代制造业和产业几乎不存在，仅存在有极少数的现代工业如煤矿、皮革制造厂、印刷厂、冶金厂等，这些工厂的成立也基本依靠苏联提供的帮助和技术指导。鲍登指出1921年后，喀尔喀蒙古的一切事务均是以苏联的利益为指导的，在整体上喀尔喀蒙古中央政府受到苏俄的直接干预。① 鲍登在《蒙古现代史》中指出苏联在20世纪30年代将蒙古人民共和国变成了真空地带，这种真空的状态一直持续到第二次世界大战结束。② 蒙古人民共和国不论在国际贸易还是在国际交流方面，完全被屏蔽在了世界舞台范围之外，苏联通过政治运动的"清理"控制了政治领导层，还将藏传佛教移出民众的视线。

鲍登认为造成蒙古人民革命党照搬苏联经验而导致左倾错误的原因有三点：其一，蒙古政党领导人错误地判断了他们的地位和能力，错误地认为蒙古人民共和国已经完成了对封建制度的改造，并达到了建立起社会主义社会的要求。其二，人民革命党领导人没有意识到蒙古人民共和国的社会情况与苏联相差甚远，蒙古既没有同苏联一样大量的工人阶级，也没有建立起一个坚定的社会主义性质的政党。同时，人民革命党内成员也没有达到领导蒙古转向社会主义发展路线的理论要求，他们仅仅是机械地模仿苏联的社会主义建设模式。其三，蒙古政党的领导人在处理本国问题时没有足够的经验，他们缺乏同无产阶级间的联系，也缺乏对理论政策的了解。③ 苏联学者兹拉特金在《蒙古人民共和国史纲》中也指明蒙古人民共和国左倾的发展路线是"想跳过没有经过阶段的冒险。真实的、不是虚构的全国（蒙古人民共和国）社会经济条件根本没有为直接的社会主义建设造成任何基础"④。

---

① C. R. Bawden, *The Modern History of Mongolia*, New York: Praeger, 1968, p.239.
② Ibid., p.288.
③ Ibid., p.299.
④ [苏]伊·亚·兹拉特金：《蒙古人民共和国史纲》，陈大维译，商务印书馆1972年版，第268页。

社会主义的基础是工业,是城市①,但20世纪30年代的蒙古人民共和国仍旧是一个以畜牧业为主的国家,没有形成大规模的工业化和城镇化,所以在苏联影响下而走上社会主义发展道路给蒙古人民共和国的发展带来了不小的冲击。1940年7月20日蒙古人民共和国第八届大呼拉尔在乌兰巴托召开,该次会议通过了新的宪法,该宪法中宣称"蒙古人民共和国是劳动者的独立国家,走非资本主义的发展路线,以便将来过渡到社会主义"②。1940年蒙古人民共和国完成了对封建主和大喇嘛这两类封建统治阶级的清除,同时苏联的发展模式已经成为蒙古人民共和国社会发展的样板。苏联对于蒙古人民共和国社会发展的影响不仅限于政治、外交、经济等方面,同时也渗透到它的文化中。

查尔斯·鲍登指出苏联对蒙古人民共和国文化的影响首先表现在书面蒙古语的改革中,蒙古人民共和国于1941年将俄语中的西里尔文字母引入蒙古文字,抛弃了传统的回鹘蒙古文,形成了现在蒙古国所使用的新蒙古文即西里尔蒙古文,鲍登认为书写文字的改变代表着人民革命党故意展示臣服。③"民族是人们在历史上形成的一个有共同语言、共同地域、共同经济生活以及共同心理素质的共同体"④,语言是一个民族融合在一起的黏合剂,又是一个民族区别于其他民族的重要特征。将回鹘蒙古文转变为俄语的西里尔字母,表示出了蒙古人民共和国对斯拉夫民族的认同,书面语言的不同让生活在不同地区的蒙古人对民族认同产生了不同的认知。其次,鲍登指出苏联的意识形态对蒙古人民共和国的文学

---

① [美]利昂·P.巴拉达特:《意识形态:起源和影响》,世界图书出版公司2009年版,第165页。
② [苏]伊·亚·兹拉特金:《蒙古人民共和国史纲》,陈大维译,商务印书馆1972年版,第344页。
③ C. R. Bawden, *The Modern History of Mongolia*, New York: Praeger, 1968, p.377.
④ 戴庆厦:《语言和民族》,中央民族大学出版社1994年版,第2页。

创作也造成一定影响。在走向资本主义发展道路之前,蒙古人民共和国出版的文学作品被苏联文学和现实主义文学主导。① 文学作品的出版不是以文学价值作为评判的标准,而是在很大程度上取决于文学作品的政治倾向和政治正确性。② 这种情形导致了文学创作内容的局限,也导致了蒙古文学作品成为政治宣传的工具,使得传统的蒙古文学作品无法在社会中流通。最后,鲍登指出一向被看作蒙古民族象征的人物成吉思汗被苏联认定为一名具有破坏性的入侵者③,从1962年起在蒙古人民共和国内封杀了关于成吉思汗的纪念活动和对成吉思汗的崇拜。

苏联对蒙古人民共和国在政治、文化、经济和思想意识等方面的掌控被不少学者诟病,他们或认为蒙古人民共和国是苏联的卫星国,或认为蒙古人民共和国仅仅是一个傀儡政权。鲍登并不完全赞同这些学者的观点,他认为蒙古人民共和国对苏联的依赖是以下三个原因造成的:其一,蒙古人民共和国的地理位置决定了其始终处于周边国家的争夺之中;其二,20世纪上半叶的蒙古人民共和国正经历着一场前所未有的变革,这种变革是苏联带来的,从意识形态上来看,蒙古人民共和国是苏联创造出来的;其三,蒙古人民共和国已经同从前的蒙古社会完全脱离,认同苏联"老大哥"在蒙古社会生活中扮演的角色。④ 鲍登指出苏联对蒙古人民共和国的控制给其发展带来了不少的消极影响,例如阻隔蒙古人民共和国与国际社会的交流等。蒙古人民共和国在20世纪二三十年代进行的党内政治斗争让它的社会和经济发展处于几近停滞的状态,尽管如此鲍登认为苏联给蒙古人民共和国也带来了诸多有益的改变,如帮助其建立现代化的学校、医院和工厂,帮助其直接过渡到社会主义现代化国家。

---

① C. R. Bawden, *The Modern History of Mongolia*, New York: Praeger, 1968, p.377.
② Ibid., p.412.
③ Ibid., p.417.
④ Ibid., p.421 - 422.

第一章 | 查尔斯·鲍登的蒙古史研究

20世纪初期至20世纪50年代是喀尔喀蒙古经历巨大社会变革的时期,各国学者对于该段历史的研究和讨论远不及蒙古汗国史。除蒙古国学者外,苏联学者是对该段历史研究的主要研究群体,其中的代表人物是蒙古学家 И. Я. 兹拉特金。兹拉特金在1934—1935年间任苏联驻蒙古人民共和国大使馆参赞,在蒙古任职期间他对蒙古人民共和国进行了深入了解,这段经历对其进行蒙古现代史研究提供了诸多帮助。兹拉特金撰写有《蒙古人民共和国史纲》《蒙古人民共和国史》《蒙古近现代史概要》《蒙古人民共和国经济概论》等,他还参加了苏联和蒙古国史学家对《蒙古人民共和国史》的集体撰写工作。苏联学者所撰写的蒙古共和国史多"从马列主义方法论的立场出发,根据对原本史料和所有积累的旧的文献进行科学分析,以反映出蒙古的整个历史道路"[①]。

第二次世界大战结束后至20世纪末这段时间内,西方学者开始加入对20世纪喀尔喀蒙古现代史的研究行列中,并在西方学界掀起了讨论的热潮。西方学者的研究观点主要具有两种特点。其一,受到冷战思维的影响,在西方社会普遍对苏联存有敌对情绪的情况下,一些西方学者关注于批判苏联对蒙古人民共和国的集权统治。例如拉铁摩尔在1956年发表的论文《卫星国政策:以蒙古为原型》("Satellite Politics: The Mongolian Prototype")中指出蒙古人民共和国是现代卫星国的原型,它是唯一在第二次世界大战前就成为苏联卫星国的国家。[②] 虽然拉铁摩尔的"卫星国"说遭到了学界的批评,但拉铁摩尔也提出西方社会因受到政治宣传的影响而扩大了苏联对蒙古控制的概念,他倡导西方学者应从蒙古人民共和国人民的角度看待蒙苏关系。拉铁摩尔认为蒙古人民共和国的发展遵循

[①] [苏]苏联科学院东方学研究所:《苏联蒙古学(1917—1987)》,《西北民族研究》1991年第2期。

[②] Owen Lattimore, "Satellite Politics: The Mongolian Prototype", *The Western Political Quarterly*, 1956(1).

着两条路线：一条为受蒙古人民共和国条件制约的蒙古路线，另一条为与苏联紧密合作而形成的国际路线。① 拉铁摩尔指出蒙古走上完全依靠苏联而发展的道路不仅仅因为苏联对蒙古的控制，还是蒙古人民共和国自身国力不足而导致的结果。鲍登对于蒙苏关系的理解与拉铁摩尔的观点极为相似，他虽然批判了苏联干预蒙古人民共和国内政、对蒙古施行集权统治，但是也客观分析了喀尔喀蒙古在20世纪前半叶的艰难处境，对20世纪前半叶的蒙苏关系给予了较为客观的评价。

其二，西方学者从更为宏大的内亚视角出发，将蒙古人民共和国作为探讨中苏关系的切入点，探究了蒙古在中苏关系中扮演的角色。例如劳里·莫塞斯（Larry W. Moses）在1972年发表的论文《国际关系中的内亚：中苏关系中蒙古的角色》（"Inner Asia in International Relations: The Role of Mongolia in Russo-Chinese Relations"）中指出蒙古地区的游牧经济阻挡了城镇化的进程，喇嘛阶层抑制了资本的聚集和蒙古地区与其他地区的商贸往来，因此在面对苏联和中国的威胁时，蒙古人难以形成一个统一的整体共同对抗苏联和中国。鉴于此种情况，喀尔喀蒙古成为一个权力的真空地带，也就难以避免地成为苏联和中国争相控制的对象。② 莫塞斯进一步指出在清帝国瓦解后，苏联接替了清朝在喀尔喀蒙古的位置，并帮助喀尔喀蒙古获得了政治上的独立，但作为代价，苏联全面控制了喀尔喀蒙古的经济和文化。③ 1954年后，中国通过在蒙古人民共和国投资、提供援助等途径重新赢得了在蒙古人民共和国的影响力。莫塞斯从中苏在喀尔喀蒙古场域的角逐角度，阐释了喀尔喀蒙古在中苏关系中扮演的中间角色，中、苏两国对喀尔喀蒙古的政策变化折射出了这两个国家自身

---

① Owen Lattimore, *Nomads and Commissars*, New York: Oxford University Press, 1962, p.110.
②③ Larry W. Moses, "Inner Asia in International Relations: The Role of Mongolia in Russo-Chinese Relations", *The Mongolia Society Bulletin*, 1972(2).

国力的发展和国际影响力。提出类似观点的还有曼斯韦托夫（F. S. Mansvetov）于1945年发表的论文《俄国与中国在喀尔喀蒙古》（"Russia and China in Outer Mongolia"）以及赫尔（Eric Her）于1997年发表的论文《巨大的博弈：中俄间的蒙古》（"The 'Great Game'：Mongolia between Russia and China"）等。西方学者从中俄关系探讨20世纪前半期的喀尔喀蒙古，与彼时亚洲政治形势的迅速变化密不可分，中、苏两国对于喀尔喀蒙古的争夺是西方了解亚洲政治局势变化的一项重要参考标准。此外，蒙古人民共和国的成立引起了西方国家对喀尔喀蒙古地区的关注，在一定程度上激发和促进了西方学者对蒙古人民共和国的探索。

我国学者对20世纪蒙苏关系的研究起步较晚，虽然在20世纪60年代末有少量相关论文发表，但从总体上看，20世纪末我国学界才开始对喀尔喀蒙古"独立"问题和中蒙苏（俄）之关系给予了一定关注。尽管相关研究起步较晚，但我国在此领域产出了更为丰富的研究成果，除去学术论文，还有喀尔喀蒙古近代史的编写，以及对外文档案和外国学者的著作的翻译。20世纪20年代出现了数部外蒙古史类书籍，如陈崇祖的《外蒙近世史》（1926）和白眉初的《外蒙始末纪要》（1930）。另外一些资料汇编也相继问世，如1978年由中央研究院近代史研究所出版的《中俄关系史料：喀尔喀蒙古》，1979年出版的《沙俄侵略我国蒙古地区简史》，1991年陈春华翻译的《俄国外交文书选译：关于蒙古问题》等。翻译出版的苏联学者的著作有1953年由人民出版社出版向群翻译的《蒙古人民革命三十年》、1972年由陈大维翻译商务印书馆出版的《蒙古人民共和国史纲》等。樊明方于2015年出版的《1911—1921年的喀尔喀蒙古》对1911年至1921年喀尔喀蒙古"独立"前后的历史进行了详细的阐释。

在学术论文方面，1991年刘存宽在《近代史研究》杂志发表了《1918—1921年的喀尔喀蒙古与中苏关系》一文，阐述了喀尔喀蒙古"独立"事件中俄国扮演的幕后推手的角色，还指出了喀尔喀蒙古"独立"对中苏关系的影响。孙才顺于1999年发表的论文《喀尔喀蒙古独立过程评述》,分析了喀尔喀蒙古"独立"前后中国国内的政治形势以及外国势力对该事件的干涉。2007年范丽君发表的论文《喀尔喀蒙古"独立"前后俄蒙关系俄文史料浅析》,借助俄文报纸杂志、专著和回忆录等文献,分析了苏俄知识分子对喀尔喀蒙古"独立"所秉持的不同意见。彭传勇2009年的博士论文《1911—1945年俄(苏)与喀尔喀蒙古的政治、经济关系》,将研究重点集中于喀尔喀蒙古"独立"后苏俄对喀尔喀蒙古政治与经济的影响与控制。他还于2010年发表了文章《苏联和共产国际对喀尔喀蒙古政治的干预及其结果(1921—1932)》,其中分析了苏俄在20世纪二三十年代对喀尔喀蒙古内政的直接干预以及产生的影响,彭传勇认为"喀尔喀蒙古内部的政治斗争与苏联有着千丝万缕的联系,苏联进行干预并左右着喀尔喀蒙古的政治发展"[1]。从上述文献梳理可以看出,我国学者对于20世纪蒙苏关系的研究多从史料研究出发,在对史料的阐述过程中加以论述。尽管我国学者编写有蒙古近代史类书籍,但多集中于20世纪初的喀尔喀蒙古历史,有关蒙古人民共和国成立以及随后的社会发展还少有涉及。

　　对比中外学者的观点可以看出喀尔喀蒙古"独立"以及"独立"所反映出的国际形势是中外学者共同关注的话题,各国学者根据其自身不同的政治立场对以上问题给出了不同的解读。蒙古人民共和国成立初期国内的政治、经济、文化等社会变化也是学界研究的热点,其中有关苏联对蒙古的控制和蒙古对苏联的依赖是主要的研究对象。苏联学者认为蒙古人民共和国的成立和社会的发展都离不开苏联提供的帮助,而西方学者认为苏联在蒙古施行了独断的集权统治并对此进行了批判。我国学者在此

---

[1] 彭传勇:《苏联和共产国际对喀尔喀蒙古政治的干预及其结果(1921—1932)》,《黑河学院学报》2010年第2期。

领域的研究成果还较为缺乏,仅有少数学者就蒙古人民共和国成立初期的社会状况进行过论述与研究。

纵观学界的研究成果,查尔斯·鲍登的《蒙古现代史》对喀尔喀蒙古"独立"前后的史实,以及蒙古人民共和国成立初期的描述,在西方学界还较为少见,同时也是其中全面且深入的代表性研究成果。鲍登所著的《蒙古现代史》不仅就上述学者所关注的问题展开了讨论,还对20世纪20年代至60年代的重要历史事件以及社会风貌进行了详细的阐释,展示了喀尔喀蒙古在20世纪上半叶的社会历史发展。此外,鲍登的研究抛弃了一些西方学者在研究过程中过分强调的意识形态性,从较为客观的角度分析了苏俄对喀尔喀蒙古"独立"和蒙古人民共和国成立后30年间的影响。

本章小结

查尔斯·鲍登对蒙古历史典籍的刊布是其早期学术研究的主要成果,《阿勒坦·脱卜赤》的刊布与研究标志着鲍登正式进入蒙古学研究领域。通过《阿勒坦·脱卜赤》,鲍登结识了学术研究之路上的重要引路人和同伴——德国的海西希教授,鲍登对于《阿勒坦·脱卜赤》的详尽研究也让他在学术界站稳了脚跟,获得了西方蒙古学界诸多同辈的关注。鲍登对《阿勒坦·脱卜赤》的成书年代的研究和与其他蒙古史籍的比较研究都为学界提供了许多重要的学术观点,至今鲍登有关《阿勒坦·脱卜赤》的诸多论断已成为学界引用的经典。继《阿勒坦·脱卜赤》之后,查尔斯·鲍登刊布的第二部蒙古典籍《哲布尊丹巴传》同样获得了学界的关注。哲布尊丹巴活佛系在喀尔喀蒙古的宗教、政治和社会中扮演着重要的角色,因此它是了解喀尔喀蒙古的重要通道。鲍登所刊布的《哲布尊丹巴传》记述了一世至七世哲布尊丹巴的生平以及转世过程,是目前为数不多的对哲布尊丹巴活佛转世系统记录较为全面的历史典籍，鲍登对该典籍的刊布为学界提供了珍贵的研究资料。

另外，鲍登对这两部历史典籍的英译也具有重要的学术价值。蒙古史籍记录着蒙古民族发展的历史轨迹，但蒙古语作为非通用语种，为不懂蒙古语的众多学者阅读原始蒙古语文献设置了语言障碍，鲍登所英译的史籍为广大学者了解蒙古史提供了便利。此外，经由鲍登对于蒙古史籍的深度翻译，译文中的大量注释丰富了其中的源语言文化信息，使得读者在阅读过程中通过参考译文中的注释更加深入地理解蒙古史籍中包含的重要文化信息。鲍登的英译文也能够让读者突破译语与源语之间的障碍，在阅读译本的过程中体验原文的文化语境。鲍登译文中的注释不仅仅承担着补充译文所缺失的文化信息的功能，还包括了鲍登的学术研究，有关学界对史籍的种种争论也在注释中有所体现，鲍登在文下注释的空间内对学界关注的问题进行了逐一的讨论，进一步增加了译文的学术性。

蒙古现代史研究是查尔斯·鲍登的蒙古学研究的重要组成部分，他从喀尔喀蒙古社会的内部和外部两个方面重构了喀尔喀蒙古的近现代史，并就喀尔喀蒙古的宗教、政治、国际关系、社会生活的多个方面进行了深入的阐释。鲍登在《蒙古现代史》中重点梳理了喀尔喀蒙古的历史发展，从藏传佛教对喀尔喀社会发展的影响、清朝治蒙方略和蒙俄（苏）的复杂联系三个方面对喀尔喀蒙古一个多世纪的历史发展进行了述论。《蒙古现代史》是西方学界少有的介绍喀尔喀蒙古史的著作，书中不仅串联起喀尔喀蒙古社会从古至今的发展脉络，更融入了鲍登对重要历史事件的精辟解读，鲍登在《蒙古现代史》一书中绘制了一幅包罗万象的历史画卷。鲍登在有关"撤驿之变"和谋杀案的数篇论文中，借由历史事件和档案文献从微观角度对喀尔喀蒙古的社会问题进行了评析，前者展示了蒙古贵族与清廷间的利益矛盾，后者反映了普通牧民艰苦的生存境遇。

《蒙古现代史》的主要贡献在于使用大量篇幅呈现了 20 世纪上半叶

喀尔喀蒙古的社会生活,这样的阐释与研究在鲍登所处的时代甚至是当今学界也并不多见。放眼世界蒙古学界,除了苏联学者和蒙古国学者撰写过相关论文、出版过蒙古现代史类书籍,很少有学者能够如鲍登一般对20世纪上半叶的喀尔喀蒙古给予如此详细的描述。英国著名学者朱迪·诺德曾评价鲍登的《蒙古现代史》是唯一使用英语详细介绍从清朝至蒙古人民共和国这一时间段内的喀尔喀蒙古历史的书籍。① 在对喀尔喀蒙古现代史的研究中,鲍登不仅是先驱式的人物,其所著的《蒙古现代史》至今仍旧焕发着学者之思的光彩。此外,他的论文如《1756—1757年间蒙古的反叛》《18世纪蒙古的一桩谋杀案》《对18世纪蒙古的一桩蓄意谋杀案的调查》等也都具有开创性的意义,鲍登对于撤驿之变的评价和对两桩谋杀案的阐释都为后世学者进行相关研究提供了重要的参考。

  查尔斯·鲍登在其著作中所提出的观点同样具有重要的学术价值。在藏传佛教研究方面,鲍登明确地提出了藏传佛教对于喀尔喀蒙古发展的决定作用,指出了20世纪喀尔喀蒙古社会中僧侣集团与人民革命党的对立关系,分析了庞大的僧侣集团所带来的诸如生产力不足、生育率下降、大量占有国家经济资源等严重的社会问题。在对清朝治蒙方略的研究方面,鲍登不仅阐释了高利贷、徭役等学者们普遍讨论的议题,他还在对两桩谋杀案的研究中指出了普通牧民艰难的生活状态和清廷治蒙方略的弊端。在蒙俄(苏)关系的研究方面,鲍登着重阐释蒙古人民共和国成立前后俄(苏)对其内政的影响。尽管鲍登批判了苏联在20世纪30年代以来对蒙古人民共和国施行的干预政策,但他也从较为客观的角度评析了蒙古人民共和国依靠苏联的原因,肯定了苏联对蒙古人民共和国的现代化建设所提供的帮助。

---

① Judith Nordby, "Book Review *The Modern History of Mongolia* by C. R. Bawden", *The China Quarterly*, 1989(120).

查尔斯·鲍登对喀尔喀蒙古史研究有着卓越的贡献,同时我们也应看到其研究的不足:其一,查尔斯·鲍登的蒙古史研究仍带有西方意识形态特点,尤其在对清朝蒙古时期的历史事件进行分析与阐释时,鲍登一味地抨击清朝治蒙方略的弊端。然而事实是,满洲的崛起和蒙古的衰落是历史发展使然,蒙疆治理策略坚定地维护了民族统一和地区的和平稳定。造成喀尔喀蒙古社会在近代以来发展的衰落和停滞的原因并非满洲人成为蒙古地区的管理者,而是源于管理制度自身的封建落后性。其二,查尔斯·鲍登对于蒙古例的阐释还停留在对档案文献的叙述层面,尽管他描述的案例有着重要的参考价值,但还缺乏更加深入的研究。鲍登在论文中曾提出从这些案卷中能够一窥女性的生存状况,但他在文中并没有就有关方面进行过多的阐释,使得他对于案件所折射出的社会问题缺乏更加深入的探究。尽管查尔斯·鲍登的蒙古史研究还存在一定的不足,但鲍登所列举的诸多历史问题和社会现象为后世学者进行更加深入的研究提供了广阔的思考空间。

第二章 查尔斯·鲍登的蒙古宗教文化研究

- 一、研究背景及资料来源
- 二、蒙古萨满教文化研究
- 三、蒙古民间信仰文化研究
- 本章小结

第二章 查尔斯·鲍登的蒙古宗教文化研究

宗教是人类社会生活的重要组成部分。作为拥有丰富文化遗产的民族,蒙古人有着绚烂多彩的宗教文化。从整体上说,蒙古人的宗教信仰体系经历了从原始到有序、从简单到庞杂的发展过程。游牧作为世代蒙古人的生活方式,依靠自然的馈赠、逐水草而居塑造了蒙古人对自然的崇敬之心,最初的蒙古民族信仰就从崇拜山川河流、日月星辰等自然界中的事物开始。对自然的原始崇拜促成了萨满教在草原上的诞生,蒙古人最初自发的自然崇拜逐渐发展成为有序的信仰体系。萨满教不仅塑造了特色鲜明的蒙古文化,还影响了蒙古人的思想意识。虽然16世纪末萨满教受到了藏传佛教的冲击,但萨满教的遗风仍保存在蒙古民间,进而促成了种种禁忌、祭祀和仪礼的产生,形成了丰富的宗教文化遗产。

查尔斯·鲍登对蒙古宗教文化的研究主要集中于他在20世纪70年代发表的一系列论文,借助记载有占卜术、祈祷词、祝赞词等的文献资料,鲍登阐释了有关萨满医术、肩胛骨占卜术、敖包祭祀、狩猎祭祀等多种蒙古民间的宗教文化。1994年鲍登将这些论文结集出版,命名为《迎着超自然力:蒙古人的传统生活方式和生活资料》。鲍登的蒙古宗教文化研究共分为蒙古萨满教文化研究和民间信仰文化研究两部分内容,本章从这两部分入手,以鲍登发表的蒙古宗教文化研究方面的论文为基础,梳理分析他在蒙古萨满教文化研究和民间信仰文化研究这两方面的研究特点和学术贡献。

一、研究背景及资料来源

20世纪下半叶,随着西方蒙古学研究的高涨,一些学者开始着手整理欧洲各大图书馆馆藏的蒙古语文献,并对这些蒙语文献编纂书目,其中的代表人物就有德国著名蒙古学家海西希。1971年,由海西希主编、查尔斯·鲍登协助编撰的《哥本哈根皇家图书馆蒙古文图书馆手抄本和木刻本目录》①(Catalogue of Mongol Books, Manuscripts and Xylographs)就属于这一时期产出的重要学术成果。1956年,鲍登应海西希的邀请前往哥本哈根,协助海西希对丹麦哥本哈根皇家图书馆(The Royal Library)馆藏的蒙古语文献进行整理并编纂书目,其间鲍登主要负责有关蒙古占星术、占卜术以及疾病治疗等方面的资料整理。得益于此次编目工作,鲍登对蒙古人丰富的宗教文化和神秘的精神世界产生了浓厚的研究兴趣,随后鲍登陆续从丹麦哥本哈根皇家图书馆②、比利时鲁汶大学博物馆(The University Museum of Louvain)、瑞典斯德哥尔摩民族学博物馆(Museum of Ethnography)和爱尔兰切斯特·比替图书馆③收集和整理了有关蒙古宗教信仰的文献,并对这些文献进行了逐一的研究。鲍登最终将这些研究一一形成学术论文并发表,这些论文构成了鲍登对于蒙古宗教文化研究的主要内容。

　　传教士和探险家在蒙古地区活动时收集到的手抄本和木刻本蒙古语文献是西方国家早期获得一手蒙古语文献的主要路径,20世纪20年代至30年代由美国和西欧的考古学家、民族学家、科学家等众多领域的学者参与的中央亚考察队所收集到的蒙古语文献是西方国家的图书馆获得

---

① 该书也被学界称为"海西希绿皮书目录"。
② 海西希在论文《哥本哈根收藏的蒙文文献》中概述了哥本哈根皇家图书馆馆藏的蒙古语文献以及欧洲一些其他国家所藏蒙古语文献和来源,可参考W.海西希发表的《哥本哈根收藏的蒙文文献》,《蒙古学资料与情报》1988年第4期。
③ 切斯特·比替图书馆(Chester Beatty Library)由切斯特·比替爵士于1950年创建,切斯特·比替爵士是横跨美国与英国的矿业大亨,他一生痴迷于东方艺术,曾多次到中国、日本、埃及等国旅行,收藏了大量的东方语文献。1950年切斯特·比替爵士将其所收藏的珍贵物品交托于爱尔兰政府,同时成立了切斯特·比替图书馆。

蒙古语文献的又一途径。西方考察队对中央亚的考察、记录与研究具有重大的历史意义,考察队队员的笔记、手稿以及收集到的文献资料为整个西方学界继续深入蒙古学研究提供了重要的研究资料。俄国学者戈尔曼在论文《西方国家的中央亚考察队》中对这些考察队做出了极高的评价,他认为考察队"搜集到的蒙古语抄本和刊本使西方的蒙古收藏得到了补充,他们激起了广大西方舆论界对蒙古的研究兴趣并使之持续下去"①。欧美派出的中亚考察团共分三支:一支是由美国人罗伊·查普曼·安德鲁斯②领导,他们在1921年至1930年间对中国和喀尔喀蒙古地区进行了考察;第二支探险队由瑞典人斯文·赫定③领导,该探险队中因为有10名中国学者,所以又称为中国-瑞典考察团,他们于1927年至1935年在我国新疆以及内喀尔喀蒙古地区进行了考察;第三支考察队由丹麦人亨

---

① [俄] М. И. 戈尔曼:《西方国家的中央亚考察队》,《蒙古学资料与情报》1991年第1期,第50页。
② 罗伊·查普曼·安德鲁斯(Roy Chapman Andrews,1884—1960),出生于美国威斯康星州,1906年于贝洛伊特学院获得学士学位后进入美国自然历史博物馆工作。安德鲁斯在1913年于哥伦比亚大学获得硕士学位,主要关注化石研究。安德鲁斯领导美国自然历史博物馆的亚洲探险队于1916—1917年在中国西藏、东南部,以及缅甸进行了探险活动,1919年在中国北方和喀尔喀蒙古地区进行了探险活动,1921—1930年在中亚进行了探险。
③ 斯文·赫定(Sven Anders Hedin,1865—1952),出生于瑞典斯德哥尔摩,20岁时曾担任瑞典-挪威伊朗传教团的翻译,这次经历成为赫定探险旅程的开始。在19世纪90年代至20世纪初,赫定到达过中亚众多地区,他是首位在喜马拉雅山脉西藏一侧探险的探险家,并且还对该区域绘制了详细的地图。赫定在我国境内的考察从清末一直持续到民国,他前后共四次踏上中国的土地(第一次为1893—1897年,第二次为1899—1902年,第三次为1905—1908年,第四次为1927—1935年),进行了四十余年的考察,其中最著名的成就是楼兰古国的发现。赫定在1927—1935年间的考察成果最终结集在《斯文赫定博士领导的中国西北科学考察团报告集》(Reports from the Scientific Expedition to the North-Western Provinces of China under the Leadership of Dr. Sven Hedin)56卷考察报告中。赫定的代表作有《亚洲腹地探险八年》和《我的探险生涯》等。

宁·哈斯伦德·赫里斯坦森①领导,他们于1936至1939年间在内蒙古地区进行了考察。

  第一支由安德鲁斯领导的美国考察团主要关注中亚地区的自然气候、地理构造,并对生物化石等进行了考古学的考察,安德鲁斯在喀尔喀蒙古戈壁草原发现了大量的恐龙化石和恐龙蛋,标志着早期对恐龙繁衍进行科学研究的开始。斯文·赫定领导的第二支中亚考察团是以上所提的三支考察团中规模最大的一支。赫定考察团的考察更具综合性,除了对地理自然环境的科学考察,赫定的考察团还注重对中亚地区人文环境的探索。斯文·赫定领导的考察团在内蒙古和北京收集到了大量的手抄本和木刻本文献,这些文献"大部分是由斯文·赫定本人或由他率领的最后一次考察团,即1927—1935年的中国-瑞典考察团的成员(安博特、贝格曼、莱辛②、

---

① 亨宁·哈斯伦德·赫里斯坦森(Henning Haslund-Christensen,1896—1948),出生于丹麦的哥本哈根。哈斯伦德与蒙古地区的接触开始于20世纪20年代,彼时他加入了一个想要在喀尔喀蒙古建立奶牛场的丹麦考察团,但因苏联对喀尔喀蒙古的控制,建造奶牛场的计划失败,哈斯伦德于20年代中期离开了喀尔喀蒙古并在内蒙古地区停留,随后他又加入了斯文·赫定领导的中瑞考察团。在1936—1937年间哈斯伦德受丹麦国家博物馆的委托进入东蒙古地区考察,至1939年哈斯伦德还是丹麦皇家地质学会中亚考察团的领队,在内蒙古考察期间他为丹麦皇家图书馆收集了大量的蒙古语文献。第二次世界大战后,哈斯伦德组织了丹麦考察团对中亚的第三次考察,此次考察覆盖了从阿富汗至西藏的广大区域,哈斯伦德在此次考察中因病于1948年在阿富汗首都喀布尔离世。哈斯伦德的代表作有《蒙古包》(Tents in Mongolia)和《蒙古的人和神》(Men and Gods in Mongolia)。
② 菲迪南·莱辛(Ferdinand Lessing,1882—1961),出生于德国埃森,杰出的东方学家,曾受业于著名德国学者穆勒(F. W. K. Müller)。1907年莱辛来到中国,并在中国停留了17年,其间他积极学习中文、蒙文和藏文,并进行了人类学调查。莱辛后于1925年回到德国并获得了博士学位,成为柏林大学东方语言学院的中文教授。莱辛于1930年加入了斯文·赫定带领的中国-瑞典考察团,在考察中继续他的研究。1935年莱辛被邀请至美国的加利福尼亚大学伯克利分校主持东方语言学院的筹备工作,并率先在美国开设了蒙古语和藏语课程,随后莱辛一直在伯克利分校工作并于1946年加入美国国籍。莱辛的代表作是具有奠基性意义的《蒙古语-英语词典》。

生瑞恒)收集的"①。这些抄本和刻本包括了藏文、蒙古文、西夏文和汉文等多种文字,现在这些珍贵的文献均被斯德哥尔摩民族学博物馆收藏。

第三支丹麦考察团最具有人文气息,他们主要对内蒙古的"察哈尔部、科尔沁部和苏尼特部的习俗、礼仪、民间口头文学、音乐舞蹈、信仰和宗教仪式"②进行了调查与记录。前文已述,欧洲对于蒙古地区研究的开展始于法国和德国,法国的著名学者伯希和以及德国学者艾里赫·海涅什是最早一批以科学严谨的态度开始蒙古地区研究的学者。北欧③国家是继德国和法国后的又一蒙古学研究重地,其中以丹麦学者卡勒·格伦贝赫对于北欧的蒙古学研究贡献最大。格伦贝赫在1938年参加了由亨宁·赫里斯坦森领导的丹麦皇家地理学会中央亚考察团,在考察过程中格伦贝赫收集了大量的蒙古语文献,"这些搜集品使哥本哈根图书馆变成除苏联和乌兰巴托之外最大的蒙古文抄本刊本贮藏库"④。我国学者乔吉据其在德国访问所了解到的情况指明,格伦贝赫从内蒙古共收集了七百多种蒙古语文献手抄本、刊本和一些残篇⑤,这些资料随后被哥本哈根皇家图书馆收藏,成为哥本哈根皇家图书馆馆藏蒙语文献的主要构成部分。

除了以上提及的藏有蒙古语文献的欧洲图书馆,比利时的鲁汶大学

---

① [瑞典]斯特凡·罗森:《斯文·赫定中亚抄本及刻本收藏品概述》,载马大正等主编《西域考察与研究》,新疆人民出版社1994年版,第111页。
② [俄]М. И. 戈尔曼:《西方国家的中央亚考察队》,《蒙古学资料与情报》1991年第1期。
③ "北欧"一词也经常与斯堪的纳维亚替换使用,其中包括了丹麦、挪威和瑞典这三个国家。
④ 约·克吕格尔:《纪念卡勒·格伦贝赫》,《中亚研究》1957年第1期。转引自[俄]马·伊·戈尔曼:《西方的蒙古史研究:十三世纪—二十世纪中叶》,陈弘法译,内蒙古教育出版社2011年版,第97—98页。
⑤ 乔吉:《西欧的蒙古学研究中心——访波恩大学中亚语言文化研究所》,《蒙古学资料与情报》1985年第1期。

和司各特神学院也藏有蒙古语抄本和刊本,这些蒙古语文献主要由比利时神父南怀义(Théophile Verbist,1823—1868)在内蒙古地区传教时从民间收集而来。1862年南怀义在比利时布鲁塞尔西郊的司各特(Scheut)创立了圣母圣心会(Congregation of the Immaculate Heart of Mary,CIHM),该教会从1865年起就活跃在我国的华北和西北一带,张家口崇礼县西湾子是圣母圣心会的传教中心。传教士在内蒙古的察哈尔和鄂尔多斯地区进行传教活动时从民间获得了大量的蒙古语手抄本和木刻本,随后他们将这些文献带回了比利时,形成了现今保存在鲁汶大学和司各特神学院等地的珍贵的蒙古语文献资料,海西希曾就圣母圣心会所收集到的手抄本和木刻本文献撰写了专文《司各特传教会收集的蒙古文手抄本和木刻本文献》[①]("The Mongol Manuscripts and Xylographs of the Belgian Scheut-Misson")进行介绍。

二、蒙古萨满教文化研究

萨满教是我国北方民族中普遍存在的原始信仰体系。在蒙古社会中,萨满教对蒙古人的思想意识和日常生活都有着深远影响。早在中世纪西方使者来到蒙古汗国时,蒙古人信仰萨满教的现象就已经出现在了使者的游记中。随后,俄国学者于17世纪进入西伯利亚考察,卡尔梅克人和布里亚特人的萨满教信仰也引起了俄国学者们的关注。作为一种原始而古老的信仰体系,萨满教从被发现以来就成为学者们讨论的热点,现今关于萨满教的研究已经发展成为一门特殊的学科——"萨满教学"

---

① Walther Heissig, "The Mongol Manuscripts and Xylographs of the Belgian Scheut-Misson", *Central Asiatic Journal*, 1957(3).

(Shamanology)，对萨满教的研究范围也已经从通古斯族群扩展至世界各地。查尔斯·鲍登的研究对象是出现在蒙古地区的萨满教文化，他通过对萨满医术的阐释展现了蒙古萨满教文化的主要特征。

（一）蒙古人的萨满教文化

"萨满"一词来源于通古斯语，意为"兴奋狂舞之人"，在蒙古语中男性萨满巫师被称为"孛额"（büge）或"博/孛"，女性萨满巫师被称为"巫都干"（udugan）或"奥德根"（idugan）。萨满教的确切定义目前在学界仍存有争论。我国萨满教研究专家色音教授在《科尔沁萨满文化》中指出"萨满教"一词现有广义和狭义之分，广义的萨满教指"东从西白令海峡，西至斯堪的纳维亚半岛以及包括北美、澳大利亚、北极爱斯基摩人在内的所有原始巫术"，狭义的萨满教指以"西伯利亚为中心的东北亚地区各民族，特别是以通古斯民族中流传的民间信仰作为典型，并把萨满教只限制在那些地方的民间信仰"[1]。起初，一些西方心理学家将萨满巫师看作患有精神疾病的病人，但这样的观点很快就被伊利亚德提出的"入迷术"一说所取代。罗马尼亚比较宗教学家米尔恰·伊利亚德（Mircea Eliade，1907—1986）在其著名的《萨满教：古老的入迷术》（*Shamanism: Archaic Techniques of Ecstasy*）中提出萨满教是诞生于西伯利亚和中亚的一种宗教形式，伊利亚德认为萨满即入迷术（shamanism＝technique of ecstasy）[2]，萨满教是魔幻（magico）和宗教的混合体，萨满孛额尤其能够进入一种昏迷状态，在进入昏迷状态后他的灵魂能够离开躯体并且能够上天入地[3]，而灵魂能否

---

[1] 色音：《科尔沁萨满文化》，内蒙古人民出版社2007年版，第1页。
[2] Mircea Eliade, *Shamanism: Archaic Techniques of Ecstasy*, Willard R. Trask translated, England: Penguin Group, 1964, p.4.
[3] Ibid., p.5.

离开身体上天入地是伊利亚德判断萨满巫师的标准。尽管伊利亚德的"入迷术"曾一度霸占西方萨满教研究领域,但一些学者认为仅仅将巫师的灵魂能否出游作为判断标准太过单一,因为除去灵魂旅行,萨满巫师的灵魂还能通过附体实现与现实世界的沟通。海西希曾提出"先祖亡灵的附身、因兴奋而狂舞和痉挛性的颤抖是萨满教的表面标志"①。从客观角度来说,萨满巫师主要扮演着提供心灵慰藉和医治疾病的角色。俄国学者道尔吉·班扎罗夫在《黑教或称蒙古人的萨满教》中指出"萨满的职务是祭司,是医者、又是术者或占卜者"②,将萨满巫师称为祭司是因为他们具有与神沟通的能力,被称为医者是因为他们掌握一定的疾病疗愈手段,被称为术者或占卜者是因为他们可以进行占卜和预言。班扎洛夫认为祭司、医者和占卜者既是萨满巫师的社会职能,也是萨满巫师的主要特征。

萨满教既反映了先民对自然的原初认识,也反映了先民在自然环境中祈求获得平安富足的生活的美好愿景。这种对自然的原初认识集中体现于萨满教的万物有灵观。著名人类学家爱德华·泰勒(Edward Burnett Tylor,1832—1917)指出,"万物有灵观构成了处在人类最低阶段的部族的特点"③,对于生产生活处于较低水平的蒙古族先民来说,面对恶劣的自然生存条件,向自然祈求生活平安富足是出于最本能的愿望。萨满教是诞生于人类社会发展水平较低时期的具有原始性特征的信仰体系,万物有灵观是萨满教的教义基础。我国学者秋蒲认为萨满教作为原始宗教的一个类型,其中的自然崇拜属性产生时间最早、延续时间最长,萨满教

---

① [意]图齐、[德]海西希:《西藏和蒙古的宗教》,天津古籍出版社1989年版,第368页。
② [俄]道尔吉·班扎罗夫:《黑教或称蒙古人的萨满教》,载《蒙古史研究参考资料》第17辑,内蒙古大学历史系蒙古史研究室编印,1965年,第22页。
③ [英]爱德华·泰勒:《原始文化》,连树声译,广西师范大学出版社2005年版,第349页。

中的自然崇拜既有对自然事物的崇拜,也有对动物的神化。① 在萨满教的体系中,萨满巫师起着主导作用,他们既是该信仰体系的承载者又是保证该体系运行的操控者。灵魂(无论是无生命的自然事物还是有生命的动物和人的灵魂)是萨满教敬重的对象,在萨满教理中灵魂也是世间万物运行的核心,萨满巫师施展法术都与灵魂有着密不可分的联系。

16世纪末藏传佛教获得蒙古贵族扶持前,萨满教指导着蒙古人的价值观、宇宙观、思维模式以及行为方式。蒙古汗国时期,萨满巫师是统治阶级中的一个特殊阶层,在祭祀仪式、占卜吉凶、建言献策等方面萨满巫师都充当着重要角色,所以在蒙古社会发展早期,萨满巫师享有崇高的社会地位。海西希认为对于把天置于最神圣地位的统治者来说,萨满通天的神力使其在蒙古社会生活中占有重要地位。②《蒙古秘史》记录了大萨满阔阔出在蒙古王庭权倾一时,企图利用宗教地位篡夺蒙古大汗的权力,却反被大汗的儿子们处死的历史事件。该段历史也从侧面反映出了萨满巫师在蒙古汗庭和蒙古社会中享有的极高地位,以及萨满教在蒙古人中的巨大影响力。随着藏传佛教流入蒙古地区,尤其自16世纪末阿勒坦汗迎请三世达赖喇嘛索南嘉措到蒙古地区传教以来,萨满教在蒙古社会中受到了严重的打压和排挤。尽管如此,萨满教并没有因为藏传佛教的强大势力而彻底消失,反而通过与藏传佛教融合而留存了下来。现今的萨满教已经成为蒙古民间信仰的一支,萨满教文化是蒙古宗教文化的有机组成。

在思想体系的建构上,将自然界中的事物当作神灵崇拜是蒙古宗教文化的重要特征,以万物有灵观作为指导的萨满教将阿尔泰山、杭爱山、

---

① 秋浦主编:《萨满教研究》,上海人民出版社1985年版,第13—22页。
② [意]图齐、[德]海西希:《西藏和蒙古的宗教》,天津古籍出版社1989年版,第360页。

肯特山和色楞河、鄂嫩河、克鲁伦河这些名山大川请进了万神殿,还有蒙古民间流传的北斗七星的传说等都展示了萨满教对蒙古人思想意识的影响。萨满教也是影响蒙古人世界观形成的因素之一,如在萨满教中将世界分为上、中、下三层,上层是掌管人间的诸位腾格里天神,中层是世间的凡人,下层为各种妖魔鬼怪,这样将世界分为三层的观念促成了转世观的形成。再比如萨满教教义认为人死后灵魂仍旧停留在人间,这种灵魂观影响了蒙古人对于疾病和死亡的看法。另外,萨满教神谱中的神祇众多,这种多神论的形成也促使蒙古宗教文化中大量的禁忌和仪式的诞生。

在社会生活中,古代蒙古人的家中都供奉有翁衮(ongγod),翁衮是家庭的守护神,《出使蒙古记》中记载:"男主人的头上边,总是挂着一个像洋娃娃一样的用毛毡做成的偶像……另一个同样的偶像挂在女主人的头边上……这两个偶像之间的上方,挂着一个瘦小的偶像,这是整个帐幕的保护者。"①牲畜和马匹也有对应的动物翁衮,蒙古人相信这些用毛毡制成的偶像能够保佑自家饲养的牲畜兴旺。腾格里文化也来源于萨满教对天神的崇敬,天神腾格里是蒙古萨满教神谱中的重要一支,在蒙古人心中有着无上的地位,如《黑鞑事略》有云"其(蒙古人)常谈,必曰'托着长生天底气力、皇帝底福荫'。彼所欲为之事,则曰'天教恁地'。人所已为之事,则曰'天识著',无一事不归之天,自鞑主至其民无不然"②。除了对天的崇敬,蒙古人也对居所附近的地方神灵进行祭祀,石头或者树木常常被当作神灵的栖息地,因此蒙古人对石头或者树木也会定期进行祭祀。此外,蒙古人也经常将山川、日月、动物的名称作为人的名字,如娜仁(太阳)、萨仁(月亮)、其其格(花)、塔拉(草原)、阿斯楞(狮子)等,以自然事物作为人名展示了自然之物在蒙古人心中的崇高地位,这种现象也与蒙

---

① [英]道森编:《出使蒙古记》,吕浦译,中国社会科学出版社1983年版,第113—114页。
② 王云五主编,彭大雅撰:《黑鞑事略》,商务印书馆1937年版,第7页。

古社会生活中存在的萨满教文化遗风有关。萨满教文化还影响着蒙古文学作品的创作，如蒙古族起源传说"苍狼白鹿"或是阿阑豁阿感光受孕的神话都带有明显的萨满教特征，萨满教的教义教理也为蒙古文学创作提供了重要的灵感。

（二）国内外萨满教研究概况

我国萨满教研究专家孟慧英教授在论文《试论西方萨满教研究的变迁》中总结了西方学者对萨满教认知与研究的几个阶段：在第一阶段中，西方人将萨满教看作魔鬼异教。早期西方的探险家和传教士在西伯利亚的通古斯族群中发现了萨满教，受制于宗教背景的影响，他们将萨满教定为巫术，并认为萨满巫师是与恶魔打交道的异教徒。在第二阶段中，西方人将将萨满教看作骗子的把戏。18世纪后期俄国政府在西伯利亚地区组织了两次科学大考察，参与科学考察的科学家们受到科学理性主义的影响将萨满巫师看作故意做出夸张动作和装腔作势的骗子。在第三阶段中，西方学者通过现代医学、心理学和精神病学的视角将萨满巫师当作精神病患者，并认为萨满巫师在做法时的种种表现属于精神病理现象。第四阶段是入迷术阶段，将萨满教看作古老的入迷术这一观点来自前文所提及的伊利亚德。虽然伊利亚德提出的入迷术随后遭到了学界的质疑，但伊利亚德也为世界萨满教研究做出了重要贡献，他致力于发掘全球范围内存在的萨满教现象，极大地推动了西方萨满教研究的发展。第五和第六阶段是现代萨满教研究阶段，现今越来越多从事人类学研究的学者加入对萨满教的探究，为学界从多角度理解、认识和研究萨满教提供了可能。[①]

---

① 孟慧英：《试论西方萨满教研究的变迁》，载刘成有主编《宗教与民族》第10辑，宗教文化出版社2016年版，第92—103页。

孟慧英教授的论文勾勒出了西方萨满教研究的发展脉络,从上述梳理可以看出萨满教研究在西方学界由来已久。17世纪俄国的探险家在西伯利亚通古斯人中发现了萨满教并进行了记录,随后这种独特的信仰被介绍到欧洲,萨满教研究逐渐成为一项广受学界探讨的学术课题。俄国的"亚德林车夫(N. Yadrntzeff)、科勒门斯(D. Klementz)、密海洛夫斯基(V. M. Mikhailowski)、施腾波克(L. Sternberg)等人是萨满教研究的先驱者"①。俄国学者史禄国(S. M. Shirokogoroff,1887—1939)在早期的萨满教研究中做出了突出的贡献,他的《通古斯萨满教的基本理论》《北方通古斯的社会组织》《通古斯人的心理现象群》等著作阐释了萨满教和萨满巫师的特征和运行机制。第二次世界大战之后"尼翰拉滋(G. Nioradze)、U. 哈儒瓦(U. HarHa)、A. 奥尔马科斯(A. ohlmarks)、W. 施密特、M. 伊利亚德等人的研究把萨满教研究推向新的高峰"②。伊利亚德在1951年出版了专著《萨满教:古老的入迷术》,该书的出版引起了学者们的广泛关注,继而将萨满教研究推向了高潮,使得萨满教研究成为一门特殊的学科。日本学者如白鸟库吉、鸟居龙藏、秋叶隆、井上以智等人也对我国北方通古斯语族中流行的萨满教进行过研究。蒙古国学者策·达赖的《蒙古萨满教简史》介绍了蒙古萨满教的发展历史与演变,为蒙古萨满教研究贡献了重要力量。蒙古学者B. 仁钦于1975年在威斯巴登出版的《蒙古萨满教资料》包括了"列宁格勒东方学家档案馆里珍藏的扎木查拉诺在东、西布里亚特人中间收集到的56首萨满唱词"③,该书极大地丰富了萨满祝赞词和祭词等唱词的研究资料,为众多学者研究蒙古萨满教提供了重要参考。德国学者海西希将其在20世纪40年代于内蒙古进行考察时收集到的有关蒙古萨满的资料整理于《库伦旗的萨满和祝词者》中,随后他在1980年于伦敦

---

① ② 色音:《科尔沁萨满文化》,内蒙古人民出版社2007年版,第21页。
③ 范丽君:《扎姆查拉诺蒙古学研究概述》,载格日乐主编、德力格尔副主编《蒙古学研究年鉴》2010年卷,内蒙古社会科学院2011年版,第183页。

出版了专著《蒙古的宗教》。在《蒙古的宗教》中，海西希系统地介绍了蒙古人的信仰体系，对蒙古萨满教也给予了充分的说明，该书因对蒙古地区宗教信仰的详细阐述而成为西方学者在研究蒙古宗教文化时的重要参考文献，尤其值得一提的是海西希的《蒙古的宗教》在我国学界也有较大的影响力，为我国学者广为引用。

国内的萨满教研究在近几十年来也收获了丰硕的研究成果。20世纪70年代我国学者集中翻译了诸多西方学者写就的萨满教研究专著，如由丁师浩所译的策·达赖的《蒙古萨满教简史》、孙云来所译的苏联学者阿列克谢耶夫的《西伯利亚突厥语系民族萨满教》、金启译翻译的波兰学者尼斡拉滋的《西伯利亚各民族之萨满教》、内蒙古大学历史系蒙古史研究室编印的俄国学者道尔吉·班扎罗夫的《黑教或称蒙古人的萨满教》、耿昇翻译的海西希的《蒙古的宗教》。除去对海外学者的研究成果的译介，我国学者也陆续出版了一系列关于萨满教的学术专著，如秋浦主编的《萨满教研究》、乌丙安的《神秘的萨满世界》、富育光与孟慧英共同撰写的《满族萨满教研究》、富育光所著的《萨满论》、孟慧英撰写的《中国北方民族萨满教》、郭淑云与王宏刚主编的《活着的萨满——中国萨满教》等。对内蒙古科尔沁地区的萨满教的专项研究有：色音教授所著的《科尔沁萨满文化》，白翠英根据多年对科尔沁萨满宇额的跟踪采访写成了《科尔沁博文化》一书，陈永春所著的《科尔沁萨满神歌审美研究》和周特古斯的《与神灵对歌：科尔沁蒙古族萨满仪式音乐研究》对科尔沁萨满所吟唱的萨满神歌进行了分析与阐释。

近年来萨满医疗研究成为我国学界在萨满教研究中的新热点。中央民族大学乌仁其其格博士于2006年完成的毕业论文《蒙古族萨满医疗的医学人类学阐释》采用了新颖的医学人类学研究视角，对科尔沁地区萨满宇额的疾病治疗情况进行了系统的研究和阐释。乌仁其其格博士的论文在我国学界引起了不小的反响，带动了学界对萨满疾病疗愈手段的研究。

孟慧英在2013年发表了《人类学视阈下的医疗——基于萨满文化医疗的思考》一文，从人类学角度阐释了萨满医疗在社会生活中的文化内涵。色音于2014年发表了文章《萨满医术：北方民族精神医学》，其在文中对萨满医疗具有的精神治疗特征给予了分析。2015年社会科学文献出版社出版了孟慧英和吴凤玲共同撰写的《人类学视野中的萨满医疗研究》，该书着眼于萨满医疗的文化内涵，从萨满医疗的疗愈机制分析了萨满医疗具有的积极的社会现实意义。这些学者的著述丰富了学界对萨满医术的研究，并从社会现实意义上肯定了萨满医术为疾病疗愈提供了一种可行的疗愈手段。

从上述国内外学者对萨满教研究的概述可以看出，萨满教的产生与发展、表现特征、仪式活动等内容已经获得了学界的充分讨论。西方学者对于萨满教的研究已经从通古斯族群扩展至世界范围，我国学者的研究基本集中于我国北方少数民族（如满族和蒙古族）社群中留存的萨满教文化现象。萨满医疗作为新的学术热点，在我国学界引起了不少学者的关注和讨论。在医疗手段欠发达的古代社会，萨满巫师掌握的医术是治疗疾病的有效补充，同时萨满巫师在疗愈过程中对病人进行的心理安慰和心理疏导也具有积极的现实意义。因此，作为萨满巫师承担的主要社会职能之一的疾病治疗理应受到学界的关注，萨满医疗的疗愈机制、疗愈方法以及病人的疾病观等都是学界应该深入进行研究的方向。

（三）蒙古萨满医术研究

查尔斯·鲍登对蒙古萨满教文化的研究从萨满医术入手，以萨满巫师的疾病治疗方式和蒙古人的疾病观作为研究重点，阐释了以萨满灵魂观为理念基础的蒙古萨满医术的基本特征。鲍登对萨满医术的研究集中于1961年发表的长篇论文《蒙古传统观念中疾病与死亡的超自然因素Ⅰ、

II》("The Supernatural Element in Sickness and Death According to Mongol Tradition Part I, II")和1962年发表的论文《招魂：一则蒙古语祈祷文》("Calling the Soul: A Mongolian Litany")之中。在这两篇论文中，鲍登展示了萨满教中发达的神灵系统，并详细阐述了由灵魂观而阐发的萨满医术的具体的疾病疗愈方式。

1. 蒙古萨满教中的灵魂观

萨满教中对灵魂和神祇的理解是萨满巫医术的理念基础，万物有灵论是萨满教的基本教义，精灵和灵魂在萨满教中占有基本且重要的地位。爱德华·泰勒认为人类最初把世界想象成充满灵魂或精灵的，并在对大自然的这一理解基础上创立和发展了宗教。泰勒进一步指出万物有灵观包含两个主要的信条：其一是生物的灵魂在肉体死亡或消亡后仍会继续存在，其二是精灵具有诸多威力，他们影响或控制着物质世界的现象以及人的今生和来世。神灵与人相通，神灵的高兴或不悦会受到人的行为的影响，进而促生了人对神灵的崇拜与供奉。[1] 泰勒所阐述的灵魂观道出了原始宗教的最基本特征，即现实世界所发生的事情总是和精灵有关，"人们或把在精神幻觉中和梦里所见之人、物或影子，看成各种各样的鬼魂或精灵，把它们出现的环境看作它们活动的世界"[2]，这种思维观念成为萨满教万物有灵思想的来源。灵魂观"奠定了萨满世界观、生死观的基础，一切都是从有'魂'的存在出发，认识并解说出一个灵界来"[3]。萨满教基于这种灵魂观，将石头、树木等客观存在的事物看作神灵的栖息地而加以崇拜和祭奠，同时用此种灵魂观解释人的生老病死。

萨满教认为人有三种不同的灵魂：第一种是存留在躯体中的灵魂，

---

[1] [英]爱德华·泰勒：《原始文化》，连树声译，广西师范大学出版社2005年版，第349—350页。
[2] 孟慧英：《中国北方民族萨满教》，社会科学文献出版社2000年版，第168页。
[3] 乌丙安：《萨满信仰研究》，长春出版社2014年版，第107页。

第二种是可以离开躯体到处游荡的灵魂,第三种是人离世后仍然存在于世间的灵魂。萨满教观念中人的灵魂要经历两大阶段的旅程:第一阶段是灵魂与肉体结合在一起,在这期间灵魂要经历各种疾病和疼痛的折磨直到人生命结束,灵魂与肉体分离;第二阶段是游离在人间的灵魂,这样的灵魂需要萨满巫师的指引才能到达亡魂所在的阴间,从而达到永生,否则将会留在人间作祟。鲍登指出蒙古人将疾病看作恶灵入侵病人身体的征兆,死亡则源于恶灵将人的灵魂带离身体①,所以无论是疾病的治疗还是安葬逝者,如何驱赶走作祟的恶灵又或者是如何讨好神灵是蒙古人最关心的事情。萨满巫师作为人与神的沟通者,找回受到疾病折磨的灵魂,或者驱赶附在病人身上的恶灵,是萨满巫师扮演医者角色时承担的社会职能。富育光在《萨满论》中指出魂在萨满医术中的内容丰富而广泛,"魂包罗人和生物的万象,验证健康正常人的躯体要察看魂魄,验证患者的躯体情态仍要查看其魂魄……实症虚症均从魂中求治"②。从以上论断可以看出,蒙古人的疾病和死亡观与魂魄有着紧密的联系,萨满巫师施以招魂术或者驱魔术作为治疗疾病的手段也就不难理解。

鲍登指出古代蒙古人将疾病和死亡归因于触犯禁忌或惹怒神灵,他们把上天作为一种宗教崇拜,又或者在一些祈祷词中暗示砍倒树木、挖掘土地、破坏草场、污染河水等行为会招来厄运等,这样的禁忌文化折射的是身处自然界中的蒙古人希望使用各种巫术向自然表达敬畏之情从而寻求保护的迫切需求。③ 出于自我保护的本能,萨满巫师施行的各种巫术不仅为了驱赶造成疾病和死亡的恶灵,也为了保护人们免受危险和灾难

---

① C. R. Bawden, "Calling the Soul: A Mongolian Litany", *Bulletin of the School of Oriental and African Studies*, 1962(1/2/3).
② 富育光:《萨满论》,辽宁人民出版社 2000 年版,第 144 页。
③ C. R. Bawden, "The Supernatural Element in Sickness and Death According to Mongol Tradition Part II", *Asia Major*, 1961(Ix).

的伤害并给大众带来福祉。①"人作为物质的存在,为了生存的需要必须获得物质资料,不断地与自然的物质、能量、动物、植物进行交流、抗争,并依赖大自然的恩宠"②,生产生活都紧密依赖自然的古代蒙古人希望借助萨满巫师的通灵能力实现与自然界中存在的神灵沟通,从而达到治病禳灾的目的。鲍登对于蒙古萨满灵魂观形成原因的解读道出了蒙古萨满教诞生于崇拜自然、敬畏自然的原始思维,古代蒙古人希望在对自然的敬重之情中找出人类与自然和谐相处的方式,这种自然观逐渐形成了一种思想意识体系,促成了万物有灵观等思想观念的产生。

查尔斯·鲍登重点阐释了三种在蒙古萨满信仰中常见的神灵——翁衮、崇和苏勒德,鲍登借用这三种神灵阐释了蒙古萨满教中灵魂观的具体体现以及蒙古萨满巫医术的认知原理。

翁衮(ongγod)

翁衮崇拜是萨满教的一个重要特点。目前各国学者对翁衮的认知主要分为两类:一类学者认为翁衮是一种图腾,例如古代蒙古人每家每户中的翁衮偶像代表着家族的守护神;另一类学者认为翁衮是一种存在于世间的精灵,蒙古人用毛毡、丝绸、木块或青铜等制成各种形态的偶像为的是使翁贡精灵能够寄居在这些偶像上。我国学者乌恩在论文《浅析蒙古族萨满教的几个重要术语》中提出翁衮至少有两种含义:其一是泛指精灵,也就是萨满教的泛灵论思想中"灵"的体现;其二是指守护神或是神主,这一意义常见于萨满祝词中。③ 乌恩进一步指出翁衮的最初含义应与原始的图腾崇拜有关,如在蒙古人祭天、祭敖包时所用的牛马被称为

---

① C. R. Bawden, "The Supernatural Element in Sickness and Death According to Mongol Tradition Part II", *Asia Major*, 1961(Ix).
② 白翠英:《科尔沁博文化》,内蒙古人民出版社2007年版,第6页。
③ 乌恩:《浅释蒙古族萨满教的几个重要术语》,《蒙古社会科学(文史哲版)》1989年第5期,第88页。

"翁衮马""翁衮牛"等。这种现象说明这些牛马代表着一种图腾禁忌,但随着蒙古社会的发展蒙古人对动物崇拜的禁忌逐渐模糊,进而翁衮所蕴含的原始图腾崇拜意义变成了一种广泛意义上的神灵或神。① 现代《蒙汉字典》中"翁衮"一词的解释为:1. 神圣的;2. 最初的,未开发的;3. 神灵、圣灵;4. 陵墓、坟墓。② 第一、二个意义为"翁衮"作形容词时的意义,如马驹的胎鬃被称作"翁衮德勒";第三和第四个意义是"翁衮"作名词时的意义,"翁衮"作名词时主要是在萨满教语境中使用,当"翁衮"指萨满的守护灵时使用的是"翁衮"的复数形式"ongγod"③。我国学者那仁毕利格认为翁衮经历了"在13世纪当作神灵在牧民蒙古包里祭祀的 onggud(即 ongγod),即萨满信仰的主要神灵,到了近现代在科尔沁地区变为萨满特有的神偶,通过萨满的使令代替他实现所要做的各种心愿的使者"④这一发展过程。

鲍登认为"ongγod"应该指一种寄居在物体或某一地区的能够致人生病的精灵。在萨满祈祷词中"ongγod"也经常出现,但在祈祷词中的"ongγod"却充当守护神的角色,能够帮助病人恢复健康。⑤ 因此,鲍登认为"ongγod"一词没有固定单一的含义,但可以肯定的是它与其他的神灵有着明显的区别。鲍登将翁衮与"čaliγ"(偶像、神祇)、"eliye"(祟)、"ada"(阿达)这三个同样具有"神灵"意义的词进行了比较,鲍登指出"ongγod"

---

① 乌恩:《浅释蒙古族萨满教的几个重要术语》,《蒙古社会科学(文史哲版)》1989年第5期,第88—89页。
② 内蒙古大学蒙古学研究院蒙古语文研究所编:《蒙汉词典》,内蒙古大学出版社1999年版,第191页。
③ 娜仁格日勒:《蒙古族祖先崇拜的固有特征及其文化蕴涵:兼与日本文化的比较》,内蒙古教育出版社2006年版,第25页。
④ 那仁毕力格:《蒙古民族敖包祭祀文化认同研究》,辽宁民族出版社2014年版,第57页。
⑤ C. R. Bawden, "The Supernatural Element in Sickness and Death According to Mongol Tradition Part I", *Asia Major*, 1961(Ix).

与"čaliγ"意义最为相近,它们都可以指本地神灵,但是在具体的语境中"ongγod"与"čaliγ"并不能相互替代,它们分别指代不同的精灵。"ongγod"与"eliye"和"ada"的区别较大,后两种词均代表着恶灵,它们是引起疾病的主要原因。①

祟(eliye)

鲍登认为在蒙古文化中导致人生病的是祟(eliye)和阿达(ada)这两种恶灵。海西希认为阿达是一种"飞翔在空中的,出其不意地捕捉人,传播疾病和刺激性欲"的魔鬼,而祟②"是一种如同鸟一般的魔鬼,它们可以预示和导致灾难"③。"eliye"一词本指鹰类的猛禽,但其在蒙语中多为贬义,还指给人带来祸患的鬼怪,如"eliye"和"ada"组合成词组"ada eliye"(魔鬼),"soliya eliye"意为(可能由恶灵或鬼怪所害)神经病。"在科尔沁地区把专门负责接产和治疗妇女儿童疾病的女萨满叫作'eliye uduγan'(鸢萨满)和'caγan eliye'(白鸢),其中'eliye'是巫都干女萨满的保护神。"④鲍登指出"eliye"虽然在多种复合词中出现,但字典中并没有给出其具体的含义,他认为"eliye"是死人变成的鬼魂,它既可以给人带来灾难,也可以成为其他魔鬼的使者。尽管"eliye"是无形的,但它具有一定的物理特性,它存在的地方可以被感知,它还可以拥有名字。此外鲍登还认为"eliye"是疾病的使者,人只要靠近它就会得病,它甚至可以导致死亡。⑤ 关于恶灵阿达,鲍登认为根据布里亚特的民间传说,人死后三个灵

---

①④ C. R. Bawden, The Supernatural Element in Sickness and Death According to Mongol Tradition Part I, *Asia Major*, 1961(IX).

② 在《蒙古的宗教》中,耿昇将"eliye"翻译为隼魔,内蒙古大学出版社1999年出版的《蒙汉字典》中将其翻译为祟,本文采用《蒙汉字典》的汉文翻译。

③ [意]图齐、[德]海西希:《西藏和蒙古的宗教》,耿昇译,天津古籍出版社1989年版,第372—373页。

⑤ C. R. Bawden, "The Supernatural Element in Sickness and Death According to Mongol Tradition Part I", *Asia Major*, 1961(Ix).

魂中的一个会变成阿达,它会附在各种爬行动物的身上,尤其是蛇。① 鲍登指出大多数情况下,无论是阿达还是"eliye"没有明显的区别,它们都是人的亡魂并且是导致人生病的直接原因。

苏勒德(sülde)

苏勒德是蒙古萨满教中的重要神灵,鲍登指出蒙古萨满教中对"灵魂"有不同的表达,如"sünesün""amin"和"sülde",从翻译的角度来看,它们均可译为"魂、灵魂",但它们的实际意义却有着明显的区别。"sünesün"和"amin"一般指人的魂魄,而"sülde"同"suu jali""čoγ sülde"等词一样指具有神力的由祖先的亡灵或者其他伟大人物的亡灵化作的鬼魂。西方多位蒙古学家曾就"sülde"一词给出了不同的释义:美国学者鲍培认为"sünesün"和"sülde"拥有相同的含义,田清波将"sülde"翻译为战神、保护神或是幸福、繁荣,海西希认为"sülde"仅仅指战旗、军旗,海涅什在其编撰的字典中将"sülde"一词解释为吉兆和神灵。班扎罗夫指出"sülde"一词有多重含义,如"sülde"可以是九个腾格里的别称,君王保护其臣下的能力可称为"sülde","王的苏勒德是天的苏勒德的九个灵体的反映"②,此外将军们出征所用的九旄也被称为苏勒德。综上班扎罗夫认为"sülde"具有腾格里天神、君主的灵魂和军旗三种含义,但鲁缅采夫(Rumyantsev)在给道尔吉·班扎罗夫的文章做注释时却将"sülde"一词解释为人的三种灵魂中的一种。笔者认为班扎罗夫对于"sülde"的解释更为准确,鲍登对"sülde"的理解仅展示了其中的一种内涵,而在蒙古人的生活中"sülde"的含义更为广泛和丰富。

苏勒德在蒙古人心目中有着神圣的地位,蒙古人口中的苏勒德具有

---

① C. R. Bawden, "The Supernatural Element in Sickness and Death According to Mongol Tradition Part I", *Asia Major*, 1961(Ix).
② [俄]道尔吉·班扎罗夫:《黑教或称蒙古人的萨满教》,载内蒙古大学历史系蒙古史研究室编印《蒙古史研究参考资料》1965年第17辑,第17页。

具象和抽象两种样态。具象的苏勒德是一只大纛，它是一种圣器，是一种矛状物，矛头有三个分叉，矛头下的底座有一个圆盘，盘沿有81个穿孔，孔中绑扎着马鬃作为垂缨，矛头部分被固定在松柏杆上然后立于石座之上。苏勒德分为哈日苏勒德（黑纛）、查干苏勒德（白纛）和阿拉格苏勒德（花纛）这三种类型，哈日苏勒德是成吉思汗大军的旗纛，象征着所向无敌的战神，查干苏勒德是成吉思汗建立大蒙古国时的国旗，阿拉格苏勒德是成吉思汗时期的军队旗徽之一。抽象的苏勒德指其具有的神力和象征精神。相传成吉思汗曾被困在一个叫千棵树的地方，在危急之时，成吉思汗下马把马鞍倒扣在地上祈祷道："长生天父亲啊，请救救你的儿子吧。"随后从天上落下了一个像长矛一样的东西。在成吉思汗获得这个长矛后，长矛指向哪里，哪里就获得胜利，它成为成吉思汗战无不胜的旗徽，又是太平祥和的吉祥物，因此苏勒德成为蒙古族的保护神，是精神力量的象征。

苏勒德的重要性不仅体现在它是成吉思汗的军旗、蒙古汗国的国旗，还体现在它是蒙古人崇拜的圣物。曾经"旗纛祭祀属于古代'五礼'中的军礼……都是在大军出征时或与敌方决战前举行的带有誓师性质的祭旗仪式"[①]，今日蒙古人举行的苏勒德祭已经和军事活动毫无关系，仅仅代表了后世子孙对先祖英雄伟绩的缅怀和祭奠，苏勒德与"'八白室'一起，成为蒙古民族'总神祇'的一部分"[②]。现在蒙古族中还留存有查干苏勒德春季大祭，它是成吉思汗祭奠中的一项重要内容。在祭祀活动中，蒙古人对纛（苏勒德）进行祭拜以祈求苏勒德神灵的保佑，如苏勒德威猛大祭主要在龙年或是灾年等年景不好的时候举办，举行威猛大祭的主要目的是发扬黑纛的神力，在祭词中这样吟唱："怜悯受苦受难的众生，／为了守

[①②] 莫久愚：《"哈日苏勒德"考辨》，《内蒙古民族大学学报（社会科学版）》2016年第1期。

护他们,/降下神通广大的化身,/慈悲的守护神,/向圣苏鲁德供奉膜拜。/遵命而行,/将那淫邪放荡、作奸犯科者镇压,/向圣苏鲁德供奉膜拜。"①

蒙古人对神灵的敬畏产生了生活中的种种禁忌,举行祭祀仪式成为蒙古人祈求幸福安定和趋利避害的方式。鲍登所列举的三种神灵展示了蒙古人的灵魂观发展的不同阶段。在万物有灵阶段,蒙古人将自然万物赋予灵魂并对这些灵魂施以敬畏之心。当发展到对祖先亡灵的崇拜时期,亡灵成为致人疾病甚至死亡的原因,进而塑造了蒙古人对待疾病和死亡的态度,同时"随着祖先崇拜的兴起,宗教活动者萨满也就应运而生,从而使萨满教这一原始宗教更加完整和复杂化"②。在蒙古萨满教中,众多的神灵构成了萨满的神魔世界。正如鲍登所言,想要对数量如此繁多的神灵进行分类并不现实,但能够肯定的是在萨满教观念中神灵掌握着世间万物的发展,其中就包括人的生老病死,蒙古萨满医术便以驱魔、招魂等方式开展。

2. 蒙古萨满医术

在系统的、科学的疾病治疗体系出现之前,蒙古草原上主要由萨满孛额承担医者的角色。萨满教的灵魂观既影响着古代蒙古人对于疾病和死亡的理解,也影响着对疾病产生原因的探究。"萨满教的疾病治疗是病因确定后引发的直接行为,疾病原因的类别决定了治疗这种疾病的文化习俗。"③鲍登指出蒙古先民将生病看作人类生存活动的一种方式,因此判断病因主要根据三方面的特征:一是自然界中的先兆,二是占卜神谕,三

---

① 摘抄自《伊金苏鲁德商》,该祭词收录于赛音吉日嘎拉,沙日勒岱:《成吉思汗祭奠》,郭永明译,内蒙古人民出版社1988年版,第210—213页。
② 秋浦主编:《萨满教研究》,上海人民出版社1985年版,第54页。
③ 孟慧英、吴凤玲:《人类学视野中的萨满医疗研究》,社会科学文献出版社2015年版,第56页。

是得病的时辰。① 在古代蒙古社会疾病的治疗总是同巫术、咒语和各种神秘的仪式紧密相连，马林诺夫斯基认为巫术对于先民的主要意义在于趋利避害，当先民"必须承认自己的知识技能不够了便一定会利用巫术"②。在面对无形的疾病时，信仰萨满教的蒙古先民按萨满文化习惯将疾病同自然界存在的神秘力量相联系。在蒙古人中经常有"额穆道穆、额穆道穆"的说法，"额穆"在蒙古语中意为药物，"道穆"指巫术，"在蒙古地区流传着很多治疗人畜疾病和创伤方面的手抄本，叫作《道穆经》或《黑道穆经》"③，这些巫术就是萨满用来治疗疾病的方式之一。

查尔斯·鲍登对于蒙古萨满医术的介绍主要分为判断疾病的方法和治疗疾病的方法两个方面。抛掷骰子和抛掷硬币是鲍登介绍的两种判断疾病的方法。在为患者治疗疾病前，萨满巫师首先要通过观察病人的症状判断病因，当通过观察实际情况难以做出判断时，萨满巫师就会采用占卜的方式得到启示。在使用抛掷骰子确定病因的方法中，萨满巫师使用的骰子共有六面，每面刻有 1 至 6 的点数或是经文中的六个音节，在占卜时萨满巫师有时使用一个骰子，有时使用三个骰子，最终通过落下来的骰子所显示的数字并结合专门解答骰子数字的含义的手册来确定病因。抛掷硬币来占卜病因的方法与投掷骰子的方法类似，也是根据硬币落下的情况来进行判断。用来占卜的硬币数量不定，有五、六、九、十或十二枚等多种情况。抛掷五枚或六枚硬币的方法相似，这些硬币的正面刻有满文或汉文，萨满巫师要让这些硬币依次掉落，最终根据全部硬币掉落下来的

---

① C. R. Bawden, "The Supernatural Element in Sickness and Death According to Mongol Tradition Part I", *Asia Major*, 1961(Ix).
② [英]马林诺夫斯基：《巫术科学宗教与神化》，李安宅译，上海社会科学院出版社 2017 年版，第 22 页。
③ 陈岗龙、乌日古木勒：《蒙古民间文学》，宁夏人民出版社 2008 年版，第 202—203 页。

形制进行判断。抛掷九枚硬币时需要在这些硬币中选择一枚硬币并做好标记,当萨满巫师对它们念诵完祈祷词后,萨满巫师左右手轮流持有硬币并让这些硬币依次落下,在下落的过程中要注意做好标记的硬币是在1—9次中的哪一次掉落,最后根据所作标记的硬币的掉落的次序进行占卜。使用十枚硬币进行占卜的程序较为复杂,其中也有一枚标记好的硬币,并且这十枚硬币要使用五种颜色的名称命名,还要用阴阳性区分硬币的两面。进行占卜的过程中要抛掷硬币两次,根据两次抛硬币时被标记硬币掉落的次序和其代表的颜色进行组合判断,在判断病因的过程还要结合八卦图和占卜的时辰。关于使用十二枚硬币①的占卜过程,鲍登没有给出具体的细节,但无论使用多少枚硬币,占卜的原理都是通过抛落的硬币所最终形成的形制来判断凶吉。鲍登还另外指出使用五枚硬币进行占卜和汉族道教《玉匣记》中的记载有些许类似,使用九枚硬币占卜则与藏族的占卜方式更为接近。②

无论是使用骰子还是硬币进行占卜,其目的都是要找出病人得病时的天象、起因、治疗方法以及预言以后疾病的发展趋势。在使用占卜确定了病人的病因后,才会采用相应的对策进行"治疗",对于那些因非自然因素而致病的情况,萨满巫师们会举行驱魔仪式使病人重获健康。"萨满教观念中的致病因素主要有以下几种:1. 失魂;2. 恶灵附体;3. 神有所求;4. 法术致疾;5. 违反禁忌;6. 触犯祖先神灵;7. 巫病(即前代萨满魂魄附身);8. 确有实症,如身体损伤、骨折、疮痈、痘疹、虫蜇、狗咬、兽伤等。"③从

---

① 在藏族中有使用十二枚铜钱占卜的习俗,主要通过铜钱"文"(正面)、"曼"(背面)的多寡进行占卜。(陈践编:《吐蕃卜辞新探 敦煌 PT 1047+ITJ763 号〈羊胛骨卜〉研究》,上海远东出版社 2015 年版,第 205 页。)
② C. R. Bawden, "The Supernatural Element in Sickness and Death According to Mongol Tradition Part I", *Asia Major*, 1961(Ix).
③ 乌仁其其格:《蒙古族萨满医疗的医学人类学阐释》,中央民族大学博士论文,2006 年。

上述罗列的疾病分类可以看出萨满教观念中的疾病以非自然因素致疾为主,面对如失魂、恶灵附体和违反禁忌等原因引起的疾病就需要依靠萨满巫师施以巫术来解决。如果因失魂或者病人的魂魄受到威胁而患病,就需要施展招魂或者叫魂术引导病人的魂魄重新回到其体内;如果是恶灵附体,则需要施行驱魔术将恶灵赶走;如果是神有所求、违反了某种禁忌或是触犯祖先神灵,就需要萨满巫师通过祭祀、向神灵供奉祭品等方式满足神灵的需求或向神灵和祖先谢罪;如果因为巫病或者中蛊而生病,则需要以法术或者巫术破解致病的巫术。因为自然因素而确实患上某种疾病,孛额也会根据常年累积的生活经验和"土方子"治病。

查尔斯·鲍登主要介绍了两种萨满巫师用来治疗疾病的巫术,其中一种是被称为"扎萨拉格"①(jasalγ-a)。扎萨拉格包括"跳神术、招魂术、'古日木'驱魔术、'道木'术(巫术、偏方)、'莎伊格'疗术(符咒、或符咒与药的结合)以及安代疗术、接骨术、药物以及针刺、放血等外治方法"②。鲍登介绍了一则确保产妇能够顺利产子的仪式。③ 在举行仪式前,首先需要从一个出生在丰年并拥有众多子嗣且长寿的人那里获得一些他的头发,然后将他的头发编成一张网。再让这个未出生的孩子和一只黑狗结为伙伴,目的是将这个孩子的命数寄托于黑狗的身上,在结义的过程中还需要念一些如"他的命将会像铁链一样坚固"的咒语。如果这个产妇有生产的困难,那么还需要在产妇所住的蒙古包的乌尼杆④上系好红布条,并向蒙古包内的灶火供奉羊肉、熏香、纸条、黄油、酒、燕麦和水果,以祈求产妇顺利生产。另外还要准备黑貂、白色丝绸、七种珠宝和各种燕麦的种

---

① 鲍登在论文"The Supernatural Element in Sickness and Death According to Mongol Tradition Part II"中将"扎萨拉格"一词转写为jasal,现代蒙汉词典中为jasalγ-a,本文采用现代蒙汉词典中的转写规则。
② 乌仁其其格:《蒙古族萨满医疗的医学人类学阐释》,中央民族大学博士论文,2006年。
③ 该仪式记录于编号为 Ms. H 1191C 的文献中。
④ 乌尼杆指蒙古包顶部用来支撑天窗并形成伞状的支架。

子,用它们来招福招财,参加招福招财仪式的人在仪式进行的过程中要想象着种子萌发长成庄稼的场景。①

此外,鲍登还列举了使用"卓力格"②来治疗疾病的方法。卓力格指向神灵进贡或使用纸钱、纸人等作为病人的替身,代替病人承受恶灵带来的疾病困扰的治疗方法。在治疗疾病的过程中使用替代物是萨满巫师为了防止致病的恶灵再度回来作祟的有效手段。鲍登列举了哥本哈根图书馆馆藏的编号为 Mong 297 文献中记录的一则防止恶灵再次作祟的手段:首先需要从一个与病人年纪相仿的人那里借来面粉,这些面粉要分为三份:第一份面粉制作成十二生肖和一些塑像,第二份制作禳解(γayisu),第三份面粉同擦洗过病人身体的水混合后捏成小人偶当作病人的替身。第一份面粉捏成的塑像要敬献给神灵,面粉捏制的十二个生肖放在每个生肖对应的位置,然后将病人的衣服穿在人偶身上并将其绕病人三周,最后从恶灵的存在方向将人偶驱逐出去。仪式后,病人需要被转移到其他地方休息,之后不久病人就会痊愈。③鲍登解释说,将病人从原来的地方移走是为了阻止恶灵再次进入蒙古包作祟,给人偶穿上衣服是为了让它与病人更加相近,面粉制成的人偶成为替病人承受恶灵带来的疾病的替身,将人偶驱逐出病人的住所也就代表着将致病的恶灵驱逐。海西希在论文《关于蒙古人的"送鬼"仪式》④中也描述了萨满巫师通过驱魔术来治病的方法,其中还包括科尔沁草原上流传的一则使用替身来驱魔的咒语。卓力格驱魔术作为治疗疾病的手段带有浓重的原始意味,反映着蒙古先民对疾病的原初认知,同时具有较为淳朴的灵魂观的色彩。综上可以推

---

① ③ C. R. Bawden,"The Supernatural Element in Sickness and Death According to Mongol Tradition Part I", *Asia Major*, 1961(Ix).

② 鲍登将"卓力格"转写为 jliγ,正确的转写应是 joliγ,本文采用其正确形式,其意为"替身""替死鬼"。

④ W.海西希:《关于蒙古人的"送鬼"仪式》,《蒙古学资料与情报》1989 年第 2 期,第 41—44 页。

断出,使用卓力格驱魔术治疗疾病的方法应属于出现时间较早且具有原始萨满教色彩的治疗疾病的方法。

乌仁其其格博士在其论文《蒙古族萨满医疗的医学人类学阐释》中还介绍了巴灵(baling)和"鸢"古日木①这样使用替身驱魔的萨满巫医术,它们的实施程序和疗愈理念同卓力格类似。治疗疾病作为蒙古萨满巫师的一项重要社会职能,在各类研究蒙古萨满教的专著中均有介绍,乌仁其其格博士的论文不仅包含了各种蒙古萨满巫师治疗疾病的方法,还列举了诸多现实案例,是目前使用汉语写成的对蒙古萨满医术介绍非常详尽的学术资料。尽管鲍登对于萨满医术的研究还仅限于文献中的记载,但鲍登通过对萨满教灵魂观的阐释和对文献中记载的具体实例的分析,仍较为完整地勾勒出了蒙古萨满医术产生的思想基础和基本特征。鲍登的研究虽然缺乏田野调查资料作为支撑,但他对记载于文献中的萨满医术的研究还原了古代蒙古人获得疾病治疗的真实情况。此外,鲍登对于投掷骰子和硬币的方式确定疾病起因的描述在我国国内的研究中还较为少见,为学者进行相关研究提供了新的研究资料。

三、蒙古民间信仰文化研究

《辞海》将民间信仰定义为"民间流行的对某种精神观念、某种有形物体信奉敬仰的心理和行为。包括民间普遍的俗信以至一般的迷信。它不像宗教信仰有明确的传人、严格的教义、严密的组织等,也不像宗教信仰

---

① 古日木(görim),藏语"干日木"的音译,指使用替身驱魔的萨满巫医术。

更多地强调自我修行,它的思想基础主要是万物有灵论"①。蒙古民族有着丰富的民间信仰文化,如敖包祭、狩猎祭、火神祭和每年都要隆重举行的成吉思汗祭等。目前学界对于萨满教文化是否为蒙古民间信仰文化的一部分这一问题还存在一定分歧,有些学者否定萨满教的宗教性质,坚持认为它是一种存在于民间的信仰体系;有些学者则认为萨满教虽然诞生于原始的氏族社会,但随着社会发展,萨满教早已拥有了系统的思想体系,因此应把萨满教归为"民族宗教"②。笔者认为萨满教是一种具有原始特性的宗教体系,虽然万物有灵观是萨满教的基本观点,但在后续的发展中萨满教已经拥有了诸如腾格里众神谱和程式化的仪式,脱离了原始的图腾崇拜,与民间信仰仍有较大的区别,故本书对蒙古萨满教文化和蒙古民间信仰文化分别进行阐释。

鲍登对于蒙古民间信仰文化的研究成果主要见于他发表的数篇论文如《两则关于祭祀敖包的蒙古语文献》("Two Mongol Texts Concerning Obo-Worship")、《关于蒙古人的肩胛骨占卜术》("On the Practice of Scapulimancy among the Mongols")、《关于蒙古人的丧葬礼仪》("A Note on a Mongolian Burial Ritual")、《蒙古笔记Ⅰ:鲁汶所藏的有关祭火的祈祷文》("Mongol Notes I: The Louvain Fire Ritual")、《蒙古笔记Ⅱ:蒙古的萨满狩猎仪式》("Mongol Notes II: Some 'Shamanist' Hunting Rituals from Mongolia")和《一则有关阿达嘎腾格里的祈祷文》("A Prayer to Qan Ataga Tngri")。这些论文讨论了蒙古民间信仰文化中的祭祀仪式以及仪式中吟唱的祭词与祝赞词。在对祭祀仪式的阐述中,鲍登以蒙古民间信仰文化中具有代表性的敖包祭祀和肩胛骨占卜术为例,展现了蒙古民间祭祀仪式和占卜仪式的基本过程和特征。在对祭词、祝赞词的阐释中,鲍登分析并翻译了数则

---

① 《辞海》,上海辞书出版社1999年版,第5120页。
② 苏和、陶克套:《蒙古族哲学思想史》,辽宁民族出版社2002年版,第12页。

涉及招魂术、祭天仪式、祭火仪式和狩猎仪式的祭词和祝赞词,其中既包含鲍登对这些仪式的介绍,还包括鲍登对于祭词与祝赞词的拉丁文转写和译注。鲍登对于这些祭词与祝赞词的阐述不仅展示了祭祀仪式中吟诵的祭词、祝赞词的基本内容,同时鲍登对于祭词与祝赞词的译注还将这一传统的蒙古口头文学形式引介至西方,丰富了西方学界在相关领域的研究资料。

(一) 民间祭祀仪式和占卜术研究

蒙古人一年中在不同的时间有不同的祭祀活动,如在腊月二十三要祭火神、春季有成吉思汗祭和敖包祭以及在春秋季都要举行的祭天仪式等。鲍登对蒙古民间存在的较为典型的敖包祭和肩胛骨占卜术进行了细致的研究,展示了蒙古民间祭祀仪式和占卜术的基本特点。

1. 敖包祭

敖包(obo)在蒙语中意为"堆子",指堆在山顶或高地的石头堆。敖包是蒙古人祭拜本地神灵的地方,蒙古人祭拜的敖包有时为敖包群,有时是一个独立的敖包。敖包的中间往往插着尖端向上的长叉、长矛或是刀剑,此外还插有榆树树枝,在树枝上挂着五色的布条和经幡。《蒙古风俗鉴》中载"敖包有几种,汗和诺颜的敖包,称金敖包。有各种名称的敖包,有的以山川为敖包名,也有随官员名称的。古代蒙古地方没有寺庙,地方诺颜选择那些比较好的山坡,宽敞的沙地,堆起敖包作为当地的崇拜物"[1]。在蒙古地区,经常可以见到大大小小的敖包,路过敖包的牧民都要下马在此处停留,绕着敖包走上三圈,再捡起石头放在敖包上或者拿出一些食品放在敖包上以表示对神灵的祭拜。敖包本来是作为路标和地界的标志而

---

[1] [清] 罗布桑却丹:《蒙古风俗鉴》,赵景阳译,辽宁民族出版社1988年版,第139页。

出现的，后来演变成为祭祀山神、路神等神灵的场所，所以敖包的功能也被分为祭祀性敖包和标记性敖包两类。对敖包的祭祀分为大祭和小祭，小祭一年四季都有，大祭一般在秋季举行，古代蒙古举行大型的敖包祭祀时要宰杀牛羊进行血祭，但在藏传佛教流入蒙古地区后血祭就被废止，其他的祭祀礼仪如焚香、祭酒、念经等仍旧保留了下来。大型的祭敖包是蒙古民间祭祀中的一大盛事，在祭祀举行时远近的牧民们都会赶来参加祭敖包的活动。通常在祭祀活动结束后，赶来参加祭祀活动的人们会举行热闹的那达慕，那达慕中包括有极具蒙古民族特点的摔跤、赛马和射箭三艺。

鲍登在论文《两则关于祭祀敖包的蒙古语文献》中主要基于莫日根喇嘛撰写的两则有关敖包祭祀的蒙古语文献梳理了蒙古人搭建敖包的方式和祭祀敖包的过程，这两则蒙古语文献①分别为 Oboγa bosqaqu yosun-u ǰerge 和 Oboγa takiqu ǰang üile ungsilγa-yin ǰerge tungγalaγ čaγan sil。第一则有关搭建敖包方法的文献中介绍了由十三个敖包组成的敖包群的搭建过程和最终的形制。②搭建敖包首先要从最底层的底座开始，建成的底座大概有三肘半（一肘约合 70 厘米）厚。底座之上的部分逐层向上依次

---

① 道尔吉·班扎罗夫在《黑教或称蒙古人的萨满教》中也提及了这两则蒙古语文献，在《黑教或称蒙古人的萨满教》汉译本中这两则蒙古语文献名称的拉丁文转写为 obuγ-a bosxaxu yosun（《敖包的建筑》第四卷）和 obuγ-a takixu ǰang üile un(g)silx-a（《祭敖包的礼节和经文》），本论文保留了鲍登给出的拉丁文转写。

  这两则文献的作者莫日根葛根解释说他所写下来的敖包祭祀礼仪经过了自己的二次加工。一是由于敖包的祭祀在蒙古文化中早已有之，但令人羞愧的是因为年代的久远和古人对仪式详细记录的缺乏，自己只能对这一古老的祭祀礼仪进行再加工。二是因为在萨满教时代祭敖包的过程中要进行血祭，这与他自身所持的宗教立场背道而驰，故对敖包祭祀进行了改革。班扎罗夫也对敖包的形制、祭祀敖包的仪式和举行敖包祭祀的目的进行了阐释。

② 本论文所列内容均根据查尔斯·鲍登的英文介绍译出，可参考 C. R. Bawden, "Two Mongol Texts Concerning Obo-Worship", *Oriens Extremus*, 1958(5)。

减小，最终形成倒锥形（有的敖包也呈方形）。在敖包的中间要竖立起有成年人体型一样粗壮的树干作为支撑，在树干上写上各种经文。敖包的外围使用黄布包裹，敖包的内部放有各种兵器和盔甲以及各种食物、水果、器物等祭品，这些祭品中包括各种布条、珠宝、种子和药品。敖包的东边被称作白虎或者水晶，南边被称作青龙或青金石，西边被称为喜鹊或红宝石，北边被称作黑青蛙或金子，这四个方向要使用对应颜色的石头搭建。建造敖包的石头代表着长寿，是力量的化身，但是建造敖包的地方不能是乱石滩，在敖包建好后还要用石灰或者干土对这些石头进行加固。在敖包的顶部要插入各种树枝作为神灵的栖息地，这些树枝分别来自桧柏、芦苇、柽柳和白桦，它们代表着幸福广传四方。在这些树枝中间的最上部要绑上凤凰形状的饰物，凤冠上要有如意作为装饰，凤凰的两边还要有太阳和月亮形的装饰物，最外围要有二十一只面向内的小鸟作为装饰。除此之外，弓箭、矛、车轮、如意、战斧、镜子、挂饰和经幡等饰物也用作敖包的外围装饰。敖包的内部还埋葬有许多宝物，根据莫日根葛根喇嘛的记载，在敖包每层的夹层中要埋有珠宝、护身符、动物形状的器物等。在最大的敖包周围的四个方向上建立有四个充当守卫的敖包，它们象征着佛教中的四大部洲，这四个敖包最中间竖立的木头上也要分别刻上不同的经文。在这四个守卫的敖包旁还分别立有两个敖包，这样就形成了最大的敖包竖立在中心，周围有十二个小敖包的敖包群。从外形来看这十二个敖包同最大的敖包一样，外面裹有黄色的布条、里面埋有珍贵的器物。充当守卫作用的四个敖包的顶端还应该挂有白、黑、绿、红四种颜色的禄马风旗。

我国学者那仁毕利格在《蒙古民族敖包祭祀文化认同研究》中根据多年的田野调查记录对蒙古民间的敖包祭祀文化进行了详细的阐释，并且也对敖包的形制进行了说明。那仁毕利格以鄂尔多斯鄂托克前旗的宝日陶勒盖敖包为例，指明敖包的主要构成要件包括：祭品台、主杆缩影体、台座、色素木①、蔓绳②、堞体、树枝和主干。他指出祭品台、主杆缩影体和台座并不是每一座敖包的必备要件,祭品台是较为大型的敖包才有的要件,主杆缩影体也极为少见,台座则可能是近代以来才有的产物。从那仁毕利格的陈述可以看出,色素木、蔓绳、堞体、树枝和主干是敖包的必要组成部分。对照那仁毕利格所描述的敖包形制,鲍登所列文献中没有对色素木和蔓绳的记载,在敖包中放置法器和贡品、敖包的内外装饰等内容也没有在那仁毕利格的描述中出现。可见,鲍登所列文献中记载的敖包建立方法更加考究和传统,从前对于敖包的复杂装饰在现代已经被极大地简化。

第二则蒙古语文献介绍了举行敖包祭祀仪式的过程。敖包祭祀主要分为三个部分:第一个部分为神灵搭建神龛,第二个部分是向佛教三宝祈祷,第三个部分为对佛教三宝举行净化仪式和举行宴会。鲍登指出蒙古建立敖包并且举行祭祀敖包活动的主要目的是邀请本地的神灵寄居在敖包上,蒙古人建立的敖包就是供奉神灵的神龛,当人们需要神灵降福于他们,或是需要神灵赶走厄运时,只需要向敖包进贡、对敖包进行祭祀。③在敖包祭祀开始之前,首先要搭建好神龛并准备好祭祀所用的供品,举行祭祀的地方要清扫干净,在地面上铺上白布,然后准备好放置神像和神龛的祭品桌,在祭品桌上放置佛像和神龛以及祭祀用品。在祭品桌前放置好祭品,祭品有用"三白"和"三甜"制作而成的食物和一些法器等。祭祀过程中除了进行常规的诵经仪式,还要在最后举行达拉拉嘎(dalaγa)招财招福仪式,从而祈求招来的神灵能够保佑人们家庭幸福、生活富足,同

---

① "色素木的形状类似于三叉矛,俗称禄马风旗或苏勒德。"(那仁毕力格:《蒙古民族敖包祭祀文化认同研究》,辽宁民族出版社 2014 年版,第 91 页。)色素木立于敖包的四方。
② 蔓绳指用来连接色素木的绳索,在蔓绳上可以悬挂哈达、经幡等物品。
③ C. R. Bawden, "Two Mongol Texts Concerning Obo-Worship", *Oriens Extremus*, 1958(5).

时也祈求神灵能够驱赶走恶灵,保佑人们免受疾病和厄运的困扰。

那仁毕利格也同样列举了敖包祭祀的过程,他指出敖包祭祀主要分为招福礼、敬献哈达礼和供奉神饮礼三个基本环节。与鲍登所述文献中的记载相比,那仁毕利格的描述出入较大,尤其是对佛教三宝的祈祷和净化仪式在现代的敖包祭祀中已经消失。莫日根喇嘛所撰写的敖包祭祀礼仪带有浓厚的佛教色彩,敖包祭祀本身属萨满教遗风,莫日根喇嘛通过加入对佛教三宝的祭拜更加强调了藏传佛教的主导地位。虽然在现今的敖包祭祀中对藏传佛教的强调已经被淡化,但是一些地方的敖包祭祀仍旧由喇嘛主持,或包含喇嘛诵经的环节,敖包祭祀已经成为蒙藏宗教融合的一种突出表现形式。

鲍登指出敖包祭祀与祭祀山河、祭祀本土神灵等仪式存在一定的相似性,它们的基本过程都是敬香、念咒、进献贡品、举行招财招福仪式。泰勒在《原始文化》中指出宗教仪式具有两种作用:一是"具有重要造型的或象征的意义,是宗教思想的戏剧性表现或宗教的哑剧语言";二是"跟灵物交际的手段或影响它们的手段"①。从鲍登所描述的敖包祭祀活动来看,举行敖包仪式的目的是迎请神灵,并希望能够通过祭敖包活动与栖居于敖包之上的神灵进行对话,鲍登所注意到的蒙古民间祭祀仪式间的相似性也正是由这一中心思想决定的。前文已通过大量的篇幅说明萨满教仪轨在蒙古人日常生活中留下了诸多痕迹,在灵魂观的深刻影响下,蒙古人的民间祭祀活动均与神灵有着千丝万缕的联系,为了实现人与神灵间的沟通,举行这一系列看起来相似的程式化的仪式是蒙古民间信仰文化的一大特征。

2. 肩胛骨占卜术

查尔斯·鲍登指出蒙古人的占卜术主要分为占星术和其他种类的占

---

① [英]爱德华·泰勒:《原始文化》,连树声译,广西师范大学出版社2005年版,第659—690页。

卜术两种,在其他种类的占卜术中又可以分为根据自然现象进行预言和人为占卜两种形式,人为占卜的方式中包括前文所提的抛掷骰子和硬币的方式,肩胛骨占卜术也是存在于蒙古人中的一种较为古老的占卜形式①。使用牲畜的肩胛骨尤其是羊的肩胛骨进行占卜广泛存在于北亚游牧民族中,据我国学者张金杰的考证用羊的肩胛骨进行占卜在我国殷商时期就存在,无论北方还是南方的少数民族史料中都记载有肩胛骨占卜术。②关于蒙古人使用肩胛骨进行占卜的习俗在各类文献中均有记载,如《蒙鞑备录》有云"凡占卜吉凶进退杀伐每用羊骨扇以铁椎火椎之看其兆坼以决大事类龟卜也"③,《黑鞑事略》中亦云"其占卜则灼羊之枚子骨验其纹理之逆顺而辩其吉凶"④。《鲁布鲁克东行纪》也记载有蒙古大汗蒙哥使用三块羊的肩胛骨来占卜行事是否如意的情况,如果骨头被彻底烧裂那么预示着大吉,如果骨头裂成横斜纹或者露出小圆点则是凶兆。⑤从这三则文献可以看出肩胛骨占卜术在蒙古社会自古有之,使用肩胛骨占卜的主要目的是预测事情的吉凶。

对于蒙古人的肩胛骨占卜术和相应的卜辞研究在我国学界还比较少见,我国学者僧格在论文《青海蒙古族"羊胛骨卜"及其民俗——卫拉特民间巫术调查之一》中,对存在于蒙古民间的羊肩胛骨占卜术进行了较为详细的描述。从事敦煌学研究的学者们对肩胛骨占卜阐释较多。敦煌PT1047号写本中记录了一则使用羊的肩胛骨进行占卜的卜辞,吸引了我国数位学者对其进行解读。如王尧和陈践在收录于《敦煌吐蕃文书论

---

① C. R. Bawden, "On the Practice of Scapulimancy among the Mongols", *Central Asiatic Journal*, 1958(1).
② 张金杰:《古代占卜在西域少数民族中的流传和应用——从清代志锐诗〈鸡卜〉谈起》,《昌吉学院学报》2016年第1期。
③ 孟珙撰:《蒙鞑备录》,中华书局1985年版,第8页。
④ 王云五主编,彭大雅撰:《黑鞑事略》,商务印书馆1937年版,第7页。
⑤ [美]柔克义译注:《鲁布鲁克东行纪》,何高济译,中华书局1985年版,第273页。

文集》中的《吐蕃时期的占卜研究——敦煌藏文写卷 P.T.1047、1055 号译释》一文中对 PT1047 号写本的卜辞进行了汉译。陈践在其编著的《吐蕃卜辞新探》中又对 PT1047 号写本进行了细致的阐释。陈楠在论文《P.T.1047 写卷卜辞与吐蕃相关史事考释》中也对编号 PT1047 的写本中记录的肩胛骨卜辞进行了研究，陈楠意图通过对卜辞的研究探究它们背后的历史史实。另外，戈阿干所著的《东巴骨卜文化》基于其所做的大量田野调查和文献资料，阐释了纳西族使用兽骨进行占卜的文化。综上，我国学界对于少数民族民间存在的骨卜现象给予了一定关注，对关于骨卜的方式、特征以及占卜的卜辞等方面都进行了阐释，但除去对敦煌吐蕃文书中记录的卜辞进行刊布与研究外，其他有关肩胛骨占卜的卜辞研究还有待学界进行进一步的挖掘。

鲍登对肩胛骨占卜术的阐述集中于《关于蒙古人的肩胛骨占卜术》一文。该篇论文以一则蒙古语文献中记录的肩胛骨卜辞为研究对象，细致地分析和阐释了该则卜辞的主要内容，鲍登还在文中对卜辞的主要内容进行了英译。鲍登的论文不仅展示了蒙古人进行肩胛骨占卜的完整过程，还呈现了肩胛骨占卜的操作原理，该篇论文具有重要的学术价值。鲍登所研究的蒙古语卜辞收藏于丹麦哥本哈根图书馆，来源于蒙古学家格伦贝赫于 1938 年参加的第二次中亚探险在内蒙古收集到的蒙古语抄本，该抄本是在蒙古民间广为流传的伊喜巴拉珠尔（Ishbaljir）所著的《胛骨卜辞》，在乌兰巴托还藏有《胛骨卜辞》的蒙藏双语版[①]。据鲍登说明，记录有肩胛骨占卜术的文献共有两份：第一份文献名为 Dalu-yi sirjikü üjikü tülükü sudur orusibai（下文称 A），该份文献较为简要地记录了通过查验烧过的肩胛骨所产生的裂痕进行占卜的方法。第二份文献（下文称 B）篇

[①] Charles Bawden, "Written and Printed Sources for the Study of Mongolian Medicine", *Bulletin of Tibetology: Aspects of Classical Tibetan Medicine*, Sikkim: Namgyal Institute of Tibetology, 1993, pp.97-125, p.105.

幅较长，其中包含有名为"Dalu-u üjilge orusibai"（下文称 B1）和"Ebüged-ün amin-u dalun-u üjilge"（下文称 B2）两个部分。B2 部分损毁严重已经无法查阅，B1 部分详细记录了举行肩胛骨占卜仪式的过程，以及如何通过用火烤炙后的肩胛骨进行占卜。鲍登所撰写的论文共分为四个部分：第一部分简述了文献来源、文献的基本情况和研究现状以及对蒙古人的占卜术的简介，第二部分概述了 A 文献和 B 文献的主要内容。A 文献中记录的是通过从未被火烧灼的羊肩胛骨的外形来判断羊的外形与羊的主人的特征的方式。B 文献记录的是肩胛骨占卜的完整过程，以及卜辞中记载的卦象和解卦的内容。在论文的第三部分，鲍登详细介绍了 B 文献中附加的卦象图片的含义以及对于卜辞的翻译和解读。论文的第四部分是鲍登所分析的 12 幅卦象的图片。在这四个部分中，第三部分即对使用肩胛骨占卜的方法的阐释是全文的重点，下文便是鲍登论文中记录的肩胛骨占卜术的具体占卜方法。

羊肩胛骨占卜主要是依靠经火烧灼过的肩胛骨所产生的裂痕和裂痕的走向来进行判断。羊的肩胛骨主要被分为两大区域，中间最突出的部分称为鼻子（qabar），（使用右手持有肩胛骨，鼻子向下）左边为冷区（küiten-ü tala），右边为热区（qalaγan-u tala），最中间的部分是永恒大道（asida yekeǰam）。肩胛骨的各个边缘共被分为五个区域（γaǰar），按照顺时针顺序从左到右分别被称为敌人（dayisun-u γaǰar）、天（tngri-yin γaǰar）、龙（luus-un γaǰar）、保佑（ibegr-un γaǰar）和亡灵（nögčigsed-ün γaǰar）。[①] 永恒大道又被分为五个区域，它们从上至下分别为大汗（qaγan）、诺颜（noyan）、大臣（tüsimel）、自己（öber）和奴隶（boγol），这五个区域从上至下分别对应着占卜者的家人，并按照年龄排序，大汗和诺颜的区域对应的是

---

① 鲍登在文中指出其所阐释的蒙古语文献中对于肩胛骨各边缘位置的称呼并不一致，如 B2 文献中就将正上方的"天"的位置称作龙，而"亡灵"的位置被称作"amin-u oboγa"（生命的敖包）。

家中的长辈,大臣和自己的区域对应着家中的孩子和牲畜,奴隶的区域对应着家中年纪最小的婴儿,并且从大汗到奴隶从上至下分别指代家中的男性和女性。肩胛骨下端较细的部分被称作脖子(küjügün),肩胛骨的最下端呈弧形的区域被称为锅(toγuγan)。(肩胛骨各部分对应的名称见以下笔者绘制的图5和图6)总体来说,无论什么地方产生裂缝,只要裂痕是白色,就是吉兆;如果裂缝为黑色,那么就需要进行驱魔仪式赶走作祟的恶灵或者驱赶厄运。

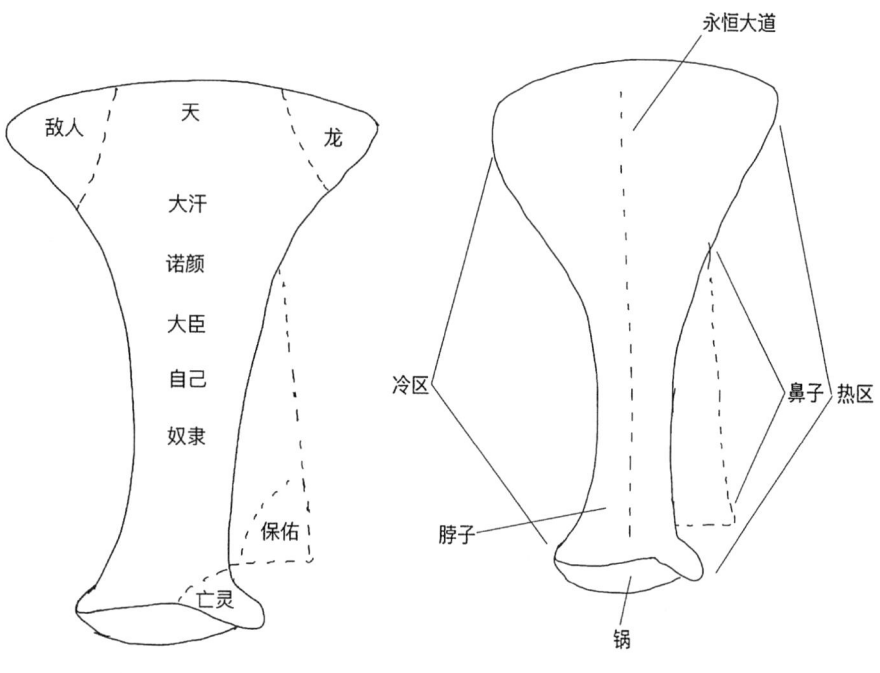

图5 肩胛骨内部各区域名称　　图6 肩胛骨边缘各区域名称

使用肩胛骨进行占卜首先要对肩胛骨举行净化仪式,在念诵完祈祷文后要使用无烟并且燃烧并不剧烈的火对肩胛骨进行灼烧。如果在灼烧的过程中肩胛骨产生了裂痕那么预示着有恶灵作祟,需要举行驱魔仪式。

如果在灼烧过程中发出了呲呲的响声,则预示着将会有争吵。如果在灼烧过程中鼻子的上部燃烧并脱落则为凶兆,需要举行古日木(gürüm)驱邪。如果在灼烧过程中未出现上述情况,就需要查验灼烧过的肩胛骨进行占卜:

第一步,观察肩胛骨内部各区域的变化。

第二步,观察肩胛骨最上边、脖子和脖子以下部分的变化。

第三步,观察中间永恒大道的变化。

第四步,观察鼻子和热区的变化。

第五步,观察冷区的变化。

无论占卜的目的是什么,首先要检查肩胛骨内部的五个区域中产生的裂痕的颜色,然后要检查裂痕的走向,如果延伸到了中间的区域还预示着家中人和牲畜的吉凶。

鲍登在论文的第四部分所附加的 12 幅图片是蒙古人使用肩胛骨进行占卜的示意图和卜辞。第一幅图片是肩胛骨各个部分名称的示意图(如图5)。第二幅图展示了出现在肩胛骨的最上端、脖子和锅这几处的裂痕分别代表的含义。第三幅图阐释了永恒大道区域内产生的裂痕的含义,永恒大道将肩胛骨分为冷和热两个区域,产生在热区的裂痕基本代表了吉兆,而产生在冷区的裂痕基本代表了凶兆,裂痕产生的具体地方(上部、中部还是下部)代表着事情的严重程度。第四幅图解释了产生在鼻子区域内的裂痕,其中鲍登特别提出了弧形裂痕①(manglai)和使用带有马具名称的短语表示裂痕凶吉的特殊表达,如 qudurγa möltüreged② 和

---

① 笔者推测此处的弧形裂痕应指在肩胛骨占卜时会人为地在肩胛骨上烧灼出小圆洞,再根据洞周围产生的裂痕而进行占卜的情况。
② 我国学者僧格指出该短语"译为'马鞍后鞦滑下'即出行的人马上到来,渴望的事就在眼下"。(僧格:《青海蒙古族"羊胛骨卜"及其民俗——卫拉特民间巫术调查之一》,《西北民族研究》1989 年第 1 期。)

172

emegel-ün bügürg。第五幅图解释了产生在冷区的裂痕所代表的意义。第六至第十二幅图是分别用来占卜外出、疾病和行事吉凶的裂痕说明图，每种情况各附两张图画说明裂痕的具体位置和其代表的意义。①

我国学者僧格的论文《青海蒙古族"羊胛骨卜"及其民俗——卫拉特民间巫术调查之一》也对蒙古民间存在的肩胛骨占卜术进行了详细的说明，同鲍登对肩胛骨占卜的研究相比，僧格另外介绍了肩胛骨占卜术这一民间习俗的来历和与其有关的传说。值得注意的是，僧格同样对肩胛骨占卜的卜辞进行了阐释，除去"冷区""热区""脖子"和"锅"这几个名词以及它们的位置和鲍登所研究的文献记录情况一致，鲍登所列举的其余名词均未在僧格的文章中出现，同样僧格所阐释的卜辞在鲍登的文章中也未出现。然而，鲍登所列举的文献中的记载更为全面和详细，并且可靠性较强，可以推断鲍登所列文献存在年代应该更加久远，可能形成于蒙古人广泛使用肩胛骨进行占卜的年代。僧格所著的文章发表于1989年，并以其在青海蒙古人中进行田野调查时收集到的田野材料而成文。将鲍登与僧格的论文相对比可以看出，一些传统的术语在时间的流逝中已经遗失或简化，但肩胛骨占卜术的基本占卜原理和程序并没有消失，使用肩胛骨用来占卜凶吉、寻找牲畜、询问疾病与出行情况等社会功用并没有改变。

鲍登认为使用肩胛骨占卜反映的是古代蒙古人将占卜的目的与占卜的工具简单地联系在一起的思维模式。② 从客观角度看，鲍登的观点指出了古代蒙古人通过观察被火烧炙过的肩胛骨上留下的随机的痕迹而进行占卜，这种行为具有主观唯心主义倾向，但是作为存在于古代社会中的

---

① 由于对卜辞内容的研究不是本论文的重点，故在此省略了对每张占卜图的解释，具体内容可参考 C. R. Bawden, "On the Practice of Scapulimancy among the Mongols", *Central Asiatic Journal*, 1958(1)；僧格：《青海蒙古族"羊胛骨卜"及其民俗——卫拉特民间巫术调查之一》，《西北民族研究》1989年第1期。

② C. R. Bawden, "On the Practice of Scapulimancy among the Mongols", *Central Asiatic Journal*, 1958(1).

占卜术,其存在的意义在很大程度上依赖于它的象征意义。"在仪式中,生存世界与想象世界借助单独一组象征符号形式得到融合,变成同一个世界。有意义人们才有行为,但这个意义更多的是精神领域的意义……一个仪式,就是一个充满意义的世界,一个用感性手段作为意义符号的象征体系。"①所以尽管肩胛骨占卜术从客观角度来看缺乏一定的科学依据,但对于仪式的参与者来说,使用肩胛骨占卜就是一个充满意义的世界,从肩胛骨的裂痕形态能够得到他们想要的答案。鲍登认为肩胛骨占卜术中蕴含的象征意义是原始的和直接的,其中反映的是在游牧社会中,当社会组织无法应对日常生活需求时显示出的关心与焦虑。鲍登还认为古代蒙古人使用肩胛骨占卜术的目的也相当单纯,仅是用来占卜外出的人是否会安全到达、得病的人是否会康复、要办的事情是否会推迟②等一些与日常生活紧密相关的问题。尽管这些问题看似简单,但对于古代蒙古人来说这些问题无法通过其自身的认知水平来解决,因此肩胛骨占卜术应出现于社会经济发展处于较低水平的时期③,从而也导致了该种占卜术在近代的消亡。

(二) 祭词、祝赞词研究

蒙古民间信仰文化除了包含丰富的祭祀仪式,在仪式中吟诵的祭词与祝赞词等韵文诗也同样是蒙古民间信仰文化的有机组成。祭词和祝赞词等唱词表达了人们对神灵的敬畏、依赖以及祈求神灵保护的心理,吟诵祭词和祝赞词能够承担迎请神灵、赞颂神灵、感激神灵等一系列祈福禳灾

---

① 周大鸣主编,秦红增副主编:《文化人类学概论》,中山大学出版社 2009 年版,第 211—212 页。
②③ C. R. Bawden, "On the Practice of Scapulimancy among the Mongols", *Central Asiatic Journal*, 1958(1).

的社会功能,从而实现人神间的沟通。蒙古人的祭词大体上可以分为"腾格里天神祭词,大地、山水及敖包祭词,祭火词,祖先与翁衮(神偶)祭词几大类"①,祝赞词有五畜祝赞词、蒙古包祝赞词和饮食宴飨祝赞词等,此外咒语、祈祷词、颂赞词等韵文也常见于蒙古民间仪式之中。早在俄国学者深入西伯利亚地区对布里亚特和卡尔梅克蒙古人进行考察时,蒙古人口中吟诵的祭词与祝赞词就已经被俄国学者记录了下来,后续著名蒙古学家们也纷纷对蒙古民间存在的祭词与祝赞词进行了记录与研究,例如策·达木丁苏荣的《祭祀玛纳罕天仪礼》《祭火礼》《狩猎祝文》,海西希的《祭天苏勒德祷文》,田清波的《祭天书》《风土祭文》《祭灶祝文》,符拉基米尔佐夫的《对土地和山脉崇拜》《阿尔泰杭爱山祭词》,鲍培的《祭火经》等。② 鲍登研究的祭祀与祝赞词主要集中于腾格里祭祀、祭火词和狩猎祭词这三大类,在鲍登所撰写的有关祭词和祝赞词的系列论文中,《一则有关阿达噶腾格里的祈祷文》《蒙古笔记Ⅰ:鲁汶所藏的有关祭火的祈祷文》和《蒙古笔记Ⅱ:蒙古的萨满狩猎仪式》最具有代表性。

1. 查尔斯·鲍登所研究的祭词、祝赞词概述

《一则有关阿达噶腾格里的祈祷文》是一篇较为简短的论文,该文主要探讨了阿达噶腾格里(ataγa tngri)在各类祈祷文中的含义。腾格里(tngri)在蒙古语中有双重含义:"一是指自然意义上的天体,二是在萨满教中它又是'神'的代名词。"③蒙古人对天的崇拜来自萨满教,在萨满教的认知中有宇宙天地的分层说,萨满教观念认为宇宙共分为三层:上界为天国,是神灵居住的地方;中界是人界,是凡人居住的地方;下界则为地界,是魔鬼和恶灵居住的地方。这样的分界说产生了蒙古人称天为父、称

---

① 陈岗龙:《蒙古民间文学比较研究》,北京大学出版社2001年版,第246页。
② 白翠英:《科尔沁博文化》,内蒙古人民出版社2007年版,第19页。
③ 蒙和巴图、博·那顺主编:《蒙古民族哲学及社会思想史》上,内蒙古人民出版社2016年版,第114页。

地为母(eqig tengri, edugen ehe)的习惯。在蒙古萨满教神谱中,腾格里天神为地位最高的神,它在蒙古宗教文化中也有多种类别和分工。海西希指出蒙古文化中的腾格里天神多种多样,他所列举出的腾格里天神就有七十八个,但海西希认为蒙古文化中的腾格里天神总数应有九十九尊。虽然蒙古宗教文化的万神殿中有九十九尊腾格里天神,但有些天神是一定会被提及的,例如孟和腾格里(长生天)、基萨噶腾格里(掌管财富和灵魂)、汗基萨噶腾格里(英雄天神)、阿达噶腾格里(马匹的守护神)、扎雅噶奇腾格里(牧业之神)、玛纳罕腾格里(狩猎之神)、苏勒德腾格里(战神)等。海西希认为"阿达嘎腾格里天神具有一系列的功能,它们几乎令人想到了永生天,尤其是在阿噶和豁里布里亚特人中。此外还有人将此神看作马匹的保护神。人们有时也称之为'红色阿达噶腾格里天神'"①。鲍登指出海西希、鲍培和仁钦均提及过对阿达噶腾格里的祈祷文,但是阿达噶腾格里的具体含义仍旧有待确认,在一些祈祷文中阿达噶腾格里总是和孟和腾格里同时出现,如"Emüne egüden-dü erketü möngke **tngri ataγa**"和"qamuγ-un degedü qan **ataγa tngri** emüne-ün degedü örüsiyeltü erketü möngke tngri aqa degüü nökür seltes yeren yüsün tngri kögürkür yeke daγun-i mongγol-un ulusu-dur buyan kesig-i delgergülügči"中,阿达嘎腾格里成为孟和腾格里的别称。阿达嘎腾格里在腾格里神谱中确切的意义目前学界还没有详细的研究,因为蒙古族文化中存在数目繁多的腾格里天神,想要一一分清它们每一个的具体指代恐怕是不能完成的任务,但是从鲍登对阿达嘎腾格里的分析中可以肯定的是,蒙古宗教文化中有着发达的腾格里信仰体系。

在《蒙古笔记Ⅰ:鲁汶所藏的有关祭火的祈祷文》中,鲍登刊出了一则

---

① [意]图齐、[德]海西希:《西藏和蒙古的宗教》,耿昇译,天津古籍出版社1989年版,第421页。

名为"Γal-un takilγa orušiba"(《火神祈祷词》)的祭火词,该祭词藏于比利时鲁汶大学图书馆。火是蒙古民间极为重要的崇敬之物,蒙古人认为火是家庭幸福和财富的象征,同样火也具有净化功能,能够镇压一切邪恶之物。因此蒙古民间存在着许多关于火的禁忌,例如不能将污秽之物扔进家中的火塘,也不能向火吐痰、泼水等,从火的上面跨过或者拿着锋利的器具在火上摇晃也是十分忌讳的事情。《柏郎嘉宾蒙古行纪》中记载"当异邦之使臣、国王或某些其他什么显赫人物到达他们(蒙古人)之中时,外来者及其所携带礼品必须从两堆火中穿过,其目的是因此得以火净,以防他们可能会从事魔法、带来毒素或某种妖孽"[1]。《蒙古风俗鉴》中有云,蒙古人家中的火种永不熄灭,永不熄灭的火种是吉祥之兆。[2] 火神在蒙古民间信仰中以女性形象存在,被人称为"γalaqan eke"(火母),因其具有守护生命和财富的功能,所以蒙古人除了有一年一度盛大的祭火仪式,在举行婚礼时祭火仪式也必不可少。在蒙古人举行婚礼当天,新婚夫妇首先要拜火,然后再进行婚礼仪式。鲍登所刊布的祭火词共分为三个部分:第一部分为向火神献祭,第二部分为向火神祈祷,第三部分为招财招福仪式。鲍登在文中首先梳理了西方学界有关祭火词的研究,并且指出学者们对于祭火词的研究虽然已经取得一些成果,但还没有刊布过一则完整的祭火词。因此,鲍登在文中刊布了一则祭火词的完整文本,并对该祭火词进行了拉丁文转写和译注。将鲍登刊布的祭火词与我国学者刊出的祭火词对比可以推之,鲍登的祭火词应该为向灶神祭祀时吟诵的祭词。

《蒙古笔记Ⅱ:蒙古的萨满狩猎仪式》是鲍登对狩猎仪式中唱诵的祝赞词的研究。狩猎是古代蒙古人获取食物的另一种手段,《蒙古秘史》中记载当铁木真在斡难河旁生活时就曾利用猎鹰来围捕猎物维持生计。捕

---

[1] [意]柏朗嘉宾:《柏朗嘉宾蒙古行纪》,耿昇、何高济译,中华书局1985年版,第35页。
[2] [清]罗布桑却丹:《蒙古风俗鉴》,赵景阳译,辽宁民族出版社1988年版,第60页。

猎获得的野生动物是古代蒙古人日常生活的重要补充，这些猎物不仅丰富了食物来源，还具有多种实用价值，如猎取的貂、狐狸和旱獭等动物可以用它们的皮毛制成保暖的衣物，鹿和熊等动物的器官可以入药，此外像貂皮和狐狸皮等动物皮毛还是对外贸易和外交时的重要物品。总之，对于古代蒙古人来说狩猎活动不仅仅是为了补充食物来源，它还具有商业、医疗和对外交往等方面的作用。因此狩猎神在蒙古民间信仰中也占有重要地位，向狩猎神和众神祇祈求庇佑的狩猎仪式和仪式中吟诵的狩猎祈祷词成为蒙古民间信仰文化的组成部分。在蒙古人的狩猎祈祷词中最具有代表性的是《昂根仓》①和《甘吉嘎仓》②，向山神祈祷的《阿尔山颂》《杭盖山颂》以及向万兽之神、森林之王和狩猎之王玛纳罕祈祷的《玛纳罕祭词》。

  鲍登所阐释的祈祷词均出自蒙古国学者仁钦出版的两卷本③《蒙古萨满教研究资料》，它们的名称为 Cinu-a tarnidaqui-yin yosun、Buu-yin tarni、Buu-yin sang、Manaqan tngri-yin takilγ-a、Manaqan tngri-yi takiqu yosun、Manaqan-u takilγ-a orusibai、Manaqan-u sang、Γanǰγan-u sang、Γanǰγ-a-yin sang 和 Ang sibaγun dörben mör-ün γučin γurban sang。总的来说这些祝赞词可分为三类：第一类为驱赶狼的咒语；第二类是猎枪祈祷词；第三类为向萨满神灵和自然神物的祈祷词，其中又可以分为向狩猎之神玛纳罕腾格里的祈祷词和甘吉嘎颂。鲍登指出虽然这些祝赞词都带有萨满教遗风，但在现实生活中它们的萨满教特征已经淡化，主持仪式和唱诵祝赞词的人已不再是萨满孛额，它们的功用也已经抛弃了萨满教的宗教特

---

① 昂根仓，昂（ang）意为猎物或狩猎，仓（sang）意为熏香祭，合起来即意为狩猎颂。
② 甘吉嘎，马鞍上的捎绳，马背两边各四条或八条不等，为系猎物及其他物品使用。
③ 蒙古族学者仁钦出版的两卷本专著的名称为：*Les matériaux pour l'étude du chamanisme mongol*，I: *Sources littéraires*（Wiesbaden：Otto Harrassowitz，1959）和 *Les matériaux pour l'étude du chamanisme mongol*，II: *Texts chamanistes bouriates*（Wiesbaden：Otto Harrassowitz，1961）。

征而更具有实用性。尤其从第二类猎枪祈祷词中可以看出现代事物与传统仪式的融合,猎枪祈祷词展示出了古老仪式的现代化。①

2.祭词、祝赞词中的表述特征

蒙古民族有着悠久的口头文学传统,《蒙古秘史》最早便是以口头的形式在民间流传,各类大小史诗、祭词、祝赞词、咒语和祈祷文等构成了蒙古口头文学的基本内容,蒙古口头文学作品的一大重要特征是内容和表现形式的高度程式化。查尔斯·鲍登在对祭词与祝赞词的研究过程中也发现了其中的程式特征,他认为在蒙古民间宗教和民间习俗的祷文中存有种种作为原型的文本。② 我国学者朝戈金指出"口头表述的基本特征是并置而非递进,聚合而非离析,充斥'冗赘'或者'复言',以及保守性和传统化等等"③。祭词与祝赞词的吟诵作为仪式中的必要元素承担着沟通人神、祈福禳灾、烘托气氛等重要功用,在以敬神祈福为指导思想的种种仪式中吟诵的祭词与祝赞词间的差异存在于祭拜的对象和仪式的目的等方面的不同,仪式的程序和运行原理始终保持不变。诚如朝戈金所述,祭词和祝赞词在历经时间的打磨而沉淀于蒙古民间信仰文化之后,它们所秉持的样式和性质或称之为程式化的表达成为最基本特征。

鲍登对祭词与祝赞词的表述特征的分析主要基于一些标志性词语在不同文本中的复现,如祭火词中复现率较高的词汇"torɣan"(丝绸),该词在"**torɣan** niɣur-tu tosun čirai-tu""tosun amitu tangkil eke **torɣan** niɣur-tu""**torɣan** čirai-tu tosun amitu örgen čirai-tu ögekün ami-tu"④等语句中反复出

---

① C. R. Bawden,"Mongol Notes：II Some'Shamanist'Hunting Rituals form Mongolia",*Central Asiatic Journal*,1968(2).
② C. R. Bawden,"A Prayer to Qan Ataga Tngri",*Central Asiatic Journal*,1977(3-4).
③ 朝戈金:《口传史诗诗学:冉皮勒〈江格尔〉程式句法研究》,广西人民出版社2000年版,第16页。
④ C. R. Bawden,"Mongol Notes：I The Louvain Fire Ritual",*Central Asiatic Journal*,1963(4).

现,在这些语句中"torɣan"一词用来代指火焰。在祭火词中也会反复出现"köbegün"(儿子)和"ökin"(女儿)或是反复出现"媳妇"和"女婿"等词,如"sili sayin **köbegün** sibergel sayitu beri siluɣun sayiqan **ökin-i** öskegsen"①和"最为尊敬的嘎拉·嘎里汗母亲呀,/我们向你供奉油脂。/请你赐给我们勇敢的**儿子**,/赐给我们贤惠漂亮的**媳妇**,/赐给我们善良美丽的**女儿**"②等,这些词语的反复出现表达了祭火者向神灵祈求多子多孙的朴素愿望。鲍登也指出在玛纳罕祭词中一些猎物的名字如"uquna"(公羊)、"oɣuna"(羚羊)、"ünege"(狐狸)也会反复出现。

鲍登的阐释注意到了祭词与祝赞词中的一些固定表达,指出了其中代表性词语的复现和这些词语的特定含义。蒙古人的仪式是在古人对自然的原始认知和萨满教、佛教影响下而形成的,我国学者陈岗龙曾指出古代蒙古的很多仪式就是由萨满主持的,因此在仪式中吟唱的祝词、赞词等民间歌谣一部分就是由萨满歌谣演变而来。③ 这些祭词、祝赞词中的标志性和代表性词语受制于各种祭祀和祈祷仪式,在一定场景中需要运用这些程式化的固定表达帮助人神间的沟通,从而实现求神禳灾的目的。前文所提及的祭祀仪式不仅都将山、水、火、动物等自然事物作为祭祀对象,举行仪式、唱诵祭词的目的也都极为相似,举行这些祭祀的主题和场景均为同一系列,从而也就导致了祭词中出现了类似的程式化的语句,这便是鲍登所强调的标志性词汇反复出现的原因。鲍登对于祭词、祝赞词中存在的表述的程式化的关注在其同辈研究中有着一定的前瞻性,彼时大多学者多关注于对祭词与祝赞词的收集、记录与整理,文本分析、词语

---

① C. R. Bawden, "Mongol Notes: I The Louvain Fire Ritual", *Central Asiatic Journal*, 1963(4).
② 《鄂尔多斯祭奠赞祝词选》(蒙古文),内蒙古人民出版社 1990 年版,第 117—120 页。转引自陈岗龙:《蒙古民间文学比较研究》,北京大学出版社 2001 年版,第 249 页。
③ 陈岗龙、乌日古木勒:《蒙古民间文学》,宁夏人民出版社 2008 年版,第 10 页。

的考究和对仪式的描述是学者们的主要研究内容。鲍登所提出的程式化特点是可贵的,但同时令人遗憾的是鲍登仅仅指出了此种现象的存在,而没有对这一现象进行深入的探究,使得其对于祭词、祝赞词的研究还停留在较为初级的阶段。

3. 藏传佛教文化与蒙古民间信仰文化的联系

在对蒙古民间信仰文化研究的过程中,藏传佛教文化与蒙古民间信仰文化间的关系始终是鲍登关注的重点。鲍登对该问题的讨论主要基于海西希所著的《关于17世纪藏传佛教镇压萨满教的蒙古语文献》("A Mongolian Source to the Lamaist Suppression of Shamanism in the 17th Century")和《北京蒙古文木刻版喇嘛教经文》(*Die Pekinger Lamaistischen Blockdrucke in Mongolischer Sprache*)中收录的莫日根葛根所作的宗教仪轨文。海西希所撰写的《关于17世纪藏传佛教镇压萨满教的蒙古语文献》讨论研究了北京木刻版经文中收录的一世内齐托因传。一世内齐托因1557年生于土尔扈特部,其父为墨尔根·特木纳台吉,内齐托因青年时出家为僧曾在西藏的扎什伦布寺修行,后奉班禅的旨意回到内蒙古弘扬佛法,为藏传佛教在内蒙古地区的传播做出了重要贡献。一世内齐托因在内蒙古传教时正值藏传佛教在蒙古地区迅速传播,因此一世内齐托因传中包含藏传佛教在蒙古地区传播时对蒙古本土萨满教的打压和蒙藏宗教融合的相关印记。《北京蒙古文木刻版喇嘛教经文》是海西希在1943—1946年间于北京辅仁大学任蒙古学讲师时收集到的木刻版蒙古语藏传佛教经文的合集,该书"介绍了在北京木刻出版的清代历朝219种蒙古文图书"[①],其中包含有内蒙古乌拉特西公旗莫日根庙第三世转世活佛莫日根葛根罗桑丹毕坚赞所作的宗教仪轨文。同内齐托因一样,莫日

---

① 宝山:《清代蒙古文出版史研究:以蒙古文木刻出版为中心》,内蒙古教育出版社2007年版,第1页。

根葛根也是活跃在内蒙古地区有着重要影响力的高僧,他不仅是宗教领袖还是文学造诣颇高的诗人、文学家,后世整理有《莫日根葛根罗布桑丹必扎拉申诗文选》,其中宗教仪轨诗占多数。莫日根葛根作为藏传佛教的宗教领袖一生致力于将蒙古本土宗教信仰融入藏传佛教教统中,莫日根葛根曾主持的乌拉特莫日根庙是少有的使用蒙文诵经的寺庙。在莫日根葛根所作的宗教仪轨文中有大量的萨满神祇被请入藏传佛教的经文中并使之佛教化,这些类仪轨文有《火神祝词》《圣主成吉思汗仓》《圣苏勒德仓》《平常招福诗》等,"被纳入佛教神谱的萨满教神祇主要有火神、苏勒德神、天马、毛尼罕山神、圣仙白老翁、祖先成吉思汗等"①。鲍登基于海西希的著作中列举的宗教仪轨文和海西希对 17 世纪蒙古地区宗教发展状况的论述,进一步对其中显现出的藏传佛教与蒙古民间信仰间的相互影响进行了讨论。

海西希将蒙古的萨满教分为纯洁的萨满教和混合的萨满教两种类型,纯洁的萨满教是指"因兴奋而狂舞的纯洁的"萨满教,它"从对先祖的崇拜派生而来"②;混合的萨满教指"喇嘛教化了的"萨满教。③ 海西希所说的纯洁的萨满教在藏传佛教流入蒙古地区后几乎不复存在,现在存于世的基本是同藏传佛教融合过后的混合式的萨满教。海西希在《北京蒙古文木刻版喇嘛教经文》中对混合的萨满教这一现象的产生进行过详细的阐释,海西希认为喇嘛们为了满足蒙古贵族的需求设立了一套特殊的信仰系统,这套系统包括在藏传佛教经文中加入蒙古传统的泛灵论思想,并增加向蒙古本土神灵的祈祷。④ 班扎罗夫在《黑教或称蒙古人的萨满

---

① 唐吉思:《藏传佛教与蒙古族文化》,辽宁民族出版社 2007 年版,第 360 页。
② [意]图齐、[德]海西希:《西藏和蒙古的宗教》,耿昇译,天津古籍出版社 1989 年版,第 364 页。
③ 同上书,第 356 页。
④ C. R. Bawden, "Calling The Soul: A Mongolian Litany", *Bulletin of the School of Oriental and African Studies*, 1962(1).

教》中也指出藏传佛教在蒙古地区流传的过程中采取了与蒙古地区本土萨满教相融合的方式,班扎罗夫认为,为了"使人们易于接受喇嘛教,传教者们把佛教的教理简单化,并在他们的神祇中加入了许多在人们中间享有特殊敬意的地方萨满教的神,萨满教的神圣地位便让位给佛教了,最后,在萨满神的传说里更添上了佛教的因素"①。我国学者对蒙藏宗教融合的认识与以上两位学者的观点相似,阿拉腾其其格指出"藏传佛教在传入蒙古社会的过程中吸收了众多深受萨满教影响的文化因素……而且其影响随着藏传佛教的传播又得到了进一步的加强……换句话说,随着藏传佛教的传入和普及,清代蒙古萨满教仪式与祝词、咒语等有了明显的增补、修改和伪装,其辞句和形式在内容上开始异化"②。关于藏传佛教对蒙古地区本土宗教和本土文化的影响研究已不是新鲜的议题,我国学者乔吉在2007年发表的文章《佛教对蒙古文化的影响》中阐释了元朝蒙古人的译经热潮是藏传佛教进入蒙古文化的滥觞。③ 正是藏传佛教文化传入蒙古地区才使政教并行的制度在蒙古地区确立起来,并且藏传佛教对蒙古语言、文学等方面均产生了深刻的影响。

鲍登指出,在阿达噶腾格里祭词、祭火词和狩猎祭词中都明显存在藏传佛教的痕迹。在论文《两则关于祭祀敖包的蒙古语文献》中,鲍登指出,从莫日根葛根记录和撰写的诸多祈祷文中可以看出他对于萨满仪式和萨满唱词的改写,例如他通过将蒙古人的神山穆纳山同西藏的神山念青唐古拉山和阿尼玛卿山相联系,将蒙古地区与西藏紧密连接在一起,拉近了蒙古与西藏的距离。这样一种将藏传佛教文化与蒙古萨满教文化相比拟

---

① [俄]道尔吉·班扎罗夫:《黑教或称蒙古人的萨满教》,载《蒙古史研究参考资料》第17辑,内蒙古大学历史系蒙古史研究室编印,1965年,第28页。
② 阿拉腾其其格:《"蒙古化"的藏传佛教文化》,《内蒙古民族大学学报(社会科学版)》2010年第6期。
③ 乔吉:《佛教对蒙古文化的影响》,《内蒙古师范大学学报(哲学社会科学版)》2007年第4期。

的方式，保留和尊重了蒙古本土萨满教观念的基本特征，并将萨满教中的神祇同藏传佛教的神祇建立联系，使得信众相信蒙古地区本土的神祇在藏传佛教的神谱中占有一席之地，从而获得了蒙古民众对于藏传佛教的认可。鲍登还指出莫日根葛根在祈祷文中加入穆纳山的另一个原因是传说中穆纳山与成吉思汗有着紧密联系，他意图将圣祖成吉思汗化身为藏传佛教的保护者。相传在成吉思汗西征西夏时，途经穆纳山时见到当地秀美的景色，便心生喜爱，希望自己死后葬于穆纳山。当成吉思汗病死于六盘山后，送葬的队伍行至穆纳山时，灵车突然陷入泥沼中无法前进，当苏尼特部的鲁格台把阿秃儿献上感人肺腑的祈祷词后，灵车的车轮才从泥沼中缓缓驶出，成吉思汗的遗体得以回到漠北蒙古顺利发丧。护送灵车的守卫回想起成吉思汗曾经对穆纳山的赞美，于是讨论后决定将成吉思汗的衣衫、靴袜埋于穆纳山，建八白室进行祭奠。从此，穆纳山便与圣祖成吉思汗紧密相连。

海西希在其著名的《蒙古的宗教》一书中设专门的章节讨论了蒙古文化中的成吉思汗崇拜，海西希认为成吉思汗的形象"具有一种创世政治神的特点"[①]，这种创世神形象的特点来源于萨满教的祖先崇拜。在《关于17世纪藏传佛教镇压萨满教的蒙古语文献》中，海西希介绍了一则关于萨满教祖先崇拜起源的传说。据说曾经有一个居住在北杭爱山的老翁，修得了能够占卜的巫术，当他预感到自己将死时，便对他的儿子音答海说自己死后会保护他，但是他的儿子必须在他死后将其厚葬，并且好好地祭奠他。一个月后老翁因病离世，音答海遵照老人的遗嘱将其埋葬在了一个叫红山的高地，埋葬好老人后，音答海举行了隆重的祭奠仪式，将自己称作"祖先的守护者"。从此，音答海每月的初一、初七和初九都会用一碗

[①] ［意］图齐、［德］海西希：《西藏和蒙古的宗教》，耿昇译，天津古籍出版社1989年版，第438页。

茶、一碗水和一碗奶酒祭奠他的父亲。音答海就这样祭奠了他的父亲三年，其间他习得了呼风唤雨的法力。在音答海亡父的幽灵与本地的神灵结盟后，音答海的法力变得更加强大，他学会了向阿达嘎腾格里（Atagha Tngri）祈祷的咒语，成为有名的法力无边的人。在音答海的母亲死后，他也用祭奠他父亲的方式祭奠他的母亲，他母亲的亡灵也停留在红山与神灵结盟，成为萨满教中著名的守护神"老奶奶"（Emeglji eji）。音答海母亲的亡魂经过数年的修炼法力日渐增强，获得了飞翔等多种本领，然而她却用毒害人畜的血液降灾于人间。为了应对音答海母亲亡魂的威胁，喀尔喀和乌梁海联合起来在红山向其进贡茶、奶酒和圣水，以求得这神灵不再伤害婴儿和儿童，如果她真想作怪就对马和牲畜下手或者附在人的身体上使他们不停地颤抖。[①] 这便是萨满教和萨满巫师的由来。

从上述传说可以看出，在萨满教观念中祖先的灵魂具有强大的神力，海西希认为蒙古人对成吉思汗的崇拜来源于萨满教中的祖先崇拜，后世的蒙古人中将统一蒙古各部的成吉思汗看作蒙古人共同的祖先，设立了各种各样的祭祀活动祈求成吉思汗的灵魂能够保佑人民生活富足、平安吉祥。此外，海西希也注意到藏传佛教在推动成吉思汗神化过程中充当的重要作用，他指出在蒙古人的各类祝赞词中"成吉思汗"是出现的高频词，"人们往往把来自最古老时代习惯的起源也追溯到成吉思汗"[②]。例如在 B. 仁钦的《研究蒙古萨满教的资料》中有这样一篇祈祷文："天作成吉思汗，应最高天意而生，具有天神品级名称，你获得了世界各民族的军权，天作吉祥的君主，出身于吉祥的天神。富裕和尊严的大王，你拥有智

---

① Walther Heissig, "A Mongolian Source to the Lamaist Suppression of Shamanism in the 17th century", *Anthropos*, 1953(Bd. 48, H. 1./2.).
② ［意］图齐、［德］海西希：《西藏和蒙古的宗教》，耿昇译，天津古籍出版社 1989 年版，第 445 页。

慧而不会受到惩戒,你作为无暇君主而行使职权。"①从上述例证可以看出,成吉思汗崇拜源于萨满的先祖崇拜,藏传佛教将成吉思汗纳入神谱体现了藏传佛教在蒙古地区流传时采取了保留蒙古地区民间信仰的策略。将成吉思汗纳入藏传佛教的神谱是藏传佛教融入蒙古地区的一项重要措施,我国学者朋·乌恩在《蒙古族文化研究》中指明,"16世纪佛教的再度传入,对传统文化的核心内容——成吉思汗的昌盛和北元蒙古社会的衰落原因进行了解释,满足了全社会的思想文化需求。于是,对成吉思汗的文化阐释成为这一时期的文化变化的重要节点"②。朋·乌恩进一步指出,在蒙古地区推行佛教而做出的努力之一就是推崇"政教并行的原则,提出了尊崇佛教民族则兴、违背佛教教理则衰的历史观"③,因而也就促使17世纪出现的蒙古史书不再有《蒙古秘史》般淳朴的自然主义倾向,而是引入印藏王统形成了诸如《黄金史纲》和《蒙古源流》这样将黄金家族一脉同印藏王统紧密联系在一起的史籍撰写模式,同时将成吉思汗神化并迎请到佛教的万神殿中。

　　藏传佛教与蒙古民间信仰体系间的相互影响不仅仅是藏传佛教在蒙古地区流传的客观事实需要,也是蒙古人主动将藏传佛教思想吸纳在其原有的信仰体系中而产生的后果。鲍登在《蒙古传统观念中疾病与死亡的超自然因素》中通过分析驱魔治病仪式中的词语,指出在大量的蒙古祈祷文和咒语中存有许多藏传佛教文化的影子,例如祈祷文中能够驱赶病魔的神祇有佛教中的白度母和绿度母,用来治疗疾病、赶走恶灵、保佑病人健康的经文有《金光明经》和《白伞盖经》等。致人生病的恶灵在藏族文化传统中也有相似的存在,有些还有对应的藏语名称。鲍登指出,造成这

---

① 转引自孙懿:《从萨满教到喇嘛教》,中央民族大学出版社2002年版,第9页。
② 朋·乌恩:《蒙古族文化研究》,内蒙古教育出版社2007年版,第20—21页。
③ 同上书,第21页。

种文化现象的产生源自蒙古本土文化与藏传佛教文化发展的不一致,同蒙古本土文化相比藏传佛教文化是重要的、具有影响力的一方,将藏传佛教思想主动纳入本土文化的现象表明了藏传佛教文化在蒙古地区乃至中北亚都被看作一种更高级的文化表达。①

鲍登通过列举使用动物头骨作为驱邪除病的方式说明了蒙古地区和中北亚对藏传佛教文化的主动接纳。在哥本哈根图书馆馆藏的编号为 Mong 299 的抄本中有这样一段话:

adiya graγ-un jasal anu: küjigen-e usun kijü tegün-e naran mandal jiruγad: γaqai-yin terigün selte-yi oγtarγui-dur qanduγul: sumiya graγ-un + sumala sirui kijü: qonin-u terigün eldeb kib-iyer čimejüöndür γajar-a γarγa:②

其中出现了"γaqai-yin terigün"(猪的头)和"qonin-u terigün"(羊的头)用作祭品的现象。在《西藏的神灵和鬼怪》中,活杰科维茨记载了"降服厉鬼最有效的办法是掩埋或安置装满写有魔咒的人或兽的头盖骨",例如降服女鬼可以用掩埋黑母狗头盖骨,降服瑜伽师誓鬼要在佛塔下面掩埋人、狗或猪的头盖骨,等等。③ 我国学者曾记录过萨满巫师为治疗一名中年男性的头疼病而要求其家人找到人的头骨,通过对头骨念咒、做法后将该头骨带至坟地掩埋从而医治疾病的现象。④ 此外,鲍登也注意到蒙古语咒语或祈祷文中时常提及"Bonpo"(蒙语拉丁文转写为 bombo)一词。苯波

---

①② C. R. Bawden, "The Supernatural Element in Sickness and Death According to Mongol Tradition Part I", *Asia Major*, 1961(Ix).
③ [奥]勒内·德·内贝斯基·活杰科维茨:《西藏的神灵和鬼怪》下,谢继胜译,西藏人民出版社 1993 年版,第 607 页。
④ 地木拉提·奥迈尔:《中国境内阿尔泰语系诸民族萨满教行为》,载新疆师范大学文化人类学研究所编《文化人类学辑刊》第 1 辑,新疆人民出版社 1995 年版,第 17 页。

(Bonpo)又称"黑教",是藏区本土的原始宗教,同萨满教一样,苯波派也相信万物有灵论,也对自然界的山川河流、日月星辰等加以崇拜。在佛教传入西藏地区后,苯波教也受到了不小的冲击,但其与萨满教一样通过与佛教的融合而存留下来,逐渐演变成佛教的一个派系。"苯波教讲九乘,即占卜、景象、幻化、生死为因位四乘;居士、神仙、太白、元始为果四乘;加上大殊胜乘。"[①]苯教巫师的社会职能同萨满巫师相似,主要是行驱鬼祛邪、占卜问卦、治病禳灾之事。从这些例子可以看出,蒙古化了的藏传佛教与蒙古本土宗教对藏传佛教的吸收以及藏传佛教的影响相关联。鲍登指出在蒙古语文献中出现大量的藏地民间信仰习俗和词汇,与蒙古地区浓重的藏传佛教氛围无法分割,蒙语文献中的一些神灵的名字和术语均是从官方宗教(即藏传佛教)借鉴而来。[②] 对于腾格里、火神和成吉思汗的崇拜是萨满教遗留在蒙古宗教文化中的证明,而在祭词与祝赞词中出现的佛教神祇和佛教用语又彰显了藏传文化的特征。

　　鲍登根据上文所提的相似的驱魔方式,进一步提出中北亚地区的宗教文化活动都具有高度的相似性,造成这种相似性的原因有可能在于它们都借鉴了书面记录的相似内容。鲍登进而认为这样的书写传统与藏传佛教的流入有关,能够主持并记录宗教仪式的人员往往是藏传佛教的喇嘛[③],喇嘛们的书面记录随着藏传佛教在亚洲的广泛传播造成了宗教仪式在不同地域的相似。鲍登的假设或许对阐释蒙藏宗教间的相互影响具有一定的启示意义。在蒙古文字形成发展的过程中藏文的影响始终存在,并且曾经出现在蒙古历史上的译经高潮也在蒙古文化的发展中留下了重要的痕迹。另外,在蒙、藏不断接触的过程中,那些具有较高文化水

[①] 泽尔多吉:《走过康巴文明的皱襞:德格土司历史渊源与康巴文化发展略述》(版本不详)。
[②③] C. R. Bawden, "The Supernatural Element in Sickness and Death According to Mongol Tradition Part I", *Asia Major*, 1961(Ix).

平的佛教高僧充当了蒙古文化的记录者。正如鲍登所列举的莫日根葛根所作的宗教仪轨文,种种宗教活动或许和莫日根葛根的仪轨文情况一样都经由喇嘛之手而被记录下来,从而带有浓厚的藏传佛教特征。

综上,查尔斯·鲍登在海西希的研究基础上对藏传佛教文化与蒙古民间信仰文化间的联系进行了进一步讨论。海西希主要关注藏传佛教在蒙古地区流传过程中对于蒙古本土萨满教的打压,而鲍登更加注重莫日根葛根等人撰写的宗教仪轨文中显示出的蒙古萨满教与藏传佛教相融合的特点。鲍登以祭词和祝赞词为例指出藏传佛教与蒙古民间信仰间的关系是一种双向融合:一方面,藏传佛教在蒙古地区的流传过程中采取了保留蒙古民间信仰的方式,将成吉思汗、穆纳山、火神等圣物迎请进藏传佛教神谱,增进了藏传佛教与蒙古民众的距离;另一方面,蒙古社会主动吸收藏传佛教文化中的先进思想和文化体系,促进了自身文化向着有序、规范的方向发展。鲍登对于蒙藏宗教融合的阐释,脱离了海西希式的对藏传佛教"入侵"蒙古文化的批评,而是从多角度说明了藏传佛教与蒙古民间信仰文化的相互作用,从而更加客观地阐释了现今蒙古化的藏传佛教这一特殊文化现象产生的原因和现实表现。

本章小结

宗教信仰是构成蒙古文化的重要内容,它深深地影响着蒙古人的世界观、宇宙观和思想意识,也塑造了蒙古社会中丰富的礼祭文化,现今留存的敖包祭祀和成吉思汗祭奠等活动已经成为蒙古族的文化名片。对于蒙古宗教文化的研究是查尔斯·鲍登学术发展晚期的研究方向之一,因受海西希邀请为哥本哈根皇家图书馆馆藏的蒙古语文献编目,促成了鲍登在蒙古宗教文化研究领域内一系列论文的发表。本章从蒙古萨满信仰文化和民间信仰文化两个方面就鲍登对蒙古宗教文化的研究进行了论述。萨满教是存在于蒙古地区的主要宗教中的一支,国内外学界均对蒙古萨满教投以极高的研究热情。查尔斯·鲍登对蒙古萨满教的研究主要集中于萨满教灵魂观对疾病治疗的影响,他从萨满教的万物有灵论入手阐释了古代蒙古人对疾病的理解,以及在这种观念的指引下进行疾病治疗的方法和手段。同萨满教文化拥有同样重要地位的民间信仰文化也是鲍登的研究重点,他基于欧洲各大图书馆馆藏的蒙古文文献,刊布了肩胛骨卜辞和数则祭词、祝赞词。鲍登所刊布的肩胛骨卜辞、祭词与祝赞词不仅内容完整,还是目前学界不可多得的研究资料。鲍登在对祭词与祝赞词研究的过程中还关注藏传佛教对蒙古本土信仰的影响,他对蒙藏宗教文化交融现象的观照和阐释颇具启示意义。鲍登从文化发展角度阐释了蒙古人对藏传文化的主动吸收,以及藏传佛教利用文化优势对发展相对滞后的蒙古本土文化的影响。尽管鲍登为学界提供了丰富的研究资料,对祭词与祝赞词的文本研究做出了贡献,但鲍登的蒙古宗教文化研究仍有着明显的缺陷。

一、查尔斯·鲍登的研究特点和学术贡献

查尔斯·鲍登的蒙古宗教文化研究具有以文献研究为主,以对宗教文化现象阐释为辅的研究特色。鲍登对于蒙古宗教信仰文化的研究主要基于其从西方各大图书馆收集到的蒙古语文献资料,侧重从文献学角度对一些具有代表性的文献进行阐释。这些蒙古语文献涉及的主要内容有:蒙古萨满的招魂仪式、蒙古萨满医术、蒙古萨满仪式和各种民间祭祀活动,民间祭祀活动包括有敖包祭、火祭、狩猎祭、腾格里祭等,此外还有蒙古萨满占卜术——肩胛骨占卜术。鲍登对这些文献进行阐释的研究论文一般分为三个部分,首先是对文献涉及的相关文化背景的介绍,其次是

对文献中记录的祈祷词、祭词、祝赞词等文的拉丁文转写,最后是对拉丁文转写内容的译注。鲍登对于祈祷词、祭词和祝赞词等文本的研究遵循着传统的语文学研究方法,但在语文学研究的基础上增加了一定的论述和阐释,丰富了文本内外的知识,对向西方学界引介蒙古宗教文化以及丰富相关研究资料做出了重要贡献。

尽管鲍登所刊布的资料有限,但其所列内容包括了蒙古社会中具有代表性的宗教活动形式,他所阐释的文化背景抓住了蒙古宗教文化的主要特征和基本内容。在对蒙古萨满教的阐释中,鲍登从萨满教最基础的万物有灵论入手,阐释了蒙古人的灵魂观与疾病观以及在上述观念指导下的疾病疗愈手段,展示了萨满巫师的主要社会职能和萨满医术的运作原理。在对蒙古民间信仰文化的阐释中,鲍登以蒙古人对火神、本地神、天神腾格里以及狩猎神的崇拜为主,展示了蒙古社会中丰富的祭祀文化。同时,鲍登还关注了祭词与祝赞词中的程式化表达以及蒙古本土信仰与藏传佛教思想的融合,虽然他在以上两个方面没有继续进行深入的探索,但从鲍登所处的时代来看,他的观点具有一定的前瞻性。

查尔斯·鲍登对蒙古宗教文化研究的主要贡献在于其刊布的祭词和祝赞词。鲍登自己也曾指出虽然学界对于蒙古萨满教和蒙古民间信仰的研究已经产出了许多有益的研究成果,但少有学者刊出过完整的祭词和祝赞词,因此鲍登所刊出的祭词与祝赞词为西方学界提供了新的研究材料。此外,同我国学者所刊出的祭词与祝赞词相比,鲍登刊布的祭词与祝赞词以书面记载为主,并且存在时间更为久远。我国学界目前刊出的祭词与祝赞词多以对民间收集到的口头文本的书面整理为主,因此这些文本不免已经受到现代社会的影响而出现简化和异化的现象。从鲍登所刊布的内容可以推测出他刊布的文本大概出现在藏传佛教流入蒙古地区后的17、18世纪,鲍登所刊布的文本展示了蒙古宗教文化更为原始的特征。这些祭词和祝赞词不仅具有宗教文化内涵,它们还是蒙古口头文学中的宝贵资源。《蒙古族文学史》指出"萨满祭词、神歌是蒙古族抒情文学最古老的部分、源头部分"①，我国学者对于祭词和祝赞词的研究在一定程度上依赖于从田野现场收录的民间艺人的演唱，由于艺人的演唱会根据彼时的具体场景产生一定的变异，因此通过与鲍登所刊布的文本相对比，既可以看出这些祭词和祝赞词的变异情况，也可以总结出它们的共性，进而揭示出口头文学作品在流变过程中的发展与变异特征。

另外值得一提的是，查尔斯·鲍登所刊布的肩胛骨卜辞也对学界做出了重要贡献。使用肩胛骨进行占卜是古代蒙古社会一种常见又重要的占卜方式，无论是帝王出征，还是牧民外出办事，都喜欢使用灼烧肩胛骨的方式提前预测事情的吉凶。尽管在众多介绍蒙古文化的史籍和书籍中都提及过这种占卜方式，但少有学者对其进行详细的阐释。鲍登在论文中展示了使用肩胛骨占卜的具体操作过程和解卦所用的卜辞，完整地呈现了肩胛骨占卜术这种古老的占卜方式。鲍登对卜辞的刊布将这一重要的文化现象展示于学界面前，是目前学界不可多得的介绍性资料。

二、查尔斯·鲍登的研究不足

查尔斯·鲍登的蒙古宗教文化研究同我国学者相比有很大的不同。对于我国学者而言，采用田野调查法对种种文化现象进行调查与研究是主流的研究方法，例如我国学者孟慧英所著的《中国北方民族萨满教》便是基于其多年在内蒙古和东北地区进行的广泛的调研后写成的。田野调查是研究者进入研究对象的文化空间、获得一手资料的有效的研究方法，它可以帮助研究者增进对研究对象的深入了解进而更加准确地把握研究

---

① 荣苏赫等主编：《蒙古族文学史（第一卷）》，辽宁民族出版社1994年版，第131页。

对象的特征。蒙古宗教文化研究是一个复杂的命题,其中不仅包含种类繁多的仪式、禁忌和礼俗,还包括敬天、敬自然、敬祖先等深入蒙古人思想意识的宗教思维。面对庞杂的蒙古宗教文化,鲍登的研究缺乏进入田野而获得的一手资料,因而导致他的研究缺乏更加丰富的文化背景作为支撑,进而使其对蒙古宗教文化的研究更多地停留在叙述阶段,缺乏一定的研究深度。

此外,鲍登对于萨满医术的认识和理解也带有一定的主观偏见。萨满医术是古代蒙古人面对自然环境而总结的一套疾病治疗的手段。在查尔斯·鲍登看来,萨满医术是一种原始而唯心的疾病治疗方式,他认为萨满医术对疾病的诊断是一种假科学,因为萨满巫师对病情的判断毫无严格医学意义上的观察和检测,有关疾病的分类也是相当随意。[1] 尽管萨满医术确实具有原始巫术特征,其中掺杂了大量的占卜、驱魔等巫术元素,但是蒙古萨满医术并不如鲍登所述仅仅是一种巫医。在我国学者的大量田野调查和研究中,蒙古民间留存的许多具有萨满教特点的医学治疗方法都有很好的疗愈效果。富育光指出,尽管萨满巫师在治疗疾病的过程中会采用现代人看来愚昧的方式,但不少德高望重的萨满巫师利用土药和土方,医治了不少当地的常见病和多发病。[2] 例如享有盛誉的正骨术、放血疗法、针刺疗法等,它们不仅是古代蒙古人的智慧结晶,在医疗技术手段高速发展的今天,这些治疗方法仍然受到大众的喜爱。鲍登对于萨满医术的阐述仅仅局限于萨满医术的理念概念和相应的萨满仪式,忽略了最终的治疗结果和民众对于萨满医术的态度,使得他的研究与阐释既不完整又带有一定的主观偏见。

---

[1] C. R. Bawden, "The Supernatural Element in Sickness and Death According to Mongol Tradition Part I", *Asia Major*, 1961(Ix).
[2] 富育光:《萨满论》,辽宁人民出版社2000年版,第405页。

第三章 查尔斯·鲍登的蒙古文学研究

- 一、尹湛纳希研究
- 二、蒙古史诗研究
- 三、《蒙古传统文学选集》评述
- 本章小结

第三章 查尔斯·鲍登的蒙古文学研究

蒙古文学研究是查尔斯·鲍登学术生涯晚期的主要研究领域，在该阶段，鲍登就尹湛纳希及其爱情小说发表了数篇研究论文，同时鲍登还关注于蒙古史诗的研究与翻译。2003年出版的《蒙古传统文学选集》是鲍登在蒙古文学研究方面的集中代表，该书全面梳理了蒙古文学的基本类型，勾勒出完整的蒙古文学发展脉络，是西方学界难得的系统介绍蒙古文学的书籍。本章以鲍登对尹湛纳希的浪漫爱情小说、蒙古史诗和蒙古文学史的研究为主要研究内容，评析了鲍登在向西方学界引介蒙古文学做出的贡献，也从"文学文化史"视角对鲍登编写的《蒙古传统文学选集》进行了评述。

一、尹湛纳希研究

从元朝起，随着蒙汉间交往不断深入，蒙汉文化交流与融合日益深厚。在蒙汉文化交流的过程中，汉族的社会风俗以及文化思想逐渐融入蒙古人的社会生活和文化活动中，这其中就包括蒙古文人对汉族文学作品的借鉴和改编。蒙古文人对汉族文学作品的积极接纳首先表现在对历史文学和长篇小说的翻译活动中，经过翻译后这些讲述志怪故事、草莽英雄和历史传奇的汉族小说成为蒙古人喜闻乐见的文学样式。随后，汉族小说中的故事情节还与蒙古民间的史诗演唱传统相结合，诞生了名为乌力格尔（也称蒙古说书）的曲艺表演形式。汉族经典文学作品《水浒传》《三国演义》《西游记》和《红楼梦》等在蒙古地区广泛流传，其中也不乏蒙古文人对这些名著的改编与研究，如蒙古族翻译家哈斯宝对《红楼梦》的蒙译、改编和评论至今仍旧受到学界的关注。蒙古族作家尹湛纳希以《红楼梦》为基础,借鉴了其中的故事框架和人物关系写就了《一层楼》与《泣红亭》两部对蒙古文学发展起到重要作用的文学作品。国内外学者对尹湛纳希的文学作品已经进行了有益的研究,如西方蒙古学家李盖提、海西希和我国学者额尔敦陶克陶、曹都毕力格等均对尹湛纳希和其作品进行过介绍与讨论。

(一) 尹湛纳希及其作品简介

尹湛纳希(1837—1892)是著名的蒙古族文学家,著有《青史演义》《一层楼》《泣红亭》和《红云泪》等多部小说,他的文学作品开创了蒙古族长篇小说的先河。尹湛纳希乳名哈斯朝鲁,汉名为宝瑛,出身于清朝卓索图盟土默特右旗(今辽宁省北票市)的一个蒙古贵族家庭,他是成吉思汗的第二十八世孙,其父旺钦巴拉(1795—1847)曾任协理台吉并且文化修养颇高。旺钦巴拉共育有四子,长子为古拉兰萨,二子为贡纳楚克,三子为嵩威丹忠,尹湛纳希是他最小的儿子。旺钦巴拉嗜好藏书,家中建有多处书房,藏有蒙、汉、藏、满语等各类书籍。尹湛纳希的父亲生前虽管理当地的军务,但他爱好藏书并饱读诗书,家中颇有书香门第之气。旺钦巴拉的文化修养对他的儿子们产生了重要影响,尹湛纳希的兄长皆为著名的蒙古文人。尹湛纳希在童年时期有着幸福的家庭生活,但随着父亲和兄长的相继离世,尹湛纳希的家族逐渐衰落,正是家道中落的人生经历促使尹湛纳希投入文学创作。

尹湛纳希的浪漫爱情小说中处处可见他自身曲折的人生经历。目前所知,尹湛纳希最早创作的小说为《月鹃》,讲述了名叫凌珠的蒙古族贵族青年与两位蒙古贵族小姐间的爱情故事,故事最后以凌珠迎娶心爱的姑娘,成功走向仕途为结尾。该部小说是尹湛纳希创作爱情小说的首次尝试,展示了尹湛纳希小说创作的原初设想,为他随后撰写长篇小说奠定了基础。《红云泪》是继《月鹃》后尹湛纳希创作的第二部作品,该小说以尹湛纳希在喀尔沁王府的生活经历为蓝本,讲述了主人公如玉与贵族小姐紫舒以及丫鬟赤云的凄惨爱情故事。《红云泪》共计四十二回,但目前存世仅有二十五回,尽管存世的是《红云泪》的残篇,但从这残篇中依旧可以看出尹湛纳希在叙述技艺、艺术审美以及思想内容方面的长足进步。《红云泪》中的主人公如玉是尹湛纳希的化身,紫舒的原型是曾与尹湛纳希有过婚约的喀尔沁王府公主,丫鬟赤云的形象来源于尹湛纳希在王府中爱慕的某个丫鬟,《红云泪》中描写的伯马王府中的种种生活场景以及爱情纠葛是尹湛纳希青年时期生活和感情经历的写照。

《一层楼》与《泣红亭》为故事情节前后衔接的姊妹篇,前者共计三十二回,后者共计二十回,两部小说均以主人公璞玉的恋爱、婚姻和成长过程为主线。据我国尹湛纳希研究专家扎拉嘎研究员考证,《一层楼》和《泣红亭》是以尹湛纳希父母一辈的爱恨纠葛为原型进行的创作。当《一层楼》广为流传之时,因小说取材于尹湛纳希父母的经历而在家宅忠信府中引起了不小的风波,所以他迟迟未动笔创作续篇《泣红亭》。当尹湛纳希的母亲满优什卡离世后,《泣红亭》才得以面见世人。这两部小说的故事发生地忠信府与尹湛纳希的家宅同名,"书中的璞玉公子即尹湛纳希的父亲旺钦巴拉,璞玉的发妻苏己即尹湛纳希的嫡母嵩吉拉母,璞玉的续弦孟圣如即尹湛纳希的生母满优什卡"[①]。主人公璞玉出身名门,其父贲玺袭千户侯爵,璞玉是贲府(书中有时称忠信府)中的唯一男丁,他的祖母对他宠爱有加,家中的女眷也都将他视为家中明珠。璞玉的嫡母金夫人有两个侄女分别唤为炉梅和琴默,璞玉的姑母也有一女名为圣如,这三位姑娘均与璞玉年龄相当,她们容貌俊美、知书达理并都对璞玉心有爱慕,璞玉与这三位姑娘也都情投意合。《一层楼》与《泣红亭》便以璞玉与这三位姑娘

[①] 扎拉嘎、托亚:《尹湛纳希》,春风文艺出版社1999年版,第20页。

间的情感发展为线索，描写了发生在贲府年轻人间的曲折爱情故事。

《一层楼》以璞玉与炉梅、琴默和圣如的相识为开始，讲述了这些青年男女从相识到相知再到相爱的情感历程。虽然璞玉对三位姑娘均有不同程度的爱慕之情，但不幸的是璞玉的父亲贲玺答应了他的上级贝子苏安的提议，应允了璞玉和其女苏己的婚事，最终以璞玉和苏己成婚作为结局。续篇《泣红亭》以数年后苏己因病去世，璞玉难忘当年旧情四处打探炉梅、琴默和圣如的近况作为开端，此时故事发生的背景不再局限于贲府的深宅之中，风景秀丽的江南成为璞玉与炉梅、琴默和圣如重逢的地点。在璞玉四下打听后得知，这三位姑娘均已嫁人但生活并不幸福：炉梅被许配给长相丑陋、长她三十余岁的洋商，得知实情后的炉梅以死抗争，最终在丫鬟的帮助下女扮男装逃婚出走；琴默父母则将她许给相貌丑陋的衙内，在应婚的路途中琴默投江，后被内阁学士救起；圣如的母亲则将她嫁给了一个久病在床的贵族青年"冲喜"，当这位青年看到如花似玉的圣如想到自己与她无缘，便一命呜呼。几经辗转和数个偶遇之后，璞玉与炉梅、琴默和圣如终于相认，璞玉最终与圣如成婚，还将炉梅和琴默也收于檐下。

从以上介绍的内容可以看出，尹湛纳希的浪漫爱情小说深受汉族文学经典《红楼梦》的影响，璞玉如贾宝玉，炉梅如林黛玉，琴默如薛宝钗等。尹湛纳希在《一层楼》的序言中也指出著书的原因与曹雪芹的《红楼梦》有着一定渊源：

> 曩曹雪芹著《红楼梦》一书，予观其中，悲欢离合，缘结三生，论神明诲醒冥顽之道，嬉笑怒骂，表身百千，说菩提摩诃救世之法，新奇翻波，无穷缠绵和盘托出矣。故予敛彼等之芳魂，述吾心之蒙念，绘散花于短章，不设一丝绮语，濡墨挥毫，万言不可尽也①。

---

① ［清］尹湛纳希：《一层楼》，甲乙木译，内蒙古人民出版社1983年版，第1页。

像尹湛纳希一样自幼接受汉族文化教育、饱读四书五经的蒙古族青年,自然受到了《红楼梦》一类汉族经典文学作品潜移默化的影响。仿照《红楼梦》的叙事框架进而对发生在上层贵族的深宅大院中的儿女之情进行描写,成为尹湛纳希文学创作的模式。虽然在叙事结构等外在形式上尹湛纳希的爱情小说与《红楼梦》等文学作品有着极高的相似性,但身为蒙古族文学家的尹湛纳希并没有脱离他生活的文化氛围,在将汉文化吸收进文学创作的同时不忘以叙述蒙古人自身的生活状况为主,因此尹湛纳希的小说也成为反映蒙汉文化交流的典范。

尹湛纳希不仅在浪漫爱情小说的创作上有所建树,他的《青史演义》也是蒙古长篇历史小说中的优秀之作。《青史演义》全称为《大元盛世青史演义》,全书围绕成吉思汗这一人物讲述了其建立大蒙古国的丰功伟绩,歌颂了成吉思汗的统一大业。杂文、政论文和诗歌等体裁也是尹湛纳希文学创作的方向。尹湛纳希创作的诗歌大多分布于小说之中,他喜欢使用诗歌来表达人物的内心世界、刻画人物的性格特征、暗示故事情节发展等,如在《一层楼》开篇的诗句中尹湛纳希写道:"天缘多情聚一家,/钟情却惹愁无涯,/回头虽惬此情意,/安禁清泪万滴洒。/清露冷冷漫草落,/尚不比子泪珠多,/我之愁怨诉向谁?/与尔同愁涕流血。"[1]这首七言诗不仅奠定了整部小说的悲剧性基调,还暗示了小说主人公璞玉和三位姑娘曲折的爱情之路。尹湛纳希还喜爱撰写杂文,如《青史演义·纲要》中夹杂了尹湛纳希对清朝治蒙方略和对蒙古贵族奢靡生活的批判,具有一定的启蒙意义。

总之,尹湛纳希的文学创作不仅开启了蒙古文人撰写长篇小说的先河,还代表了浸润于蒙汉文化交融环境中的蒙古文人的文学造诣和艺术情趣。尹湛纳希展示了近代蒙古文人的风采,他的文学作品折射了农牧

---

[1] [清]尹湛纳希:《一层楼》,甲乙木译,内蒙古人民出版社1983年版,第5页。

业杂处的交错地带的蒙古人的生活环境和思想意识，对了解近代漠南蒙古的社会形态具有重要意义。

（二）尹湛纳希研究概况

我国学界对于尹湛纳希的研究开始于 20 世纪五六十年代，代表学者有额尔敦陶克陶、扎拉嘎、曹都等，他们为向国内学界引介尹湛纳希做出了重要贡献。从中国知网的记录来看，最早介绍尹湛纳希及其作品的学术论文是由额尔敦陶克陶教授于 1959 年在《文学评论》发表的《尹湛纳希及其作品》一文。进入 20 世纪七八十年代后，尹湛纳希研究呈现出快速发展的趋势，先后有多部学术著作出版，同时也涌现出一大批学术论文，涉及对尹湛纳希的生平、创作历程的探讨，对尹湛纳希作品的文本分析与评价等诸多方面。中国社会科学院的扎拉嘎研究员先后出版了《〈一层楼〉〈泣红亭〉与〈红楼梦〉》(1984)、《尹湛纳希年谱》(1991)和《尹湛纳希评传》(1994)三部重要著作，厘清了尹湛纳希的生平事迹和生活背景，这三部著作对国内的尹湛纳希研究具有里程碑式的意义。对于尹湛纳希生平的考究，还有曹都于 1989 年出版的《尹湛纳希故乡访问记》，该书以作者先后五次拜访尹湛纳希的故乡所做的调查为主要内容，记录了尹湛纳希的故乡的风貌以及对这位蒙古族文学家遗物的整理与发掘。有关尹湛纳希生平介绍的专著还有刘文艳和赖柄文共著的《尹湛纳希传》和萨仁图娅撰写的传记《尹湛纳希》。对于尹湛纳希文学作品研究的专著有赖炳文主编的《尹湛纳希与蒙古族文学》，胡格吉乐图撰写的《尹湛纳希与儒家文化》，道·得力格尔仓的《尹湛纳希诗歌研究》，席布仁门德所著的《尹湛纳希人文思想研究》等。

在有关尹湛纳希研究的学术论文方面，专注于民族文学研究的《民族文学研究》杂志和内蒙古主要高校、科研机构主办的学术杂志《内蒙古师范大学学报(哲学社会科学版)》《内蒙古民族师范学院学报(哲学社会科学版)》《内蒙古社会科学(文史哲版)》等是刊登尹湛纳希研究论文的主要阵地。从20世纪80年代开始至20世纪末,有关尹湛纳希的研究论文主要集中于尹湛纳希的生平、思想和作品研究。巴·苏和在论文《蒙古族近代文学大师尹湛纳希研究概述》中将我国的尹湛纳希研究分为六大块内容,分别对尹湛纳希的生平与创作历程、尹湛纳希与汉族文化的关系、尹湛纳希与蒙古族文学传统的关系、尹湛纳希作品文本研究和尹湛纳希在文学史上的地位等内容进行了概述,较为全面地展现了我国学者在尹湛纳希研究上取得的丰富的研究成果。从20世纪90年代起有关尹湛纳希研究的硕、博士论文开始出现,《青史演义》《一层楼》与《泣红亭》是研究的主要对象,研究者们就小说中的人物形象、审美形态、佛教思想等方面进行了阐释,并且还将这三部小说与其他文学文本进行了比较研究。综上可见,我国对尹湛纳希的研究已经逐渐脱离了作家和文本的研究,进入对作品思想内涵的评析以及平行研究和影响研究的深层次研究阶段,但对于尹湛纳希的国际影响力和与同类题材或其他蒙古族作家创作的小说的关联性研究方面还有待进一步拓展。

  同我国学者对尹湛纳希的研究相比,西方的尹湛纳希研究主要出现在20世纪中后期,研究者的数量较少,《青史演义》《一层楼》与《泣红亭》这三部作品也是国外学者主要关注的对象。我国学者伍月指出"早在1909年,俄国布里亚特语言学家色·扎木查诺曾报道过圣彼得堡图书馆藏有十五卷本的《青史演义》。1933年,匈牙利蒙古学家路易斯·李盖提在他的《内蒙古纪行》一文中首次向西方介绍了《青史演义》"[①]。此后,西方学者对尹湛纳希研究最多的是德国蒙古学家海西希,他在多篇文章如《尹湛纳希的〈贫苦老农〉》("Injanasis'Lied des armen Bauern'")、《现代蒙古人对蒙古文学史

[①] 伍月:《国外对尹湛纳希及其作品的研究》,《民族文学研究》1988年第3期。

的贡献:巴尔丹·索纳德姆的《蒙古文学发展纲要》》("Ein Moderner Mongolischen Beitrag zur Mongolischen Literauteraturgeschichte: Baldan Sodnam's 'Abriss der mongolischen Literatorentwicklung'")、《论蒙古历史文学的范畴》("Zum Umfang der mongolischen Geschichtsliteratur")和《有关东蒙古民间诗歌》("A Contribution to the Knowledge of Eastmongolian Folkpoetry")等文中都提及了尹湛纳希和其文学作品。海西希还在《蒙古历史与文化》一书中叙述了他在1942年发现《青史演义》刊本的经过,并分析了尹湛纳希进行文学创作的动机。格·尼·米哈依洛夫、克·尼·雅茨科夫斯卡娅、勒·格·斯科罗杜莫娃和李福清等苏联学者也对尹湛纳希和其文学作品给予了关注,其中勒·格·斯科罗杜莫娃的学位论文《十九世纪的蒙古风俗人情小说》肯定了尹湛纳希对蒙古文学发展所作的贡献,李福清在《蒙古小说之源》一文中也肯定了尹湛纳希在蒙古文学发展过程中的重要作用,并对尹湛纳希小说中展现出的汉族文化特征做了辩证的分析。1973年由海西希主编的《亚洲研究》第38卷出版了杭锦·宫布扎布(John Gombojab Hangin,1921—1989)的博士论文《〈青史演义〉——尹湛纳希所著的第一部蒙古历史小说研究》("Köke Suder [The Blue Chronicle]: A Study of the First Mongolian Historical Novel by Injannasi")。该论文共分为五章:第一章为《青史演义》的版本研究,第二章是尹湛纳希和其作品的介绍,第三章阐述了《青史演义》的创作动机与创作时间,第四章是对《青史演义》中的人物和诗歌以及文学地位的研究,第五章是《青史演义·纲要》的英文译文。该博士论文对《青史演义》进行了较为全面的梳理和论述,为向西方学界引介尹湛纳希做出了重要贡献。

查尔斯·鲍登所指导的博士生、现今剑桥大学的汉学家柯律格(Alistair Craig Clunas,1954—)教授,在其1983年完成的博士论文《尹湛纳希的〈一层楼〉:一部十九世纪中蒙小说》("Injanasi's 'Nigen Dabqur Asar': A Sino-Mongolian Novel of the Nineteenth Century")中对《一层楼》

展开了深入的分析。在第一章和第二章中,柯律格介绍了《一层楼》在中国、蒙古和西方学界的研究现状,以及尹湛纳希的生平和生活环境。第三章共分为两个部分,第一部分为柯律格对《红楼复梦》《一层楼》和《后红楼梦》序言的翻译和对《一层楼》的题解,他对《一层楼》序言中的"宝荆山""大凌河"和"奇渥温"三个名称的含义进行了解读。此外,柯律格还就《红楼复梦》《一层楼》和《后红楼梦》三部小说的主题思想进行了比较。在第二部分中,柯律格对《一层楼》的前两章给予了细致的分析,他指出《一层楼》的第一、二章与李汝珍创作的《镜花缘》有许多的相似之处,他认为尹湛纳希意图借助同《镜花缘》一样的开场将《一层楼》与《红楼梦》中的人物建立联系,从而借用与《红楼梦》相似的神话主题过渡到《一层楼》的故事情节。[1] 柯律格在第四章重点阐释了《一层楼》与汉族文学作品间的关系,他认为《红楼梦》一类的文学作品给《一层楼》提供了一种叙事模式和思维框架,《红楼梦》这样的文学样式为《一层楼》的创作提供了可能。[2] 其次,柯律格也指出造成《红楼梦》和《一层楼》间的相似性并不是源于作者的有意模仿,而是与尹湛纳希自幼接受的教育有关。因为与曹雪芹有着同样的思想意识背景,所以尹湛纳希使用了同汉族作家相同的意象和表达方式。[3] 在第五章中,柯律格以第三回白老寡到贲府讨要钱财维持生计和第十九回贲侯的画客司丹青离开贲府隐居田园这两则插曲为例,阐释了尹湛纳希在创作过程中对汉族文学作品的创造性改编以及改编的目的和原因。第六章是柯律格对《一层楼》的语言分析,他认为虽然蒙古人有着辉煌的文学创作传统,但尹湛纳希所撰写的小说完全照搬了汉族的书写方式,此种特征就体现在尹湛纳希使用了汉族说书人的

---

[1] Alistair Craig Clunas, "Injanasi's 'Nigen Dabqur Asar': A Sino-Mongolian Novel of the Nineteenth Century", London: University of London, 1983, p.71.
[2] Ibid., p.81.
[3] Ibid., p.82.

讲述套路。① 此外，柯律格还指出尹湛纳希在叙事的过程中加入了诸如"真是个""只见得""见得"等典型汉语的口语化表达②，更加凸显了小说的汉文化特征。第七章中柯律格通过分析璞玉收租归来挥笔写就的《悯农》一诗，阐释了《一层楼》的主题思想，并且讨论了《一层楼》的现实批判意义。最后，柯律格认为《一层楼》这一题名应理解为"向启蒙更进一步"（A Step to Enlightenment）③，他认为尹湛纳希创作的《一层楼》无论从人物塑造还是从主题思想来看都具有进步和启示意义，但是综合尹湛纳希所处的生活环境和读者受众的情况，他创作《一层楼》也许仅仅是为了模仿汉族经典作品而达到自娱自乐的目的。④ 上述柯律格所提出的种种观点在查尔斯·鲍登的论述中也均有呈现，后文将对这些观点进行详细论述。

通过对尹湛纳希研究概况的梳理可以看出，我国的尹湛纳希研究虽然起步较晚，但从20世纪90年代以来我国的研究一直都处于活跃的状态，并且已经进入了深度阐释的阶段，研究范围也不仅仅局限于《青史演义》《一层楼》和《泣红亭》这三部众人皆知的文学作品，尹湛纳希的诗歌也成为研究的重要对象之一。相比较而言，西方的尹湛纳希研究起步较早，西方学者已经对尹湛纳希的代表作进行了全面解读，并就文本中展示出的蒙汉文化互动现象进行了阐释，他们的观点对我国学者进行尹湛纳希研究具有一定的启示作用。虽然西方学者早在20世纪70年代就已经对尹湛纳希及其作品进行了研究，但这种研究仅仅局限于小范围的学者讨论，进入21世纪以来，西方学界对于尹湛纳希的讨论进入了几乎沉寂

---

① Alistair Craig Clunas, "Injanasi's 'Nigen Dabqur Asar': A Sino-Mongolian Novel of the Nineteenth Century", London: University of London, 1983, p.153.
② Ibid., p.156.
③ Ibid., p.195.
④ Ibid., p.202.

的阶段,与我国的尹湛纳希研究氛围形成了鲜明的对比。此外,通过比较可以看出,西方学者对于尹湛纳希的解读同我国学者的观点有着明显的差异。我国学者普遍肯定了尹湛纳希在蒙古文学的发展过程中起到的里程碑式作用,并认为他是蒙古文学走向"现代化进程"的转折性人物。然而,西方学者虽然承认尹湛纳希对蒙古文学发展做出的巨大贡献,但对其作品的文学价值和艺术价值没有给予较高的评价,尤其对作品中所折射出的批判现实主义精神提出了质疑。作为近代蒙古文学的重要人物,尹湛纳希理应受到学界的重视,虽然他借鉴了汉族文学经典的叙事模式,但小说的情节安排以及穿插的诗歌等内容都展示出了尹湛纳希的创作才能,对于尹湛纳希的创作动机也不能简单地归于作者的自娱自乐。

(三)《一层楼》与《泣红亭》的研究与评价

查尔斯·鲍登主要关注尹湛纳希的《一层楼》与《泣红亭》这两部浪漫爱情小说,他共发表了三篇论文阐释了尹湛纳希的作品与汉族文学经典间的关系并对尹湛纳希作品的思想性与艺术性进行了评价,这三篇论文分别为:《尹湛纳希的〈一层楼〉:一部十九世纪中蒙小说》、《作为文学经典的尹湛纳希的浪漫爱情小说》("Injanasi's Romantic Novel as a Literary Tour-de-force")和《〈一层楼〉的绪言及汉文化渊源》("A Chinese Source for an Episode in Injanasi's Novel *Nigen Dabqur Asar*")。

1. 尹湛纳希的小说和汉族文学的关系

清朝中后期动荡的社会状况使得清廷取消了"蒙禁"政策,加之在"移民实边"的影响下大量汉族农民和小工商业者进入蒙地,促成了蒙汉杂居情况的出现,蒙汉民族间的交流进入了发展的高峰期。随着蒙汉民间交往的不断深入,优秀的汉族文学经典被不断地译介至蒙古地区,蒙汉文学这种特殊的文学样式也应运而生。所谓蒙汉文学即指使用蒙古语写成的具有浓郁汉族文化特征的文学作品,其中具有代表性的便是尹湛纳希的爱情小说。从尹湛纳希的文学作品被发现以来,它们所具有的浓重的汉族文学气息就成为学界研究的重点。大多数学者认为尽管尹湛纳希在创作过程中借鉴了汉族文学经典的叙事模式,但"作品所反映的社会生活完全发生在蒙古地区,书中所表现的伦理道德、风俗习惯等是地道的蒙古族东西"①。鲍登在《尹湛纳希的〈一层楼〉:一部十九世纪中蒙小说》中提出《一层楼》具有的汉族文化特征表明,尹湛纳希的作品并不是蒙古族小说的先驱,而是汉族小说中的例外。②

鲍登将尹湛纳希的爱情小说置于汉族文学传统之中进行解读的原因有二:其一,尹湛纳希的小说中充斥着汉地的地名,主人公的汉族名字也有汉语语境下的双关含义;其二,小说中的人物都是饱读汉族诗书的青年,他们能背诵唐诗也能欣赏汉族的山水画。此外,鲍登还指出尹湛纳希的小说无论是在语言的运用,还是情节的安排方面都与《红楼梦》如出一辙。因此尹湛纳希是一名汉族文学的追随者,而非创作蒙古小说的先驱。③虽然尹湛纳希的小说与汉族文学作品有着紧密的联系,但鲍登进一步指出它们绝不是对《红楼梦》的翻译和抄袭,而是带有独特语言特色的文学作品。④鲍登认为尹湛纳希的小说与《红楼梦》相比没有宏大的格局,尹湛纳希的小说中没有恶人,更没有令人难堪的场景,贾府也没有经历如贾府那样巨大的家族衰落。尹湛纳希的小说中展现的是人物生活的不幸,但没有更加悲剧性的场景,所以鲍登认为尹湛纳希的小说让人读起来非常舒适(cosy),其创作小说的目的就是使读者愉悦。⑤此外,鲍登还仔细分析了尹湛纳希在小说中的词汇应用策略,他指出尹湛纳希一方面在蒙古语的词汇中找出与汉语表达相对应的词语,或者将汉语音译为蒙古

---

① 云峰:《略论近代蒙汉文学交流》,《民族文学研究》1994 年第 2 期。
②③④⑤ Charles R. Bawden, "Injanasi's Novel *Nigen Dabqur Asar*", *Studia Sino-Mongolica*, Band 25, 1979.

语,如小说中保留了"云廊"一词的汉语发音而写成"yu-lang",而"桂花"一词使用了蒙汉结合的构词方法写作"kuei-hua čečeg";另一方面尹湛纳希还根据汉语词汇的意义创造了许多仿造词,如在《泣红亭》第二回中的一句"老爷春秋已高"尹湛纳希写作"Lao-yeh qabur namur öndör bolba"。在词汇的应用方面,鲍登再次说明了《一层楼》与汉族文学间的联系与区别。

在《比较文学:文学平行本质的比较研究——清代蒙汉文学关系论稿》一书中,我国尹湛纳希研究专家扎拉嘎研究员从清代出现的蒙汉文学这一文学现象入手,分析了19世纪蒙古文学对汉族文学的借鉴、改编,以及蒙汉文学这一特殊文类的出现。扎拉嘎指出《红楼梦》对清代蒙古族文人的影响深远,首先在19世纪上半叶蒙古族文学评论家哈斯宝将《红楼梦》节译为四十回,并对《红楼梦》做了独到的评论,哈斯宝对《红楼梦》的引介让这一文学经典进入了蒙古族文人的视野。扎拉嘎认为"没有《红楼梦》的影响,也就不会有古拉兰萨、贡纳楚克、尹湛纳希,那具有新思想色彩的文学创作和文学理念"①。同鲍登的观点相近,扎拉嘎也认为尹湛纳希是曹雪芹的追随者,尹湛纳希的作品是对《红楼梦》的仿作,"在《红楼梦》精神的召唤之下,尹湛纳希从个人以及父母和兄弟辈的婚姻和爱情不幸之中……创作出《月鹃》《红云泪》《一层楼》《泣红亭》等爱情小说"②。此外,扎拉嘎还从尹湛纳希小说的精神情趣分析了它们对《红楼梦》的继承。扎拉嘎认为尹湛纳希的小说模仿的是《红楼梦》中的反封建精神,尹湛纳希将这种反封建的精神贯穿于以自身经历为背景而写就的小说中,展示的是一种蒙古化的《红楼梦》精神。

扎拉嘎提出尹湛纳希的小说与《红楼梦》的不同体现在对待儒家经典

---

① 扎拉嘎:《比较文学:文学平行本质的比较研究——清代蒙汉文学关系论稿》,内蒙古教育出版社2003年版,第190页。
② 同上书,第192页。

的态度上，曹雪芹在《红楼梦》中借主人公之口抨击饱读儒经的读书人功利心极强，但尹湛纳希却相当支持对儒家经典的学习。尹湛纳希小说中的主人公都是些积极学习汉族文化，以掌握诗书经典、吟诗作画为傲的青年人。扎拉嘎认为，造成二者对儒学截然相反的态度源于蒙古社会的文化环境。蒙古人尚武，以骑马射箭等活动为锻炼和评判人的主要标准，但文化素质才是推动一个社会发展的力量，因此对于文化知识的渴望成为近代以来蒙古进步人士的诉求。尹湛纳希自幼成长于诗书之家，自然把对汉族文化经典的崇尚之情融入小说之中，这种现象也反映出了近代蒙古族知识分子的进步思想和人生趣味。苏联学者李福清也指出"尹湛纳希作为一个蒙古人在用蒙古文创作自己的长篇小说时，竭力地显示这样一点：一个蒙古人也完全可以懂得古汉语经典著作和中世纪汉语作品的全部精髓之所在"①。

　　一些学者因尹湛纳希对《红楼梦》的模仿而诟病他的小说的艺术性，这种现象实则是对尹湛纳希小说的"误读"。尹湛纳希本人在《一层楼》的序言中并不避讳其对于《红楼梦》的效仿和崇拜，在《一层楼·明序》中尹湛纳希阐述到"本书中原无恶媳奸妄之弊，亦无家政内专之失，此其所以略不同于《红楼梦》耳……凡百年之间，事态竟若同出一轨，此书所以不能不为钟情者哀怜而长太息也。故先引《红楼梦》之事以描摹，次述《一层楼》之文为传焉"②。从尹湛纳希自述的创作动机可以看出《红楼梦》只是他撰写《一层楼》时参考的对象，而《一层楼》中辗转悱恻的爱情故事才是他想要表述的重点。正如鲍登与扎拉嘎所述，尹湛纳希对《红楼梦》的借鉴既与他的生长环境有关又与汉文化在蒙古社会的传播有关，他所撰写的浪漫爱情小说是汉族文学土壤中生长出来的蒙古文学经典。

---

① ［苏］李福清：《蒙古长篇小说之源》，载包斯钦主编《内蒙古文史通览·文学卷》，内蒙古大学出版社2014年版，第285页。
② ［清］尹湛纳希：《一层楼》，甲乙木译，内蒙古人民出版社1983年版，第6页。

2. 尹湛纳希小说的思想性和艺术性

鲍登对于尹湛纳希小说的评价更侧重于其文学性特征,如前所述,鲍登强调尹湛纳希小说的娱乐性而非教育性。娱乐性是鲍登对尹湛纳希的小说的主要评价,他认为尹湛纳希的浪漫爱情小说仅能够被看作供人消遣的文学作品,而不具备许多学者所解读的具有社会批判性。[①]《一层楼》中璞玉收租的情节受到了学者们的广泛讨论,在小说的第十六回和十七回中插叙了一段璞玉收租却遇劫匪的遭遇。璞玉受贲侯的盼咐到自家的田庄收取租金,贲侯本希望通过收租借机锻炼璞玉,让璞玉了解家中具体的经济状况和贲府以外的社会现实。在璞玉一行到达田庄的当晚,他们就不幸遇到试图趁着夜色偷抢璞玉一行人钱财的劫匪,碰巧璞玉还没入睡便与劫匪碰了正着。当第二天璞玉一行人押解劫匪送至官府时,却碰到了不作为的衙门老爷,在对衙役进行了一番教育之后,劫匪才被衙门扣押。

俄罗斯汉学家李福清认为璞玉到田户家收租并押解窃贼到衙门是全书的主要情节之一,尹湛纳希借讲述璞玉到田户家收租的所见所闻,展示了平民的艰苦生活。此外,尹湛纳希还塑造了一个颇具讽刺意义的官员形象,表达出尹湛纳希对封建社会的不满。[②] 与李福清的观点不同的是,鲍登认为尹湛纳希在小说中插入璞玉收租却遇窃贼这一桥段,是为了打破小说所营造的贲府中那种田园牧歌式的生活,该情节是尹湛纳希仿照《红楼复梦》而写,通过这一情节尹湛纳希塑造了一个天真的青年贵族形象。尽管璞玉同情受生活所迫而进行偷盗的窃贼,但他还是将其押送给衙门来处理,而且之后文中便再未涉及这些盗贼的后续情况。鲍登指出

[①] Charles R. Bawden, "A Chinese Source for an Episode in Injanasi's *Novel Nigen Dabqur Asar*", *Tractata Tibetica et Mongolica: Festschrift für Klaus Sagaster zum 65. Geburtstag*, Wiesbaden: Harrassowitz, 2002, S. 21-29.

[②] [苏] 李福清:《蒙古长篇小说之源》,载包斯钦主编《内蒙古文史通览·文学卷》,内蒙古大学出版社2014年版,第286页。

将抓贼这一插曲引入小说中并不是为了展示社会现实，而是因为尹湛纳希习惯于汉族小说叙事中插入意外这样的情节安排，他将这种结构运用在了自己的小说创作中①，除此之外并没有什么特意想要展现的意义。

虽然鲍登对尹湛纳希的小说的社会意义和具有的反封建思想提出了质疑，但他认为尹湛纳希的小说具有极高的艺术性。在《作为文学经典的尹湛纳希的浪漫爱情小说》一文中，鲍登指出尹湛纳希在撰写小说时采用了多种创作手法，其中包括：① 使用超自然的叙事框架；② 大胆地应用各种巧合；③ 反复使用关键词来提示前后的关联；④ 在蒙语语境中加入汉族典故。② 鲍登所说使用超自然的叙事框架是指在《一层楼》开篇借用《镜花缘》中的情节描述了西瑶池众神仙聚会的场景，并且暗指了小说中的主人公就是天上的仙女，百花仙子是琴默，月妹是炉梅，织女便是圣如，她们在瑶池的行为已经为她们后续的命运埋下了伏笔。鲍登还指出《一层楼》与《泣红亭》两部小说通过反复使用梦境而使情节前后呼应。在《泣红亭》开篇写到，璞玉在睡梦中登上一座高山发现了名为"泣红亭"的亭子，亭子中有一块刻有图画和诗词的石碑：第一幅为树枝上的翠雀，第二幅为无弦之琴，第三幅为没有插香的香炉，这些图画与旁边的配诗分别暗示着圣如、琴默和炉梅即将遭遇的婚姻不幸。以梦境为开场后，尹湛纳希又在《泣红亭》的结尾描述了璞玉的另一场梦，在这场梦中名为"泣红亭"的亭子已经更名为"喜红亭"，预示着小说最终以喜剧收场，璞玉与姑娘们将过上幸福的生活。鲍登指出这种以梦境开始和以梦境结尾的模式让人不禁怀疑整个事情的真实性，他认为尹湛纳希在《泣红亭》中使用梦境作

---

① Charles R. Bawden, "A Chinese Source for an Episode in Injanasi's *Novel Nigen Dabqur Asar*", in *Tractata Tibetica et Mongolica: Festschrift für Klaus Sagaster zum 65. Geburtstag*. Wiesbaden: Harrassowitz, 2002, S. 21-29.

② Charles R. Bawden, "Injanasi's Romantic Novels as a Literary Tour-de-Force", in *Documenta Barbarorum: Festschrift für Walther Heissig zum 70*, Geburtstag. Hrsg. von Klaus Sagaster und Michael Weiers, Wiesbaden: Harrassowitz, 1985.

为前后呼应,意在让读者体验作品中包含的瑰丽的想象,同时也暗示着《泣红亭》中讲述的一切也许都是虚幻的梦境。①

3. 对于查尔斯·鲍登研究观点的评价

从鲍登对尹湛纳希浪漫爱情小说的阐释来看,他更偏向于对小说的艺术性的评判,而不像一些学者那样从文学文本中挖掘小说的社会现实意义和思想内涵。一些学者指出尹湛纳希借用青年男女间的爱情故事,展现了对封建社会的抨击,其小说"描绘了当时蒙古社会的民族自由与封建专制、被剥削阶级与剥削阶级的尖锐的矛盾冲突"②。鲍登对这种反封建思想的观点进行了质疑,他认为尹湛纳希的小说中没有如《红楼梦》般跌宕起伏的情节,也没有十分明显的现实批判特征,更看重给读者带来的娱乐性。鲍登通过与汉族小说的对比总结了尹湛纳希的创作特点,即根植于汉族文学传统而做出的具有蒙古族特色的改编。鲍登肯定了尹湛纳希的创作才能和其小说的艺术魅力,但也同时指明了尹湛纳希的小说缺乏对时代的反思,在思想意识上有所欠缺。鲍登的观点在他的学生柯律格身上得到了继承,师徒二人均认为尹湛纳希以娱乐性作为文学创作的目的。柯律格指出中国学者在评价像《红楼梦》一类描述封建大家庭的兴衰和家中青年男女的爱情的小说时,都将书中所反映的主题解读为对封建专制制度和该制度对民众的压迫的批判,其中的青年男女形象均有着反封建的特征。学者们对于《一层楼》的解读也遵循着学界对于《红楼梦》阐释的传统。③

---

① Charles R. Bawden, "Injanasi's Romantic Novels as a Literary Tour-de-Force", in *Documenta Barbarorum: Festschrift für Walther Heissig zum 70*, Geburtstag. Hrsg. von Klaus Sagaster und Michael Weiers, Wiesbaden: Harrassowitz, 1985, pp.1-10, p.9.

② 宝力格:《蒙古族近现代思想史论》,辽宁民族出版社2005年版,第73—74页。

③ Alistair Craig Clunas, "Injanasi's 'Nigen Dabqur Asar': A Sino-Mongolian Novel of the Nineteenth Century", London: University of London, 1983, p.9.

海西希也曾就《一层楼》的思想内涵进行过讨论,他在《尹湛纳希的〈贫苦老农〉》一文中指出璞玉所作的《贫苦老农》便是蒙古文人对社会进行批判的一个例子。①李福清认为璞玉所撰写的贫农之诗"向读者介绍了平民的艰苦生活情况"②,青年男女坎坷的情感经历又表现了尹湛纳希对封建社会制度的不满。③我国学者额尔敦陶克陶在《蒙古族近代文学的高峰——纪念尹湛纳希诞生一百五十周年》一文中将《一层楼》《泣红亭》等归为现实主义小说,并指出尹湛纳希的文学创作动机来源于对清政府治蒙方略和腐朽的封建统治的不满,并以此激发了他的"反帝反封建、追求民族复兴,向往民族平等、男女平等、婚姻自主的民主主义思想萌芽"④。刘彩霞在《尹湛纳希启蒙思想述评》中对尹湛纳希的小说的启蒙性进行了进一步阐释,她指出清后期在清政府落后迂腐的统治下,蒙古民族的危机加深,以尹湛纳希为代表的近代蒙古族启蒙思想家开始出现。尹湛纳希在《青史演义》中多次阐述了希望蒙古社会进行改革、开启民智的启蒙思想,并且将批判的矛头对准了封建统治阶级,展示了尹湛纳希强烈的民族忧患意识。⑤

鲍登与其他学者的观点相左的根本原因在于他们进行阐释时的立足点不同。鲍登从汉族文学传统出发,将尹湛纳希的作品看作汉族文学中的一部分,因此鲍登时刻以汉族文学作品作为衡量标准,考察了尹湛纳希小说中包含的种种汉族文化元素和汉族小说叙事模式的应用。

---

① Walther Heissig, "Injanasis 'Lied des armen Bauern'", *Festschrift für Leo Brandt zum 60 Geburtstag*, Josef Meixner und Gerhard Kegel ed., Wiesbaden: VS Verlag für Sozialwissenschaften, 1968, pp.535 - 539, p.536.
②③ [苏] 李福清:《蒙古长篇小说之源》,载包斯钦主编《内蒙古文史通览·文学卷》,内蒙古大学出版社2014年版,第286页。
④ 额尔敦陶克陶、布德:《蒙古族近代文学的高峰——纪念尹湛纳希诞生一百五十周年》,《民族文学研究》1987年第1期。
⑤ 刘彩霞:《尹湛纳希启蒙思想述评》,《内蒙古社会科学(文史哲版)》1996年第5期。

故而,鲍登的结论仅以尹湛纳希小说的内部为出发点,侧重评价了《一层楼》与《泣红亭》作为文学作品的娱乐性,却淡化了文学作品的思想性。诸如海西希、李福清、额尔敦陶克陶和刘彩霞等学者对尹湛纳希的评价,则从历史背景谈起,他们观照了尹湛纳希作品的外部环境,从更为宏观的视角阐述了尹湛纳希作品的精神内涵。此外,这些学者也注重挖掘尹湛纳希小说中的蒙古元素,突出《一层楼》和《泣红亭》等小说的民族性特征,着力将尹湛纳希的作品与汉族文学作品进行明显的区分。

在近代蒙汉杂居社会,汉族文化和生活方式已经融入蒙古人的日常生活,接触并习读汉族经典也已经成为蒙古族有学之士的风尚。萌芽于先秦、发展于魏晋南北朝时期的汉族小说至清中晚期已经有了长足的发展,《红楼梦》作为尹湛纳希所处时代中拥有重要影响力的文学作品,它的叙事手法、人物塑造和情节安排对尹湛纳希产生了潜移默化的影响。从此角度考量,鲍登将尹湛纳希的作品纳入汉族文学系统并非毫无道理,但是鲍登忽略了作家自身的民族身份特征。从《青史演义》来看,尹湛纳希进行小说创作并不是跻身汉族文人之列,他在创作过程中有着强烈的民族意识,将为蒙古人传输启蒙进步思想为己任。尹湛纳希在《一层楼》的序言中明确提出"《红楼梦》之始终要略,看官有鉴于此,可知《一层楼》之寓意矣"①,可以看出尹湛纳希的真正目的在于借助《红楼梦》的叙事模式寄托自己的思想认知。因此,鲍登将尹湛纳希的《一层楼》与《泣红亭》置于汉族文学传统中进行评价有悖于作者的创作初衷,其仅仅关注了尹湛纳希作品文本与汉族文学的相似之处却忽略了作家的创作目的和情感表达,从而得出了失之偏颇的结论。

---

① [清]尹湛纳希:《一层楼》,甲乙木译,内蒙古人民出版社1983年版,第4页。

二、蒙古史诗研究

　　蒙古民族有着优秀的口头文化传统,无论是蒙古历史典籍还是蒙古文学都曾或多或少受到口头传统的影响,一些经典的口头文学作品通过人们的口耳相传而存留至今。史诗是蒙古口头文学中的瑰宝,我国现存的三大少数民族史诗《玛纳斯》《格萨(斯)尔》和《江格尔》中的《格萨(斯)尔》和《江格尔》均是在蒙古人中流传已久的史诗。除去以上提到的两部重要的史诗外,蒙古民间还流传有《祖乐阿拉达尔罕》《勇士谷诺干》《智勇的王子喜热图》等经典史诗,鄂尔多斯、乌拉特、扎鲁特、新疆卫拉特、布里亚特、卡尔梅克等多地也同样存在着规模各异的蒙古史诗。

　　蒙古史诗研究已经成为一门显学,以蒙古族学者为主体的一大批学人(如巴·布林贝赫、仁钦道尔吉、色道尔吉、朝戈金、陈岗龙、塔亚等)组成了我国史诗研究的强大队伍。《蒙古英雄史诗诗学》《蒙古英雄史诗源流》《江格尔论》《蒙古族英雄史诗发展史》《口传史诗诗学:冉皮勒〈江格尔〉程式句法研究》《蟒古思故事论》等皆为我国学者在近年来出版的蒙古史诗研究力著。这些专家学者的史诗研究不仅从蒙古史诗的产生、发展、特征、形式、母题等宏观角度勾勒出了蒙古史诗的基本框架,还从思想感情、传唱方式、人物特征、程式结构等微观问题入手深挖了蒙古史诗的内涵。在这些学者的带领下,我国的史诗研究不仅得到蓬勃的发展,我国史诗研究团队也已经成为世界史诗研究界中的重要力量,世界史诗研究中的"中国学派"正在形成。

　　蒙古史诗研究不仅是我国学界的研究热点,海外的蒙古史诗研究也汇聚了一大批具有国际影响力的学者。德国旅行家别尔格曼、俄国旅行家波塔宁、芬兰蒙古学家兰司铁、布里亚特著名学者策·扎姆察拉诺、俄国蒙古学家符拉基米尔佐夫等是最早一批对蒙古史诗进行阐释与研究的学者,他们在对蒙古史诗的收集、记录和整理等方面做出了突出的贡献。

蒙古史诗在海外的研究与出版的主要推动者是海西希,他主编的两套丛刊《哥廷根亚洲研究》(Göttinger Asiatische Forschungen)(后更名为《亚洲研究》[Asiatische Forschungen])和《中央亚细亚研究》(Zentralasiatische Studien)先后出版了蒙古国仁钦院士、蒙古学家鲍培、法伊特博士、柯佩博士等学者刊译的蒙古英雄史诗。① 海西希根据其刊出的蒙古史诗撰写了两大卷《蒙古英雄史诗叙事资料》,总结出了蒙古史诗中的 14 个基本母题②,写就了世界蒙古史诗研究中浓墨重彩的一笔。海西希对蒙古史诗母题的系统性总结,将学界对蒙古史诗的研究从基础的收集整理引领到系统的科学研究上来。西方史诗研究中的另一重要事件是著名史诗研究专家亚瑟·T. 哈图③于 1964—1972 年间主持的伦敦史诗讲习班(London Seminar on Epic)。该讲习班曾在伦敦大学亚非学院和伦敦玛丽女王大学举办,吸引了世界各国学者前来参加,学者们在讲习班中热烈讨

---

① 关于海西希所主编的丛刊中刊出蒙古史诗的详细介绍,可参考仁钦道尔吉:《蒙古英雄史诗源流:中国史诗研究》,内蒙古大学出版社 2001 年版,第 13—14 页。
② 这 14 个母题分别为:时间,主人公的出身,主人公的故乡,主人公的面貌、性情、财产,同主人公有较特殊关系的马,出征,帮手和朋友,威胁,敌人,与敌人遭遇和战斗,主人公的计谋和神奇的力量,求娶未婚妻,婚礼,归来。
③ 亚瑟·T. 哈图(Arthur Thomas Hatto, 1910—2010),出生于英国伦敦,他曾任职于伦敦玛丽女王大学,后为伦敦大学德语语言文学教授,在德语中世纪诗歌方面有精深研究。1960—1970 年间哈图负责管理伦敦大学亚非学院的事务,也正因此,哈图接触到了更为广泛的"异域"文化。在此期间,哈图开始关注亚洲英雄史诗,他曾发表过有关雅库(the Yakuts)英雄史诗的论文,对生活于西伯利亚和远东地区的少数民族也有深入研究。在 20 世纪 60 年代至 90 年代,哈图还致力于柯尔克孜英雄史诗《玛纳斯》的研究并发表了数篇论文,如《1856—1869 年柯尔克孜史诗中的特性形容词修饰语》(Epithets in Kirghiz Epic Poetry 1856—1869)等。此外,哈图英译并出版了两种版本的《玛纳斯》史诗,分别为《阔阔托依的祭奠:一部柯尔克孜史诗影印本的首次编辑、翻译和评论》(*The Memorial Feast for Kökötöy-Khan: A Kirghiz epic poem Edited for the First Time from a Photocopy of the Unique Manuscript with Translation and Commentary*, 1977)和《威廉·拉德洛夫的〈玛纳斯〉——再编、新译和评论》(*The Manas of Wilhelm Radloff: re-edited, newly translated and with a commentary*, 1990)。

论了史诗研究的相关议题,成就了西方史诗研究中的一段佳话。鲍登对于蒙古史诗的研究也得益于该讲习班的开设,他曾为讲习班中的一员并主要负责蒙古史诗的推介,鲍登的介绍与阐释向西方学界展示了蒙古史诗的魅力。虽然在西方蒙古史诗研究领域,鲍登称不上其中的佼佼者,但他对蒙古史诗怀有极大的兴趣和高涨的研究热情,在对蒙古史诗的译介方面做出了贡献。

(一)查尔斯·鲍登所译八首蒙古史诗概况

1982年查尔斯·鲍登在海西希主办的《亚洲研究》丛刊中出版了其英译的八首蒙古史诗,这八首蒙古史诗来源于一位盲人说书者楚·陶格陶勒(Tsültmün Togtool)。1946年蒙古国学者夏·巴嘎也娃(G. Bagaeva)在乌兰巴托国家收容所发现了这位盲说书人,并对其所讲述的民间故事与史诗进行了记录。1948年,夏·巴嘎也娃和诗人拉哈姆苏伦(Ch. Lxamsüren)将他们的记录出版,书名为《民间文学集》(*Ardyn aman zoxiolyn emxtgel*),包含了陶格陶勒讲述的21篇蒙古民间故事和史诗。陶格陶勒被访时24岁,他的老家在蒙古国库苏古勒(Xövsgöl)省。据陶格陶勒自述,他自幼失明但是对民间故事和史诗有着极大的兴趣,他能将听到的故事和史诗全部记下来,他所演唱的民间故事和史诗是听别人讲述后记在脑子里的内容。鲍登指出陶格陶勒所讲述的民间故事与史诗虽然不如专业的演述者那样精彩与细致,甚至有些粗糙和拙略,但是它们仍然有着极大的研究价值,通过研究陶格陶勒所述的内容可以看出口头文本在流传过程中的变异。[1]

---

[1] Charles R. Bawden, *Mongolische Epen X: Eight North Mongolian Epic Poems*, Wiesbaden: Otto Harrassowitz, 1982, p. VII.

以下为笔者根据西里尔蒙古文原文和鲍登英译文,对鲍登所译的八首蒙古史诗进行的内容概述①:

1.《阿纳莫尔根汗》(Ahaa Mergen Xaan)

该史诗讲述了阿纳莫尔根汗和魔鬼巴达桑布汗(Badaasambuu Xaan)的斗争。阿纳莫尔根汗和他的母亲、妹妹居住在东北方,一天阿纳莫尔根汗遇到了居住在西北方的魔鬼巴达桑布汗,阿纳莫尔根汗打败了巴达桑布汗后,便将其埋在了自己居住的蒙古包的门槛下。只有当阿纳莫尔根汗的妹妹把她的两根辫子同时都编好,巴达桑布汗才能从门槛下逃出。因此,为了不让巴达桑布汗逃出来,妹妹需要连续七个早晨只编好一边的辫子,如果她坐在埋巴达桑布汗的地方的右手边,那么就要编好右边的辫子;如果她坐在左手边,那么就编好左边的辫子。在这连续的七天内妹妹需要轮流坐在蒙古包的左边和右边,不能接连两天坐在同一个方向。在告诫了妹妹注意事项之后,阿纳莫尔根汗便离家外出了。然而,阿纳莫尔根汗的妹妹并没有听从哥哥的忠告,她连续七天每天都把两边的辫子编好,终于在一天晚上魔鬼巴达桑布汗出现在妹妹的面前,告诉她自己要杀死阿纳莫尔根汗并娶她为妻。阿纳莫尔根汗的妹妹受到巴达桑布汗的蛊惑,同意帮助他杀掉哥哥。于是,妹妹谎称家中的母亲生病,需要吃掉二十五个蟒古斯的心和肺以及巨大毒蛇的脑子才能恢复健康,其实这些东西是魔鬼巴达桑布汗打败阿纳莫尔根汗所需要的东西。当阿纳莫尔根汗外出寻找治病的东西时,路途上碰到了两位姑娘,她们告诫阿纳莫尔根汗中了恶毒的圈套,需要赶紧回到家中。当阿纳莫尔根汗赶回家后,他的妹妹帮助巴达桑布汗杀死了阿纳莫尔根汗,并将其埋在了北山南坡的黑色

---

① 查尔斯·鲍登在论文《一则关于蒙古盲说书人的报告》("The Repertory of a Blind Mongolian Stroyteller")中对其英译的八篇史诗进行了概述,并分析了每个史诗中包含的母题。该文已由我国学者周发祥翻译,1983年发表于《民族文学译丛》第一集。

巨石下。阿纳莫尔根汗从前的伙伴和曾经帮助过他的两位姑娘将其救出，他随后化装成乞丐回到了故乡，此时他的母亲已经变得又老又脏，干着脏活累活，他的故乡也已经成为巴达桑布汗的汗国。于是，阿纳莫尔根汗在一场射箭比赛中亮出了他的身份，杀死了巴达桑布汗和他的妹妹，赢回了故土，曾经帮助过他的两位姑娘成为了他的妻子。

2.《扎嘎那图额布根》(Zagant Övgön)

扎嘎那图额布根是一个嗜睡的人，他与漂亮妻子董永和两个儿子生活在湖边。一天，胡日勒汗(Xürel Xaan)的大鹰落到了他的蒙古包上，弄得蒙古包吱呀作响，他的妻子董永非常害怕，叫醒了睡梦中的扎嘎那图额布根，但是他并没有把这件事当回事，继续回家睡觉。第二天，那只大鹰又来到了他家的蒙古包并抓走了他的妻子董永，胡日勒汗的士兵带走了扎嘎那图额布根和他的全部财产，只留下了两匹黑马。扎嘎那图额布根的儿子们打猎回来后，发现他们的父母都不在了，就骑上被留下的两匹黑马来到胡日勒汗的领地寻找他们的父母。兄弟俩用魔锤杀死了胡日勒汗后，带走了胡日勒汗国的一切物品，并杀死了士兵和属民。在扎嘎那图额布根一家回家的路上一片大海挡住了他们的去路，原来扎嘎那图额布根的儿子们在去胡日勒汗国的途中曾用刀刺过一座山取水，这座山其实是土地的肚脐眼，就因为他们刺伤了那座山才形成了眼前的大海。想要渡过这片海就需要从一个老太婆那里取到用虱子的肌腱制成的线和用铜制成的针，然后让这个老太婆使用这特殊的针线将土地的肚脐缝合。最终，扎嘎那图额布根的儿子找到了老太婆并成功地缝住了肚脐，他们顺利地渡过大海，回到家乡继续着从前的幸福生活。

3.《巴德玛云布汗》(Badamyümbüü Xaan)

从前在巴德玛云布汗的领地有一个名叫沙台孙布尔夫(Shaataisümben)的牧童，一天他发现放养的牲畜不饮水，原来在牲畜饮水的地方漂浮着一个老太婆、一只黑碗和一条黄色的毛毯，于是牧童便将老太婆从水中拉了出来。不幸的是,这个水中的老太婆是魔鬼蟒古斯的母亲,牧童将她拉出水后惹怒了蟒古斯,蟒古斯扬言要杀死巴德玛云布汗并抓住他的妻子和孩子,让他的属民全部成为蟒古斯的奴隶。在蟒古斯的威胁下,牧童不得不选择帮助蟒古斯,他告诉蟒古斯想要杀死巴德玛云布汗就要先抓住他的黄金马。然而,在抓捕黄金马的过程中,黄金马逃脱了蟒古斯的魔掌跑向巴德玛云布汗处报信。叛变的牧童在深夜潜入巴德玛云布汗的大帐中破坏了他的所有马具,当黄金马前来报信时,巴德玛云布汗只能骑在光滑的马背上同蟒古斯作战,在激战之时黄金马化作了彩虹驮着巴德玛云布汗奔向了天,他的妻子修补好被破坏的马具,给巴德玛云布汗准备好补充体力的食物。当巴德玛云布汗从天上返回到他的领地时,他的妻子已经被蟒古斯掳走,她留下的马具和食物帮助巴德玛云布汗恢复了战斗力,在天神霍尔穆斯塔的帮助下巴德玛云布汗战胜了蟒古斯,将蟒古斯五马分尸,最后巴德玛云布汗和妻子回到原来的领地过上了幸福的生活。

4.《巴拉丹替宾莫尔根汗》(*Baldantevi Mergen Xaan*)

从前有一位住在西方的名叫巴拉丹替宾莫尔根的可汗,一天,他的王后梦到统治北方的蟒古斯要毁掉巴拉丹替宾的领地,抓走他的属民。梦醒后,王后告诉了巴拉丹替宾这个奇怪的梦,经过占卜,巫师告诉巴拉丹替宾:如果蟒古斯主动进攻,那么最终将会是蟒古斯赢,如果是你主动出击那么你将会打败蟒古斯。在七岁的牧童历尽艰辛将巴拉丹替宾的神马抓回来之后,巴拉丹替宾莫尔根汗便去征讨蟒古斯。在征讨蟒古斯的路上,巴拉丹替宾先后打败了恶喇嘛、萨满和铁孩子才来到蟒古斯的驻地。巴拉丹替宾与蟒古斯决定通过比试射箭的本领来一决胜负,蟒古斯从行走三年才能够到达的距离向巴拉丹替宾射了一箭,该箭穿过了巴拉丹替宾的胸口,随后蟒古斯又用佩剑砍向巴拉丹替宾,但是被砍成两半的巴拉丹替宾又重新恢复成为一体。紧接着巴拉丹替宾也从行走三年才能走到的距离向蟒古斯扔去一个锤子,当它离开巴拉丹替宾的手时它是火红的,到半路时它是深红的,当它击中蟒古斯时发出了像击打铜器般雷鸣般的响声,蟒古斯被这锤子击成粉碎,巴拉丹替宾打败了蟒古斯。最后,巴拉丹替宾将蟒古斯的领地送给了七岁的牧童,七岁的牧童成为巴拉丹替宾手下的领主,他们都过上了幸福的生活。

5.《胡尔勒汗》(Xürel Xaan)

胡尔勒汗是鲍登所译史诗中较长的一篇,讲述了胡尔勒汗的儿子贡嘎鲁巴特尔(Gün-galuu Baatar)的数个冒险故事。

胡尔勒汗过着富足的生活,他有个八岁的儿子名叫贡嘎鲁巴特尔,一天他登上阿尔泰山和杭爱山山顶,发现了魔鬼蟒古斯和一位美丽的公主,因此他决定打败蟒古斯迎娶美丽的公主。贡嘎鲁巴特尔乔装成乞丐混进了公主所在的汗国,贡嘎鲁巴特尔将他的生满疮的马拴在了最尊贵的人拴马的位置上,随后他进入汗王的大帐坐在了最尊贵的人就座的位置上。前来的官员要赶走像乞丐一样的贡嘎鲁巴特尔,但他坐着不动,告诉他们他是胡尔勒汗的儿子,他要娶走美丽的公主。官员们将贡嘎鲁巴特尔的所作所为告诉了他们的汗王,汗王指出贡嘎鲁巴特尔一定不是一般人,让他们好好款待他。第二天,贡嘎鲁巴特尔拜见了汗王,说他要娶走美丽的公主,汗王说想要娶走他的女儿就需要首先经过考验。于是贡嘎鲁巴特尔参加了男儿三艺的比赛,并在比赛中获得了胜利,赢得了汗王的认可。但是,想要娶走公主还需要打败她身边的魔鬼蟒古斯。于是贡嘎鲁巴特尔化作流浪儿潜入蟒古斯的领地,杀死了蟒古斯并带走了所有的属民,也救出了美丽的公主。当贡嘎鲁巴特尔回到他的故乡时,从他的母亲留给他的信中得知他的父母、亲人以及故乡的一切物品都被蟒古斯掳走了。于是贡嘎鲁巴特尔又骑马去营救他的家人,他化作了商人进入蟒古斯的领地见到了他的父母,在他母亲的帮助下杀死了蟒古斯救出了他的父母和他的属民,随后回到了他们的故乡。贡嘎鲁巴特尔成为新的汗王,迎娶了美丽的公主,继续过着幸福的生活。

6.《阿尔泰孙本胡》(*Altaisümben Xüü*)

十五岁的阿尔泰孙本胡有着金碧辉煌的蒙古包并和父母、妹妹生活在一起。一天,阿尔泰孙本胡要动身去寻找美丽的奥云达嘎(Oyuun-dagaa)作为他的妻子,临走前他和妹妹相互交换了礼物。他的妹妹给了他一把锉刀,如果她一切安好那么这把刀会越来越亮,如果她生病了那么这把刀上的金子将会消失变成黑铁。阿尔泰孙本胡交给他的妹妹的是九十九支箭,如果他安好无事那么这些箭会越来越好,如果他死了那么这些箭将会从槽口裂到尖端,并且还会发出咔嚓咔嚓的响声。送别完阿尔泰孙本胡,他的妹妹在回家途中碰到了十五个从四面八方赶来的人,在他们询问完阿尔泰孙本胡的下落后就朝着阿尔泰孙本胡前进的方向追去,原来他们也想要娶奥云达嘎。这些人比阿尔泰孙本胡提前三天到达了奥云达嘎的故乡,但是他们都没有通过迎娶奥云达嘎的考验。三天后,阿尔泰孙本胡到达了奥云达嘎的故乡,她的父亲要求阿尔泰孙本胡找到他的三匹金马后才能把女儿嫁给他。于是阿尔泰孙本胡踏上了寻找金马的路程,途中他杀死了大狗、拨开了迷雾,但是被一条毒蛇咬伤了。在阿尔泰孙本胡受伤后,他的妹妹发现哥哥给她的箭开始发出咔嚓的响声,于是向智慧的喇嘛求助,喇嘛告诉了她阿尔泰孙本胡的遭遇并说有一只神鸟在保护他,但是妹妹需要找到三个花仙子才能营救她的哥哥。在妹妹找到花仙子并救活了阿尔泰孙本胡后,他又踏上了寻找金马的路程。这次,他在途中遇到了蟒古斯,在激战后阿尔泰孙本胡杀死了蟒古斯,找到了那三匹金马并把它们交给了奥云达嘎的父亲,成功地迎娶了奥云达嘎。在他们回家的路上碰到了额尔德尼扎南(Erdenejanan),后者经过考验后成为阿尔泰孙本胡妹妹的丈夫,他们成为幸福的一家人。

一天,额尔德尼扎南想要回到他的家乡看望他年迈的父母,于是阿尔泰孙本胡和他一起回到故乡,但是他的父母已经太老了无法认出他们的儿子。当额尔德尼扎南给家里添好水、熬好茶、向他的母亲展示了脖子上的胎记后,他的母亲才认出他来,他的父母嘱咐额尔德尼扎南、阿尔泰孙本胡和两个一直照顾老两口的男孩结为兄弟后便离开人世。此后,他们一同回到阿尔泰孙本胡的故乡成为兄弟共同生活。有一天,阿尔泰孙本胡的战马提示他,当他中了蛇毒昏死过去时,是一只神鸟在保护他,他应该想办法报答它。于是他们决定向上天祈求用神骆驼的毛给这只鸟搭一个鸟窝,最终上天同意了他们的请求用驼毛为它的鸟蛋搭建了一个鸟窝。最后故事以众人举行愉快的宴会而结尾。

7.《哈坦嘎如迪汗》(Xatangardi Xaan)

从前有一个名叫哈坦嘎如迪汗的人,他掌管着北部的土地。一天,他看到从天上来了一个摔跤手,于是他连忙赶过去询问摔跤手前来的目的。原来这位摔跤手是专门找哈坦嘎如迪汗摔跤的,这两个人便比试了起来。哈坦嘎如迪汗将这个摔跤手杀死后回到家中,哈坦嘎如迪汗的儿子阿勒坦陶格苏(Altantogos Xüü)提出想要和谷南哈尔汗(Gunan Xar Xaan)的女儿成亲。正当阿勒坦陶格苏到达谷南哈尔汗的汗国时,谷南哈尔汗的儿子萨格苏巴特尔胡(Sagsuu Baatar Xuu)阻挡了阿勒坦陶格苏的去路,两人较量一番之后,萨格苏巴特尔认为阿勒坦陶格苏是个好人便将他领回家中,阿勒坦陶格苏最终赢得了谷南哈尔汗和他的妻子以及女儿的认可,和谷南哈尔汗的女儿成了亲。

8.《奥特根腾格里的苏米雅达格尼》(Otgon Tengeriin Sumiya Dagini)

从前有一个名叫旦苏荣(Dansüren)的人,他和他的妻子依靠淘金为生。一天,旦苏荣找到在洞穴中修行的喇嘛,询问他和妻子致富的秘方和使妻子怀孕的方法。喇嘛告诉旦苏荣,如果他们能够完成他交给的任务就可以实现愿望,并且他以后还会成为五百名将军的首领。当旦苏荣回到家后,他的汗王云都兰(Yumdulam)的儿子命令他在一个月内找到奥特根腾格里的女儿苏米雅达格尼,如果他顺利找到了这位姑娘那么就会成

第三章 查尔斯·鲍登的蒙古文学研究

为五百名将军的首领,如果他没有找到就会砍掉他的头。迫于无奈,旦苏荣只好又去找在洞穴里修行的喇嘛,问他如何才能完成这项任务。喇嘛给了他一套金银的绳索,并告诉他按着他从前走过的路一直走到一个开满鲜花的山前,他要找的女孩就在那里,他需要用这套绳索将姑娘绑在他的马上带回来。于是,旦苏荣按照喇嘛的嘱咐将这姑娘带了回来,他因完成了任务而成为五百名将军的首领,有了子孙并过上了富足的生活。

陶格陶勒演唱的蒙古史诗中的前四首以英雄与敌人作战,或与魔鬼蟒古斯作战为主,属于英雄征战类史诗;后四首讲述了英雄去往遥远的地方,通过重重考验迎娶美丽姑娘的故事,属于英雄娶亲类史诗。后四首史诗篇幅较长,情节更加曲折,场景和人物关系也较前四首更加复杂。从第三首开始,史诗中出现了诸如弥勒佛和喇嘛等佛教意象。第八首史诗最为特殊,蒙古史诗讲述的往往是英雄主动前去迎娶美丽的姑娘的故事,但是第八首的主人公却是因为受到了诺颜的命令才不得不去寻找美丽的姑娘。此外,第八首史诗也没有出现主人公与蟒古斯打斗的场景,帮助主人公的也不再是天神或是良驹或是英雄的神力,而是喇嘛所给的神器。可以看出,第八首史诗已经在旧有的史诗基础上产生了变异,它应是近代以来出现的史诗。从这八首史诗的主要内容中不难发现,它们基本按照从古代到近代的时间发展进行排列,史诗的情节、人物关系和意象都产生了变化,尤其是最后一首史诗已经脱离了古代史诗以英雄冒险为主的叙事模式,增加了普通人的生活状况和社会现实,只是在情节发展的框架上还保留有传统的史诗特色。鲍登英译的八首蒙古史诗反映出了蒙古史诗的发展变化,同时它们也展示出了蒙古史诗具有的共同性特征。正如鲍登所言,史诗的奇幻想象世界中存在有大量主题和母题,它们既神秘又具有英雄主义特征,既具有喇嘛教色彩又具有教化意义,这就是蒙古史诗所拥有的整体性特征。①

(二) 查尔斯·鲍登英译蒙古史诗的跨文化特征

史诗作为蒙古文化中的一个重要组成部分,其内容和形式具有鲜明的蒙古民族特性,反映着蒙古人的审美情趣。在内容方面,蒙古史诗主要讲述的是英雄历险故事,情节发展多是按照英雄出征→经历磨难、打败魔鬼→回到家乡过上幸福的生活这一顺序推进。在形式方面,蒙古史诗尤其注重诗歌韵律的应用,头韵、四字一句的步格、三三四的格律②和两言一句的格律等都是蒙古史诗常见的诗歌韵律,韵律的运用增强了蒙古史诗在演唱时的表演性和艺术性。因此,在史诗的翻译过程中对蒙古文化因素的考量必不可少。翻译是不同文化间交流的必要活动,近年来随着文化转向对人文社科界的影响,越来越多的学者注意到翻译不仅仅是两种语言文字间的转换,更重要的是两种文化的交流与碰撞。著名学者苏珊·巴斯奈特(Susan Bassnet,1945—)和安德烈·勒菲弗尔(André Lefevere,1945—1996)都曾指出文化在翻译活动中的重要作用。语言是文化的重要载体,不同文化背景的人所使用的语言结构、语法规则、习惯用语等多种方面都不可避免地受到文化的影响。因此,在翻译蒙古史诗的过程中,如果不将文化影响考虑在内而只进行语言词语层面的翻译,一定会失去史诗原本的色彩。查尔斯·鲍登英译的八首蒙古史诗在内容和形式上真实地还原了蒙古语言的文化语境,能够让读者在阅读英译文的同时体会到蒙古语言的魅力和蒙古民族特征。通过选择性地保留蒙古语

---

① C. R. Bawden,"The Repertory of a Blind Mongolian Stroyteller", in *Fragen Der Mongolischen Heldendichtung I* (*Asiatische Forschungen 72*),Hrsg. von Walther Heissig,Wiesbaden:Harrassowitz,1981,S. 118 – 131.
② 三三四的格律指三个诗行为一节,每个诗行分别由三个、三个、四个词组成。

词语、突显蒙古史诗韵律和展示蒙古史诗整体气质这三种主要翻译策略,鲍登所英译的蒙古史诗展示了译文具有的跨文化特征。

1. 对蒙古语人名、地名等词语的选择性保留

鲍登在英译蒙古史诗的过程中保留了许多蒙古语专有名词,其中最具有代表性的是史诗中经常出现的魔鬼蟒古斯,鲍登在译文中保留了该词的拉丁语转写"mangas"。蟒古斯是蒙古史诗中邪恶力量的代表,它是英雄的对立面,也是英雄面对的最重要和最主要的敌人,只有将蟒古斯打败,英雄才能够通过考验或者救出伙伴、亲人等,重回从前的美好生活。我国著名学者巴·布林贝赫在《蒙古英雄史诗诗学》中描绘"蟒古斯有巨大的躯体,有多个丑恶的脑袋,指甲和牙齿都长到一庹长,长着坚硬的尖嘴"[①]。蟒古斯作为史诗中的重要元素,"mangas"一词已经被鲍登当作一个特定的专有名词而使用,鲍登并没有将其翻译为英文"demon""monster"等词,通过保留该词的原有蒙古语读音突显出了源语言的文化特征。除了对蟒古斯一词的处理,鲍登还保留了众多的蒙古语人名与地名,如"Nasanbuyant""Tsetgelbuyan""Altai""Xangai"等。

"词"是史诗构成的核心概念,美国著名史诗学者约翰·迈尔斯·弗里(John Miles Foley)认为程式、话题和故事形式是吟游诗人或史诗演唱者进行现场表演的"词",对于史诗演唱者来说有时一个完整的诗行才是他们心中的"词"[②],艾伯特·洛德将其称为"大词"(large words)。鲍登英译蒙古史诗时尤其注意这些"大词"的翻译,他采用意译的翻译策略,把它们当成专有名词来使用,如"Grey Knoll of Encounters"。"Grey Knoll of Encounters"一词对应的蒙古语原文为"бор толгой",中文直译为"灰色的小山丘",该种

---

① 巴·布林贝赫:《蒙古英雄史诗诗学》,陈岗龙等译,中国社会科学出版社 2018 年版,第 100 页。
② [美]约翰·迈尔斯·弗里:《口头程式理论:口头传统研究概述》,《民族文学研究》1997 年第 1 期。

表达在蒙古史诗中十分常见。巴·布林贝赫总结了史诗中"灰色的小山丘"的九种象征意义,有时它指"英雄较量比武的舞台",有时是"长辈传授经验的驿站",还可以充当"遥望远方、观察地势的哨所",又或是"英雄们休息的地方"等。① 在鲍登所译的史诗中"灰色的小山丘"多是主人公与蟒古斯或是敌人相约交战和较量武艺的地方,蒙古语原文中并没有出现交战、较量等明确的提示信息,但熟悉蒙古史诗的人只要一听到"灰色的小山丘",其中的隐含意便会自动浮现于脑海。鲍登通过在译文中将"灰色的小山丘"变为专有名词,既还原了蒙古史诗原文的形式,又能够让不熟悉蒙古语和蒙古史诗的读者注意到该词的特殊含义。

2. 对史诗韵律的突显

韵律是蒙古史诗的一项重要表现特征。表演蒙古史诗的人被称为朝尔齐和胡尔齐,其中的朝尔和胡尔(胡琴)均是表演史诗时的伴奏乐器。在史诗最初的口头传诵阶段,史诗中的韵律就是为了与乐器相配合而产生的,所以史诗的格律形式是蒙古史诗创作的必要条件。尽管在后世的发展中,蒙古史诗不仅以韵文的形式出现,还出现了散文体和散韵结合的形式,但三言、四言一句或是押韵的韵文是其中必不可少的组成部分。蒙古史诗中的韵文有多种形式,诗行间押头韵②或是双行押头韵是最常见的形式,如:

Зурһа оргч насандан

Зурһан бээрин ам эвдж,

Зун жидин үзүр хуһлж,

Зург болсн бээшнтэ

---

① 巴·布林贝赫:《蒙古英雄史诗诗学》,陈岗龙等译,中国社会科学出版社 2018 年版,第 52—58 页。
② 押头韵蒙古语为"tologai holbolta",朝戈金教授又将此种韵式称为"句首韵"。

第三章 | 查尔斯·鲍登的蒙古文学研究

Күнкэн Алтан Цеежиг орулж,

Энгин олн баатармудтан

Баруни ахлач болhгсн мөн.①

鲍登所译的八首史诗中,也含有大量诸如此类的韵文,鲍登的译文也大多遵循蒙古语原文的韵律方式呈现了原文的语言特色。如:

Үүлт тэнгэрээс доогуур	beneath the cloudy heavens,
Үзүүрт модноос дээгүүр	above the pointed trees,
Нарт тэнгэрээс доогуур	beneath the sunny heavens,
Навчит модноос дээгүүр	above the leafy trees.②

在该段译文中蒙古语原文呈现的是两两诗行押头韵、双行押尾韵的形式,并均使用三言一句的诗行构成,鲍登的译文除了将原文的三言一句改为四言一句,基本保留了原文的押韵方式,读起来同样朗朗上口。

再如:

Далайсан газар чинь	I will go hidden
Далд орж явья	into the place you point at.
Далалсан газар чинь	I will go out openly
Ил гарч явья	at the place you wave at.

---

① 《江格尔》(蒙古文),内蒙古人民出版社1958年版,第19页。转引自巴·布林贝赫:《蒙古英雄史诗诗学》,陈岗龙等译,中国社会科学出版社2018年版,第204—205页。

② Charles R. Bawden, *Mongolische Epen X: Eight North Mongolian Epic Poems*, Wiesbaden: Otto Harrassowitz, 1982, pp.108-109.

Юу гэж хэлснээс чинь	I will not disobey
Гарахгүй явья	anything you say.①

蒙古语原文采用的是句式相同的平行结构，鲍登也采用了句式一致的平行结构使译文与原文相一致。此外，蒙古语原文中没有出现句子的主语并且都是以动词结尾，强调了句子中动作的重要性并加强了语气，虽然鲍登的译文补充了主语，但语气上丝毫没有减弱，保留了原文所要传达的意义。

3. 对史诗整体气质的保留

蒙古史诗是蒙古民族长期以来集体智慧的结晶，反映着蒙古人的审美取向，也包含着蒙古人对宇宙、社会、人生等方面的感悟，蒙古史诗还承担着寓教于乐的重要社会功能。从整体来说蒙古史诗的气质是雄浑瑰丽和超自然的，这样的一种整体气质主要通过史诗中对物体和人物夸张的描写和对时空的建构而表现出来。

蒙古史诗是充满瑰丽想象的神话世界，其中的人物和景物往往具有异乎寻常的超自然特征，英雄人物的神奇经历和丰功伟绩就存在于这样的超自然世界。在史诗的世界中，一切事物都被以夸张的手法表现出来，如力大无比的英雄、巨型的武器、有着九十五个头的蟒古斯等，如在鲍登所译的史诗《奥特根腾格里的苏米雅达格尼》中对美丽姑娘的描写：

Тэр хүмүүсийн хамгийн түрүүн	At the very head of those riders
Арван тавны сар шиг	there will be a girl as fair as
Атар газрын цэцэг шиг	the moon on the fifteenth day,

---

① Charles R. Bawden, *Mongolische Epen X: Eight North Mongolian Epic Poems*, Wiesbaden: Otto Harrassowitz, 1982, pp.46-47.

第三章 查尔斯·鲍登的蒙古文学研究

Зурсан зураг шиг	the flowers on virgin soil,
Зуны нар шиг гуа үзэсгэлэнт	a painted picture,
Хөөрхөн хүүхэн яваа.	or the summer sun.①

该引文中鲍登的译文基本与原文一一对应,并且在蒙古语原文中用来表现姑娘美丽的词语"Арван тавны сар"(满月)、"Атар газрын цэцэг"(处女地上盛开的花)、"Зурсан зураг"(图画)、"Зуны нар"(夏日)和"үзэсгэлэн"(美丽),鲍登分别译为"the moon on the fifteenth day""the flowers on virgin soil""a painted picture""the summer sun"和"fair",它们既从形式上保留了原文的名词性短语,又传达出了原文的意义,尤其是鲍登没有将满月译为"the full noon",而是考虑到文化语境使用了"the moon on the fifteenth day"这一更加具有文化意义的意象加深了译文的文化内涵。

蒙古史诗在有限的篇幅中构建了一套融合天与地、过去与未来、历时与共时的时空系统,其中主要表现为使用数字来衡量时空变换的特殊表现手法,如在描述史诗中的主人公快马加鞭赶路时往往使用如下的表述方式:

Жхлийн газрыг сараар товчилж	He reduced a year's journey to a month.
Сарын газрыг хоногоор товчилж	He reduced a month's journey to twenty four hours.
Хоногийн газрынг өдрөө товчилж	He reduced twenty four hours' journey to a day.
Өдрийн газрыг өвсний сүүдрээр товчилж	He reduced a day's journey to the shadow of a grass stalk …②

---

① Charles R. Bawden, *Mongolische Epen X: Eight North Mongolian Epic Poems*, Wiesbaden: Otto Harrassowitz, 1982, pp.198-199.
② Ibid., pp.94-95.

"将一年的时间缩短为一个月,/一个月的时间缩短为一天,/将一天的时间缩短为一个白天……"是讲述主人公骑马赶路时常用的套话,鲍登的译文仍旧保留了原文的格式,并注意区分了"хоног"(一天)和"өдөр"(白天)两词的细微差别。

从上述列举的鲍登所使用的翻译策略可以看出,鲍登英译的蒙古史诗秉持着最大限度还原蒙古语语境的翻译原则,无论在词汇的保留还是在韵律的突显或是史诗的整体气质上,鲍登的译文尽可能地保留了蒙古史诗原有的风貌。此外,作为蒙古学家,鲍登还注意到了蒙古史诗叙事和结构上的特征,在译文中保留了史诗中具有隐含意义的"大词"和套语这样的特殊表达方式,展示了蒙古史诗的独特魅力。

(三) 查尔斯·鲍登对蒙古史诗的阐释

1964—1972年间哈图主持的伦敦史诗讲习班[①]引起了西方学界对世界范围内史诗的大讨论,各国学者的积极参与极大地促进了西方史诗研究的发展。鲍勒(Sir Maurice Bowra, 1989—1971)、日尔蒙斯基(Alexey V. Zhirmunsky, 1921—2000)、劳里·杭柯(Lauri Honko, 1932—2002)、海西希、洛德、帕里等学界巨擘都曾在这个讲习班中做过讲座,他们所讨论的史诗涵盖了欧洲、中亚、南亚、西亚、非洲等广阔地域内出现的各个民族史诗。该讲习班的主持者亚瑟·哈图分别于1980年和1989年出版了代表伦敦史诗讲习班重要学术成果的两卷本《英雄诗和史诗传统》(*Tradition of Heroic and Epic Poetry*),第一卷《传统》(*The Traditions*)

[①] 中国社会科学院研究生李粉华在其硕士学位论文《亚瑟·哈图对史诗学的学术成就评介》中对伦敦史诗研讨班的主要成员和发言题目进行了详细的列举,可参考李粉华:《亚瑟·哈图对史诗学的学术成就评介》,中国社会科学院研究生院博士论文2014年。

对世界各民族史诗进行了概述,第二卷《特征和技巧》(*Characteristics and Techniques*)以个案研究为研究方法,对部分史诗进行了深入分析和阐释,查尔斯·鲍登为介绍蒙古史诗所著的论文《蒙古:当代传统》("Mongol: The Contemporary Tradition")就包含在第一卷中。《蒙古:当代传统》是鲍登向西方学界引介蒙古史诗的主要成就,在该文中鲍登对于蒙古史诗进行了全面的总结,并就蒙古史诗的类别、形成时间、特征等内容给予了详细讨论。

1. 蒙古史诗的不同类别

鲍登指出蒙古语中对不同类别的史诗有着不同的称呼,"tuul"(史诗、叙事诗)、"baatarlag tuul"(英雄史诗)、"ülger"(乌力格尔)、"bensny ülger"(本子故事)①等词在广泛意义上都有"史诗"的含义。鲍登重点对 bensny ülger 和 tuul 进行了区分,他认为本子故事往往来源于有书面记载的故事,并且每个本子故事情节相对完整,讲述的内容都不尽相同。然而,史诗总是包含有相似的情节,在演唱中史诗的内容比较简单,情节也不一定完整。在形式上,史诗既有韵文形式也有散文形式,但本子故事常常用韵文复述散文的故事情节。另外,在演唱史诗时有些地方并不使用乐器伴奏,而讲述本子故事时胡尔是经常使用的伴奏乐器。尽管史诗和本子故事多有区别,但鲍登指出本子故事与史诗间没有完全清晰的界限,有时完整的本子故事会随着时间的流逝而被逐渐淡忘从而被简化成韵文形式的史诗。因此在鲍登看来,史诗与其他蒙古口头文学形式间的区别

---

① 蒙古史诗广泛存在于蒙古地区,不同地区对史诗的名称也不尽相同,如"tuul"音译为"陶兀里"一般指卫拉特史诗,"ülger"音译为"乌力格尔"指代的是流传于内蒙古科尔沁等地的说书艺术。乌力格尔在蒙古语中意为"故事",说书者一般在胡尔或朝尔的伴奏下进行表演,使用胡尔伴奏演唱史诗的歌者被称为胡尔奇,使用朝尔伴奏演唱史诗的歌者被称为朝尔奇。本子故事出现的时间最晚并且深受汉族文学的影响,除去包含有传统的英雄事迹,本子故事还增加了《三国演义》《封神演义》和《水浒传》等汉族小说的内容。

非常模糊,有时不同形式的口头文学形式会随着时间的推移而产生相互转变的情况。

鲍登所阐释的 bensny ülger 是蒙古说唱传统中出现最晚的一种说唱形式,"bensny"一词是汉语"本子"的音译,指记载故事的底本,蒙古语中的本子故事与汉语语境中的说书者所讲述的故事的意义相近。清以来蒙古地区(尤其是内蒙古)受到蒙译汉族小说热潮的影响,诞生了以汉族小说中的故事为主要内容,结合传统蒙古说唱形式的本子乌力格尔(或本子故事)。我国学者扎拉嘎指出大约在 19 世纪上半叶,在受到汉族文化影响较深的卓索图盟等东南蒙古地区诞生了说唱本子故事的活动,随后这种说唱形式便流传到内蒙古与喀尔喀蒙古地区,这种新的说唱形式的形成源自蒙古族中深厚的说唱史诗传统。① 蒙古国学者仁钦也认为"本子故事都是在漠南蒙古地区被大量翻译的汉语长篇历史小说的口头演述"②。据仁钦介绍,曾经在库伦有一位名叫王额贝格巴图的胡尔奇说书人,因为他喜爱用蒙古语讲述汉族小说中的故事,被八世哲布尊丹巴呼图克图召到身边专门为他讲述《济公传》《施公案》等蒙古人喜闻乐见的汉族小说,王额贝格巴图的译稿和手写原稿现今被收藏于蒙古国国立图书馆。③ 此外,仁钦还指出蒙古职业说书人有专业的说唱蒙古史诗的训练,他们不仅熟练掌握说唱蒙古史诗的技巧,还融合了从汉人先生那里听说的长篇小说。这些说书人在表演的过程中给汉族主人公"加上'汗''莫日根'④等称号,插入蒙古英雄史诗的完整情节,讲述主人公的打斗,删去他们认为不需要的和听众不感兴趣的内容,并用四弦琴为自己的说唱伴奏"⑤。

---

① 扎拉嘎:《比较文学:文学平行本质的比较研究——清代蒙汉文学关系论稿》,内蒙古教育出版社 2003 年版,第 131 页。
②③⑤ [蒙]宾·仁钦:《蒙古民间文学中的本子故事体裁》,《民族文学研究》2016 年第 4 期。
④ "汗"和"莫日根"是蒙古史诗中英雄主人公的常见称号。

第三章 | 查尔斯·鲍登的蒙古文学研究

从扎拉嘎和仁钦的阐述中可以看出,鲍登所提出的本子故事与史诗间模糊的界限以及它们之间的相互转换只展示了部分事实。本子故事与史诗间的混合更多来源于近代蒙古说书艺人对传统蒙古史诗的改造,他们将汉族长篇小说中的情节引入传统的蒙古史诗,从而诞生了有着新的故事情节的史诗。鲍登所描述的蒙古口头文学内部的相互转化是近代蒙古史诗变化的一种方向,但更大程度上受到了蒙译汉族小说这种外力的影响。虽然本子故事和传统蒙古史诗间的相互影响与它们自身的历史演变有一定的联系,但并不完全为鲍登所述的情况,外来文化同样对蒙古史诗产生了重要影响。

2. 蒙古史诗的形成时间

蒙古史诗在何时形成一直是学界意欲厘清的关键问题,中外许多学者就此问题进行过考证和研究。由于古代社会对流传于民间的口头叙事传统没有形成书面记载,时至近代掀起史诗收集、整理和研究热潮时,蒙古史诗已经在蒙古社会存在了上千年,想要追溯其最早的出现时间已经无法实现,因此,从史诗所描述的社会状况来推测其产生时间成为学界普遍采用的方法。鲍登认为蒙古史诗的形成时间不可能早于藏传佛教在蒙古地区的第二次传播时期,即不可能早于16世纪后半期,同时不会晚于17世纪中期。鲍登的推测主要来源于史诗中包含的藏传佛教的内容,他认为从"须弥山""入海"和"喇嘛"这些意象可以确定,史诗的诞生时间与藏传佛教第二次流入蒙古地区的时间相近。1578年索南嘉措与土默特阿勒坦汗在青海相会阿勒坦汗赠给索南嘉措"圣识一切瓦齐尔达赖喇嘛"的尊号,从此推断蒙古史诗的产生不可能早于16世纪后半期。此外,鲍登还指出史诗中曾出现过英雄抽烟的情节,香烟于17世纪初期进入中国内地,而蒙古地区的香烟主要来自中国内地,因此也可推测出史诗出现的时间不可能晚于17世纪中期。

我国学者推定蒙古史诗的形成时间远远早于鲍登所推测的16至17

235

世纪。仁钦道尔吉在《蒙古英雄史诗源流：中国史诗研究》中指出，"蒙古英雄史诗是在萨满教世界观指导下形成和发展起来的，而且在某种程度上借用了萨满祭祀诗歌的内容和形式"①。仁钦道尔吉认为原始的萨满教教义和萨满祭词为蒙古史诗的诞生了提供了基础，社会现实和历史事件为史诗提供了创作灵感，史诗中典型的娶亲母题和征战母题反映了11世纪至12世纪蒙古氏族社会时期的社会风貌。仁钦道尔吉在《蒙古英雄史诗源流：中国史诗研究》中提出，蒙古英雄史诗大致经历了三个发展阶段：第一阶段为前阶级时代或野蛮中级阶段，史诗反映的是人类同自然的斗争和氏族间的争斗；第二阶段为野蛮期高级阶段或英雄时代，这是史诗的繁荣发展阶段；第三阶段为封建混战时期，史诗反映的是封建领主之间的征战、民族战争和宗教战争。② 从仁钦道尔吉的阐释可以推知，蒙古史诗应早在13世纪成吉思汗统一蒙古各部之前就已经存在。巴·布林贝赫在《蒙古英雄史诗诗学》中认为根据蒙古史诗的发展历程，可将蒙古史诗分为原始史诗、完整史诗和变异史诗，最早的原始史诗与狩猎、游牧和萨满教有关。③ 从仁钦道尔吉和巴·布林贝赫两位学者的阐述中可得知，蒙古英雄史诗的发展与蒙古社会形态的发展同步，并且早在蒙古氏族社会时期就已经有史诗演唱现象存在。因此，鲍登所推定的时间范围内出现的史诗应该是形式和内容更加丰富的串连复合型史诗或是并列复合型史诗④，而出现更为久远的单篇型史诗却被鲍登所忽略。

---

① 仁钦道尔吉：《蒙古英雄史诗源流：中国史诗研究》，内蒙古大学出版社2001年版，第72页。
② 同上书，第41页。
③ 巴·布林贝赫：《蒙古英雄史诗诗学》，陈岗龙等译，中国社会科学出版社2018年版，第5页。
④ 有关串连复合型史诗和并列复合型史诗的分类标准和介绍，可参考仁钦道尔吉：《蒙古英雄史诗源流：中国史诗研究》，内蒙古大学出版社2001年版，第41页。

3. 蒙古史诗的特征

蒙古史诗的特征是鲍登在论文中重点讨论的对象,他在文中指出蒙古史诗具有的四大特征。

第一,从地理特征来看,蒙古史诗展示了一个理想化的蒙古世界,尽管史诗中很少出现真实的地名,但如阿尔泰山和杭爱山这样的神山仍有出现。英雄的敌人蟒古斯住在由铁筑起的城堡,英雄则住在传统的蒙古包中,同时拥有成群的牛羊,过着传统的游牧生活。从社会形态来看,蒙古史诗展示的是游牧社会的原始形态,英雄往往是汗王或汗王的儿子,他不仅拥有成群的牛羊还有自己的属民。魔法和宗教元素在蒙古史诗中占有一定的地位,这样的魔力与神力尤其体现在英雄所骑的良驹之上,英雄的良驹不仅是他的坐骑还是征战时的伙伴,它们既能帮助英雄逃离危险又能协助英雄战胜敌人。

第二,蒙古史诗不具有历史性也不具有悲剧性。历史事件并不是蒙古史诗的原型,英雄、蟒古斯、公主、神马和神灵才是蒙古史诗描述的对象,它们和谐共生在一个美妙的想象世界。史诗中尽管有暴力争斗的情节,但这些暴力争斗最终都会通向幸福快乐的生活。蒙古史诗中的英雄从来不会失败,即使被敌人打败或者被杀死,神马或是仙女也会拯救他,并且帮助他战胜邪恶。

第三,描绘善恶间的较量是蒙古史诗的典型特征。史诗中的人物总会分为两派:一派是以英雄为代表的正义力量,另一派是以蟒古斯为代表的邪恶力量。史诗中故事的发展过程基本是英雄因为娶亲或是征讨敌人而远征,在远征的过程中遇到种种困难,在其他人的帮助下英雄克服种种困难,并最终胜利返回家乡。鲍登还特别提及了蒙古史诗中的"天鹅处女型"故事。"天鹅处女型"故事是世界民间故事中广泛存在的故事类型,该种故事类型主要讲述了天上的仙女化身为天鹅来到凡间,当她在湖中洗澡时恰巧被凡间的一名男子碰到,这名男子在看到湖中洗澡的仙女时便爱上了她，因此他偷走了仙女的羽衣并藏了起来，找不到羽衣的仙女只能和男子回到他的家中，成为这名男子的妻子，他们从此生儿育女过上了凡间的生活。当仙女和男子育有众多儿女时，男子认为仙女不可能再回到天国，于是将藏起来的羽衣还给了仙女，但令他意想不到的是仙女穿上羽衣后立马化身成为天鹅飞回了天国。蒙古国著名学者策·达木丁苏伦曾就蒙古人中流传的"天鹅处女型"故事与印度的佛经文学、藏族的《诺桑王子传》、中国的牛郎织女以及芭蕾舞剧《天鹅湖》等进行过广泛的比较研究。我国学者陈岗龙也在其论文《天鹅处女型故事与萨满教》和著作《蒙古民间文学》的第三章"蒙古民间传说"的第一节详细论述了蒙古民间故事中的"天鹅处女型"故事。

鲍登所叙述的"天鹅处女型"故事包括在一篇其英译的名为《奥迪莫尔根汗》(Öödii Mergen Haan)的史诗中，鲍登所英译的史诗的主要内容如下：

从前有一位名叫奥迪莫尔根的可汗，他是一名神箭手。他的妻子名叫娜仁都特(Naran Duut)，他的马匹能够听懂人的话语。一天早晨，奥迪莫尔根汗在山顶祭祀完之后突然看到西方腾起了红尘、北方腾起了白尘，他的马驹跑来报告三个蟒古斯声称要杀死奥迪莫尔根汗，并且他们要在西方一决高下。奥迪莫尔根汗出征杀死蟒古斯回到家乡后，发现他的家乡已经被摧毁。正在奥迪莫尔根汗伤心之时，他的良驹让他搬起一块石头，原来石头下压着奥迪莫尔根汗的妻子留给他的信。信上说她已经为他准备好了一壶茶、煮好了肉，在她的袍子中留下了她的金梳子，掳走她和儿子以及属民的是那三个蟒古斯，并且劝告奥迪莫尔根汗不要为他们报仇，因为他会丢掉他的性命，除非他愿意和统治西方大陆的可汗的仙女女儿成婚。

于是在马驹的劝导下，奥迪莫尔根汗吃饱之后便去寻找仙女。

他化装成为衣衫褴褛的小癞子,把他的神弓和神箭变成芦苇,把他的良驹变成长满疮疖的矮马,成为仙女的仆人。一天,一只母狗产下了数只幼崽,小癞子便将这些幼崽放到了仙女的袍子里,并威胁仙女他要告诉她的父母是她生下了这些小狗。于是,仙女祈求小癞子把这些小狗弄走,并且不要惊动她的父母,还同意了和小癞子成亲。此时,仙女的另两位追求者提出要和小癞子进行男儿三艺的比赛来一决胜负。尽管小癞子最终赢得了比赛,但他却成为看守一匹珍贵母马的守卫,随后这匹母马产下了六匹小马。当守卫都熟睡的时候,迦楼罗(古印度神话中的巨型神鸟)前来偷产下的小马,小癞子刚好射掉了小马的马尾和迦楼罗的一根羽毛。在证明是迦楼罗偷走小马后,小癞子杀死了这只迦楼罗并找回了七匹马和额外的一匹公马,并且把它们呈递给了国王。然而不幸的是,小癞子的努力并没有受到汗王的肯定,反而摔死在了汗王大帐中的深坑里。小癞子的良驹找来了仙女,救活了摔死的奥迪莫尔根汗,被救活的奥迪莫尔根汗救出了他的妻子、找到了他的儿子,随后父子合力找到了蟒古斯的灵魂所在地杀死了蟒古斯,最终过上了幸福的生活。

鲍登所举例的这则蒙古史诗中包含着多个典型的蒙古史诗情节,如"天鹅处女型"故事(尽管其中缺乏完整的故事情节)、英雄变成小癞子混进敌人汗国的情节、汗王对前来娶亲的英雄设置考验的情节、英雄的神驹拯救英雄的情节、仙女或少女帮助死去或陷入危险的英雄的情节,以及英雄找回被蟒古斯掳走的亲人的情节,等等。这些情节有时独立构成史诗的情节,有时一则史诗又包含有数个典型情节。鲍登用来举例的史诗情节丰富,展示出了蒙古史诗的典型特征和具有代表性的故事类型。

第四,蒙古史诗在格律、形式和风格上都具有高度的典型性。蒙古史诗讲究押头韵,即几个诗行组成一个组群,其中的每个诗行的开头都使用同样的音节。此外，蒙古语中的元音和谐律①促使了平行结构②的产生，鲍登指出平行结构是两句或是四句诗行所组成的一组诗节，该诗节与另外一组诗节有着同样的字数，在语法形式、句式和意义等方面也具有相似性，组成平行结构的诗节间所传达的整体意义也相近。③鲍登还特别指出在这样的平行结构中，元音和谐律增强了它们的表达效果。我国学者朝戈金认为平行结构是蒙古史诗的重要结构特征，但却少有学者注意这一现象，更没有学者对蒙古史诗中的平行结构进行过深入地探讨。鲍登是少数对蒙古史诗中的平行结构进行阐释的学者，其对这种结构的阐释为后续学者的进一步研究提供了一定参考。④

鲍登也还特别指出了蒙古史诗的风格的典型特征，尤其是夸张这一修辞手法的使用。鲍登认为蒙古史诗中的夸张已经形成了某种程式性表达，史诗演唱者使用夸张的表达方式是为了消除听众对所描述事物的特征的怀疑。⑤如史诗总将恶魔蟒古斯描述为丑陋和邪恶的化身，史诗中的公主（或是英雄的夫人等正面角色）总是拥有令人炫目的美丽，这种夸张

---

① 元音和谐律指"一个词里边前后元音之间的互相影响、互相制约的关系问题。也就是说，它说明的是哪些元音可以在一个词里共同出现，哪些元音不能在一个词里共同出现。共同出现时，其排列次序如何等。元音之间的这种关系就叫作元音和谐律"。（[清]格尔泰：《蒙古语语法》，内蒙古人民出版社1991年版，第77页。）
② 鲍登在文中所列举的平行结构为：
    Alag uulyg naigatal
    Altan delhiig dorgitol
    Höh uulyg naigatal
    Hövchin delhiig dorgitol
    Sümber uulyg naigatal
    Sün dalaig dorgitol hatiruulj
③⑤ C. R. Bawden, "Mongol, The Contemporary Tradition", *Traditions of Heroic and Epic Poetry*, 1980(1).
④ 朝戈金：《口传史诗诗学：冉皮勒〈江格尔〉程式句法研究》，广西人民出版社2000年版，第193页。

的表达方式将史诗中的人物形象固定化,并且夸张的描述方式也成为所有蒙古史诗中具有相似特征的缩影。① 鲍登进一步指出这种夸张的、固定的描述方式展示出了蒙古史诗中直接和原始的情感表达,说唱史诗者和听众的感情都是直白且类型化了的。因此,鲍登认为蒙古史诗中的结构与想象并不由史诗说唱者随意编造,他们的表演受到蒙古史诗传统的程式限制,所以史诗演唱者的能力主要体现在结合和操纵传统史诗母题和主题的技巧之上。② 海西希也曾指明"每一个史诗的重述都是一个完全崭新的创造"。每次搜集到的内容"都是借助于传统的、一脉相承的词序(公式)描绘了一个文学行为,这一行为在口头原文当中是不可重复的"③。

美国史诗研究专家帕里认为,"程式是在相同的步格条件下,常常用来表达一个基本观念的词组。程式是具有重复性和稳定性的词组,它与其说是为了听众,还不如说是为了歌手——使他可以在现场表演的压力之下,快速地流畅地叙事"④。从帕里对于程式的定义可以看出,程式是史诗演唱者所掌握的重要元素,也就是鲍登所指出的史诗演唱者所结合和操纵的母题与主题,显然在对史诗演唱者的认识上鲍登所提出的观点对于彼时的史诗研究具有重要意义。鲍登对于蒙古口头文学中存在的程式化表达早在其对祝赞词和祭词的研究中就有所注意,在对史诗的研究中鲍登再次指出了这种程式在口头文学作品中占有的重要作用。虽然鲍登注意到了蒙古口头文学中的程式表达特点,但他仅是局限于对此种现象的描述而没有继续深究其中的运作原理,这不失为鲍登学术研究的一大遗憾。

---

①② C. R. Bawden,"Mongol,The Contemporary Tradition",*Traditions of Heroic and Epic Poetry*,1980(1).
③ [德]瓦尔特·海西希:《〈蒙古英雄史诗叙事材料〉序》,《民族文学研究》1989年第6期。
④ 朝戈金:《口传史诗诗学:冉皮勒〈江格尔〉程式句法研究》,广西人民出版社2000年版,第17页。

鲍登在《蒙古：当代传统》一文中对蒙古史诗进行了概括性的总结，其中对蒙古史诗的不同种类、蒙古史诗的形成时间和蒙古史诗的特征着重进行了介绍和阐释，展示了蒙古史诗的基本特征。然而，鲍登对蒙古史诗所做的阐释也有一定的不足。一方面，鲍登关注的史诗文本多为近代以来民间流传的蒙古史诗，这些史诗大都受到新的社会环境和新的科学技术的影响而产生了变异，缺乏蒙古史诗的原始特征，因而导致鲍登的描述存在一定的片面性。另一方面，鲍登对蒙古史诗的阐释缺乏系统性的归纳总结，其文章更偏重于对蒙古史诗的一般性介绍，而缺少学术研究的深度。蒙古史诗具有以神幻浪漫为主的创作手法、类型化的形象描绘、动静结合的夸张渲染和精雕细刻的艺术特征[1]，鲍登对蒙古史诗特征的阐释也着重强调了蒙古史诗的奇幻性质，突出了蒙古史诗的艺术性，尤其是鲍登对蒙古史诗中夸张这一修辞手法的分析颇具启示意义。夸张在各民族民间文学和史诗中是常用的修辞手法，但学者们往往仅注意到了夸张手法在描绘事物时的重要作用，却忽略了夸张在史诗生成上的作用。在鲍登的阐释中，夸张不再是一种修辞手法，而是用来描摹史诗中人物的固定描述方式，从而解释了这一惯用表达方式在史诗构成中的重要作用。我国学者朝戈金在《口传史诗诗学：冉皮勒〈江格尔〉程式句法研究》中对蒙古史诗中的程式进行了细致的解读，他将蒙古史诗中的程式分为语词程式和句法程式，解释了蒙古史诗在词汇使用和句式结构上的固定程式，以及这些程式在史诗中的具体应用。鲍登从表达方式和修辞效果上对蒙古史诗中的语词程式进行的分析或许可以成为研究蒙古史诗程式化表达的另一切入点，这种从言语表达效果出发所进行的对史诗中的语词程式的探讨，可以成为今后对蒙古史诗研究的进一步探索方向。

---

[1] 荣苏赫等主编：《蒙古族文学史（第一卷）》，辽宁民族出版社1994年版，第250—258页。

三、《蒙古传统文学选集》评述

21世纪前,西方学界出现的蒙古文学①史类著作中最有代表性的是德国著名蒙古学家海西希于1972年在威斯巴登出版的两卷本《蒙古文学史》(*Geschichte der mongolischen Literatur*)。此前,美国学者劳费尔(Berthold Laufer)已于1907年在印第安纳大学出版了《蒙古文学史纲》(*A Sketch of Mongolian Literature*),该书同1901年编成的《格斯尔汗传》研究书目一起"成为西方第一次并在此后多年中只此一次使蒙古封建主义史学史资料和民间文学资料系统化的尝试"②。进入21世纪,西方学界出版的第一部使用英文全面介绍蒙古文学的著作当属查尔斯·鲍登于2003年出版的专著《蒙古传统文学选集》(*Mongolian Traditional Literature: An Anthology*)(下称《文选》)。蒙古学在西方整体的学术研究中始终处于较为边缘的位置,对蒙古文学进行系统梳理并整理成册的专著少之又少,鲍登的《文选》是目前学界少有的使用英语系统性介绍蒙古文学的著作,在向西方学界引介蒙古文学方面做出了重要贡献。鲍登的《文选》体例丰富,它不仅按照时间顺序梳理了蒙古文学的发展历程,展示了不同时期出现的新的文学样式,还对不同时期的历史背景和不同文学作品进行了评论,充分显示了蒙古文学从13世纪至20世纪不同时期内的文学特色,也从整体上展示了蒙古文学独有的文学特点和文化魅力。

(一)《蒙古传统文学选集》内容简介

《文选》是查尔斯·鲍登学术生涯晚期的代表作,凝聚了鲍登蒙古文

---

① 本文所说的蒙古文学指整个蒙古民族的文学,所包含的范围不仅有我国的内蒙古地区,还包括蒙古国以及在其他地区生活的蒙古人所创作的文学。
② [俄]马·伊·戈尔曼:《西方的蒙古史研究:十三世纪—二十世纪中叶》,陈弘法译,内蒙古教育出版社2011年版,第70页。

学研究的心血。虽然该书集鲍登英译各类蒙古文学作品于一体，但它并不是简单地罗列蒙古文学作品，而是对蒙古文学发展史的梳理和概括。《文选》一书按照文学体裁将蒙古文学作品分为历史故事、传奇故事、训谕诗、史诗、祈祷文、民间故事、中蒙小说、佛教故事、歌谣以及祝词赞词、回忆录和现代短篇故事十一个部分。每个部分选取了数个短篇和作品选段作为例子说明该种文类的基本特征。鲍登在书中对所选取的文本均进行了阐释，有的说明了文本的来历，有的说明了文本的背景，有的说明了文本的版本，在这些阐释性的文字中能够得知与文本相关联的信息，从而加深了读者对文本的理解。此外，鲍登还通过加注的方式对一些专有名词和难以理解的内容进行解释说明，从而帮助读者更好地理解文本所表达的含义。

　　《文选》最大的特征是民族特点突出。蒙古文学作品始终带有浓厚的草原文化气息，其中最具有代表性的特征是口头文学传统。口头文学是文学产生时的最初形式，无论是西方著名的《荷马史诗》还是蒙古口头文学作品，都是先民最初的文学文化成就。蒙古口头文学与其他民族或地区的口头文学的区别在于，蒙古口头文学虽然诞生于时间久远的原始社会，但在随后相当长的时间内保存在蒙古文学文化传统中。蒙古书面文学和民间口头文学的关系十分密切，书面文学的许多体裁来源于民间文学，民间的口头文学还常常被转化为书面文学，书面文学亦转化为民间文学。[①] 口口相传的传奇故事、史诗、民间传说等口头文学样式是蒙古文学的重要组成部分。鲍登所编著的《文选》也十分重视口头文学作品在蒙古文学中的重要地位，书中以口头文学为介绍主体的章节有传奇故事、史诗、祈祷文、民间传说这四大章，占了全书的三分之一，其中共收录了将近四十篇口头文学作品，涵盖了蒙古口头文学的几乎全部文学样式，突出了

[①] 荣苏赫等主编：《蒙古族文学史（第一卷）》，辽宁民族出版社1994年版，第3页。

蒙古文学的鲜明特点。

《文选》的创新之处在于打破传统的以文学思潮和时间断代为纲、以经典作家作品为主要内容的文学史编写方法。《文选》更多地强调文学文本的主体性特征,用一个个文本来建构蒙古文学的发展脉络。蒙古文学文本不仅仅是一般意义上的以审美为出发点、以虚构为主要特征的人类主观创作的产物,它还因其中包含了蒙古人对宇宙、生存、道德伦理等方面的探讨而使得文化特征更加鲜明。鲍登在《文选》中充分展示了蒙古文学中蕴含的蒙古人的生命哲学,从而使该书不仅仅是一部文学史,还是一部文化史。例如在传奇故事一章,鲍登选取了《成吉思汗的两匹骏马》《渥巴锡洪台吉的故事》《厄鲁特战争》《斜眼公主的故事》等六个在蒙古人中广为流传的传奇故事,展示了蒙古人的世界观和思想意识特征。在这六个传奇故事中,《成吉思汗的两匹骏马》最具有典型性。该故事讲述了一匹小马和一匹老马不堪忍受成吉思汗的压榨,出逃后又再度回到成吉思汗麾下的故事,它既表现了普通民众勇于反抗命运不公的勇气,也展现了成吉思汗敢于认错改错的英明统治者的形象。再如,训谕诗一章鲍登选取了《智慧的钥匙》等文本,展示了它们在启发听众心智、净化心灵等方面的作用。

(二)"文学文化史"视域下的《蒙古传统文学选集》

2001年出版的《哥伦比亚中国文学史》(*The Columbia History of Chinese Literature*)为向西方读者引介中国文学起到了不可磨灭的作用,该书被奉为西方中国文学史类书籍的经典。2010年剑桥大学出版社又出版了由美国耶鲁大学孙康宜和哈佛大学宇文所安(Stephen Owen)主编的两卷本《剑桥中国文学史》(*The Cambridge History of Chinese Literature*)。同前期出版的《哥伦比亚中国文学史》不同的是,《剑桥中国文学史》力主

"质疑那些长久以来习惯性的范畴,并撰写出一部既富有创新性又有说服力的新的文学史"①,主编孙康宜还特意指出编写《剑桥中国文学史》(下称《剑史》)的一大特点就是"尽量脱离那种将该领域机械地分割为文类(genres)的做法,而采取更具整体性的文化史方法,即一种文学文化史"②。孙康宜所提出的文学文化史(history of literary culture)的编撰方法在我国学界引起了众多学者的讨论。有学者认为文学文化史的编撰方法体现了文化史学的研究范式,不以政治、朝代的分期模式或是以文类、体裁来分割文学史。③ 我国学者李俏枚在其论文中认为文学文化史"将文学置于一个更广阔的文化空间去理解,把文学看成文化的产物"④。陈立峰在《文学文化史理念 解构主义的思维——〈剑桥中国文学史〉编纂思想评析》中认为文学文化史"将文学视为一种文化存在,把文学同它赖以生成的整个文化生态联系起来加以考察,因而格外关注文学发展进程的整体趋向及其内在的深层文化原因"⑤。顾伟列和梁诗宸则将文学文化史的特征归纳为四个"关注",即关注文学的文化属性,关注文学发展的内外部规律,关注文化对文学传播与接受的影响,和关注文学中蕴含的文化特色。⑥

笔者认为文学文化史的基本要素如下:其一,文学文化史将文学发展同社会历史发展相结合,从整体上考察文学的发展;其二,文学文化史注重文学作品载体(手抄本和印刷本等)对文学作品的传播的影响;其三,文化史打破传统的文学史编撰方法,不以单一的历史朝代或作家作品或

---

①② 孙康宜,宇文所安主编:《剑桥中国文学史·上·1375年之前》,生活·读书·新知三联书店2013年版,中文版前言,第2页。
③⑤ 陈立峰:《文学文化史理念 解构主义的思维——〈剑桥中国文学史〉编纂思想评析》,《文艺评论》2016年第3期。
④ 李俏枚:《"文学文化史"观念下的中国文学史写作》,载蒋述卓、龙扬志主编《文学批评与中国文学史的生成》,暨南大学出版社2018年版,第157页。
⑥ 顾伟列、梁诗宸:《"文学文化史":〈剑桥中国文学史〉的编撰新范式》,《中国比较文学》2014年第3期。

文类对文学史进行分割；其四，文学文化史具有后现代解构主义的意味，关注边缘化和未被经典化的文学作品。总的来说，笔者认为文学文化史是从文化研究角度出发对文学史进行编写的思想，它打破了传统的文学史编写方法，将文学发展规律置于整个文化历程的背景下进行考察，关注文学内部的流变，从社会文化的发展进程考察文学流变的产生原因，并将文学和文化的流变体现在文学史的编写过程中。查尔斯·鲍登在编写蒙古文学史的过程中十分注重蒙古文学的文化特性，他将文学看作文化的一部分，使文学同文化融合成为一体。《文选》虽按文类编排各章节，但蒙古文学样式的发展随着社会的进步而不同，13世纪至20世纪蒙古社会经历了从氏族社会发展至封建社会再至社会主义社会的过程，其间产生的文学样式也从古老的口头文学发展为书面的小说、诗歌和回忆录等。鲍登借用文学样式来区分各个章节并不是传统意义上的文类区分，而是利用蒙古文学的文类从口头至书面、从韵文至散文、从神话至现实主义的发展过程折射蒙古社会的文化发展变化。

《剑史》的文学文化史编撰理念与鲍登的《文选》编撰理念存有许多相似之处，但又有些许不同。同《剑史》文学文化史的编写方法相近的是《文选》同样关注文学的经典化问题，鲍登注重挖掘未被学界重视的文学文本，在蒙古传统文学作品的基础上丰富了各文类的内容。如前所述，蒙古文学的一大特征是拥有丰富的口头文学资源，民间故事、史诗、祈祷文等以口头形式出现的文学作品并未有固定的文本，难以像书面文学作品一样经历经典化的过程。蒙古文学中最终形成经典的多是各种套语和程式，但这种现象并不代表蒙古文学中没有经典的文学作品，史诗《格斯尔》、训谕诗《智慧的钥匙》、历史故事《阿阑豁阿五箭训子》、尹湛纳希的小说等均是蒙古文学的经典之作。鲍登在编写《文选》的过程中既将这些广为流传的文学作品纳入《文选》，又增添了许多新的文学文本，如在训谕诗中增添了《酗酒的罪恶》这一则规劝人们适度饮酒的训诫故事。《成吉思汗的箴言》和《智慧的钥匙》可以称得上是训谕诗的经典作品,但鲍登在《文选》中只选用了《智慧的钥匙》,同样在史诗一章中鲍登仅选入了《格斯尔》的片段而没有选择另一著名蒙古史诗《江格尔》。《文选》中文学作品的选择没有《剑史》那么强烈的解构意识,但鲍登也并没有简单地罗列传统的经典作品,而是添加了新的文学文本使《文选》没有落入蒙古传统文学史编写的窠臼。

历史文化语境和文学发展的交融是文学文化史的核心理念,《剑史》的编写者将历朝历代的文化发展当作串联全书的主线,而鲍登所编写的《文选》虽然将蒙古文学的发展置于文化语境中进行阐释,但《文选》并未如《剑史》一般明确指出所选作品的产生年代,整体上可以大致区分出历史故事、传奇故事、训谕诗、史诗、祈祷文和民间传说这几章属于蒙古文学产生的古代时期,中蒙小说、诗歌以及祝词赞词和佛教文学这三章属于蒙古文学产生的近代时期,回忆录和现代短篇故事是蒙古文学产生的现代时期。13 世纪蒙古民族在草原上崛起,有记录的蒙古文学最早也可追溯至那个时期,我国学者赵永铣指出早在氏族部落时期就存在氏族中的长者向氏族成员讲述氏族历史和传说的传统,到了父系社会蒙古人还把述说家族世系谱、祖先的尊号、出身和丰功伟绩等作为传统的习俗。① 因此,在蒙古文学形成之初,口头文学(如民间传说、传奇故事、史诗等)是蒙古文学的主要形式。进入 16 世纪末、17 世纪初的近代,随着藏传佛教的流入和同汉民族不断深入的接触,蒙古文学开始出现了小说、诗歌和佛教文学这类文学样式,尤其是以尹湛纳希为代表的受到过蒙汉双语教育的文人开创了蒙汉小说这一新的文学类别。《文选》中的回忆录和短篇故事集中展示了蒙古文学的现代特征,这些回忆录和短片故事记录了 20 世

---

① 赵永铣:《蒙古族箴言、训谕诗的产生与特征》,《内蒙古社会科学(文史哲版)》1994 年第 3 期。

纪 50 年代左右的喀尔喀蒙古的学者、文人和普通民众的生活现实和社会面貌。总之,鲍登在《文选》中列举的文类同其产生的历史文化语境有着不可分割的联系,《文选》中的蒙古文学作品始终展示着蒙古历史和文化的发展。

《文选》与《剑史》在文学史编写理念方面的最大不同在于《文选》采用了文学体裁来分割文学史的方法。《剑史》的主编孙康宜指出文类作为文学史的分割方法并不是不可取,而是将文类的出现和其演变的历史语境相结合从文化分析角度构建文学史。①《文选》的编撰理念与上述观点不谋而合,《文选》以文学体裁为各章标题,展示了蒙古文学文体与蒙古社会发展间的紧密联系。文学体裁一直都是文学研究的重要组成,西方文艺理论的鼻祖柏拉图将文学分为抒情诗、戏剧和史诗三类,亚里士多德在《诗学》中还将文类与不同的社会阶级联系在一起。在《小说的兴起》(*The Rise of the Novel*)中瓦特(Ian Watt)认为小说这一文类的出现与当时洛克等人的哲学理论对人们认知的影响,以及印刷业的迅速发展有着密不可分的关系。蒙古文学体裁的发展当然也和蒙古人从草原来到中原,从氏族社会发展到现代社会的历史进程无法分离。蒙古文学体裁的发展不仅同历史进程有密切联系,其中包含的内容也同社会发展有关:蒙古传统文学中的史诗、传奇故事、民间故事等,往往讲述的是萨满教观念下的图腾神话和氏族争斗;近代的蒙古文学则吸收了佛教文化和汉族文学的精华,出现了佛教故事和蒙汉小说这样的文学类别;现代时期在意识形态的改变、战争动乱以及无产阶级革命文学潮流的带动下,又出现了回忆录等文学样式。所以,《文选》将文学体裁作为分割蒙古文学发展历史的标准既突出了蒙古文学的民族特征,又能够使读者在阅读的过程中

---

① 孙康宜、宇文所安主编:《剑桥中国文学史·上·1375 年之前》,生活·读书·新知三联书店 2013 年版,中文版前言,第 3 页。

感受到体裁的变化同蒙古民族的历史文化的关联。

(三)《蒙古传统文学选集》与我国蒙古文学史的比较

新中国成立以来,我国出现的用汉文编写的通史类蒙古文学书籍主要有齐木道吉等编著的《蒙古族文学简史》(1981)以及荣苏赫和赵永铣主编的四卷本《蒙古族文学史》(2000)等,其中四卷本《蒙古族文学史》是同类书籍中的代表性成果,具有重要的学术价值。这两版蒙古文学史先后承接,体例和内容逐渐丰富,从简史发展到了最后的四卷本文学史。上述文学史均采用了以历史分期并介绍不同时期的代表性作品的编撰方法。齐木道吉和赵永铣曾指出使用"以时代为序、体裁为纲的统一体例"来编写蒙古族文学史比较符合蒙古族文学发展的历史实际,因为可以看出文学体裁发展的承继关系,也不会将同一作者的作品分割成数块,保证了同一个作者的统一性。① 这两种文学史在每个历史分期内都会首先介绍该段时间内蒙古民族发展的历史背景和社会发展状况,还对该段时间内的文学文化现象、文学思潮等做出概述,然后介绍该时期内出现的不同文学类别和代表性文学作品。这种以时代为总的分期,再用体裁进行具体分割的文学史编写方法同《剑史》的整体编写思想相近,同样注重了文学作品的文化内涵。

我国学者编写蒙古文学史的思路与鲍登《文选》的编写思想相似,但两者在一些方面还存有较大的差异,其中最为明显的是对蒙古文学范围的划定。我国学者在编写文学史时注意到了周边国家和周边民族对蒙古文学的影响,进而在文学史中特意将使用藏语和汉语进行文学创作的蒙

---

① 齐木道吉、赵永铣编写:《〈蒙古族文学简史〉的体会和认识》,《民族文学研究》1985年第2期。

第三章 | 查尔斯·鲍登的蒙古文学研究

古族作家囊括其中。如在1994年出版的文学史中,编者专设一章介绍了使用汉语进行创作的作家和用汉文写就的文学作品,元代杰出的诗人萨都剌以及元散曲和元杂剧都被视为蒙古文学的有机组成。编者认为尽管使用汉语创作的文学作品同传统的蒙古文学相比民族特色稍有逊色,但这些作品中反映出了蒙古人独特的心理特征,也具有一定的民族特色。①编者还指出使用汉语进行创作的文学作品"是蒙汉民族文化、文学相互交流、相互影响的结晶,是研究蒙汉民族文化、文学交流发展史的珍贵资料"②。此外,我国学者也对翻译文学给予了关注。例如在2000年出版的《蒙古族文学史(第三卷)》中,编者指出"将汉文作品大量译为蒙古文,是近代蒙古族文学的一大景观,其中,又以小说的翻译最为繁荣"③,《水浒传》《今古奇观》和《金瓶梅》等汉语名著的蒙文译本成为近代蒙古文学的重要组成部分。我国翻译大家谢天振就曾指出翻译文学是"文学作品的一种存在形式"④。蒙古族文人在翻译汉族文学经典时会增添一些具有蒙古文化特色的元素,使得翻译后的文学作品更加符合蒙古人的审美,因此这些译本经过了译者的"蒙古化"改造,被赋予了蒙古文化特征,创造性地将蒙译汉族文学变为蒙古文学中的一个有机组成部分。无论是使用汉语和藏语等其他语种进行文学创作,还是将汉族文学作品经翻译而引入蒙古社会,这些文学现象都与蒙古人与汉地和其他地区交往不断深入的历史现实有关,我国学者将这些文学作品纳入文学史,也就是将蒙古地区和周边地区与民族的互动表现在了文学史中。

作为一部出版在2003年的文学史类著作,鲍登所编写的《文选》缺乏

---

① 荣苏赫等主编:《蒙古族文学史(第一卷)》,辽宁民族出版社1994年版,第590页。
② 同上书,第592页。
③ 荣苏赫、赵永铣主编:《蒙古族文学史(第三卷)》,内蒙古人民出版社2000年版,第254页。
④ 谢天振:《翻译文学——争取承认的文学》,《中国翻译》1992年第1期。

我国学者在编写文学史时更宽广的文化视野和比较视野，这种视野的局限导致了《文选》仅仅关注蒙古文学发展的内部变化而没有注意到蒙古地区与其他地区和民族间的互动关系。《文选》所展示出的蒙古文学史编写思路在一定程度上也代表了西方学界对蒙古文学的认知。鲍登在《文选》的前言中说明他在编写过程中参考了海西希等西方学者的著作，《文选》的编写思路继承了西方学界对蒙古文学的态度。从鲍登所编写的《文选》可以看出，西方学者将蒙古文学限定于出现在蒙古地区并使用蒙古文创作的文学作品。19世纪以来，大量的汉语文学涌入蒙古人的视野，给蒙古文人的创作思想带来了巨大影响，西方学者研究视域的限制导致他们未对此种文学文化现象给予太多的关注，因此导致西方的蒙古文学史编撰存在一定的疏漏。

本章小结

　　蒙古文学研究是鲍登晚年的研究兴趣点，他的蒙古文学研究成果虽然以描述性的基础研究为主，但在西方学界有着一定的影响力。鲍登是最早一批少数对尹湛纳希的爱情小说进行阐释的西方学者，他对尹湛纳希与汉族文学间关系的论述至今仍具有学术价值。鲍登并不如大多数的学者一样，从小说文本中挖掘社会现实意义，他从美学的角度阐释了尹湛纳希作品的文学价值，肯定了尹湛纳希的文学创作能力，挖掘了尹湛纳希作品的审美特征。鲍登英译的八首蒙古史诗和介绍性论文为向西方学界引介蒙古史诗起到了推动作用。鲍登所译的八首蒙古史诗，虽然在情节的完整性和内容的艺术性等方面存在不足，但这些史诗文本向世人展示了蒙古史诗的变异和现代的传唱状况，它们对当下的蒙古史诗研究有着重要的现实意义。另外，鲍登对蒙古史诗的英译带有明显的跨文化特性，他所英译的蒙古史诗极大地保留了史诗原本的蒙古文化特征,让读者在阅读英译文的过程中仍旧能够体会蒙古语原文的韵味。在对蒙古史诗的介绍方面,鲍登较为完整地总结了蒙古史诗的类型、基本情节和主题思想,并阐释了蒙古史诗的基本母题和史诗的结构特征,展示出了蒙古史诗的概貌。《蒙古传统文学选集》是鲍登的最后一部著作,也是21世纪西方学界出现的第一部使用英语写成的蒙古文学史类书籍。鲍登以"文学文化史"为编撰理念,把文学文本作为构建蒙古文学发展历程的主体对象,展示了蒙古社会不同时期的文学样式以及蒙古文学与蒙古社会发展间的密切联系。然而,鲍登的《蒙古传统文学选集》忽略了使用非蒙古语创作的文学作品和翻译文学作品。这种视域的局限与西方的蒙古学学术传统紧密相关,《蒙古传统文学选集》的缺失也折射出了西方学界在蒙古文学研究上的缺陷。

第四章 | 查尔斯·鲍登对西伯利亚英国传教士的传教活动研究

- 一、国内外蒙古地区传教活动研究概况
- 二、西伯利亚英国传教士的传教活动
- 三、西伯利亚英国传教士传教活动研究的学术价值
- 本章小结

第四章 | 查尔斯·鲍登对西伯利亚英国传教士的传教活动研究

传教士在早期的东西方交往中充当着重要的桥梁作用,西方社会关于东方的初期认知大多来自传教士们的叙述。西方对于蒙古地区的了解也得益于活跃在蒙古地区的传教士(如鲁布鲁克和马可·波罗等)对蒙古语言、文化、民俗、经济等方面的介绍。传教士和他们的传教活动是查尔斯·鲍登学术晚期的研究对象之一,鲍登的研究聚焦于19世纪初受英国伦敦传教会派遣的四名传教士,他们深入西伯利亚的卡尔梅克和布里亚特蒙古人中传教20余年。这四名传教士的传教活动是近代西方传教士与蒙古地区的首次接触,他们所留下的文字记录为西方传教士后续在蒙古地区继续传教提供了重要的参考信息,促进了近代西方与蒙古地区的交往。查尔斯·鲍登通过对相关文献的梳理,整理并还原了西伯利亚英国传教士所进行的传教活动的完整过程。本章通过重现鲍登笔下的19世纪蒙古地区传教史,意图向学界清晰地展示该次传教活动的意义以及它在近代西方与蒙古地区交往史中的重要地位。

一、国内外蒙古地区传教活动研究概况

近年来,传教士研究是国内汉学研究的热点话题。对西方传教士传教活动开展的背景、传教活动的具体内容的探究和对传教士所进行的东方语言、文化、社会风俗等方面的研究梳理,加之对传教士的手稿、书信等文献资料的收集整理等都是我国学者关注的重点。传教活动虽然在西方国家的殖民扩张背景下产生,但传教士们对东方文化的记录和阐释在现今有着重要的现实意义。英国著名基督教史研究专家阿瑟·穆尔(Arther Christopher Moule,1873—1957)于1930年出版的专著《一五五

〇年前的中国基督教史》①(Christians in China Before the Year 1550)具有开创性意义,该书不仅对传教士在中国汉地的传教活动进行了详细的记述,其中第八章和第九章还展示了13世纪和14世纪前往蒙古汗国的西方传教士的书信内容,以及14世纪西方传教士、旅行家对蒙古汗国的见闻和社会风貌等内容的记载。西方学界对以威廉·鲁布鲁克和马可·波罗为代表的13、14世纪西方使团的研究已经获得了丰硕的成果。在我国学界,对于鲁布鲁克和马可·波罗等早期派往蒙古汗国的使团的研究也同样丰富,他们对蒙古汗国的记录和描述已经为学界所熟知。除此之外,清朝以降的来华传教士也是我国学界研究的热点,并且对这些传教士的研究已经成为汉学热的重要组成部分。

(一)国内研究概况

我国学界对西方传教士在蒙古地区传教活动的研究主要有两大内容:一是有关13、14世纪往来于蒙古汗国的西方传教士的研究,另一内容是有关19世纪中后期活跃在蒙古地区的景雅各和其他活跃在内蒙古地区的传教士活动研究。我国学者对13世纪和14世纪西方使团的研究多掺杂在蒙古史的语境中,将西方使团对蒙古汗国的造访看作中世纪蒙古史的有机组成。一些学者也从蒙古族宗教史的角度对早期的西方使团加以论述,如苏鲁格于2006年出版的专著《蒙古族宗教史》阐释了13世纪西方使节在蒙古汗国的主要活动。此外,该书还包括了景教、天主教、道教和佛教在蒙古地区的流传情况,13世纪蒙古汗国的宗教信仰状态以及蒙古汗廷对各种宗教信仰的态度等内容。苏鲁格在论及基督教在蒙古地区的传播情况时,仅将时间限制到元朝,元以后直至近代基督教在

---

① 该书已由我国学者郝镇华翻译,并于1984年由中华书局出版。

第四章 | 查尔斯·鲍登对西伯利亚英国传教士的传教活动研究

蒙古地区的传播却没有涉及。萨日娜于 2019 年发表的论文《基督教传教士眼中的蒙古——以〈柏朗嘉宾蒙古行纪 鲁布鲁克东行纪〉为例》分析了柏朗嘉宾和鲁布鲁克以西方中心主义为视角描绘的蒙古社会，萨日娜指出这两部游记展示了西方传教士对蒙古汗国既恐惧蔑视又崇拜迷恋的认知，这种认知的产生与西方传教士和蒙古人思想意识的不同紧密相关。

从 20 世纪 80 年代起，我国学界在对近现代内蒙古地区传教活动的研究中产生了较为丰富的研究成果。2006 年张彧博士的学位论文《晚清时期圣母圣心会在内蒙古地区传教活动研究（1865—1911）》，详细地介绍了比利时圣母圣心会于清晚期在内蒙古的传教活动。2008 年刘青瑜博士的学位论文《近代以来天主教传教士在内蒙古的社会活动及其影响（1865—1950）》，梳理了包括圣母圣心会在内的天主教修会在内蒙古的传教活动情况，相较于张彧的博士论文，刘青瑜的博士论文涵盖的范围更广、时间跨度更长，对于传教活动的评价更加积极，更为宏观地评价了西方传教士在内蒙古的传教活动。特木勒于 2010 年发表的论文《预料之外的失败与成功：景雅各的传教事业和蒙古学》，详细阐释了在蒙古地区传教 20 余年的传教士景雅各的传教经历，总结出了景雅各对西方蒙古学做出的重要贡献。特木勒还撰写了《蒙古使徒景雅各笔下的蒙古人形象》和《耶稣遭遇羊祖：景雅各在热河的五年》两篇论文，分别分析了景雅各所描述的蒙古社会状况的特征和他在热河[①]传教时热河的社会生活状况。宝贵贞于 2012 年发表的论文《遣使会与塞外三个传教中心的形成》，阐释了四大入华教会之一的遣使会在西湾子、小东沟和苦力图的传教活动，并说明了以上三个区域在内蒙古传教历史上的开创性作用。2014 年梅荣

---

① 中华民国于 1914 年成立热河特别行政区，省会为承德，包括现今的承德地区、内蒙古赤峰地区、通辽部分地区和辽宁的朝阳、阜新、葫芦岛市建昌县地区。

的博士论文《清末鄂尔多斯天主教历史研究》,介绍了19世纪中后期内蒙古鄂尔多斯地区传教活动的扩张与发展,以及教会势力与当地民众的冲突。该文还选取了如庚子年蒙旗教案这样的案例,说明了清末鄂尔多斯地区存在的复杂的社会关系。庄宏忠在2016年发表的论文《19世纪天主教蒙古传教区东部界线争端研究》中,阐释了19世纪西方传教士在蒙古地区传教时教区划分的过程与争端,其中还包括了17世纪至19世纪蒙古地区传教活动的基本情况。庄宏忠认为蒙古教区划分的争端展示了蒙古地区在西方势力争夺亚洲时占有的重要地位,"蒙古地区的教务发展与世界局势的变动紧密相关"①。庄宏忠指出随着内地汉民涌入蒙古地区,蒙古地区成为天主教传播新的增长点,在西方传教活动中蒙古地区逐渐成为重要的开拓区域。从上述列举的研究成果可以看出,我国学界对清代以来内蒙古地区的传教活动的研究成果较为丰硕,对在内蒙古传教的各个修会、主要的传教士以及主要的传教活动和影响都进行了深入细致的阐释与研究,勾勒出了近现代内蒙古地区西方传教士(团)的活动状态。

从现有的中外学界对蒙古地区的传教士和传教历史的研究成果可以看出,学界的研究存在明显的时间断层和地域的集中,13、14世纪西方使团与蒙古汗国的积极接触和19世纪后期内蒙古的传教活动是学界研究的对象,除上述内容外再无其他新增的传教信息。至于景雅各为何选择来到蒙古地区传教,以及伦敦传教会为何选择在数个世纪后派遣传教士再次到访蒙古地区等内容少有学者谈及,传教活动所反映的蒙古地区在近代西方政治版图中占有的地位同样值得进行探究。以上的种种疑问在查尔斯·鲍登的传教士活动研究中均可获得答案,鲍登对西伯利亚英国传教士传教活动的梳理,展示了19世纪初的一段鲜为人知的传教历史,

---

① 庄宏忠:《19世纪天主教蒙古传教区东部界线争端研究》,《中国历史地理论丛》2016年第3期。

第四章 | 查尔斯·鲍登对西伯利亚英国传教士的传教活动研究

它弥合了蒙古地区传教历史的断层,回答了近代西方传教士在蒙古地区传教的幕后原因。

(二) 国外研究概况

与查尔斯·鲍登一样对 19 世纪西伯利亚英国传教士的传教活动有过阐释的学者是威廉姆斯(D. S. M. Williams),他于 1978 年发表的文章《伦敦传教会的"蒙古传教团":传教历史上的俄国篇章》("The 'Mongolian Mission' of the London Missionary Society: An Episode in the History of Religion in the Russian Empire")介绍了英国伦敦传教会在俄国传教的早期历史,其中在卡尔梅克和布里亚特蒙古人中的传教活动是威廉姆斯重点介绍的内容,他详细地阐述了西伯利亚英国传教士的传教始末。与鲍登所进行的研究相比,威廉姆斯在文中更倾向于完整地描述整个传教过程,对于传教士们具体的传教活动和传教的现实意义没有进行过多的论述。西伯利亚英国传教士蒙译《圣经》活动是西方学者较为关注的内容,例如斯塔凡·罗斯(Staffan Rosé)于 2008 年发表的论文《蒙古语〈圣经〉翻译史》("The Translation History of the Mongolian Bible")提及了施密特版蒙古语《圣经》和英国传教士们对《圣经》的翻译情况,该文还附有英国传教士们翻译完成的《圣经》原稿的图片,罗斯的论文为学界了解传教士们蒙译《圣经》的情况提供了更多的参考信息。

西方学界对在蒙古地区活动的传教士研究主要集中于传教士景雅各。[1]

---

[1] 景雅各(James Gilmour, 1843—1891),19 世纪后期活跃在中国和蒙古地区的英国伦敦会传教士,1870 年 5 月 18 日景雅各到达北京,1891 年在天津病逝,他在蒙古地区的传教时长达 20 余年。景雅各在 1870—1885 年间主要活动于布里亚特、漠北和漠南蒙古。1876 年,景雅各和妻子曾在蒙古地区进行了长达 156 天的旅行。1883 年,景雅各休假回到英格兰后出版了著作《在蒙古人中》(Among The Mongols),记录了他在蒙古地区的所见所闻,该书在西方引起了巨大反响。

景雅各是继查尔斯·鲍登所提西伯利亚英国传教士之后第一位在蒙古地区长期进行传教活动的传教士,他因游记《在蒙古人中》(Among The Mongols,1883)在西方名声大噪。在对景雅各的研究中,美国学者罗恺玲(Kathleen Lodwick)是其中的代表,她在 2005 年出版的《传教士万花筒:六个在华传教士肖像》(The Missionary Kaleidoscope: Portraits of Six China Missionaries)中负责撰写景雅各部分的内容。罗恺玲于 2008 年发表的论文《为了上帝和女王:景雅各在蒙古(1870—1891)》("For God and Queen: James Gilmour Among the Mongols, 1870—1891")是其代表性的文章,她在文中探讨了伦敦传教会的传教士与英帝国的海外利益之间的联系。罗恺玲认为景雅各在蒙古地区长达 20 余年的传教生涯中仅仅让个别蒙古人改信基督教,从传教士的主要职责来看,他是一名失败的传教士。虽然如此,景雅各却被当作 19 世纪伦敦传教会传教士中的标志性人物,究其原因在于伦敦传教会派往海外的传教士在远离英国国土的地方插上了英帝国的国旗,这样的活动展现了他们对英帝国肩负的职责。[①] 从罗恺玲的论述可以看出,以帝国主义视角看待传教士在海外的传教活动是西方学者秉持的一种观点。无论是威廉姆斯或是罗恺玲,都侧重展示作为西方人的传教士对于蒙古地区的探索,以及这种探索对英国在蒙古地区的权力主张的作用,西方视域下的传教士研究与西方学者本身拥有的意识形态和政治立场有着紧密的联系。

二、西伯利亚英国传教士的传教活动

1985 年查尔斯·鲍登出版了专著《萨满巫、喇嘛和福音派教徒:西伯

[①] Kathleen L. Lodwick, For God and Queen: James Gilmour Among the Mongols, 1870—1891, *Social Sciences and Missions*, 2008(2).

第四章 | 查尔斯·鲍登对西伯利亚英国传教士的传教活动研究

利亚的英国传教士》(*Shamans, Lamas and Evangelicals: The English Missionaries in Siberia*；下称《英国传教士》)，该书还原了英国传教士在居住于西伯利亚的卡尔梅克和布里亚特蒙古人中传教的经过，向世人展示了一段鲜有人问津的传教历史。同年，鲍登又发表了文章《西伯利亚的英国传教士：伦敦传教会在布里亚特人中的传教团(1817—1840)》("The English Missionaries in Siberia: The London Missionary Society's Mission to the Buryats, 1817—1840")对《英国传教士》的内容进行了概述，并且进一步对西伯利亚英国传教士的传教活动进行了评价与总结。查尔斯·鲍登于1980年发表的论文《西伯利亚的英国传教士和蒙译〈圣经〉》("The English Missionaries in Siberia and Their Translation of the Bible into Mongolian")对英国传教士蒙译《圣经》的过程进行了专题介绍。在2009年和2012年鲍登又分别刊布了传教士所译的《圣经》小册子，它们分别收录于《向布里亚特人传教的小册子》(*A Tract for the Buryats*)和《向布里亚特人传教的另一本小册子》(*Another Tract for the Buryats*)两本著作中。

查尔斯·鲍登对西伯利亚英国传教士的研究资料主要来源于伦敦大学亚非学院图书馆所藏的伦敦传教会[①](London Missionary Society，LMS)档案，其中传教士们与伦敦传教会的通信和家信是鲍登主要参考的内容。据我国学者夏康梓宜介绍，伦敦大学亚非学院的图书馆中藏有"1822年至1970年伦敦传教会档案共131盒，材料形式涵盖信件、年度总结、照片、地图等"[②]。英国及海外圣书会[③](British and Foreign Bible Society，BFBS)收藏的档案

---

① 英国伦敦传教会成立于1795年，是英国的一个新教公理宗教会，因总部设在伦敦而被称为"伦敦会"，它的主要任务是负责在"异教徒地区"和"未开化民族"中布道传教。伦敦会是英国基督教各宗派公认的海外布道机构，首位来华传教的传教士马礼逊(Robert Morrison，1782—1834)就是伦敦会中的一员。
② 夏康梓宜：《欧美基督教在张家口：差会、传教士和档案文献》，载刘迎胜主编《元史及民族与边疆研究集刊》(第三十四集)，上海古籍出版社2017年版，第298页。
③ 英国及海外圣书会是一个非营利性的基督教圣经协会，由威廉·威伯福斯(转下页)

也是鲍登所参考的文献资料，这些资料包括有圣书会与传教士们的书信和传教士的回忆录原稿等。美国卫斯理安大学收藏的西伯利亚英国传教士之一——施德华的家信也是鲍登进行研究的参考资料。本节根据查尔斯·鲍登的专著《英国传教士》以及相关文章，梳理了英国传教士在西伯利亚进行传教活动的历史背景和他们的传教经过，评析了该次传教活动对西方的影响，以期呈现鲍登所阐述的英国传教士的传教活动的全貌。

（一）传教背景

西伯利亚英国传教士并不是近代以来最早在蒙古人中传教的西方人，早在1742年摩拉维亚传教士（Moravians）就首次企图在俄国的亚洲部落如蒙古和塔塔儿部落中传教。摩拉维亚教派又被称为摩拉维亚兄弟会，诞生于15世纪中叶，成员大多来自德国，他们是极为虔诚的教徒并以规劝异教徒皈依基督教为己任。摩拉维亚传教士在俄国的传教活动于1765年获得了俄国女皇凯瑟琳二世（the Empress Catherine II, 1729—1796）的正式允许，最终在贝加尔湖畔的萨拉普塔①（Sarepta）建立起传教点，但摩拉维亚传教士的传教活动并不如愿，他们的传教活动只能被视作为后续的传教活动提供了范例。② 真正对在西伯利亚地区进行传教予以

（接上页）（William Wilberforce）和托马斯·查尔斯（Thomas Charles）等人组织建立，该圣书会成立于1804年3月7日。英国及海外圣书会的主要目标是翻译《圣经》，以让世界上的所有人都能够以低廉的价格获得《圣经》并将《圣经》传播到全世界为协会宗旨。

① 关于摩拉维亚传教士在萨拉普塔的传教活动可参见论文：Winfred A. Kohls, "German Settlement on the Lower Volga: A Case Study: The Moravian Community at Sarepta, 1763—1892", *Transactions of the Moravian Historical Society*, 1971(2)。

② D. S. M. Williams: "The 'Mongolian Mission' of the London Missionary Society: An Episode in the History of Religion in the Russian Empire", *The Slavonic and East European Review*, 1978(3).

第四章 | 查尔斯·鲍登对西伯利亚英国传教士的传教活动研究

认真考虑的是英国重要的海外传教组织之一——伦敦传教会,他们对俄国非基督教群体给予了极大的关注,并积极倡导在西伯利亚的卡尔梅克和布里亚特蒙古人中传教。英国传教士的传教活动得以在西伯利亚地区顺利开展不仅归功于俄国皇室的支持,如沙皇亚历山大一世(Emperor Alexander I,1777—1825)和戈利岑亲王①,还有英国及海外圣书会驻俄国的办事人员罗伯特·平克顿神父②、约翰·帕特森神父③和蒙古学家伊萨尔·雅各布·施密特④等人起到的推动作用。

---

① 亚历山大·戈利岑(Prince Alexander Golitsyn,1773—1844),童年时期为亚历山大一世的好友,1803年任神教院院长,此后便热衷于发展基督教事业和神秘主义,1816年起担任俄国国民教育大臣,1817年起兼任俄国国民教育大臣和宗教事务大臣,在俄国国内拥有强大的政治影响力。1824年因国内其他政治势力的阴谋陷害,戈利岑辞去俄国圣经会会长,同时他的政治生涯也开始走向没落。
② 罗伯特·平克顿(Rev. Robert Pinkerton,1780—1859),出生于苏格兰,著名的传教士、语言学家和翻译家。他是英国及海外圣书会的首席代理,曾是俄国戈利岑亲王的妹妹的家庭教师。他的主要著作有《俄国希腊教会的现状》(*The Present State of the Greek Church in Russia*)、《俄国或对该国及其居民过去和现状的观察》(*Russia or Miscellaneous Observations on the Past and Present State of that Country and its Inhabitants*)等。
③ 约翰·帕特森(Rev. John Paterson,1776—1855),出生于英国格拉斯哥附近的名为邓托赫(Duntocher)的村庄,1798年进入格拉斯哥大学学习。帕特森受到福音派运动的影响,被伦敦会的工作吸引,1800年参加了专门培训年轻牧师的培训班,1804年受爱丁堡公理会的指派前往印度传教,但因失误,帕特森并没有到达印度而是来到了丹麦,在1805年定居于哥本哈根,随后又以英国及海外圣书会代理人的身份在瑞典的斯德哥尔摩居住了一段时间。1812—1825年帕特森到达俄国圣彼得堡,成为伦敦会在俄国的主要负责人之一。1825年帕特森离开俄国回到英国爱丁堡继续为伦敦会工作。帕特森曾将《圣经》翻译为芬兰语、格鲁吉亚语、冰岛语、拉脱维亚语、俄语等多个语种。
④ 施密特(Isaac Jacob Schmidt,1779—1847),生于荷兰阿姆斯特丹,年幼时在摩拉维亚教会学校学习经济和语言。1798年施密特受邀前往摩拉维亚传教士在俄国萨拉普塔的传教点,随后在圣彼得堡入俄国国籍,在俄国一直居住到1847年去世。施密特是西方最早的蒙古学家之一,他也是西方蒙古学的奠基人,他的主要著作有《中亚细亚各族人民,特别是蒙古和西藏人民古代宗教、政治、文学史研究》,欧洲第一部《蒙古源流》译本《东蒙古及其王朝史》,欧洲第一部《蒙俄词典》,以及译著《格斯尔传》(前七章)等。

18世纪末,俄国上层阶级因受到法国启蒙运动的影响,主张个人意志和精神的自由,尤其是宗教信仰自由,这样开放的思想格局为基督教进入俄国提供了可能。另外,亚历山大一世时期的俄国,对外面临着拿破仑的入侵威胁,社会内部又矛盾冲突不断,因此彼时的俄国社会普遍存在寻求精神慰藉的现象。天主教、神秘主义、宗派主义等在这一时期都获得了极大的发展,在各类宗教团体中,最具有影响力的就是俄国圣书会(Russian Bible Society)。俄国圣书会成立于1813年,隶属于成立于1804年的英国及海外圣书会。起初英国及海外圣书会主要活动于英国国内,从其建立后的十年间很快就在世界许多国家建立起了下属机构,其中就包括在俄国建立的圣书会。1812年10月,戈利岑向沙皇亚历山大一世呈递了成立俄国圣书会的提议,随后在罗伯特·平克顿神父和约翰·帕特森神父以及一些政府官员的协助下,经亚历山大一世的允许,在圣彼得堡成立了俄国圣书会,戈利岑担任俄国圣书会会长并一直任职到1824年,亚历山大一世还向该圣书会捐赠了25 000卢布。俄国圣书会成立后,俄国境内的基督教传教活动得以迅速发展,《圣经》和各种传教手册在俄国境内广为流传,对于《圣经》的翻译和印刷也随之兴盛起来。

在俄国圣书会成立一年多后,居住在西伯利亚地区的蒙古人引起了伦敦传教会的注意,伦敦传教会决定派遣传教士到该地区传教。施密特是西伯利亚传教活动的核心人物,他与当时活跃在俄国的平克顿神父和帕特森神父关系密切,前者是施密特的连襟,后者是施密特的好友。同时,施密特在萨拉普塔经商多年,对当地蒙古人的社会风俗十分了解,他还在经商期间习得了卡尔梅克蒙古语,消除了语言交流的障碍。施密特本是摩拉维亚教派中的一员,且具有深厚的基督教背景。这些因素在多方面为英国传教士对居住在西伯利亚地区的蒙古人传教提供了便利。查尔斯·鲍登认为英国传教士在西伯利亚的蒙古族聚居区传教,不仅仅以简单的传播基督教为目的,这些传教士还意图借此机会进入中国。① 从地理方位来看,卡尔梅克人聚居于伏尔加河流域下游,布里亚特人主要居住于贝加尔湖区,两者都紧邻处于中国和俄国中间地带的喀尔喀蒙古,战略位置极为重要,传教士们穿过这片蒙古族聚居区便可到达中国北疆。早在1807年,伦敦传教会就派遣了马礼逊(Robert Morrison,1782—1834)前往中国传教,随后米怜(William Milne,1785—1822)、麦都思(Walter Henry Medhurst,1796—1857)、理雅各(James Legge,1815—1897)、杨格非(Griffith John,1831—1912)、赫立德(Samuel Lavington Hart,1858—1951)等多名传教士先后被派往中国。② 1724年雍正登基后颁布了禁教令,严禁各国传教士在中国境内进行传教活动,外来的传教士只能在澳门一带活动难以进入中国内地,在中国境内的传教活动陷入了停滞的局面,面对上述情况,从位于中国北疆的蒙古地区进入中国不失为一种最优选择。出于以上所列举的诸多原因,伦敦传教会于1814年决定派遣传教士进入西伯利亚的蒙古族聚居区传教。

(二) 传教过程

伦敦传教会主导的西伯利亚传教活动共持续了23年(1817—1840),在此期间先后有被称为"西伯利亚英国传教士"(English Missionaries in Siberia)的四位神职人员前往西伯利亚蒙古族聚居区传教,随同他们一同

---

① Charles R. Bawden, *Shamans, Lamas and Evangelicals: The English Missionaries in Siberia*, London: Routledge & Kegan Paul, 1985, p.px.
② 傅政:《19—20世纪英国伦敦会在华传教活动》,《经济社会史评论》2018年第1期。

传教的还有他们的妻子。英国人施德华①和瑞典人兰姆②是伦敦传教会派往西伯利亚的第一批传教士。施德华是首位到达俄国的西伯利亚英国传教士,与他同行的还有他的妻子萨拉·罗宾逊(Sara Robinson),他们于1817年6月到达圣彼得堡。兰姆和妻子贝蒂·布莱克伍德(Betty Blackwood)于同年10月中旬到达圣彼得堡。施德华和兰姆在圣彼得堡学习了几个月俄语后便偕同他们的妻子在1817年12月从圣彼得堡启程,于次年3月到达传教点伊尔库茨克(Irkutsk),在伊尔库茨克施德华和兰姆又跟随伊古姆诺夫③学习了近一年的蒙古语。

伊尔库茨克是西伯利亚地区的主要城市,同时也是俄国最早开展蒙古语教学和研究的城市之一,早在1725年伊尔库茨克就拥有一所蒙古语

---

① 施德华(Edward Stallybrass,1794—1884),出生于英国的罗伊斯顿(Royston),其父为公理会的执事,施德华曾在剑桥大学哈莫顿学院(Homerton)学习和工作。1816年伦敦会决定派施德华前往俄国伊尔库茨克传教,1817年施德华和妻子到达俄国圣彼得堡,开始了他们在西伯利亚的传教活动。1841年施德华返回英国并离开了伦敦会,成为沃尔瑟姆斯托(Walthamstow)一所男子教会学校的校长,1858至1870年间施德华成为伯明翰的一名牧师。1884年施德华在英国肯特去世。
② 兰姆(Cornelius Rahmn,1785—1853),出生于瑞典第二大城市哥德堡,曾于隆德大学学习法律,1810年成为哥达兰炮兵团的牧师,后与居住在瑞典的伦敦会传教士约翰·帕特森神父结识。1817—1826年间兰姆参与了伦敦会在西伯利亚的传教活动,1826年兰姆回到伦敦后,于1832年成为伦敦瑞典会众的牧师。1841年兰姆返回瑞典接管了一个乡间教区,并成为那里的牧师,直到1853年去世。
③ 伊古姆诺夫(A. V. Igumnov,1761—1834),俄国的早期蒙古学家之一,也是活跃在伊尔库茨克的主要东方学家之一。伊古姆诺夫于1761年出生在中蒙交界名城恰克图以东的昆达尔斯克(Kundarinsk),从小生长于俄蒙双语的环境中。伊古姆诺夫从1777年起在恰克图海关办事处担任翻译,随后直到1809年伊古姆诺夫分别在俄国的涅尔琴斯克(Nerchinsk)、上乌金斯克(Verkhneudinsk)和伊尔库茨克(Irkutsk)三地的政府任职。1781年伊古姆诺夫担任了第七批俄国驻北京东正教团的翻译。伊古姆诺夫在1813年成立了一所俄蒙学校,并且担任该所学校的蒙古语老师,著名学者科瓦列夫斯基(O. M. Kovalevsky)也曾跟随伊古姆诺夫学习蒙古语。伊古姆诺夫不仅是蒙古语翻译和蒙古语教师,他还对蒙古人的民间文化有所研究,此外还编撰了一部大型蒙俄词典。

学校,1791年伊尔库茨克民族学校(Irkutsk National School)成立,蒙古语、汉语、满语和日语都是该校教授的课程。① 笔者推测将伊尔库茨克作为最初的传教点极有可能与该地已经开始的蒙古语教学有关,此外还与伊尔库茨克发达的商业以及毗邻恰克图的重要地理位置有关。尽管伊尔库茨克已经形成了良好的商业和文化氛围,但随后的传教情况证明选择伊尔库茨克作为对蒙古人传教的站点并不是最佳选择。鲍登指出在伊尔库茨克周围居住的布里亚特人大多文化水平不高,他们所操的布里亚特蒙古语夹杂着俄语并且非常粗糙,传教士们难以向他们学习地道的布里亚特蒙古语,传教士更不可能将《圣经》翻译为如此粗劣的布里亚特语。② 因此,施德华和兰姆穿过贝加尔湖将传教点改为位于外贝加尔湖地区的色楞金斯克(Seleginsk)。鲍登指出,1666年色楞金斯克建立之时曾被当作要塞,它可以看作伊尔库茨克曾经的根据地。色楞金斯克还是俄国通往喀尔喀蒙古和中国的最后一个前哨,因此它在地理位置上还具有一定的可利用价值。③ 1819年7月施德华和兰姆分别带着家人开始动身前往色楞金斯克,然而当他们到达新的传教点后,因兰姆夫人身患重病,兰姆夫妇不得不离开色楞金斯克返回了摩拉维亚传教士的传教点萨拉普塔。兰姆夫妇在萨拉普塔的卡尔梅克人中居住了4年,1823年俄国政府禁止了兰姆夫妇的传教活动,他们于1823年返回了圣彼得堡并于1826年离开了俄国。

---

① 有关18世纪末至19世纪初伊尔库茨克地区开展的蒙古语教学和对蒙古民族的研究活动的介绍可参考:Ramil M. Valeev, Roza Z. Valeeva and Oksana N. Polyanskaya, "Academic Mongolian studies in Russia", *European Research Studies Journal*, 2017, Special Issue。

② Charles R. Bawden, *Shamans, Lamas and Evangelicals: The English Missionaries in Siberia*, London: Routledge & Kegan Paul, 1985, p.138.

③ Ibid., p.142.

两位苏格兰人史维廉(又称"史旺")①和余召南(又称"尤里")②是随后到达色楞金斯克传教点的传教士,他们分别于1818年7月和1819年下旬到达圣彼得堡。史维廉出身于极为虔诚的基督教家庭,自幼接受了良好的教育并且在经商方面有着丰富的经验。余召南的情况却不同,他没有接受过长时间的正规教育,也没有高等教育的学历,鲍登评价他为一个缺乏深度、专业水平不足和不怎么聪明③的传教士。据鲍登推测,把余召南选为派往西伯利亚传教的传教士是因为伦敦传教会没有别的合适人选。④ 史维廉先行到达俄国后在圣彼得堡学习了一年多的俄语,余召南却没有如此充足的准备,在学习了几个月的俄语后就同史维廉一起前往西伯利亚。1820年2月,史维廉和余召南夫妇到达了色楞金斯克,同留在那里的施德华会合。史维廉是派往西伯利亚的传教士中唯一没有娶妻的传教士,直到1831年史维廉才返回他的故乡英国迎娶了汉娜·卡伦(Hannah Cullen)作为他的妻子,随后两人于1832年8月返回圣彼得堡并

---

① 史维廉(William Swan,1791—1866),出生于苏格兰法夫(Fife),就读于当地的教会学校,13岁被送到爱丁堡大学学习,仅学习了一个学期史,维廉就被其父母接回家经商。随后史维廉在英国柯科迪(Kirkcaldy)居住了6年半的时间,从事出纳和会计的工作。史维廉还在爱丁堡居住了3年多,在爱丁堡的会计工作让史维廉获得了丰富的经商经验。1816年史维廉来到格拉斯哥,进入神学院学习。1817年史维廉向伦敦会申请到海外传教,1818年史维廉的申请获得批准并被派往西伯利亚。史维廉的著作有《帕特森夫人回忆录》(Memoir of the late Mrs. Paterson, wife of the the Rev. Dr. Paterson, St. Petersburg: containing Extracts from her Diary and Correspondence,1824)、《崇拜》(Idolatry; a Poem in four Parts by the Rev. William Swam, Missionary at Seleginsk, and Author of Memoirs of Mrs. Paterson,1827)和《关于西伯利亚传教的书信》(Letters on Mission,1830)。
② 余召南(Robert Yuille,1786—1861),出生于爱尔兰,曾在英国格拉斯哥大学学习。1821年余召南被伦敦会派往马六甲海峡传教,1822年返回到英国,1819年被派往西伯利亚传教。
③ Charles R. Bawden, Shamans, Lamas and Evangelicals: The English Missionaries in Siberia, London: Routledge & Kegan Paul, 1985, p.83.
④ Ibid., p.95.

第四章 | 查尔斯·鲍登对西伯利亚英国传教士的传教活动研究

于1833年12月前往色楞金斯克传教点。英国传教士们的生活是艰辛的,在西伯利亚传教过程中出生的13个传教士们的孩子中,仅有8名儿童活到了成年。[①] 1833年,施德华的第一任妻子萨拉也因病去世。对于传教士们来说,除了生活条件的艰苦,还有来自心理上的隔离。身处文化背景完全不同的异乡,传教士们要面对的是信仰藏传佛教的布里亚特人和卡尔梅克人,意识形态上的巨大差异让双方都无法理解彼此的宗教信仰。尽管存在上述种种客观状况,传教士们依旧在西伯利亚传教20余年,直到无法获得俄国政府的支持才相继离开西伯利亚。

英国传教士在传教点的传教活动有：进行日常的祷告、巡游传教、翻译《圣经》以及分发印有《圣经》内容的小册子,传教士们还在成立的学堂里教授年轻人知识,给病人看病[②]等。传教士们对《圣经》的翻译和在传教点建立学校是鲍登主要阐释的传教活动。翻译和印发《圣经》是传教士们的首要任务,他们还建立了印刷厂专门印刷翻译完成的《圣经》。传教士们分别以自家住房为基础成立了小型学校,他们建立的学校既有小学,也有专科学校或者神学校,鲍登指出传教士们创建学校一是为了驱赶"无知"的阴云,二是为了选取年轻人充当学校教师和传教士。[③] 施德华和史维廉建立的是典型的以传教为目的的学校,余召南因其自身对藏语的兴趣试图通过教授藏语而赢得当地人的认可。传教士们建立学校的结果远不如他们的预期,学校中基本没有固定前来学习的学生。余召南的学生旺奇科夫(Rintsin Nima Wangchikov)是这些学生中最为突出的一名,旺奇科夫于1821年进入余召南的学校并且在此以后的六年中充当着学校

[①] Charles R. Bawden, *Shamans, Lamas and Evangelicals: The English Missionaries in Siberia*, London: Routledge & Kegan Paul, 1985, p.205.

[②] Charles R. Bawden, "The English Missionaries in Siberia and Their Translation of the Bible into Mongolian", *Mongolian Studies*, 1980(6).

[③] Charles R. Bawden, *Shamans, Lamas and Evangelicals: The English Missionaries in Siberia*, London: Routledge & Kegan Paul, 1985, pp.251-252.

里的学生、教师以及余召南的抄写员、翻译等多重身份,其间旺奇科夫在当地名声渐大,1827年旺奇科夫离开余召南成为一位俄国官员的翻译和秘书,日后成为托斯高萨维斯克(Troitskosavsk)俄蒙军校的教师。

1824年戈利岑辞去俄国圣书会会长的职位,1825年亚历山大一世去世后伦敦传教会逐渐失去了俄国政府的官方支持,1826年俄国圣书会解散。俄国圣书会解散后,传教士们在西伯利亚的传教活动受到了俄国政府和俄国东正教廷的严格监视,加之久久收不到上级的传教指令,让传教士们陷入了迷茫。1840年传教士们在一封联名信中写道:"我们在对有意信仰基督教的布里亚特人进行洗礼这件事上扮演什么角色?这一问题始终保持着最重要的地位。让人心痛的现实不断地增加着我们内心的恐惧,这现实就是我们没有扮演好我们应该扮演的角色。"[1]在西伯利亚传教的艰难局面让传教士们失去了继续传教的信心,终于在1841年初,施德华和史维廉携家人离开了西伯利亚,并于1844年3月24日离开了莫斯科。在施德华和史维廉离开后,余召南又在西伯利停留了大概六年的时间,直到1846年才离开。施德华和史维廉回到英国后再未出国传教,施德华在英国各地进行宣讲和布道,史维廉成为伦敦传教会的顾问。施德华和史维廉分别于1884年和1866年去世,余召南于1861年在英国的格拉斯哥去世。

表2　英国传教士传教活动年谱

1817年7月	施德华及其妻子萨拉·罗宾逊到达圣彼得堡
1817年10月	兰姆及其妻子贝蒂·布莱克伍德到达圣彼得堡

---

[1] Charles R. Bawden, *Shamans, Lamas and Evangelicals: The English Missionaries in Siberia*, London: Routledge & Kegan Paul, 1985, p.345.

续　表

1818 年 3 月	施德华和兰姆及他们的妻子到达伊尔库茨克,开始向卡尔梅克人传教
1818 年 7 月	史维廉到达圣彼得堡
1819 年下旬	余召南和其妻子玛莎·科维到达圣彼得堡
1819 年 5 月	兰姆和妻子返回萨拉普塔,在卡尔梅克人中继续为伦敦传教会工作
1819 年 7 月	施德华及其家人转移到色楞金斯克,开始向布里亚特人传教
1820 年 2 月	史维廉和余召南及其妻子到达色楞金斯克
1822 年	施德华和史维廉开始翻译《旧约》
1823 年 6 月	因俄国政府的禁令,兰姆和妻子离开萨拉普塔回到圣彼得堡
1824 年	施德华、史维廉和余召南在色楞金斯克建立印刷厂
1826 年	兰姆和妻子离开圣彼得堡回到伦敦
1827 年	余召南的妻子去世
1828 年	施德华、史维廉和余召南产生分歧,施德华、史维廉搬离色楞金斯克; 施德华仍留在霍顿河(Khodon river)旁的传教站; 史维廉搬至奥纳河(Ona river)旁建立了新的传教站
1830 年	施德华和史维廉完成蒙古语《旧约》的翻译
1831 年	史维廉回到英国迎娶妻子汉娜·卡伦
1833 年 2 月	施德华的第一任妻子去世
1834 年	余召南开始在色楞金斯克印刷蒙语《圣经》
1835 年	施德华和史维廉将印刷厂迁于霍敦,由史维廉负责 施德华迎娶第二任妻子夏洛特·埃拉
1836 年	施德华和他的第二任妻子回到色楞金斯克

续　表

1839 年	施德华的第二任妻子去世
1840 年 11 月	施德华和史维廉完成《旧约》的印刷
1841 年 1 月	施德华和史维廉及其家人离开西伯利亚
1844 年	施德华和史维廉及其家人离开俄国返回家乡
1846 年	余召南离开色楞金斯克并返回圣彼得堡,并于同年回到英国

　　1841年随着施德华和史维廉携家人离开西伯利亚后,这段持续20余年的传教活动到达了尾声。在传教过程中,传教士们几乎没有成功规劝过卡尔梅克和布里亚特蒙古人改为信仰基督教。查尔斯·鲍登认为西伯利亚英国传教士的传教活动更应该被看作在蒙古地区传教的初期尝试,1870年景雅各来华传教才真正开启了近代蒙古地区传教的序幕。西伯利亚英国传教士的传教活动促使景雅各追随着他们的脚步来到蒙古地区,但是景雅各的传教仍然以失败而告终,他也没有成功地达到传播基督教的目的。随着景雅各的失败,伦敦传教会逐渐放弃了在蒙古地区的传教事业,转而将精力投向了其他亚洲地区,传教士们在蒙古地区的传教历史也渐渐被人遗忘。鲍登评价西伯利亚传教活动是一次自我满足的行动,在这次传教活动中传教士们几乎没有实现规劝蒙古人改信基督教的目的,他们获得的唯一成就就是将《圣经》翻译为蒙古语和卡尔梅克语。然而,该次传教活动是历史上特殊的一章,它是英国新教积极主张海外扩张的缩影,值得对其进行深入的研究。①

---

① C. R. Bawden, "The English Missionaries in Siberia: The London Missionary Society's Mission to the Buryats, 1817—1840", *Asian Affairs*, 1985(2).

三、西伯利亚英国传教士传教
活动研究的学术价值

查尔斯·鲍登的西伯利亚英国传教士传教活动研究是目前学界的研究盲点,西伯利亚英国传教士是继中世纪西方国家向蒙古汗国派遣使团后,首批再次到访蒙古地区的西方传教团体,它既恢复了西方对蒙古地区的主动接触,又为随后景雅各的到来做了准备和铺垫。这样一段重要的传教史至今仍旧尘封于历史的长河之中,而鲍登将该段传教史再现于《英国传教士》和一系列论文中,向世人展示了西伯利亚传教活动对西方社会、蒙古学学术史和《圣经》翻译史的重要意义。

(一) 对西方社会的意义

早期的西方传教士在传教过程中往往一边宣讲教义一边对所在地区进行研究。19世纪初英国传教士进行的传教活动虽然未达到传播基督教的目的,但为西方世界了解蒙古人的生活状况和宗教习俗提供了最直接的资料。他们在西伯利亚进行的传教活动是近代以来西方与蒙古地区的首次深入接触,开启了西方与蒙古地区交流的新篇章。西伯利亚英国传教士是彼时为数不多的可以通晓蒙古语的欧洲人,他们为蒙古语和蒙古文化被西方社会所了解提供了重要的通道,是近代西方探索蒙古地区、研究蒙古民族的先驱。英国传教士在传教过程中编写的词典和收集到的文献资料促进了西方学界对蒙古文学、语言和民俗等方面的研究,为蒙古文化在西方传播做出了贡献。

在西伯利亚传教活动中,为西方研究蒙古民族做出最重要贡献的当属施密特。协助施密特进行《圣经》翻译的两位布里亚特宰桑[①]从家乡带

[①] 宰桑:古代蒙古社会的一种官职,来自汉语的"宰相"。

来了《蒙古源流》,1829年施密特在圣彼得堡出版了他刊布的《蒙古源流》的蒙语原文和对《蒙古源流》的德语译注。施密特刊布《蒙古源流》在西方蒙古学学术史上具有开创性意义,《蒙古源流》成为第一部呈现给西方世界的蒙古编年体史书,拉开了西方学者进行蒙古史研究的大幕。在翻译《圣经》的过程中,施密特还对蒙古语进行了深入研究,1832年施密特在圣彼得堡出版了欧洲首部《蒙古语语法》,1835年出版了《蒙古语—德语—俄语词典》。毋庸置疑,西伯利亚传教活动直接促成了近代西方蒙古学的开展,同时该传教活动也是西方蒙古学先驱施密特的重要学术起点。施密特在参与西伯利亚传教活动时出版的重要著作是近代西方蒙古学研究的基石,这些著作也使得施密特成为现代西方蒙古学的奠基人之一。

  英国传教士中的兰姆在传教过程中也编撰了一部名为《卡尔梅克语—瑞典语词典》的词典①。1819年因兰姆夫人身患重病,兰姆夫妇返回到摩拉维亚传教士的传教点萨拉普塔,至此兰姆夫妇就一直生活在卡尔梅克人中。其间,兰姆曾将部分《圣经》翻译为卡尔梅克蒙古语,因此他所编撰的字典极有可能是为了翻译《圣经》而准备的。兰姆所编字典的手稿现存于瑞典乌普萨拉大学图书馆(Uppsala University Library),共分为编号R162、R163、R164和用传统蒙古语写成的R165四个部分。R162是卡尔梅克语—瑞典语词典部分,囊括了超过7 000个卡尔梅克语单词,这些单词用传统的卡尔梅克文写成,按照字母顺序进行排列,大多数的卡尔梅克语词汇都对应有瑞典语翻译,也经常伴有德语翻译。R163是瑞典语—卡尔梅克语词汇表,这一部分可以看作卡尔梅克语词典的索引。

---

① 关于兰姆编撰的《卡尔梅克语—瑞典语词典》的详细介绍可参考:Jan-Olof Svantesson, "Cornelius Rahmn and His Works on the Kalmuck Language",《东北亚研究》(東北アジア研究)第13号。Jan-Olof Svantesson, "Cornelius Rahmn—Pioneer of Kalmuck Linguistics", Johannes Reckel ed., in *Central Asian Sources and Central Asian Research*, Göttingen: Universitätsverlag Göttingen, 2016, pp.187-204。

R164是兰姆用瑞典语写成的卡尔梅克语语法。① R165是兰姆用传统蒙古语书写的手稿,据瑞典隆德大学语言文学中心的扬·奥洛夫·史万德森(Jan-Olof Svantesson)教授推测,R165可能是兰姆在离开伊尔库茨克之前学习传统蒙古语时写成的。目前兰姆的《卡尔梅克语—瑞典语词典》已由史万德森教授英译和编辑并命名为《兰姆的卡尔梅克语词典》(Cornelius Rahmn's Kalmuck Dictionary),该词典于2012年在威斯巴登的哈拉索维茨出版社出版。瑞典在历史上并非蒙古学研究大国,研究兰姆的专家史万德森教授指出,兰姆是首位在亚洲传教的瑞典传教士,也是为蒙古语研究做出重大贡献的瑞典人。② 虽然兰姆所编撰的卡尔梅克语词典还尚未获得学界的注意,但作为早期对卡尔梅克语的研究成果,该词典具有重要的学术价值。

传教士们的书信、日记和手稿记录了他们在卡尔梅克人和布里亚特人中生活的所见所闻,真实再现了卡尔梅克人和布里亚特人的风俗习惯和社会生活状况。施德华于1836年在伦敦出版了《施德华夫人回忆录》(*Memoir of Mrs. Stallybrass, Wife of the Rev. Edward Stallybrass, Missionary to Siberia*),该书由施德华的第一任妻子萨拉的书信和日记组成,从中既可以见证传教们不远万里来到西伯利亚传教的艰难历程,又可以了解传教时期布里亚特人的生存状况和思想意识。回忆录中的第四章和第五章集中记录了布里亚特人的生活习惯、宗教信仰以及民间风俗,对布里亚特研究极具参考价值。19世纪随着清政府大力发展印刷业,一些蒙古语文献在草原上得以流传,手抄本和木刻本是当时流通的主要形式。在西伯利

---

① Jan-Olof Svantesson, *Cornelius Rahmn's Kalmuck Dictionary*, Wiesbaden: Harrassowitz Verlag, 2012, pp.3-4.
② Jan-Olof Svantesson, "Cornelius Rahmn—Pioneer of Kalmuck Linguistics", Johannes Reckel ed., *Central Asian Sources and Central Asian Research*, Göttingen: Universitätsverlag Göttingen, 2016, pp.187-204, p.188.

亚地区流传的蒙文文献也引起了传教士们的注意，他们尽可能地收集和学习这些蒙古语文献，尤其是施德华收藏了许多蒙古史籍，记录了许多蒙古史诗和民间传说，如今存世的部分文献和手稿由大英图书馆和大英圣书公会图书馆保管。①

在西伯利亚英国传教士于1840年停止传教活动后的30年，伦敦传教会的又一名传教士——景雅各于1870年开始了他在蒙古地区的传教生涯。景雅各是苏格兰伦敦传教会教士，1870年他踏上中国的土地开始在北京、天津、内外蒙古等地区传教。景雅各秉持着客观公正的态度对蒙古人的生活进行了真实的记录，不同于一些西方传教士将蒙古人看作"蛮族"，景雅各的游记更正了西方社会长期存在的对蒙古人的主观想象，向西方世界展示了一幅生动真实的蒙古社会图景。景雅各选择在蒙古地区传教，在很大程度上受到了西伯利亚英国传教士的手稿对他的启发，我国学者特木勒指出景雅各的传教活动是对前辈在布里亚特传教活动的恢复，伦敦传教会派遣景雅各前往蒙古地区传教也是为了恢复30年前中断的传教活动。②西伯利亚英国传教士留存下来的手稿为景雅各提供了对蒙古人的基本认知，勾起了景雅各对蒙古地区的无限向往。

（二）对西方蒙古学学术史的意义

查尔斯·鲍登对西伯利亚英国传教士活动的阐释不仅仅以梳理他们的传教过程为主要目的，其中还探讨了施密特和英国传教士对蒙古语言和文化的研究，描述了传教士办学的经历以及对布里亚特人所产生的影

---

① Charles R. Bawden, *Shamans, Lamas and Evangelicals: The English Missionaries in Siberia*, London: Routledge & Kegan Paul, 1985, p.248.
② 特木勒：《预料之外的失败与成功：景雅各的传教事业和蒙古学》，载特木勒编《多元族群与中西文化交流：基于中西文献的新研究》，上海人民出版社2010年版，第220页。

响。在对蒙古语言和文化的研究方面，鲍登着重阐释了在西伯利亚传教活动中施密特的蒙古学研究。众所周知，施密特在西方蒙古学研究中占有举足轻重的地位，尤其是他遵循传统的语文学研究方法刊布的《蒙古源流》，让蒙古编年史走进了西方学者的学术视野，施密特对《蒙古源流》的研究开启了西方学界对蒙古编年史研究的纪元，随后海涅什等人对《蒙古源流》的继续研究使蒙古史研究成为西方蒙古学研究的重要组成部分。西方学界对蒙古史研究的蔚然成风起源于施密特刊布《蒙古源流》，而施密特与《蒙古源流》的不解之缘就来自英国传教士的传教活动。此外，得益于传教中对《圣经》的翻译，施密特产出了蒙古语词典和蒙古语语法书，这些著作是西方蒙古学早期的重要学术成果。目前，学界只注意到施密特刊布《蒙古源流》和蒙古语语法书、词典的出版，却没有探究施密特刊布的《蒙古源流》以及对蒙古语语言研究的动机，鲍登在对西伯利亚传教活动的梳理过程中剖析了该次传教活动对施密特开展蒙古学研究的重要作用，此次传教活动应是现代西方蒙古学的发端之一。

不仅是施密特通过西伯利亚传教活动取得了有益的研究成果，传教士们在传教过程中对蒙古语研究做出的贡献也应当获得学界的关注。在《圣经》翻译过程中，传教士编写词典的初衷或许是为了翻译的顺利进行，但英国传教士对蒙古语言的探索成为西方人对蒙古语研究的初期成就。传教士编撰的字典已经吸引了瑞典学者史万德森的注意，他在发表的系列文章中对《兰姆的卡尔梅克语词典》进行了详细的介绍。英国传教士在西伯利亚兴建学校这一举动同样对蒙古学的发展起着基础性作用。鲍登指出传教士建立了西伯利亚首座布里亚特女子学校，余召南还成立了色楞金斯克学院或神学院（Selenginsk Academy or Seminary）等。[1]

---

[1] C. R. Bawden, "The English Missionaries in Siberia: The London Missionary Society's Mission to the Buryats, 1817—1840", *Asian Affairs*, 1985(2).

1765年摩拉维亚兄弟会应俄国开拓伏尔加河流域的政策来到萨拉普塔，他们在萨拉普塔建立起传教点以期规劝当地的"异教徒"改信基督教，同时随着萨拉普塔成为著名的温泉疗养胜地，该地逐渐繁荣起来。摩拉维亚传教士出于传教的需要对于卡尔梅克语的学习是早期卡尔梅克研究的开始。① 1725年伊尔库茨克已经成立了第一所蒙古语学校，可以推知在摩拉维亚传教士活动期间以及后续英国传教士活动的时间范围内，伊尔库茨克地区已经形成了良好的蒙古学研究环境。俄国与西方传教士在伊尔库茨克地区兴建的学校带动了卡尔梅克人和布里亚特人加入对自己民族的研究当中，其中的代表人物就是布里亚特学者道尔吉·班扎罗夫（Dorji Banzarov，约1822—1855）。班扎罗夫因撰写《黑教或称蒙古人的萨满教》而闻名，他毕业于有着辉煌东方学研究成果的喀山大学，曾师从著名蒙古学家O.科瓦列夫斯基，科瓦列夫斯基的"第一位蒙语老师是伊尔库茨克研究班的教师阿·维·伊古姆夫（即前文的A.V.伊古姆诺夫）"②。从这些人物关系可以看出，伊尔库茨克地区是俄国蒙古学研究的重要发源地，传教士们对于蒙古语言的研究和对当地教育的促进作用都应看作早期西方对蒙古地区研究的有益探索。

（三）对《圣经》翻译研究的意义

方济会修道士蒙特科维诺（John of Montecorvino，1247—1328）与教

---

① 井上岳彦：「モラヴィア派入植地サレプタ：カルムイク人との交流と宣教師の記録」，望月哲男，前田しほ編：「北海道大学スラブ研究センター：文化空間としてのヴォルガ」，2012年ボリューム3。
② ［苏］施·波·齐米德道尔吉耶夫：《俄国的蒙古学研究概况（十八—十九世纪）》，《蒙古学信息》1983年第2期。

皇尼古拉斯四世的书信中记录了最早的蒙译《圣经》活动。① 西伯利亚传教活动中诞生的蒙古语《圣经》②是此类翻译活动的又一尝试,在《圣经》翻译史中具有重要的历史意义。施密特是最早承担《圣经》蒙古语翻译的人,两位布里亚特宰桑布达纳(Badma Morciunayin)和那图(Nomtu Uutayin)③是施密特翻译《圣经》时的助手。布达纳和那图于1817年12月到达圣彼得堡,在施密特的监管下开始协助其翻译《圣经》的工作。布达纳和那图负责卡尔梅克语《圣经》的修订,也负责将施密特翻译完成的卡尔梅克语《圣经》转写为书面蒙古语。翻译的过程一般为施密特首先将《圣经》的内容翻译为卡尔梅克语,再由两位宰桑转写成为书面蒙古语。1815年施密特首次出版了其翻译的卡尔梅克语《马太福音》,至1821年施密特、布达纳和那图完成了《新约》全书的卡尔梅克语和蒙古语翻译。

1822年年中兰姆在萨拉普塔传教点完成了对《约翰福音》第一章的翻译并开始着手翻译《诗篇》,但兰姆最终完成的《圣经》翻译情况不得而知,他所翻译的《圣经》中的章节也没有被出版和印刷。④ 在色楞金斯克传教点的施德华和史维廉也对《圣经》进行了蒙古语翻译。施德华和史维廉蒙译《圣经》大概在1822年至1830年间进行,因不满于施密特蒙译《圣

---

① Staffan Rosén,"The Translation History of the Mongolian Bible", *Mongolian Studies*, 2008 and 2009(30,31).
② 关于蒙古语《圣经》翻译研究的论文有:赵晓阳:《蒙古语〈圣经〉译本考述》,《民族翻译》2015年第3期;王伟均:《中国少数民族语言〈圣经〉翻译史略与研究述评》,《圣经文学研究》2018年第2期;Staffan Rosén, "The Translation History of the Mongolian Bible", *Mongolian Studies*, 2008 and 2009(30,31)等。
③ 关于布达纳和那图的资料可参考:Charles Bawden, "Nomtu, Badma and the English Missionaries in Siberia", *Journal of the Anglo-Mongolian Society*, 1979(V)。那图后因能力不足于1819年12月离开圣彼得堡回到家乡,布达纳于1822年在圣彼得堡逝世。
④ Charles Bawden, *Shamans, Lamas and Evangelicals: The English Missionaries in Siberia*, London: Routledge & Kegan Paul, 1985, p.283.

经》的方法，施德华和史维廉决定于1822年开始自己翻译《创世记》，并于1830年左右完成了《旧约》全书的蒙古语翻译，据鲍登考证佘召南只承担了《旧约》中《诗篇》的翻译工作。施德华和史维廉还聘请了一名布里亚特喇嘛对蒙古语《旧约》进行了校对。在施德华和史维廉离开西伯利亚返回英国后，1842年两人又向英国及海外圣书会申请完成《新约》的蒙古语翻译，鉴于鸦片战争后中国境内传教的形势向好，英国及海外圣书会同意了施德华和史维廉翻译《新约》的请求。1843年由英国及海外圣书会出资，伦敦传教会重新聘用了施德华和史维廉以完成《新约》全书的蒙古语翻译，施德华和史维廉蒙译的《新约》全书于1846年完成并在英国伦敦出版。传教士们在色楞金斯克传教点不仅进行了《圣经》的翻译，还于1824年建起了印刷厂，专门印刷翻译完成的蒙古语《圣经》。因为在色楞金斯克难以找到合适的印刷工以及资金、物品的短缺等，这个印刷厂闲置了10年直到1834年才开始印刷蒙译的《圣经》。1834年传教士们印制了《创世记》，1835年印制了《出埃及记》《利未记》和《民数记》，1836年印制了《申命记》，《旧约》其他部分的印制分别在1836至1840年间完成。

表3　西伯利亚传教活动期间《圣经》译本概况①

名　称	译　者	时　间	语　种
《马太福音》	施密特	1815年出版	卡尔梅克语
《约翰福音》	施密特	1819年开始使用	卡尔梅克语

① 有关西伯利亚传教活动中《圣经》翻译情况的介绍参考了 Charles Bawden, *Shamans, Lamas and Evangelicals: The English Missionaries in Siberia*, London: Routledge & Kegan Paul, 1985, pp. 279 - 297; Charles R. Bawden, "The English Missionaries in Siberia and Their Translation of the Bible into Mongolian", *Mongolian Studies*, 1980(6); 赵晓阳:《蒙古语〈圣经〉译本考述》,《民族翻译》2015年第3期。

续 表

名　称	译　者	时　间	语　种
《马太福音》和《约翰福音》	施密特	1819 年出版	蒙古语（布达纳和那图转写）
《使徒行传》	施密特	1820 年出版	蒙古语（布达纳和那图转写）
《马可福音》	施密特	1821 年出版	蒙古语（布达纳转写）
《创世记》	施德华、史维廉	1834 年出版	蒙古语
《出埃及记》《利未记》和《民数记》	施德华、史维廉	1835 年出版	蒙古语
《申命记》	施德华、史维廉	1836 年出版	蒙古语
《旧约》	施德华、史维廉、余召南	1840 年出版	蒙古语
《新约》	施德华、史维廉	1846 年出版	蒙古语

（四）在西方与蒙古地区交往史中的意义

查尔斯·鲍登对于西伯利亚英国传教士的研究进一步丰富了蒙古地区与西方交往历史的内容。传教士在东方的传教活动折射着西方社会在东方国家与地区的政治策略。中世纪造访蒙古地区的使团与教皇意图联合蒙古军队打击伊斯兰教势力有关，而 19 世纪初伦敦传教会选择向居住在西伯利亚的卡尔梅克和布里亚特蒙古人中派遣传教士与彼时西方的亚洲政策有关。19 世纪是英国积极寻求海外扩张的时期，活动在海外的传教士大多承担着收集情报、了解异域风土人情、学习异国语言等任务，他们在传教过程中的见闻和对异国语言的学习都为英国和其他西方国家进行海外侵略扩张做了重要准备。鲍登在《英国传教士》中指出传教士在伊尔库茨克地区的活动与他们试图通过蒙古族聚居区进入中国有关。

18世纪英国在印度已经建立起殖民统治体系，1807年传教士马礼逊已经踏上了中国的土地，西伯利亚的传教活动于1814年开始进行，可以看出19世纪初英国对进入东北亚地区已经跃跃欲试，英国传教士的传教活动就是英国企图入侵东北亚的先导行动。

西伯利亚英国传教士的活动也为后续传教士进入蒙古地区奠定了重要基础。1765年摩拉维亚兄弟会在萨拉普塔建立起了西伯利亚首个基督教传教点，1817年到来的英国传教士成为首批在蒙古人中长期传教的西方人。英国传教士的传教活动虽然从传教结果来说是失败的，但是英国传教士对蒙古地区的探索和记录无疑开启了西方与蒙古地区接触的新纪元，他们在西伯利亚留下的足迹刺激着后人继续对蒙古地区进行更加深入的了解。在英国传教士离开后30年，著名的传教士景雅各再次深入蒙古地区传教，景雅各撰写的一系列文章和游记向西方呈现了真实而生动的蒙古社会，使蒙古地区步入了近代西方人的视野。此外，传教士们在蒙译《圣经》过程中对蒙古语的主动研究，也为西方社会进一步接触和了解蒙古语提供了重要的参考。西伯利亚英国传教士是近代西方主动接触蒙古地区的先锋式人物，他们所留下的文字遗产见证着近代西方与蒙古地区交往的新开端。

本章小结

查尔斯·鲍登所著的《英国传教士》为世人展示了19世纪初一段鲜为人知的传教历史，鲍登在书中复原了英国传教士在卡尔梅克人和布里亚特人中的传教过程，展示了西伯利亚传教活动的重要历史价值与学术意义。本章首先对国内外学界有关蒙古地区传教活动的研究进行了综述，总结了国内外学界的研究成果，指出了鲍登的传教士研究有着填补学界研究空白的重要意义。其次,本章在结合西伯利亚传教活动的历史背景的基础上,揭示了伦敦传教会派遣传教士进入卡尔梅克人和布里亚特人中传教与彼时英国的对外扩张策略和俄国国内的社会风气有着密切联系。可以说英国的扩张策略是促成该次传教活动的直接原因,而俄国的社会环境为该次传教创造了合适的客观条件。然后,本章对传教士的主要活动进行了概括和总结,展示了鲍登所述西伯利亚传教活动的全貌。本章重点阐释了传教士对《圣经》的翻译和他们所办学校的状况,总结了传教期间诞生的蒙古语《圣经》的各个版本,分析了传教士兴办学校对提高当地蒙古人文化水平、促进蒙古学发展的积极意义。英国传教士们的传教活动具有重要的历史价值与现实意义,西伯利亚传教活动不仅开启了西方蒙古学研究的新纪元,还扩大了蒙古地区在西方的影响,刺激了西方人对蒙古地区的主动探索。查尔斯·鲍登对该传教活动所进行的详细描述为学界提供了全面细致的研究材料,他的《英国传教士》和相关论文是探究西方传教士在蒙古地区早期活动的珍贵资料。

结　语

　　西方的蒙古学研究在经历了19世纪的初期探索后于20世纪迎来了发展的高峰期。19世纪的蒙古学家大多在蒙古地区有着长期的旅居经历,在长期的旅居过程中他们收集了大量的蒙古语文献,极大地丰富了西方图书馆中蒙古语文献的藏书量,为后世学者提供了较为丰富的研究资料。伯希和、海涅什、劳费尔、兰司铁和格伦贝赫等均为蒙古学在西方的开展奠定了坚实的基础,他们对蒙古语言和蒙古历史的研究将蒙古地区引入了西方的学术研究视野之中,他们在研究中普遍采用的语文学、词典学、文献学的研究方法成为西方蒙古学的传统研究方法。

　　进入20世纪,在第一批蒙古学家的开拓下,西方的蒙古学研究进入高速发展和繁荣时期,一批又一批新生代的蒙古学家在20世纪相继出现。其中,海涅什的高足海西希是20世纪西方蒙古学研究的核心人物,他的蒙古学研究成果是查尔斯·鲍登常常参考的文献;伯希和的学生丹尼斯·赛诺将蒙古学带入了英国剑桥大学的学术殿堂,他也是鲍登的启蒙老师;格伦贝赫对鲍登的蒙古学研究提携有加,他们共同刊布的《哲布尊丹巴传》为哲布尊丹巴研究做出了卓越的贡献。在前辈学者的引领下,鲍登逐步成长为20世纪中后期的蒙古学领军人物。鲍登的蒙古学研究继承了前辈的研究传统,以对文献典籍的校勘研究作为学术起点,随后又在蒙古史、蒙古宗教文化和蒙古文学方面开拓了新的研究领域。同时,鲍登在伦敦大学亚非学院用一生辛勤耕耘着蒙古学研究这片热土,促进了英国蒙古学的快速发展,使英国成为蒙古学研究的又一重地。

　　从查尔斯·鲍登的学术发展脉络来看,他的蒙古学研究包括了蒙古典籍的刊布、蒙古史研究、蒙古宗教文化研究、蒙古文学研究和传教士研究五个方面。对蒙古典籍的校勘是鲍登在其学术发展早期的主要内容。

结　语

鲍登本《阿勒坦·脱卜赤》不仅详尽考述了存世的各个版本,还包括对《阿勒坦·脱卜赤》的英译文和逐字逐句的对勘研究。鲍登本《阿勒坦·脱卜赤》因其中丰富的版本信息和细致的校勘至今仍未有著作可以超越,它已经成为研究蒙古古代史的必要参考书目。鲍登所刊布的《哲布尊丹巴传》是一部珍贵的哲布尊丹巴传记,其中对一世至七世哲布尊丹巴生平的记录极具学术价值。鲍登本《哲布尊丹巴传》因刊出内容完整、清晰,所以流传广泛,被学界广为参考,我国学者普遍参考的汉译本《哲布尊丹巴传》便是选取了鲍登本作为汉译的底本。

1968年出版的《蒙古现代史》是鲍登在蒙古史研究中的经典之作。在这本著作中鲍登从内外两个视角重构了喀尔喀蒙古现代史。在叙述史实的过程中,鲍登穿插了对"撤驿之变"、喀尔喀蒙古归顺清朝、喀尔喀蒙古"独立"和蒙古人民共和国"左倾"错误等重要历史事件的研究。鲍登的《蒙古现代史》不仅为喀尔喀蒙古近现代史研究提供了诸多历史素材,还深刻剖析了蒙古社会(尤其是喀尔喀蒙古)产生巨变的原因。鲍登的蒙古史研究抛弃了一些西方学者所持有的西方中心主义思想,力求从客观角度阐释历史事实,辨析近代以来促成喀尔喀蒙古社会发展的内力与外因。

蒙古宗教文化是查尔斯·鲍登的又一重要研究领域。鲍登在蒙古宗教文化研究中最大的研究特点是以其发现的文献资料为研究对象,他以在欧洲各大图书馆收集到的有关蒙古宗教文化的蒙古语文献为基础,阐释了蒙古民间的萨满教文化和丰富的民间信仰文化。鲍登对萨满医术、祭祀仪式、占卜术和祝赞词等对象的研究有着重要的学术贡献,尤其是在肩胛骨占卜辞、祝赞词、祭词等蒙古语文献的刊布上,鲍登为学界提供了宝贵的研究资料。此外,鲍登还特别对蒙藏文化交流和各种祭祀、祝赞词等韵文的程式化表达给予关注。他从这些文献中发现了藏传文化在蒙古本土文化的渗透过程,指出了藏传文化对蒙古文化的积极引导作用。鲍登对各种韵文的程式化表达虽然没有进行深入研究,但他对此种表达现象的尝试性解读已经在其所属的年代难能可贵。总之，鲍登的研究展示了蒙古人的信仰体系和信仰文化的特征，其刊布的文献资料展示了蒙古民间信仰较为原始的形态。

蒙古文学是查尔斯·鲍登在晚年最为关注的研究领域，他的重要贡献在于向西方学界引介了蒙古族著名作家尹湛纳希和蒙古史诗。尹湛纳希作为蒙古文学发展历程中的转折性人物，关于他的研究在20世纪末才受到学界的重视。鲍登撰写的论文不仅厘清了尹湛纳希的作品与汉族文学经典的关系，还从审美角度评析了尹湛纳希的作品的艺术特性。鲍登的译著《蒙古史诗十：八首漠北蒙古史诗》和论文《蒙古：当代传统》向西方学界呈现了蒙古史诗的魅力。在《蒙古：当代传统》中，鲍登系统阐释了蒙古史诗的基本特征，尤其是他将史诗中的夸张手法当作史诗的程式化表达的观点，对于现今的口头文学研究具有一定的启示意义。《蒙古传统文学选集》是鲍登在蒙古文学研究上的力作，他用文学文本搭建出了蒙古文学发展脉络，通过蒙古文学作品勾勒出了蒙古社会发展的历程，用文学作品展示了不同时期蒙古社会的风貌。此外，《蒙古传统文学选集》作为少数使用英语编写而成的蒙古文学史，其出版对向世界介绍蒙古文学和扩大蒙古文学的影响都具有积极意义。

查尔斯·鲍登还根据其在伦敦大学亚非学院图书馆获得的传教士档案，还原了19世纪西方传教士在蒙古地区的活动。鲍登借助传教士们留存下来的书信、手稿、日记等文献资料，在《萨满巫、喇嘛和福音派教徒：西伯利亚的英国传教士》和数篇论文中对传教活动的背景、传教的具体过程、传教的成就、传教的结果和参与其中的主要人物一一进行了介绍，完整地呈现了英国传教士在西伯利亚蒙古人聚居区进行的20余年的传教活动。鲍登所还原的传教活动对西方社会、西方蒙古学学术史、《圣经》翻译史的研究意义重大，在近代蒙古地区与西方的交往史上意义非凡。该段传教历史不但是继14世纪元朝衰落后西方对蒙古地区再发现的重要

结　语

组成部分,还是现代西方蒙古学研究的重要起点,传教士们对蒙古语的习得和对蒙古语文献的收集都对后世起到了重要的启蒙作用。

查尔斯·鲍登是20世纪英国蒙古学的重要开拓者。他的蒙古学研究既继承了西方蒙古学研究传统,又关注蒙古地区(尤其是喀尔喀蒙古)近代以来的发展变化,形成了独具特色的研究风格。鲍登的蒙古学研究视野开阔、领域广泛,涵盖了蒙古典籍、历史、文化、文学、民俗和宗教等众多方面,涉及了20世纪西方蒙古学研究的众多重要领域。鲍登的蒙古学研究成果令人瞩目,他对《阿勒坦·脱卜赤》和《哲布尊丹巴传》的研究是所刊布的蒙古史籍中的权威之作,他的《蒙古现代史》和《蒙古传统文学选集》为同类研究中的经典著作,他重现的传教历史填补了学界的研究空白。鲍登所发表的众多学术论文也同样拥有重要的学术价值,如对撤驿之变、清朝蒙古时期两桩谋杀案的讨论,以及对各类祭词、祝赞词的刊布和阐释都是相关领域少有的研究成果。

综合上述对查尔斯·鲍登的学术贡献的总结,将其称为英国蒙古学的先驱和丰碑也不为过。鲍登的著述为后世学者留下了丰富而宝贵的研究资料,其中既有严谨科学的论述也有细致入微的描述。他既是一名成果斐然的研究者,也是蒙古文化的介绍者与传播者。鲍登对英国蒙古学研究领域的拓展和对世界蒙古学研究所做的贡献都值得学界进行深挖和总结。虽然,现今查尔斯·鲍登的不少著作和观点仍尚未获得学界的注意,但随着对鲍登的蒙古学研究进行深入探讨,他的蒙古学研究所具有的重要学术价值定会发挥其应有的作用。笔者愿意承担向学界介绍查尔斯·鲍登及其蒙古学研究的光荣责任,希望通过本论文对鲍登的蒙古学研究的系统性整理,能够将他丰厚的蒙古学研究成果引入我国学界的视野,为我国的蒙古学研究注入新鲜的研究资料,开拓一片新颖的研究领域。

附录一　查尔斯·鲍登的学术生平[①]

查尔斯·鲍登(Charles Roskelly Bawden, 1924—2016),蒙古学家,历史学家,英国蒙古学奠基人之一,伦敦大学亚非学院教授,国际蒙古学会名誉会员,曾任国际蒙古学会副主席。鲍登教授于1971年入选英国人文社会科学院院士(Fellow of the British Academy),1997年获得蒙古国颁发的"友谊奖章"(Friendship Medal),2007年获得蒙古国政府颁发给外国人的最高勋章"北极星勋章"(Order of the Pole Star),2012年鲍登因为对蒙古学研究做出的终身贡献而获得美国印第安纳大学授予的"印第安纳大学阿尔泰学研究奖"。[②]

查尔斯·鲍登于1924年4月22日出生于英格兰海边小镇韦茅斯(Weymouth)。[③] 鲍登的父亲名为乔治·查尔斯·鲍登(George Charles Bawden, 1891—1963),母亲名为埃莉诺·爱丽丝·阿德莱德·罗素(Eleanor Alice Adelaide Russell, 1888—1983),他们均为教师,鲍登的母亲在婚后离开了教师岗位,鲍登的父亲一直任教于韦茅斯的一所名为梅尔科姆里吉斯(Melcombe Regis School)的男子教会学校。查尔斯·鲍登教授还有一个比他大三岁半的哥哥瓦尔特·哈利·鲍登(Walter Harry Bawden),鲍登和其父亲以及哥哥三人均加入过英国海军。鲍登教授生

[①] 本文曾发表于刘迎胜主编:《元史及民族与边疆研究》(第46辑),上海古籍出版社2023年版。

[②] 1962年起美国印第安纳大学决定,给常设国际阿尔泰学会议(PIAC)每年选出的对阿尔泰学有突出贡献的学者颁发"印第安纳大学阿尔泰学研究奖"(Indiana University Prize for Altaic Studies)。

[③] 本论文关于查尔斯·鲍登的生平介绍参考了由其大儿子理查德·鲍登(Richard Bawden)提供的查尔斯·鲍登自传,该自传未经公开发表,在此向理查德·鲍登先生表示感谢。

长的家庭环境宗教氛围浓厚,其父母是虔诚的低派教会教徒,宗教是鲍登幼年家庭生活中的重要组成部分,据鲍登回忆,在他童年时光里每周日都要进行两次礼拜,他们一家人过着朴素的生活,尽管鲍登的父母都是虔诚的基督教徒,但由于严格的宗教戒律和几次不愉快的体验让鲍登对一切宗教团体产生了抗拒心理。查尔斯·鲍登的妻子名为吉恩·约翰逊(Jean Johnson),出生于英国什鲁斯伯里(Shrewsbury),二人于1949年8月3日在什鲁斯伯里的一所学校的教堂里举办了婚礼。吉恩·约翰逊曾是会计,她与鲍登共养育了4个孩子,分别为凯瑟琳(Katherine)、阿诺德(Arnold)、理查德(Richard)和大卫(David)。

一、求学经历

查尔斯·鲍登在幼年以及青年时期所接受的教育离不开其父亲和家庭的支持,鲍登的父亲是一名中学教师,在对鲍登的培养方面颇有先见之明。正如鲍登所述:他(鲍登的父亲)预见了我(鲍登)在学术方面的才能,并且尽其所能地帮助我。正是我的父亲搞清楚了如何申请获得国家奖学金……也是我的父亲帮助我弄清楚如何申请剑桥大学。[①] 查尔斯·鲍登年幼时就读于韦茅斯当地的圣三一幼儿园和圣三一男子教会学校(Holy Trinity Infants' and Holy Trinity Boys' School),青年时期鲍登就读于韦茅斯文法学校(Weymouth Grammar School)。在文法学校学习期间,鲍登的父亲为其争取了去法国和德国交流的机会,鲍登分别于1938年和1939年前往法国和德国进行交流学习。正是这两次交流机会,让青年鲍登掌握了基础的法语和德语,开阔了眼界,增强了他的自信心,更为其后

---

① 来自查尔斯·鲍登的自传。

进入剑桥大学学习打下了良好的基础。1938年鲍登通过了中学考试，又分别于1940年和1941年通过了高等学校考试，并获得了镇和国家的奖学金，1940年底鲍登以优异的成绩获得了剑桥大学彼得豪斯学院（Peterhouse College）的二等奖学金。在奖学金的支持下，1941年10月鲍登顺利进入剑桥大学彼得豪斯学院学习，他的第一任导师是查尔斯·伯基尔（Charles Burkill）。1942年，鲍登以第一名的成绩通过了现代和中世纪语言荣誉学位的第一阶段考试，在此期间鲍登主修法语和德语，也曾经学习过西班牙语。

第二次世界大战中断了鲍登的学习，在1943年至1946年间，鲍登服役于英国皇家海军，在服役期间鲍登学习并掌握了日语。战争末期，鲍登曾在香港的最高法院工作过一段时间，其间鲍登跟随一位名叫宋宏庞（音译）的老先生及其女儿凯瑟琳学习中文。鲍登于1946年曾在日本的吴市有过短暂的停留，并绕道广岛，目睹了原子弹爆炸之后广岛支离破碎的景象。1946年5月左右，查尔斯·鲍登返回英国西摩尔（West Mooors）的父母家中，结束了在英国海军的军旅生活。第二次世界大战是鲍登人生中的重要转折点，其间鲍登不仅到过中国香港、日本等亚洲地区，与汉语和日语有了密切接触，这些经历还加深了他对亚洲风土人情的了解，为其今后选择亚洲地区作为学术研究对象埋下了伏笔。

复员回家后的鲍登于1946年10月选择回到剑桥大学继续完成现代和中世纪语言荣誉学位第二阶段的学习，其间鲍登跟随斯塔夫·哈伦（Gustav Haloun，1898—1951）教授转向了汉语学习，于1947年取得了文学学士学位。毕业后鲍登考取了英国外交部的工作，在1948年至1949年间他被分配到了英国外交部德国司，但是这份工作没有持续很长时间。1949年鲍登又回到了剑桥攻读硕士学位，1950年顺利毕业，获得了汉语语言硕士学位。之后，鲍登被英国财政委员会派往香港，再次到访香港的目的是经由香港前往北京，但当时正值中国抗美援越时期，因此鲍登在香港停留了数月,尽其所能学习中文,最终鲍登也还是没能达成前往中国内地的心愿。

从香港回到英国后,查尔斯·鲍登开始为攻读博士学位做准备,鲍登的导师塔夫·哈伦教授本已经为其选好了博士论文题目,但是那时的鲍登已经将研究兴趣转向了蒙古地区。丹尼斯·赛诺于1948年来到剑桥大学并开设了阿尔泰研究的相关课程,1949年至1950年间鲍登跟随赛诺在剑桥大学学习了蒙古语。1951年底鲍登的前导师古斯塔夫·哈伦教授突然离世,因此鲍登开始转向蒙古学,并着手开展对蒙古编年史《阿勒坦·脱不赤》的校勘研究。鲍登在赛诺的指导下完成了博士论文《蒙古编年史〈阿勒坦·脱卜赤〉》(*The Mongol Chronicle Altan Tobči*),于1954年获得了博士学位,1955年鲍登将其博士论文出版。《蒙古编年史〈阿勒坦·脱卜赤〉》是查尔斯·鲍登出版的第一部学术著作,该书一经出版就引起了学界的关注,是目前国内外学界对《阿勒坦·脱卜赤》研究最为详尽和权威的著作。《蒙古编年史〈阿勒坦·脱卜赤〉》包含了鲍登对《阿勒坦·脱卜赤》的版本考证、勘误、拉丁文转写以及英文译注四个部分,他对《阿勒坦·脱卜赤》的校勘以及相关研究有着重要的学术价值。蒙古学家丹尼斯·赛诺和尼古拉斯·鲍培①(Nicholas Pope,1897—1991)分别对

---

① 尼古拉斯·鲍培(Nicholas Pope,1897—1991),旅美蒙古学家,出身于俄国驻天津领事馆的秘书家庭,他的童年基本是在中国度过的。鲍培的父亲尼古拉·艾德文·鲍培(1870—1913)毕业于圣彼得堡大学东方学系,为汉语、满语和蒙古语以及东亚史专家,其母亲叶丽扎维塔·莫拉维茨(1870—1955)是俄国著名的民族学家、俄国民族学会副会长之女。1923年鲍培于圣彼得堡大学获得副博士学位,后为该校东方语言学院讲师,1932年鲍培被选为苏联科学院通讯院士。从1926年起,鲍培多次参加苏联科学院蒙古委员会在蒙古人民共和国和布里亚特共和国进行的考察活动,在1931—1941年间鲍培任苏联科学院东方学研究所蒙古部主任。1943—1945年间,鲍培受德国蒙古学家海涅什的邀请前往柏林大学,并在柏林大学讲授蒙古学和比较阿尔泰学,同时兼任该校东亚研究所研究员。1949年初鲍培前往美国的华盛顿州立大学,在1968年退休前一直为该校远东和斯拉夫语言文学教授。

该书撰写了书评,鲍培评价它不仅是此类研究的第一部著作,还标志着英国蒙古学研究的正式开始。① 鲍登在博士毕业后于1955年10月1日获得了伦敦大学亚非学院提供的讲师教席,1962年他开始在伦敦大学亚非学院讲授蒙古语和其他与蒙古学研究相关的课程,从1970年至1984年退休,鲍登一直担任亚非学院远东系的教授及主任。

二、蒙古学研究的起步阶段(1955—1967)

如果说丹尼斯·赛诺是查尔斯·鲍登进入蒙古学研究领域的领路人,那么瓦尔特·海西希②就是鲍登的蒙古学研究的同行者。查尔斯·鲍登在蒙古学研究领域的成长离不开现代西方蒙古学研究的核心人物——德国蒙古学家瓦尔特·海西希的提携。瓦尔特·海西希于1913年12月5日出生于奥地利首都维也纳,1936年至1939年间海西希在德国柏林大学和维也纳大学学习,研究方向为蒙古学和中国学,曾师从著名的汉学家和蒙古学家厄里赫·海涅什③。1941年海西希在维也纳大学取

---

① Nicholas Poppe, "The Mongol Chronicle Altan Tobči (= Göttinger Asiatische Forschungen, Band 5) by Charles Bawden", *Central Asiatic Journal*, 1956(4).
② 瓦尔特·海西希教授是一位为我国学界所熟知的蒙古学家,我国学者对海西希教授研究的相关论文有:《乔吉·海西希著作和论文目录》,《蒙古学资料与情报》1984年第2期;《乔吉·西欧的蒙古学研究中心——访波恩大学中亚语言文化研究所》,《蒙古学资料与情报》1985第1期;M. 魏尔斯:《海西希及战后德国蒙古学》,《民族译丛》1985年第5期;M. 魏尔斯、王祖望:《瓦尔特·海西希和二次大战后联邦德国的蒙古学》,《国外社会科学》1985年第8期;齐木德道尔吉:《德国著名蒙古学家海西希教授》,参见 http://mongolianepics.ddp.zhongyan.org.cn/scholars.php?scholarId=12,2020.6.6. 我国学者还专门为海西希教授编撰了一部纪念海西希教授80寿辰的文集:仁钦道尔吉、乌恩奇、齐木德道尔吉编:《丰碑——纪念海西希教授80诞辰》,内蒙古文化出版社1993年版。
③ 厄里赫·海涅什(Erich Haenisch, 1880—1966),德国汉学家、满学家,德国(转下页)

得语文学博士学位,论文题目为《满洲国兴安省蒙古人文化的变迁》,同年海西希的博士论文在维也纳出版。1942年海西希前往中国任德国驻中国大使馆文化参赞,他在中国一直停留至第二次世界大战结束,在1943年至1946年间海西希任北京辅仁大学语文系副教授。在中国生活期间,海西希曾前往内蒙古和东北地区收集了许多蒙古语文献资料,也做了大量的田野调查。回到德国后,海西希在1951—1957年间任哥廷根大学副教授,后于1957年起任波恩大学教授,并被波恩大学授予功勋教授。1964年海西希在波恩大学原有的东方语言研究所基础上创建了中亚语言文化研究所,将蒙古学研究从以中国学、印度学等以亚洲大国为主的东方学研究中分离出来,在海西希的领导下该研究所成为德国乃至整个欧洲重要的中亚研究中心。海西希一生著作等身,在对蒙古古籍的刊布、蒙古口头文学研究和蒙古宗教研究等方面都有着深入研究,其代表作有《水晶念珠》《蒙古文学史》及《蒙古英雄史诗母题研究》等,海西希还和意大利著名藏学家者图齐合著了《西藏和蒙古的宗教》一书。海西希除了对德国蒙古学的发展起到了重要的推动作用,他也一直活跃在世界蒙古学的舞台上,同各国知名的蒙古学家均有密切往来。1957年海西希、冯加班(Annemarie von Gabain,1901—1993)和丹尼斯·赛诺联合成立了"常设

(接上页)蒙古学研究的先驱,曾师从德国汉学家顾路柏(又译顾威廉)(Wilhelm Grube,1855—1908)学习汉语、蒙古语和满语,1904年毕业于德国柏林大学,获博士学位,博士论文题目为《汉文本萨冈·彻辰编年史〈额尔德尼·脱卜赤〉》。海涅什曾于1904—1911年间在中国武昌和长沙的军校中授课,在中国任教期间海涅什游历了中国的许多地方,还到达过西藏的东部地区。1920年海涅什被任命为波恩大学语文系蒙古语和满语高级讲师,1922年为该大学的汉学部领导人。1925—1931年间,海涅什以德国第一位蒙古语和满语教授的身份领导哥廷根大学和莱比锡大学的东亚汉学和语文学教研室。1936年海涅什曾在乌兰巴托蒙古人民共和国学术委员会图书馆抄本部工作过一个月的时间,是首位到蒙古人民共和国从事研究工作的西方学者。1946—1951年间海涅什担任德国慕尼黑大学汉学教研室主任并从事东亚文化语言研究所的管理工作。

国际阿尔泰学会议"①。此外，海西希还担任《中亚研究》(Zentral Asiatischen Studien)和《亚洲研究》(Asiatische Forschungen)等国际知名期刊的主编。1987年起海西希任国际蒙古学学会名誉会员和副主席，1993年海西希当选蒙古科学院外籍院士。20世纪蒙古学的迅速发展离不开海西希做出的杰出贡献，正如俄国学者戈尔曼评价海西希"不仅是西德当代蒙古学派的创立者，而且是当代西方整个蒙古学界公认的祖师爷和领军人物"②。

鲍登和海西希结识于1954年在剑桥召开的第23届国际东方学家大会③，参会期间鲍登将他的博士论文呈递给海西希，随后海西希决定将这篇论文收录在其主编的《哥廷根亚洲研究》④系列丛书中出版，两人因此

---

① 常设国际阿尔泰学会议(Permanent International Altaistic Conference)简称为PIAC。1957年在德国慕尼黑举行的第24届国际东方学家大会上决定设立一个专门以阿尔泰研究为主题的学术会议。1958年在德国美因茨举行了PIAC首次年会，在该次会议上决定选举海西希为秘书长。PIAC是一个由从事阿尔泰学研究和中亚研究的专家、学者组成的国际性学术会议，它的宗旨是在世界范围内广泛开展阿尔泰学研究并进行广泛的学术交流与合作，坚持每年召开一次国际性阿尔泰学术研讨会。海西希在第3次PIAC会议上辞去秘书长的职务，丹尼斯·赛诺接任海西希的职务成为第二任秘书长，赛诺之后秘书长的职务由德国柏林自由大学的芭芭拉·凯尔乐·亨克勒(Barbara Kellner-Heinkele)博士担任。

② [俄] 马·伊·戈尔曼:《西方的蒙古学研究:二十世纪50年代—90年代中期》,陈弘法译,内蒙古教育出版社2010年版,第31页。

③ 国际东方学家大会(International Congress of Orientalists)由法国国立高等学院的德·罗尼(Léon de Rosny, 1837—1914)于1873年在法国创立,并于同年在法国巴黎举办了第一届会议,至此每隔两年召开一届国际性东方学家大会,在会议中各个国家和学者相互交流分享东方学研究成果。

④ 《哥廷根亚洲研究》(Gottinger Asiatische Forchungen)由瓦尔特·海西希、西格弗里德·莱茵哈德、奥梅里扬·普里察克主编,于1954年正式发刊,1959年停刊,该套丛书共出版10卷,主要以刊布蒙古文抄本为主,其中包括海西希的《北京版喇嘛教蒙古文抄本》、查尔斯·鲍登的《蒙古编年史〈阿勒坦·脱卜赤〉》、策·扎姆查拉诺的《十七世纪蒙古编年史》、海西希和查尔斯·鲍登共同研究和刊布的《蒙古博尔济吉特氏族世系谱》等。《哥廷根亚洲研究》于1957年更名为《亚洲研究》(Asiatische Forschungen)。

结缘并从此走上了合作之路。在第 23 届国际东方学家大会上,鲍登的博士论文同样吸引了丹麦蒙古学家卡勒·格伦贝赫(Kaare Grønbech)的注意,1955 年 2 月查尔斯·鲍登受其邀请前往哥本哈根,同格伦贝赫一同研究其从内蒙古带回的《哲布尊丹巴传》蒙古语手抄本①,最终查尔斯·鲍登于 1961 年在威斯巴登将研究成果出版。② 紧接着,应海西希的邀请,鲍登又来到哥廷根对他的博士论文进行了修改。1956 年鲍登再次收到海西希的合作邀请前往哥本哈根,此次的任务是协助海西希完成对哥本哈根皇家图书馆馆藏的蒙古语抄本和刻本进行编目,其中鲍登主要负责整理有关占星术和占卜的文献。③ 1971 年,丹麦哥本哈根皇家图书馆出版了海西希主编、鲍登协助编写的《哥本哈根皇家图书馆蒙古文图书馆手抄本和木刻本目录》,该书系统梳理了丹麦哥本哈根皇家图书馆收藏的有关蒙古文学、文化、宗教、音乐等诸多方面的文献资料,为西方学者提供了许多研究素材,同样鲍登也从中受益颇多。1957 年鲍登再度收到海西希的邀请,两人共同完成了对《蒙古世系谱》的研究,由他们共同刊布的《蒙古世系谱》于同年出版。1958 年查尔斯·鲍登受英国政府委派应蒙古和平委员会的邀请首次到访蒙古,回程时鲍登途径哥本哈根,在哥本哈根图书馆为

---

① 卡勒·格伦贝赫在 1938—1939 年间参与了丹麦皇家地理学会组织的中亚探险队前往内蒙古,其间格伦贝赫搜集了大量的书面史料和蒙古民间口头传说,又在察哈尔的哈达音苏木所设立的调查点搜集到有关蒙古历史方面的 400 种文献。关于格伦贝赫在内蒙古地区搜集到的文献的详细情况可参考 W. 海西希:《哥本哈根收藏的蒙文文献》,翟大风译,《蒙古学资料与情报》1988 年第 4 期,第 47 页。
② 该书的详细信息为:Charles Bawden, *The Jebtsundamba Khutukhtus of Urga: Text, Translation and Notes*, Wiesbaden: Otto Harrassowitz, 1961.
③ 1953 年海西希受到罗斯卡—奥斯泰德基金会的资助,对哥本哈根皇家图书馆馆藏的蒙古文历史文献进行研究。从 1953 年至 1957 年间,每年夏天海西希都前往哥本哈根,对哥本哈根皇家图书馆东方馆馆藏的蒙古语文献做编目工作,1956 年鲍登加入其中,编写了 67 种占卜和医学著作的简介。参见 W. 海西希:《哥本哈根收藏的蒙文文献》,翟大风译,《蒙古学资料与情报》1988 年第 4 期。

曾在编撰书目时遇到的手抄本拍了照，这些影像资料成为鲍登日后研究蒙古宗教文化的重要资料。

查尔斯·鲍登的学术成长与西方蒙古学的迅速发展紧密相关，自1955年博士毕业并在伦敦大学工作后，鲍登就开始在国际蒙古学界崭露头角，活跃在各类学术活动中。1957年"常设国际阿尔泰学会议"创立，鲍登参加了1958年和1959年于德国美因茨（Mainz）召开的第一届和第二届"常设国际阿尔泰学会议"。1959年鲍登第二次到访蒙古人民共和国，其间鲍登进入蒙古国立大学进修，并在乌兰巴托参加了第一届国际蒙古学家大会①。1963—1964年鲍登邀请扎奇斯钦②先生来到伦敦大学亚非学院任教并做研究，其间鲍登和扎奇斯钦教授一直保持着亲密的合作。在1962年至1966年间，鲍登又分别参加了第五、七、八、九届"常设国际阿尔泰学会议"，其中在1965年和1966年召开的第八届和第九届会议中鲍登分别提交了题目为《关于中亚游牧民族的狩猎问题》（"Notes on Hunting of Some Nomadic Peoples of Central Asia"）和《关于清朝蒙古贵族的头衔和称谓问题》（"Notes on the Ranks and Titles of the Mongol Nobility during Manchu Times"）的论文。1967年，查尔斯·鲍登第三次来到蒙古人民共和国研修，他在蒙古人民共和国一共停留了6个月的时间。英蒙文化交流协定（Anglo-Mongolian Cultural Agreement）为鲍登提

---

① 国际蒙古学家大会（International Congress of Mongolists），1959年9月在蒙古国的乌兰巴托召开的由蒙古科学院举办的第一届国际蒙古语文学家大会，后来名称演变为国际蒙古学家大会，该大会每5年举办一次，该会的秘书处还编辑有《国际蒙古学会通讯》（Bulletin of International Association For Mongol Studies），该期刊至今仍在发行中，主要刊载各国学者的学术论文和研究动态。
② 扎奇斯钦（Jagchid Sechin, 1914—2009），内蒙古科尔沁人，毕业于北京大学，曾在德王政府和蒋介石政府中担任过一定职务，后在中国台湾、英国、美国和日本的多所大学中任教。1972—1984年扎奇斯钦为美国杨百翰大学的访问教授，后转为正式教授，并在该校一直从事研究工作至退休，主要著作有《蒙古秘史新译并注释》《蒙古黄金史译注》《我所知道的德王和当时的内蒙古》《蒙古文化与社会》等。

供了在蒙古交流学习 6 个月的机会,此次交流活动由英国议会和蒙古和平友好委员会执行委员会(Executive Committee of Mongolian Organizations of Peace and Friendship)共同批准。在此次学习的 6 个月中,鲍登于 1967 年 9 月下旬前往位于蒙古国西部的科布多省①进行田野调查②,在田野调查的过程中鲍登搜集了大量科布多当地的民间资料,为西方学界展示了西蒙古地区的社会生活状况。

在 1955—1968 年间鲍登共发表了近十篇关于蒙古民间宗教的论文,如《两则关于祭祀敖包的蒙古语文献》("Two Mongol Texts Concerning Obo-Worship",1958)、《蒙古族传统观念中疾病与死亡的超自然因素》("The Supernatural Element in Sickness and Death according to Mongol Tradition I, II",1961 & 1962)、《招魂:一则蒙古语祈祷文》("Calling the Soul: A Mongolian Litany",1962)、《蒙古笔记 I:鲁汶所藏的有关祭火的祈祷文》,等等。此外,鲍登还发表了一篇介绍 20 世纪蒙古人民共和国社会状况的论文《蒙古的古代和现代》("Mongolia Ancient and Modern",1959),该论文基于鲍登在乌兰巴托的实地考察,回顾了 19 世纪以来喀尔

---

① 科布多省位于蒙古国西南部,成立于 1930 年,首府为科布多市,距离蒙古国首都乌兰巴托 1 580 公里,与乌兰巴托有一个小时的时差。科布多省西部与我国新疆接壤,距离最近的新疆塔克什肯陆运口岸仅有 265 公里。科布多省总体地形海拔落差较大,从 1 126 米到 4 380 米不等,在省内既有广袤的平原也有终年积雪的雪山,境内有湖泊高山并且动植物种类丰富,尤其是濒危动物雪豹大部分生活于此,科布多河环绕着科布多市。科布多省的人口主要由西蒙古或卫拉特蒙古人构成,也有其他少数民族在此居住,主要的蒙古部落包括额鲁特、扎哈沁、土尔扈特、杜尔伯特、明阿特、喀尔喀和乌梁海,另外哈萨克族和一部分乌兹别克族也居住于此。笔者于 2019 年 8 月 8 日—18 日在科布多省进行田野调查,彼时科布多省同外界的交通主要依靠公路,省内有一个机场,离市中心不到半个小时的车程,每天有一趟往返乌兰巴托的航线。
② 关于查尔斯·鲍登在科布多省的田野调查情况可参考鲍登的论文: Charles Bawden, "A Journey to Western Mongolia", *Journal of The Royal Central Asian Society*, 1969(2)。

喀蒙古的历史发展，并结合亲身体验描述了20世纪中期蒙古人民共和国的实际社会生活状况，呈现了喀尔喀蒙古地区一个世纪以来社会生活的发展变化。

查尔斯·鲍登的蒙古学研究起始于对蒙古历史典籍的语文学研究和翻译，《蒙古编年史〈阿勒坦·脱卜赤〉》为鲍登在蒙古学研究领域扩大了影响力。同时，蒙古史籍的刊布构成了鲍登在其蒙古学研究起步阶段内获得的主要学术成就。鲍登最初的蒙古学研究思路遵循着传统东方学研究路径，即以典籍的版本学研究和语文学研究为主，加以将它们翻译为西方语言。对蒙古历史典籍的校勘为鲍登的蒙古学研究奠定了扎实的历史学基础，随后他在蒙古史研究领域的深入开拓均可见前期研究的影子。另外，鲍登多次到访蒙古人民共和国的经历加深了鲍登对蒙古民族的了解。鲍登在蒙古人民共和国的进修也提高了他的蒙古语水平，促进了其与蒙古族学者间的互动，为其在蒙古学领域的深耕奠定了良好的基础。

三、蒙古学研究的稳步发展阶段（1968—1984）

1970年，查尔斯·鲍登被评为伦敦大学亚非学院教授，还当选了远东系主任，鲍登的当选标志着蒙古学研究在英国学界得到了认可，也说明蒙古学研究逐渐成为英国东方学研究的重要组成部分。紧接着，1971年，查尔斯·鲍登入选英国科学院院士，但出于一些原因，鲍登于1981年辞去了院士职位，后又在1985年再次当选英国科学院院士。1982年，鲍登第四次也是最后一次到访蒙古人民共和国，此次前往蒙古的目的是参加第四届国际蒙古学家大会。前期对蒙古历史典籍的刊布为鲍登奠定了良好的蒙古史基础，在此阶段鲍登继续开拓对蒙古史的研究，并集中注意力于蒙古近现代史,出版了他的代表作《蒙古现代史》,也发表了数篇有关近现代蒙古史的论文。1968年出版的《蒙古现代史》包含着鲍登对近现代喀尔喀蒙古社会变革的深入剖析,反映着鲍登对蒙古史的专精研究,该书的出版标志着他的蒙古学研究进入了稳步发展阶段。在鲍登的蒙古学研究稳步发展的阶段,蒙古宗教文化和蒙古文学也吸引了鲍登的注意。在此期间,鲍登产出了数篇论及蒙古宗教文化的论文,这些论文主要阐释了蒙古萨满教文化和蒙古民间信仰文化。在1982年,鲍登出版了译著《蒙古史诗十:八首漠北蒙古史诗》,还撰写了论文对蒙古族著名文学家尹湛纳希的浪漫爱情小说进行了评论。

(一) 查尔斯·鲍登的蒙古史研究

蒙古历史研究一直是查尔斯·鲍登的蒙古学研究的重要组成部分,1968年查尔斯·鲍登出版了他的代表作之一的《蒙古现代史》,该书介绍了17世纪至20世纪50年代喀尔喀蒙古发生的主要历史事件,是首部用英文书写的全面介绍喀尔喀蒙古近代以来重要史实的书籍。该书共为九章,以1921年喀尔喀蒙古独立为时间节点,前四章介绍了17世纪至19世纪初喀尔喀蒙古的社会政治状况,尤其对藏传佛教的影响和清朝时期满蒙间的复杂关系做了详细的阐述与分析;后五章从1921年蒙古独立后谈起,介绍了20世纪上半叶蒙古人民共和国的发展,探讨了蒙苏两方在20世纪20年代至50年代的政治博弈。鲍登在这一时期还发表了关于蒙古史研究的论文六篇,鲍登的蒙古史研究从整体上以1921年为界限,一部分以蒙古古代史、清史为主,如《元朝马政札记》("Some Notes on the Horse Policy of the Yüan Dynasty", 1965)、《第八世哲布尊丹巴呼图克图一生中的重大事件》("An Event in the Life of the 8th Jebtsundamba Hutukhtu", 1966)、《1756—1757年间蒙古的反叛》("The Mongol Rebellion of 1756—

1757", 1968)、《第一世哲布尊丹巴呼图克图》("Some Portraits of the First Jebtsundamba Qutuγtu", 1970)、《关于1756年喀尔喀蒙古反叛的文件》("Some Documents Concerning the Rebellion of 1756 in Outer Mongolia", 1970)等；另一部分围绕喀尔喀蒙古独立前后的史实展开，分析了彼时的社会历史背景，也包括对喀尔喀蒙古独立前后社会的经济、政治、思想等方面的介绍，如《1919年向蒙古自治司法部递交的请愿书》("A Joint Petition of Grievances Submitted to the Ministry of Justice of Autonomous Mongolia in 1919", 1967)等。总体来说，鲍登对蒙古史的研究从对历史古籍的刊布转移到了蒙古近现代史，围绕藏传佛教的影响、清朝治蒙方略、苏（俄）蒙的政治角逐等方面展开，对近现代蒙古历史进行了详细的剖析与解读。

（二）查尔斯·鲍登的蒙古文学研究

蒙古文学研究是查尔斯·鲍登在学术发展期间开拓的新领域，他对蒙古文学的研究主要集中于清朝蒙古族文学家尹湛纳希的浪漫爱情小说，探讨了这些爱情小说与《红楼梦》等汉族文学经典间的联系，这类论文有《尹湛纳希的〈一层楼〉：一部十九世纪中蒙小说》和《作为文学经典的尹湛纳希的浪漫爱情小说》等。1983年，查尔斯·鲍登还指导其学生柯律格[1]完成了题目为《尹湛纳希的〈一层楼〉：一部十九世纪中蒙小说》的博士论文。同我国学者对尹湛纳希的评价不尽相同的是，鲍登对尹湛纳希的评价多从小说本身具有的艺术性进行评论，很少涉及这些作品的思

---

[1] 柯律格（Craig Clunas, 1954—），牛津大学艺术史名誉教授。柯律格曾就读于剑桥大学和伦敦大学亚非学院，并于剑桥大学获得了中国学学士学位，于伦敦大学亚非学院获得了博士学位。2004年柯律格当选英国科学院院士，2007年起任教于牛津大学艺术史系，成为该系首位有亚洲艺术史专长的系主任，他的代表作有《中国艺术》(Art In China)、《雅债：文徵明的社交性艺术》(Elegant Debts: The Social Art of Wen Zhengming)等。

想特征。

蒙古史诗也是鲍登在蒙古文学研究领域关注的重点,他所发表的有关蒙古史诗研究的论文有《蒙古文学》("Letteratura Mongola",1969)、《论近来蒙古人民共和国史诗的演唱》("Remarks on Some Contemporary Performances of Epics in the MPR",1979)、《蒙古:当代传统》("Mongol: The Contemporary Tradition",1980)、《关于蒙古盲说书人的报告》("The Repertory of a Blind Mongolian Storyteller",1981)和《蒙古族史诗中的生与死》("Vitality and Death in the Mongolian Epic",1983)。在这些论文中,鲍登不仅介绍了蒙古史诗的基本特征,还刊发了他所发现的史诗文本,对这些史诗中的母体和主题意义进行了阐释。1959年起由海西希主编的《亚洲研究》①系列丛书出版了多名西方蒙古学家翻译的11部蒙古史诗译本,被翻译的史诗以在布里亚特、卡尔梅克和喀尔喀蒙古发现的史诗为主,参与翻译这些史诗的蒙古学家包括尼古拉斯·鲍培、维罗尼卡·法伊特②、克劳斯·柯佩(Klaus Koppe)等,查尔斯·鲍登的译著《蒙古史诗十:八首漠北蒙古史诗》就是其中的一部。

(三) 查尔斯·鲍登的蒙古宗教文化研究

鲍登在《蒙古笔记Ⅱ:蒙古的萨满狩猎仪式》("Mongol Notes Ⅱ:

---

① 《亚洲研究》(Asiatiche Forchungen)创立于1957年,由瓦尔特·海西希、克劳斯·萨加斯特、维罗尼卡·法伊尼特和米歇尔·魏尔斯与傅海波合作主编,迄今出版了包括蒙古学、藏学以及满学研究的学术专著150多部。
② 维罗尼卡·法伊特(Veronika Veit,1944—),德国蒙古学家,1964—1966年间在德国波恩大学师从海西希接受了蒙古学的学习,1966年在伦敦大学亚非学院交流时曾受到查尔斯·鲍登的指导。1968年法伊特获得硕士学位,1973年获得博士学位,1969年进入由海西希创办的波恩中亚语言文化研究所工作。法伊特多次前往蒙古人民共和国交流学习,她还曾在内蒙古大学蒙学院学习过一段时间,主要研究领域包括蒙古历史、艺术、文化、史诗研究等。

Some 'Shamanist' Hunting Rituals From Mongolia",1968)、《关于蒙古人的丧葬礼仪》("A Note on a Mongolian Burial Ritual",1977)、《一则有关阿特嘎腾格里的祈祷文》("A Prayer to Qan Ataga Tngri",1977)、《关于蒙古人对本地神灵崇拜的问题》("Notes on the Worship of Local Deities in Mongolia",1970)等论文中对蒙古民间的宗教信仰、祭祀礼仪、祝赞词等内容进行了阐释。在这些论文中,鲍登首先介绍了相关文化背景知识,对蒙古民间的狩猎仪式、丧葬仪式、祭祀仪式等进行了详细的描述。其次,鲍登列举了数则仪式中使用的祭词、祝赞词等韵文。最后,鲍登对这些韵文内容进行了阐释,并指明了其中所折射出的藏传文化印记和一些特定的表达特征。虽然鲍登对蒙古宗教文化的研究缺乏田野调查这样的实证研究作为支撑,但他在这些论文中呈现出了蒙古宗教文化的基本特征。尤其重要的是,鲍登在论文列举的祭词、祝赞词等韵文均来源于较为古老的文献资料,从其刊出的这些韵文中可以窥探到较为古老的蒙古口头文学样式,对现今的研究有重要的参考价值。

四、蒙古学研究的沉淀阶段(1985—2012)

1984年查尔斯·鲍登从伦敦大学亚非学院退休,在退休后,鲍登又相继出版了3部重要著作,它们分别为专著《萨满巫、喇嘛和福音派教徒:西伯利亚的英国传教士》(Shamans, Lamas and Evangelicals: the English Missionaries in Siberia,1985)、论文集《迎着超自然力:蒙古人的传统生活方式和生活资料》(Confronting the Supernatural: Mongolian Traditional Ways and Means,1994)和《蒙古传统文学选集》。

《萨满巫、喇嘛和福音派教徒:西伯利亚的英国传教士》一书来自鲍登对《在蒙古人中》(Among the Mongols)撰写书评时迸发的灵感。当他阅读《在蒙古人中》时得知了英国传教士在西伯利亚的蒙古人中的传教历史，随后鲍登从伦敦大学亚非学院图书馆发现了记录有19世纪初英国传教士在蒙古人中传教的文献。鲍登对这些文献产生了极大兴趣，并在《萨满巫、喇嘛和福音派教徒：西伯利亚的英国传教士》一书中复原了该次传教活动的整个过程，对传教活动的起因、历史背景、主要参与者以及对后世的影响等方面都进行了详细的考证。鲍登对英国传教士的研究将学界对近代西方传教士在蒙古地区的传教活动研究提前至18世纪末至19世纪初，填补了蒙古地区传教史研究的空白。

论文集《迎着超自然力：蒙古人的传统生活方式和生活资料》共收录了11篇鲍登所撰写的关于蒙古宗教文化的论文，其中包括前文所提的相关论文，主要介绍了留存在蒙古民间的萨满教信仰、祭敖包、占卜术等内容。这些论文的研究对象均来自鲍登在哥本哈根皇家图书馆和其他欧洲图书馆收集到的蒙古语文献，鲍登对这些文献进行了系统的整理和研究，对其中涉及的蒙古宗教信仰文化进行了细致地阐释。《蒙古传统文学选集》集中了鲍登所英译的众多蒙古文学作品片段，该书按照文学体裁共分为历史故事、传说、说教性短文、史诗、祈祷文、民间故事、散文、回忆录等11个部分。该书使用文学文本勾勒了蒙古社会不同发展阶段的不同文学样式和创作主题，将文学体裁作为区分了蒙古文学的发展历程的标准，对蒙古文学进行了整体性回顾。《蒙古传统文学选集》也通过文学样式的变化反映出了不同蒙古社会发展阶段的风貌，将文学史和文化史融合于一书。

1997年查尔斯·鲍登出版了《现代蒙英词典》，该词典共收录超过2.6万个词条，共花费30多年的时间编撰完成。报纸、杂志、各类手册是鲍登编撰现代蒙古语词典时的语言素材来源。鲍登从这些材料中挑选词汇，使得词典中包含的词条更加贴近于20世纪蒙古的现代生活，为现代蒙古语的学习提供了重要帮助。鲍登编撰的蒙英词典与前期出现的蒙英词典①相比,在实用性、时效性、包容性等方面都有所突破,是此类词典中最符合现代蒙古语风貌、收录词条最为全面的现代蒙古语词典。因为该词典的种种优点,鲍登所编著的蒙英词典成为随后出版的现代蒙古语—英语词典在编撰时的重要参考。2012年德国学者哈特穆特·瓦尔拉芬斯(Hartmut Walravens,1944—)编辑出版了鲍登的最后一部著作《向布里亚特人传教的另一本小册子》,此前鲍登已编写过一本《向布里亚特人传教的小册子》,《向布里亚特人传教的另一本小册子》包括了西伯利亚传教士的传教背景,并刊出了传教手册的原文,还对其进行了拉丁文音写和英译。鲍登所刊布的两部传教手册进一步丰富了他所进行的传教士传教活动研究,更加真实地还原了英国传教士的实际传教过程。

五、小　结

查尔斯·鲍登的蒙古学研究涵盖了蒙古历史、蒙古文化、蒙古文学和蒙古宗教信仰文化等多个方面,展示出了一个西方学者在20世纪对蒙古地区的思考和态度。鲍登的蒙古学研究既继承了传统的东方学研究方法,又探索了诸多前人未曾涉及的领域,其中多项研究填补了学界空白。鲍登对蒙古历史典籍《阿勒坦·脱卜赤》的系统性研究为世界蒙古学界做

---

① 对蒙古语词典的编撰最早可以追溯到1835年由施密特编撰的欧洲第一部蒙俄词典,随后出版的蒙古语词典主要以俄蒙词典为主,还有几部蒙日词典,已经出版的蒙英词典主要有：F. Boberg, *Mongolian—English Dictionary*, Stockholm：Förlaget Filadelfia AB, 1954; F. D. Lessing, *Mongolian—English Dictionary*, California：University of California, 1960; Gombojab Hangin, John R. Krueger, Paul D. Buell, William V. Rozycki and Robert G. Service, *A Modern Mongolian-English Dictionary*, Bloomington：Indiana University, 1986。

出了重要贡献;《蒙古现代史》是西方为数不多的蒙古现代史著作,该书重构了20世纪初至20世纪中叶的喀尔喀蒙古历史,其中对种种史实的叙述和评析都具有重要的学术价值,该部著作至今仍旧是研究喀尔喀蒙古近代史的重要参考文献;对19世纪英国传教士在蒙古地区的传教活动研究也是鲍登为世界蒙古学界所做的重要贡献,鲍登对于该次传教活动的详细阐述还原了这段珍贵的传教历史,展示了该次传教活动在蒙古地区与西方交往中的重要地位;《蒙古传统文学选集》是使用英语写成的全面介绍蒙古文学的不可多得的专著,该部著作为西方读者了解蒙古文学提供了丰富的素材。鲍登在蒙古学研究中做出的众多贡献,为推动英国的蒙古学研究起到了重要作用,他是20世纪西方蒙古学中的一颗闪耀的巨星。

附录二 查尔斯·鲍登主要学术作品目录

著作

［1］Charles Bawden, *A Tract for the Buryats*, Wiesbaden: Harrassowitz, 2009.

［2］Charles Bawden, *Another Tract for the Buryats; with I. J. Schmidt's Recently Identified Kalmuck Originals*, Wiesbaden: Harrassowitz, 2012.

［3］Charles Bawden, *An Anthology of Mongolian Traditional Literature*, London: Kegan Paul, 2003.

［4］Walther Heissig, *Catalogue of Mongol Books, Manuscripts and Xylographs*, assisted by Charles Bawden, Copenhagen: The Royal Library, 1971.

［5］Charles Bawden, *Confronting the Supernatural: Mongolian Traditional Ways and Means: Collected Papers*, Wiesbaden: Harrassowitz, 1994.

［6］Charles Bawden, *Letteratura Mongola*, Milano: Società Editrice Libraria, 1969.

［7］Charles Bawden, *Mongolian-English Dictionary*, London: Kegan Paul International, 1997.

［8］Charles Bawden, *Mongolian Traditional Literature: An Anthology*, London: Kegan Paul, 2003.

［9］Charles Bawden, *Mongγol borjigid oboγ-un teüke von Lomi*(1732)—Meng-ku shih-hsi p'u [蒙古世系譜] (Göttinger asiatische Forschungen 9). Herausgegeben und mit Einleitungen versehen von Walther Heissig und Charles R. Bawden, Wiesbaden: Harrassowitz, 1957.

［10］Charles Bawden, *Mongolische Epen X: Eight North Mongolian Epic Poems* (Asiatische Forschungen 75), Wiesbaden: Harrassowitz, 1982.

［11］Charles Bawden, *Shamans, Lamas and Evangelicals: the English Missionaries in Siberia*, London: Routledge & Kegan Paul, 1985.

［12］Charles Bawden, *Tales of King Vikramāditya and the Thirty-two Wooden Men:*

Mongol Text and Translation, New Delhi: International Academy of Indian Culture, 1960.

［13］Charles Bawden, *The Jebtsundamba Khutukhtus of Urga: Text, Translation and Notes*(Asiatische Forschungen 9), Wiesbaden: Harrassowitz, 1961.

［14］Charles Bawden, *The Modern History of Mongolia*, New York: Praeger, 1968.

［15］Charles Bawden, *The Mongol Chronicle Altan Tobči: Text, Translation and Critical Notes*, Wiesbaden: Harrassowitz, 1955.

［16］Charles Bawden, *Vikramaditya Tales From Mongolia*, New Delhi: International Academy of Indian Culture, 1962.

论文

［1］Charles Bawden, "A Case of Murder in 18th Century Mongolia", *Bulletin of the School of Oriental and African Studies*, 1969(32): 71-90.

［2］Charles Bawden, "A Chinese Source for an Episode in Injanasi's Novel *Nigen Dabqur Asar*", *Tractata Tibetica et Mongolica: Festschrift für Klaus Sagaster zum 65. Geburtstag*, Wiesbaden: Harrassowitz, 2002, S. 21-29.

［3］Charles Bawden, "A Decorated Mongolian Tea-can", *Central Asiatic Journal*, 2014(1).

［4］Charles Bawden, "A First Description of a Collection of Mongol Manuscripts in the University Library", *Journal of the Royal Asiatic Society*, 2011(39).

［5］Charles Bawden, "A Joint Petition of Grievances Submitted to the Ministry of Justice of Autonomous Mongolia in 1919", *Bulletin of the School of Oriental and African Studies*, 1967(XXX Part 3).

［6］Charles Bawden, "A Journey to Western Mongolia", *Journal of The Royal Central Asian Society*, 1969(2).

［7］Charles Bawden, "A Juridical Document From Nineteenth-Century Mongolia", *Zentralsiatische Studien*, 1969(3).

[8] Charles Bawden, "A Note on a Mongolian Burial Ritual", *Siudia Orientalia*, 1977(47).

[9] Charles Bawden, "A Note on the Dates in the Colophon to Bolor Erike", *Harvard Journal of Asiatic Studies*, 1970(30).

[10] Charles Bawden, "A Note on the Inscription on Two Chinese Rugs in the Victoria and Albert Museum", *Bulletin of the School of Oriental and African Studies*, 1977(XL).

[11] Charles Bawden, "A Prayer to Qan Ataga Tngri", *Central Asiatic Journal*, 1977(3/4).

[12] Charles Bawden, "An Oirat Manuscript of the 'Offering of the Fox'", *Zentralsiatische Studien*, 1987(12).

[13] Charles Bawden, "Calling the Soul: A Mongolian Litany", *Bulletin of the School of Oriental and African Studies*, 1962(25).

[14] Charles Bawden, "Economic Advance in Mongolia", *The World Today*, 1960(16).

[15] Charles Bawden, "Edward Stallybrass: The Final Years", *Asian Affairs*, 2001(32).

[16] Charles Bawden, "Einges Zu Den Ethnographika Der Chalcha Und Burjaten Im Museum Für Völkerkunde Leipzig", *Jahrbuch Des Museum Für Völkerkunde Zu Leipzig*, 1968(XXV).

[17] Charles Bawden, "English Mission School among the Buryats, 1822—1840", *Zentralsiatische Studien*, 1982(16).

[18] Charles Bawden, "Injanasi's Novel *Nigen Dabqur Asar*", *Studia Sino-Mongolica*, 1979(25).

[19] Charles Bawden, "Injanasi's Romantic Novels as a Literary Tour-De-Force", *Documenta Barbarorum: Festschrift für Walther Heissig zum 70. Geburtstag*, Hrsg. von Klaus Sagaster und Michael Weiers, Wiesbaden: Harrassowitz, 1985, pp.1 - 10.

[20] Charles Bawden, "Mongol Notes (Some 'Shamanist' Hunting Rituals from

Mongolia)", *Central Asiatic Journal*, 1968(2).

[21] Charles Bawden, "Mongol Notes (The Louvain Fire Ritual)", *Central Asiatic Journal*, 1963(4).

[22] Charles Bawden, "Mongol: The Contemporary Tradition", in *Traditions of Heroic and Epic Poetry*, "London: The Modern Humanities Research Association", 1980, pp.268–299.

[23] Charles Bawden, "Mongolia: Ancient and Modern", *History Today*, 1959(9).

[24] Charles Bawden, "Mongolian Review", *Journal of the Royal Central Asian Society*, 1965(52).

[25] Charles Bawden, "Nomtu, Badma and the English Missionaries in Siberia", *Journal of the Anglo-Mongolian Society*, 1979(5).

[26] Charles Bawden, "Notes on the Ranks and Titles of the Mongol Nobility during Manchu Times. (with S. Jagchid)", *Proceedings of the IXth Meeting of the PIAC*, Napoli, 1970.

[27] Charles Bawden, "Notes on the Worship of Local Deities in Mongolia", *Mongolian Studies*, 1970.

[28] Charles Bawden, "On the Evils of Strong Drink: A Mongol Tract from the Early Twentieth Century", *Tractata Altaica. Denis Sinor sexagenario optime de rebus altaicis merito dedicata*, Hrsg. von Walther Heissig, Wiesbaden: Harrassowitz, 1976: 59–79.

[29] Charles Bawden, "On the Practice of Scapulimancy among the Mongols", *Central Asiatic Journal*, 1958(1).

[30] Charles Bawden, "Remarks on Some Contemporary Performances of Epics in the MPR", *Die mongolischen Epen. Bezüge, Sinndeutung und Überlieferung.* (Asiatische Forschungen 68), Hrsg. von Walther Heissig, Wiesbaden: Harrassowitz, 1979: 37–43.

[31] Charles Bawden, "Some Documents Concerning the Complement of Manchu Garrison Companies at Chapu in the Mid—19th Century", *Zentralasiatische Studien*, 1985(18).

[32] Charles Bawden, "Some Documents Concerning the Rebellion of 1756 in Outer Mongolia", *Bulletin of the Institute of China Border Area Studies*, 1970(1).

[33] Charles Bawden, "Some Mongolian Divinatory Practices", *Central Asiatic Journal*, 2002(46).

[34] Charles Bawden, "Some Notes on the Horse-Policy of the Yüan Dynasty", *Central Asiatic Journal*, 1964 & 1965(3/4).

[35] Charles Bawden, "Some Portraits of the First Jebtsundamba Qutuγtu", *Zentralsiatische Studien*, 1970(4).

[36] Charles Bawden, "Some Recent Work in Mongol Dialect Studies", *Transactions of the Philological Society*, 1973(1).

[37] Charles Bawden, "Some Recent Work in Mongolian Studies", *Bulletin of the School of Oriental and African Studies*, 1960(23).

[38] Charles Bawden, "Some Remarks on the Noun Suffixes in Written Mongol". *Proceedings of the Twenty-Third International Congress of Orientalists*, Denis Sinor ed., London: The Royal Asiatic Society, 1954: 199–200.

[39] Charles Bawden, "The English Missionaries in Siberia and Their Translation of the Bible into Mongolian", *Mongolian Studies*, 1980(6).

[40] Charles Bawden, "The English Missionaries in Siberia. The London Missionary Society's Mission to the Buryats, 1817—1840", *Asian Affairs*, 1985(16).

[41] Charles Bawden, "The First Systematic Translation of Hung Lou Meng: Qasbuu's Commented Mongolian Version", *Zentralasiatische Studien*, 1981(15).

[42] Charles Bawden, "The Investigation of a Case of Attempted Murder in Eighteenth-Century Mongolia", *Bulletin of the School of Oriental and African Studies*, 1969(3).

[43] Charles Bawden, "The Mongol Rebellion of 1756—1757", *Journal of Asian History*, 1968(1).

[44] Charles Bawden, "The Posthumous Reputation of Genghis Khan", *New Orient*, 1960(2).

[45] Charles Bawden, "The Repertory of a Blind Mongolian Stroyteller", *Fragen Der Mongolischen Heldendichtung I* (Asiatische Forschungen 72), Hrsg. von Walther Heissig, Wiesbaden: Harrassowitz, 1981, pp.118 – 131.

[46] Charles Bawden, "The Supernatural Element in Sickness and Death according to Mongol Tradition(Part I)", *Asia Major*, 1961(VIII Part 2).

[47] Charles Bawden, "The Supernatural Element in Sickness and Death according to Mongol Tradition(Part II)", *Asia Major*, 1961(IX Part 2).

[48] Charles Bawden, "The Theme of Calumniated Wife in Mongolia Popular Literature", *Folklore*, 1963(74).

[49] Charles Bawden, "The Wish-Prayer For Shambhala Again", *Monumenta Serica*, 1984 & 1985(36).

[50] Charles Bawden, "Traditions of Heroic and Epic Poetry", *The Modern Humanities Research Association*, 1980.

[51] Charles Bawden, "Two Mongol Texts Concerning Obo-Worship", *Oriens Extramus*, 1958(1).

[52] Charles Bawden, "Vitality and Death in the Mongolian Epic", *Fragen Der Mongolischen Heldendichtung 3.* (Asiatische Forschungen 91), Hrsg. von W. Heissig, Wiesbaden: Harrassowitz, 1985, pp.9 – 24.

[53] Charles Bawden, "Written and Printed Sources for the Study of Mongolian Medicine", *Bulletin of Tibetology: Aspects of Classical Tibetan Medicine*, 1993.

参考文献

英文参考文献

[1] Appiah, Kwame Anthony. Thick Translation[J]. Callaloo, 1993(4): 808 – 819.

[2] Bawden, C. R.. The Mongol Chronicle Altan Tobči [M]. Wiesbaden: Otto Harrassowitz, 1955.

[3] Bawden, C. R.. On the Practice of Scapulimancy among the Mongols[J]. Central Asiatic Journal, 1958(1): 1 – 44.

[4] Bawden, C. R.. Two Mongol Texts Concerning Obo-Worship[J]. Oriens Extremus, 1958(5): 23 – 41.

[5] Bawden, C. R.. Some Recent Work in Mongolian Studies[J]. Bulletin of the School of Oriental and African Studies, 1960(3): 530 – 543.

[6] Bawden, C. R.. The Jebtsundamba Khutukhtus of Urga[M]. Wiesbaden: Otto Harrassowitz, 1961.

[7] Bawden, C. R.. The Supernatural Element in Sickness and Death According to Mongol Tradition Part I[J]. Asia Major, 1961(Ix): 215 – 257.

[8] Bawden, C. R.. The Supernatural Element in Sickness and Death According to Mongol Tradition Part II[J]. Asia Major, 1961(Ix): 153 – 178.

[9] Bawden, C. R.. Calling The Soul: A Mongolian Litany[J]. Bulletin of the School of Oriental and African Studies, 1962(1): 7 – 103.

[10] Bawden, C. R.. Mongol Notes: I The Louvain Fire Ritual[J]. Central Asiatic Journal, 1963(4): 281 – 303.

[11] Bawden, C. R.. Mongol Notes: II Some "Shamanist" Hunting Rituals form Mongolia[J]. Central Asiatic Journal, 1968(2): 101 – 143.

[12] Bawden, C. R.. The Modern History of Mongolia[M]. New York: Praeger, 1968.

[13] Bawden, Charles R.. The Mongol Rebellion of 1756—1757[J]. Journal of Asian

参 考 文 献

History, 1968(2): 1-31.

[14] Bawden, Charles R.. A Case of Murder in Eighteenth-Century Mongolia[J]. Bulletin of the School of Oriental and African Studies, 1969(1): 71-90.

[15] Bawden, C. R.. Some Documents Concerning the Rebellion of 1756 in Outer Mongolia[J]. Bulletin of the Institute of China Border Area Studies I. 1970: 1-23.

[16] Bawden, C. R.. A Prayer to Qan Ataga Tngri[J]. Central Asiatic Journal, 1977(3-4): 199-207.

[17] Bawden, Charles R.. Injanasi's Novel Nigen Dabqur Asar [J]. Studia Sino-Mongolica, 1979(25): 197-221.

[18] Bawden, C. R.. Nomtu, Badma and the English Missionaries in Siberia[J]. Journal of the Anglo-Mongolian Society, 1979(V): 1-24.

[19] Bawden, C. R.. Mongol: The Contemporary Tradition[J]. Traditions of Heroic and Epic Poetry, 1980(1): 268-299.

[20] Bawden, Charles R.. The English Missionaries in Siberia and Their Translation of the Bible into Mongolian [J]. Mongolian Studies, 1980(6): 5-39.

[21] Bawden, C. R.. The Repertory of a Blind Mongolian Stroyteller [J]. Sonderdruck aus Fragen Der Mongolischen Heldendichtung, 1981: 118-131.

[22] Bawden, Charles R.. Mongolische Epen X: Eight North Mongolian Epic Poems [M]. Wiesbaden: Otto Harrassowitz, 1982.

[23] Bawden, Charles R.. Shamans, Lamas and Evangelicals: The English Missionaries in Siberia[M]. London: Routledge & Kegan Paul, 1985.

[24] Bawden, Charles R.. Injanasi's Romantic Novels as a Literary Tour-de-Force[A].// Documenta Barbarorum: Festschrift für Walther Heissig zum 70. Geburtstag. Hrsg. von Klaus Sagaster und Michael Weiers[C]. Wiesbaden: Harrassowitz, 1985: 1-10.

[25] Bawden, C. R.. The English Missionaries in Siberia: The London Missionary Society's Mission to the Buryats, 1817—1840 [J]. Asian Affairs, 1985 (2): 170-182.

[26] Bawden, Charles R.. A Chinese Source for an Episode in Injanasi's Novel Nigen Dabqur Asar[J]. Tractata Tibetica et Mogolia, 2002: 21-29.

[27] Bayarjargal Garamtseren. Another Tract for the Buryats: Including I. J. Schmidt's Recently Identified Kalmuck Originals by Charles Bawden[J]. Mongolian Studies, 2012(34): 123-125.

[28] Buyanlham Tumurjav. Manchu Years in the History of Mongolia[J]. 现代社会文化研究, 2006(36): 37-53.

[29] Brown, Ian. The School of Oriental and African Studies: Imperial Training and the Expansion of Leaning[M]. Cambridge: Cambridge University Press, 2016.

[30] Clunas, Alistair Craig. Injanasi's "Nigen Dabqur Asar": A Sino-Mongolian Novel of the Nineteenth Century[D]. London: University of London, 1983.

[31] Davids, W. Rhys. Oriental Studies in England and Abroad[A]//Proceedings of the British Academy, 1903—1904[C]. London: Oxford University Press, 1976: 183-197.

[32] Eliade, Mircea. Shamanism: Archaic Techniques of Ecstasy[M]. Willard R. Trask translated, England: Penguin Group, 1964.

[33] Garamtseren, Bayarjargal. Another Tract for the Buryats: Including I. J. Schmidt's Recently Identified Kalmuck Originals by Charles Bawden[J]. Mongolian Studies, 2012(34): 123-125.

[34] Gibb, H. A.. Edward Denison Ross, 1871—1940[J]. The Journal of the Royal Asiatic Society of Great Britain and Ireland, 1941(1): 49-52.

[35] Hayter, William. The Hayter Report and After[J]. Oxford Review of Education, 1975(2): 169-172.

[36] Hermans, Theo. Cross-Cultural Translation Studies as Thick Translation[J]. Bulletin of the School of Oriental and African Studies, 2003(3): 380-389.

[37] Heissig, Walther. A Mongolian Source to the Lamaist Suppression of Shamanism in the 17th century[J]. Anthropos 48 H. 1953(3/4): 493-536.

[38] Heissig, Walther. The Mongol Manuscripts and Xylographs of the Belgian Scheut-

Misson[J]. Central Asiatic Journal, 1957(3): 161 - 189.

[39] Heissig, Walther. Injanasis "Lied des armen Bauern"[A]//Festschrift für Leo Brandt zum 60[C]. Geburtstag. von Josef Meixner und Gerhard Kegel. Wiesbaden: VS Verlag für Sozialwissenschaften, 1968: 535 - 539.

[40] Kaplonski, Christopher. Collective Memory and Chingunjav's Rebellion[J]. History and Anthropology, 1993(6): 235 - 259.

[41] Kaplonski, Christopher. Exemplars and Heroes: The Individual and the Moral in the Mongolian Political Imagination[A]//States of Mind: Power, Place and the Subject in Inner Asia[C]. Bellingham(WA): Western Washington University, 2006.

[42] Kaser, Michael. The First British-Mongolian Round Table[J]. Asian Affairs, 2007(2): 245 - 246.

[43] Winfred A. Kohls. German Settlement on the Lower Volga: A Case Study: The Moravian Community at Sarepta, 1763—1892[J]. Transactions of the Moravian Historical Society, 1971(2): 47 - 99.

[44] Lattimore, Owen. Satellite Politics: The Mongolian Prototype[J]. The Western Political Quarterly, 1956(1): 36 - 43.

[45] Lattimore, Owen. Nomands and Commissars[M]. New York: Oxford University Press, 1962.

[46] Lodwick, Kathleen L.. For God and Queen: James Gilmour Among the Mongols, 1870—1891[J]. Social Sciences and Missions, 2008(21): 144 - 172.

[47] Moses, Larry W.. Inner Asia in International Relations: The Role of Mongolia in Russo-Chinese Relations[J]. The Mongolia Society Bulletin, 1972(2): 55 - 75.

[48] Nathanson, Alynn Joelle. Ch'ing Polices in Khalkha Mongolia and the Chingünjav Rebellion of 1756 [D]. London: School of Oriental and African Studies University of London, 1983.

[49] Nordby, Judith. Book Review: The Modern History of Mongolia. By C. R. Bawden [J]. The China Quarterly, 1989(120): 887 - 888.

[50] Onon, Temujin. A Brief Biography of Urgunge Onon[J]. Inner Asia, 2000(1): 3-7.

[51] Pargite, Frederick Eden. A Brief History of the Royal Asiatic Society of Great Britain and Ireland, 1823 to 1923[A]//Centenary Volume of the Royal Asiatic Society of Great Britain and Ireland 1823—1923[C]. Frederick Eden Pargiter ed., Royal Asiatic Society of Great Britain and Ireland, 1923.

[52] Poppe, Nicholas. The Mongol Chronicle Altan Tobči (= Göttinger Asiatische Forschungen, Band 5) by Charles Bawden[J]. Central Asiatic Journal, 1956(4): 309-313.

[53] Rosén, Staffan. The Translation History of the Mongolian Bible[J]. Mongolian Studies, 2008 and 2009(30,31): 19-41.

[54] Rossabi, M.. The Development of Mongol Identity in the Seventeenth and Eighteenth Centuries[J]. Itinerario, 2000(24): 44-61.

[55] Svantesson, Jan-Olof. Cornelius Rahmn and His Works on the Kalmuck Language [J]. 東北アジア研究, 2009(13): 111-126.

[56] Svantesson, Jan-Olof. Cornelius Rahmn's Kalmuck Dictionary[M]. Wiesbaden: Harrassowitz Verlag, 2012.

[57] Svantesson, Jan-Olof. Cornelius Rahmn—Pioneer of Kalmuck Linguistics[A]. // Johannes Reckel ed. Central Asian Sources and Central Asian Research [C]. Göttingen: Universitätsverlag Göttingen. 2016: 187-204.

[58] Tucci, Giuseppe. Review of the Jebtsundamba Khutuktus of Urga, Text, Translation and Notes, by C. R. Bawden[J]. East and West, 1966(1/2): 174.

[59] Valeev, Ramil M., Roza Z. Valeeva and Oksana N. Polyanskaya. Academic Mongolian studies in Russia[J]. European Research Studies Journal, 2017 Special Issue: 402-409.

[60] Williams, D. S. M.. The "Mongolian Mission" of the London Missionary Society: An Episode in the History of Religion in the Russian Empire[J]. The Slavonic and East European Review, 1978(3): 329-345.

参 考 文 献

中文参考文献

[1] 阿拉腾其其格."蒙古化"的藏传佛教文化[J].内蒙古民族大学学报(社会科学版),2010(6).

[2] [英]爱德华·泰勒.原始文化[M].连树声,译,桂林:广西师范大学出版社,2005.

[3] [苏]Б.Я.符拉基米尔佐夫.蒙古社会制度史[M].刘荣焌,译,北京:中国社会科学出版社,1980.

[4] 巴·布林贝赫.蒙古英雄史诗诗学[M].陈岗龙,等译,北京:中国社会科学出版社,2018.

[5] 白翠英.科尔沁博文化[M].呼和浩特:内蒙古人民出版社,2007.

[6] 宝力格.蒙古族近代思想史论[M].沈阳:辽宁民族出版社,2005.

[7] 宝山.清代蒙古文出版史研究:以蒙古文木刻出版为中心[M].呼和浩特:内蒙古教育出版社,2007.

[8] 包文汉,乔吉,等.蒙古历史文献概述[M].呼和浩特:内蒙古人民出版社,1994.

[9] [蒙]宾·仁钦.蒙古民间文学中的本子故事体裁[J].田艳秋,译,民族文学研究,2016(4).

[10] [意]柏朗嘉宾.柏朗嘉宾蒙古行纪[M].耿昇,何高济,译,北京:中华书局,1985.

[11] 朝戈金.口传史诗诗学:冉皮勒《江格尔》程式句法研究[M].南宁:广西人民出版社,2000.

[12] 陈立峰.文学文化史理念 解构主义的思维——《剑桥中国文学史》编纂思想评析[J].文艺评论,2016(3).

[13] 辞海[M].上海辞书出版社,1999.

[14] 陈岗龙.蒙古民间文学比较研究[M].北京:北京大学出版社,2001.

[15] 陈岗龙,乌日古木勒.蒙古民间文学[M].银川:宁夏人民出版社,2008.

[16] 陈践编.吐蕃卜辞新探:敦煌 PT 1047+ITJ763 号《羊胛骨卜》研究[M].上海:上海远东出版社,2015.

[17] 陈庆德.经济人类学[M].北京:人民出版社,2001.

[18] 陈庆英,金成修.喀尔喀部哲布尊丹巴活佛转世的起源新探[J].青海民族学院学报,2003(3).

[19] 成崇德.论哲布尊丹巴活佛系统的形成[J].西藏研究,1986(2).

[20] 达力扎布.《喀尔喀法规》汉译及研究[M].北京:中央民族大学出版社,2015.

[21] 戴庆厦.语言和民族[M].北京:中央民族大学出版社,1994.

[22] [美]丹尼斯·赛诺.丹尼斯·赛诺内亚研究文选[M].北京大学历史系民族史教研室,译,北京:中华书局,2006.

[23] [俄]道尔吉·班扎罗夫.黑教或称蒙古人的萨满教[M].内蒙古大学历史系蒙古史研究室,编印,蒙古史研究参考资料第十七辑,1965.

[24] 地木拉提·奥迈尔.中国境内阿尔泰语系诸民族萨满教行为[A]//新疆师范大学文化人类学研究所,编,文化人类学辑刊第1辑[C].乌鲁木齐:新疆人民出版社,1995.

[25] 额尔敦陶克陶,布德.蒙古族近代文学的高峰——纪念尹湛纳希诞生一百五十周年[J].民族文学研究,1987(1).

[26] 范丽君.扎姆查拉诺蒙古学研究概述[A]//格日乐,主编;德力格尔,副主编,蒙古学研究年鉴2010年卷[C].呼和浩特:内蒙古社会科学院,2011.

[27] 樊明方.1911—1921年的喀尔喀蒙古[M].西安:西北工业大学出版社,2015.

[28] 傅政.19—20世纪英国伦敦传教会在华传教活动[J].经济社会史评论,2018(1).

[29] 富育光.萨满论[M].沈阳:辽宁人民出版社,2000.

[30] [日]冈田英弘.剑桥大学蒙古学研究机构及英国蒙古协会[J].晓克,译,蒙古学资料与情报,1991(1).

[31] 葛根高娃.论16世纪下半叶藏传佛教传入蒙古之原因[J].内蒙古社会科学,1998(5).

[32] 顾伟列,梁诗宸."文学文化史":《剑桥中国文学史》的编撰新范式[J].中国比较文学,2014(3).

[33] 哈斯达赉.关于青衮杂布[J].内蒙古大学学报(哲学社会科学版),1990(1).

[34] 胡日查,乔吉,乌云.藏传佛教在蒙古地区的传播研究[M].北京:民族出版社,2012.

[35] [日]江实,余元庵译.蒙古源流考(附表)[A]//西北民族文化研究编辑部,编,西北

参 考 文 献

民族文化研究丛刊第 1 辑[C].1949:11—67.

[36] 金雷.哲布尊丹巴转世考疑[J].世界宗教文化,2017(4).

[37] [美]克利福德·格尔茨.文化的解释[M].韩莉,译,南京:译林出版社,2006.

[38] 拉巴平措,陈庆英,总主编;陈庆英,张云,熊文彬,主编,西藏通史:元代卷[M].北京:中国藏学出版社,2016.

[39] [美]拉铁摩尔.中国的亚洲内陆边疆[M].唐晓峰,译,南京:江苏人民出版社,2005.

[40] [奥]勒内·德·内贝斯基·活杰科维茨.西藏的神灵和鬼怪:下[M].谢继胜,译,拉萨:西藏人民出版社,1993.

[41] [美]利昂·P·巴拉达特.意识形态:起源和影响[M].北京:世界图书出版公司,2009.

[42] [苏]李福清,陈弘法,译.蒙古长篇小说之源[A]//包斯钦,主编,内蒙古文史通览:文学卷[C].呼和浩特:内蒙古大学出版社,2014.

[43] 李俏枚."文学文化史"观念下的中国文学史写作[A]//蒋述卓,龙扬志,主编,文学批评与中国文学史的生成[C].广州:暨南大学出版社,2018.

[44] 李真.20 世纪中国古代文化经典在英国的传播编年[M].郑州:大象出版社,2017.

[45] 刘彩霞.尹湛纳希启蒙思想述评[J].内蒙古社会科学(文史哲版),1996(5).

[46] [清]罗布桑却丹.蒙古风俗鉴[M].赵景阳,译,沈阳:辽宁民族出版社,1988.

[47] 刘大伟.哲布尊丹巴呼图克图研究[D].北京:中央民族大学,2017.

[48] [俄]М. И. 戈尔曼.西方国家的中央亚考察队[J].陈弘法,译,蒙古学资料与情报,1991(1).

[49] [英]马林诺夫斯基.巫术科学宗教与神化[M].李安宅,译,上海:上海社会科学院出版社,2017.

[50] [俄]马·伊·戈尔曼.西方的蒙古学研究:二十世纪 50 年代—90 年代中期[M].陈弘法,译,呼和浩特:内蒙古教育出版社,2010 年.

[51] [俄]马·伊·戈尔曼.西方的蒙古史研究:十三世纪—二十世纪中叶[M].陈弘法,译,呼和浩特:内蒙古教育出版社,2011 年.

[52] [南宋]孟珙.蒙鞑备录[M].北京:中华书局,1985 年.

[53] 蒙古律例[M].台湾：成文出版社,1968年.
[54] 蒙和巴图,博·那顺,主编.蒙古民族哲学及社会思想史：上[M].呼和浩特：内蒙古人民出版社,2016年.
[55] 孟慧英.中国北方民族萨满教[M].北京：社会科学文献出版社,2000年.
[56] 孟慧英,吴凤玲.人类学视野中的萨满医疗研究[M].北京：社会科学文献出版社,2015年.
[57] 孟慧英.试论西方萨满教研究的变迁[A]//刘成有,主编,宗教与民族第10辑[C].北京：宗教文化出版社,2016年.
[58] [美]摩尔根.古代社会[M].马东莼,马雍,马巨,译,商务印书馆,1981年.
[59] 莫久愚."哈日苏勒德"考辨[J].内蒙古民族大学学报(社会科学版),2016(1).
[60] 那仁毕力格.蒙古民族敖包祭祀文化认同研究[M].沈阳：辽宁民族出版社,2014年.
[61] 娜仁格日勒.蒙古族祖先崇拜的固有特征及其文化蕴涵[M].呼和浩特：内蒙古教育出版社,2006年.
[62] 那顺巴依尔.英国蒙古学研究简介[J].蒙古学信息,1998(4).
[63] 内蒙古大学蒙古研究所编辑.蒙古人民共和国概况[M].呼和浩特：内蒙古大学蒙古研究所,1976年.
[64] 内蒙古大学蒙古学研究院蒙古语文研究所编.蒙汉词典[M].呼和浩特：内蒙古大学出版社,1999年.
[65] 彭传勇.苏联和共产国际对喀尔喀蒙古政治的干预及其结果(1921—1932)[J].黑河学院学报,2010(2).
[66] 朋·乌恩.蒙古族文化研究[M].呼和浩特：内蒙古教育出版社,2007.
[67] 齐木道吉,赵永铣.编写《蒙古族文学简史》的体会和认识[J].民族文学研究,1985(2).
[68] 乔吉.西欧的蒙古学研究中心——访波恩大学中亚语言文化研究所[J].蒙古学资料与情报,1985(1).
[69] 乔吉.蒙古历史文献版本类型与系统[J].内蒙古社会科学(文史哲版),1992(1).
[70] 乔吉.佛教对蒙古文化的影响[J].内蒙古师范大学学报(哲学社会科学版),2007(4).

参 考 文 献

[71] 乔吉.蒙古族全史:宗教卷[M].呼和浩特:内蒙古大学出版社,2011年.

[72] 乔吉.一部新发现的十七世纪初蒙古编年史手抄本——评乔伊玛(Sh.Choimaa)新版《〈黄金史纲〉研究》[J].蒙古学信息,2003(3).

[73] 乔吉.蒙古文历史文献导论[A]//[清]萨冈彻辰.蒙古源流[M].乌兰,译注,呼和浩特:内蒙古大学出版社,2014.

[74] 秋浦,主编.萨满教研究[M].上海:上海人民出版社,1985.

[75] 清·格尔泰.蒙古语语法[M].呼和浩特:内蒙古人民出版社,1991.

[76] 荣苏赫,赵永铣,贺希格陶克涛.蒙古族文学史(一)[M].沈阳:辽宁民族出版社,1994.

[77] 荣苏赫,赵永铣,主编.蒙古族文学史(三)[M].呼和浩特:内蒙古人民出版社,2000.

[78] 仁钦道尔吉.蒙古英雄史诗源流:中国史诗研究[M].呼和浩特:内蒙古大学出版社,2001.

[79] 仁钦道尔吉.蒙古英雄史诗发展史[M].北京:中国社会科学出版社,2013.

[80] [美]柔克义译注.鲁布鲁克东行纪[M].何高济,译,北京:中华书局,1985.

[81] 萨·巴特尔.蒙古族神话传说及其生命哲学的教化精神[M].北京:华夏出版社,2018.

[82] [蒙]沙·比拉.蒙古史学史13世纪—17世纪[M].陈弘法,译,上海:上海古籍出版社,2015.

[83] [清]萨冈彻辰.蒙古源流[M].乌兰,译注,呼和浩特:内蒙古大学出版社,2014.

[84] [蒙]沙·确玛.新发现的《黄金史纲》中有关卜端察儿的内容与其他历史文献的比较[J].内蒙古大学学报(哲学社会科学蒙文版),1999(1).

[85] [俄]沙斯季娜.十七世纪俄蒙通使关系[M].北京师范大学外语系七三级工农兵学员教师,译,北京:商务印书馆,1977.

[86] 赛音吉日嘎拉,沙日勒岱.成吉思汗祭奠[M].郭永明,译,呼和浩特:内蒙古人民出版社,1988.

[87] 色音.科尔沁萨满文化[M].呼和浩特:内蒙古人民出版社,2007.

[88] [日]森川哲雄.蒙古诸部族与蒙古文文献研究[M].白玉双,译,呼和浩特:内蒙古人民出版社,2014.

[89] 僧格.青海蒙古族"羊胛骨卜"及其民俗——卫拉特民间巫术调查之一[J].西北民族研究,1989(1).

[90] 沈卫荣.回归语文学[M].上海:上海古籍出版社,2019.

[91] [苏]施·波·齐米德道尔吉耶夫.俄国的蒙古学研究概况(十八—十九世纪)[J].忒莫勒,译,蒙古学信息,1983(2).

[92] 斯钦朝克图.蒙古语鸟名称与蒙古族鸟文化[A]//戴昭铭,主编,人类语言学在中国:中国首届人类语言学国际学术研讨会论文集[C].哈尔滨:黑龙江人民出版社,2007.

[93] [瑞典]斯特凡·罗森,阿拉腾奥其尔,译,斯文·赫定中亚抄本及刻本收藏品概述[A]//马大正,等主编.西域考察与研究[C].乌鲁木齐:新疆人民出版社,1994.

[94] [瑞典]斯威德伯格.马克斯·韦伯与经济社会学思想[M].北京:商务印书馆,2007.

[95] 苏和,陶克套.蒙古族哲学思想史[M].沈阳:辽宁民族出版社,2002.

[96] [苏]苏联科学院东方学研究所.苏联蒙古学(1917—1987)[J].童年,等译,西北民族研究,1991(2).

[97] 孙康宜,宇文所安主编.剑桥中国文学史:上 1375年之前[M].北京:生活·读书·新知三联书店,2013.

[98] 孙懿.从萨满教到喇嘛教[M].北京:中央民族大学出版社,2002.

[99] [美]泰勒.原始文化[M].连树声,译,桂林:广西师范大学出版社,2005.

[100] 唐吉思.藏传佛教与蒙古族文化[M].沈阳:辽宁民族出版社,2007.

[101] 陶宗仪.南村辍耕录:卷二[M].北京:中华书局,1997.

[102] 特木勒.预料之外的失败与成功:景雅各的传教事业和蒙古学[A]//特木勒,编,多元族群与中西文化交流:基于中西文献的新研究[C].上海:上海人民出版社,2010.

[103] [日]田山茂.清代蒙古社会制度[M].潘世宪,译,呼和浩特:内蒙古人民出版社,2015.

[104] [意]图齐,[德]海西希.西藏和蒙古的宗教[M].耿昇,译,王尧,校订,天津:天津古籍出版社,1989.

[105] [德] W. 海西希.哥本哈根收藏的蒙文文献[J].翟大风,译,蒙古学资料与情报,1988(4).

[106] [德] W. 海西希.关于蒙古人的"送鬼"仪式[J].云慧群,译,蒙古学资料与情报,1989(2).

[107] [德] 瓦尔特·海西希.《蒙古英雄史诗叙事材料》序[J].那·哈斯巴特尔,译,民族文学研究,1989(6).

[108] 王雄.古代蒙古及北方民族史史料概述[M].呼和浩特:内蒙古大学出版社,2008.

[109] 王伟均.中国少数民族语言《圣经》翻译史略与研究述评[J].圣经文学研究,2018(2).

[110] 王禹浪,程功.海喀尔喀蒙古学研究述略[J].哈尔滨学院学报,2013(1).

[111] 王云五,主编,彭大雅,撰.黑鞑事略[M].上海:商务印书馆,1937.

[112] 王祖望,李瑞华,夏绪东,等.欧洲中国学:德国篇[M].北京:社会科学文献出版社,2005.

[113] [清] 魏源.圣武记[M].世界书局,1936年.

[114] 乌丙安.萨满信仰研究[M].长春:长春出版社,2014.

[115] 乌恩.浅释蒙古族萨满教的几个重要术语[J].内蒙古社会科学(文史哲版),1989(5).

[116] 乌兰.《汪国钧本蒙古源流》评介[J].内蒙古大学学报(哲学社会科学版),1995(1).

[117] 乌仁其其格.蒙古族萨满医疗的医学人类学阐释[D].北京:中央民族大学,2006.

[118] 乌日图.第一世哲布尊丹巴呼图克图政治活动研究[D].呼和浩特:内蒙古大学,2010.

[119] 乌日图.哲布尊丹巴一世研究综述[J].呼伦贝尔学院学报,2011(2).

[120] 乌力吉陶格套.清朝对蒙古的例法概述[A]//木德道尔吉,主编;中国蒙古史学会,编.蒙古史研究(第7辑):魏弥贤教授六十五寿辰纪念专集[C].呼和浩特:内蒙古大学出版社,2003.

[121] 伍月.国外对尹湛纳希及其作品的研究[J].民族文学研究,1988(3).

[122] 乌云毕力格等.蒙古民族通史:第四卷[M].呼和浩特:内蒙古大学出版社,2002.

[123] 乌云毕力格.五色四藩:多语文本中的内亚民族史地研究[M].上海:上海古籍出

版社,2016.

[124] 希都日古.17世纪蒙古编年史与蒙古文文书档案研究[M].沈阳:辽宁民族出版社,2006.

[125] 夏康梓宜.欧美基督教在张家口:差会、传教士和档案文献[A]//刘迎胜,主编,元史及民族与边疆研究集刊(第三十四辑)[C].上海:上海古籍出版社,2017:293—301.

[126] [日]小林高四郎著,余元庵译.黄金史解题[A]//西北民族文化研究编辑部,编,西北民族文化研究丛刊第1辑[C].1949:107—110.

[127] 谢天振.翻译文学——争取承认的文学[J].中国翻译,1992(1).

[128] 许得存.藏传佛教研究[M].北京:宗教文化出版社,2008.

[129] 徐实.清朝对喀尔喀蒙古管理体制研究[D].北京:中央民族大学,2011.

[130] [美]约翰·迈尔斯·弗里,朝戈金.口头程式理论:口头传统研究概述[J].民族文学研究,1997(1).

[131] 杨绍猷.喇嘛教在蒙古族中的传播[A]//张建华,薄音湖,总主编,内蒙古文史研究通览:宗教卷[M].呼和浩特:内蒙古大学出版社,2013.

[132] 赵晓阳.蒙古语《圣经》译本考述[J].民族翻译,2015(3).

[133] 张金杰.古代占卜在西域少数民族中的流传和应用——从清代志锐诗《鸡卜》谈起[J].昌吉学院学报,2016(1).

[134] 庄宏忠.19世纪天主教蒙古传教区东部界线争端研究[J].中国历史地理论丛,2016(3).

[135] [俄]伊·亚·兹拉特金.蒙古人民共和国史纲[M].陈大维,译,北京:商务印书馆,1972.

[136] [俄]伊·亚·兹拉特金.准噶尔汗国史[M].马曼丽,译,兰州:兰州大学出版社,2013.

[137] 佚名.阿勒坦汗传[M].珠荣嘎,译注,呼和浩特:内蒙古人民出版社,2014.

[138] [清]尹湛纳希.一层楼[M].甲乙木,译,呼和浩特:内蒙古人民出版社,1983.

[139] 云峰.略论近代蒙汉文学交流[J].民族文学研究,1994(2).

[140] 云五,主编,彭大雅,撰.黑鞑事略[M].商务印书馆,1937.

[141] 扎拉嘎,托亚.尹湛纳希[M].沈阳：春风文艺出版社,1999.

[142] 扎拉嘎.比较文学 文学平行本质的比较研究：清代蒙汉文学关系论稿[M].呼和浩特：内蒙古教育出版社,2003.

[143] 泽尔多吉.走过康巴文明的皱襞：德格土司历史渊源与康巴文化发展略述[M].不详,2006.

[144] 张金杰.古代占卜在西域少数民族中的流传和应用——从清代志锐诗《鸡卜》谈起[J].昌吉学校学报,2016(1).

[145] 赵永铣.蒙古族箴言、训谕诗的产生与特征[J].内蒙古社会科学（文史哲版）,1994(3).

[146] 赵永铣著译.蒙古族古诗译萃与散论[M].呼和浩特：内蒙古教育出版社,2008.

[147] 庄宏忠.19世纪天主教蒙古传教区东部界线争端研究[J].中国历史地理论丛,2016(3).

[148] 周大鸣主编,秦红增副主编.文化人类学概论[M].广州：中山大学出版社,2009.

[149] 汉译蒙古黄金史纲[M].朱风,贾敬颜,译.呼和浩特：内蒙古人民出版社,1985.

日文参考文献

[1] 岡田英弘.(書評)島田正郎「「清朝蒙古例の研究」(東洋法史論集第五)」[J].法制史研究,1983(33).

[2] 井上岳彦.モラヴィア派入植地サレプタ：カルムイク人との交流と宣教師の記録[A]//望月哲男,前田しほ編.文化空間としてのヴォルガ[C].2012(3).

[3] 森川哲雄.『蒙古源流』と著者不明『アルタン・とプチ』との関係について[A]//中国蒙古史学会.蒙古史研究（第六辑）[C].呼和浩特：内蒙古大学出版社,2000：218-236.

[4] 中見立夫.盛京宮殿旧藏『漢字旧档案』と『喀喇沁本蒙古源流』——史料の再検証[J].近代中国東北における社会経済構造の変容.平成9年度—平成12年度科学研究費補助金報告書,2000.

图书在版编目(CIP)数据

英国蒙古学家查尔斯·鲍登学术评传 / 阿力更著. 上海：上海社会科学院出版社，2025. -- ISBN 978-7-5520-4766-0

Ⅰ. K835.615.81

中国国家版本馆 CIP 数据核字第 20251W4Z70 号

英国蒙古学家查尔斯·鲍登学术评传

著　　者：	阿力更
责任编辑：	叶　子
封面设计：	黄婧昉
出版发行：	上海社会科学院出版社
	上海顺昌路 622 号　邮编 200025
	电话总机 021-63315947　销售热线 021-53063735
	https://cbs.sass.org.cn　E-mail：sassp@sassp.cn
排　　版：	南京展望文化发展有限公司
印　　刷：	上海盛通时代印刷有限公司
开　　本：	710 毫米×1000 毫米　1/16
印　　张：	21.25
插　　页：	1
字　　数：	283 千
版　　次：	2025 年 6 月第 1 版　2025 年 6 月第 1 次印刷

ISBN 978-7-5520-4766-0/K·484　　　　　定价：92.00 元

版权所有　翻印必究